통계·엑셀 2013

쉬운 실무분석

문창권 저

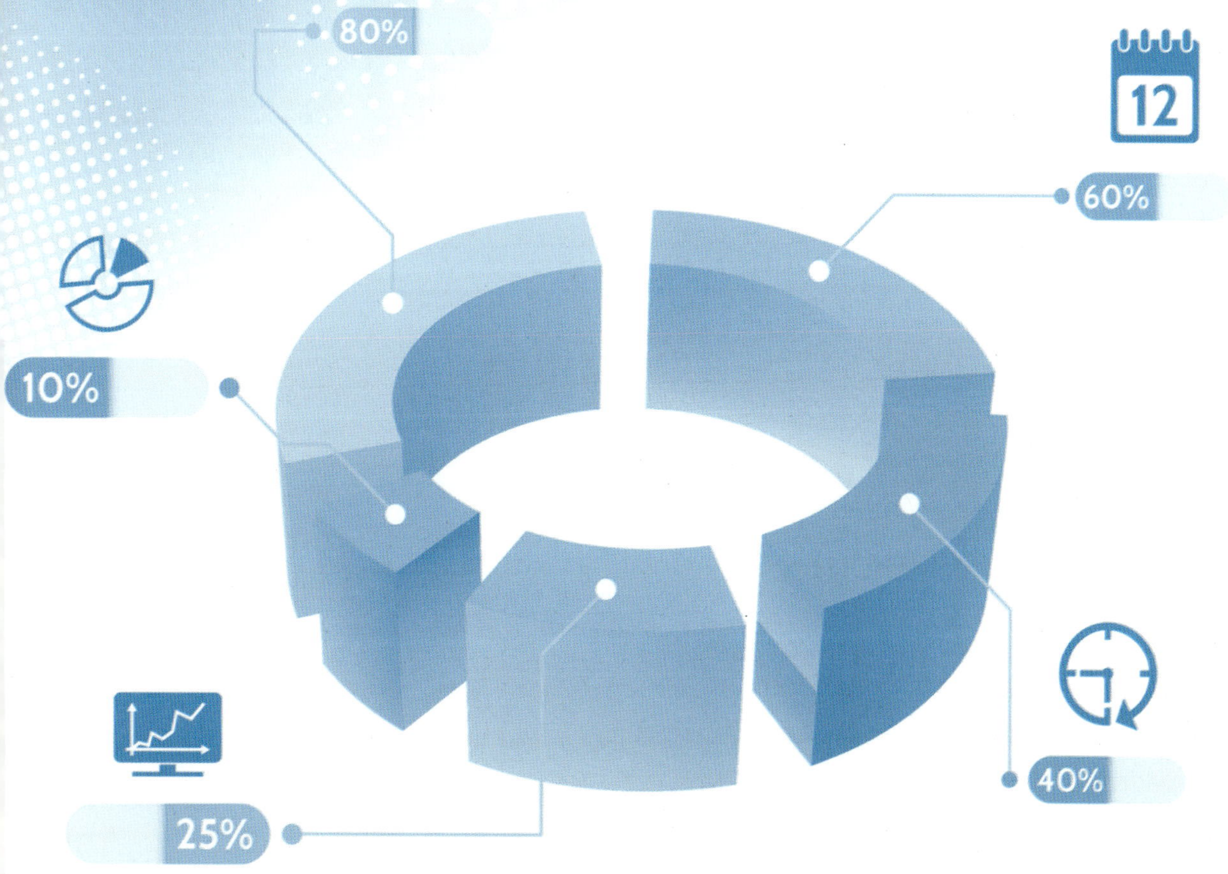

JINSAEM 진샘미디어

PREFACE

통계학을 처음 접하는 사람들이 이구동성으로 하는 말이 있다.

먼저 생소한 용어에 두려움을 느꼈고

복잡한 기호에 앞이 보이지 않았고

너무 어려운 수학공식에 보고 싶지도 않았다.

이는 요즘 말로 사람을 3번 죽이는 일이다. 통계학으로 체계적 분석을 하려는 사람들이나 원대한 꿈을 꾸고 시도하는 학생들이 현실에서는 위와 같은 문제로 통계학을 아예 포기해버린다. 이러한 현상은 통계실신이나.

청년실신은 대학생 취업이 늦어지면서 대부분이 졸업 후 실업자나 학자금 대출 미상환으로 신용불량자가 된다는 말이다. 마찬가지로 통계실신은 통계학에 대한 흥미가 사라져 통계를 배울 기회를 잃게 되어 신뢰도가 높은 분석을 할 수 없는 상태가 더 심화되는 것으로 이해가 된다.

이 책은 수리통계학을 공부하는 것이 아니라 일반통계학을 배우는 것이다.

우리는 항상 선택과 집중, 전략과 전술과 같은 용어를 사용한다. 그렇지만 대부분의 경우는 종합 학습서를 기대한다. 기초부터 도사까지의 과정을 담은 책으로 한 번에 모든 것을 이루겠다는 마음을 먹는다. 이것은 탐욕이었고, 탐욕은 현실을 전체가 아니라 협소한 쪽만 보게 하여 실수를 초래하는 어리석음을 가져온다. 급기야는 당면한 과제의 성과 부진에 대해 분노하고, 결국에는 자신을 책망하며 의기소침하여 절망감마저 느끼게 된다.

이제 통계학 학습에서 할 수 있는 일만을 하여 성과를 극대화시키는 방법을 찾고자 이 책을 저술하게 되었다. 형식과 틀에 얽매여 기존 체제 답습과 강화를 추구하는 구조주의 성향을 과감히 떨치는데 본 책의 초점을 두었다.

PREFACE

지금은 전근대적 농경사회가 아니다! 정보화시대의 결실을 기반으로 하는 지식, 지혜, 감성의 시대라는데 주안점을 두고 합리적 상황대처능력을 갖추도록 구성주의적 진화의 관점에서 사례 및 도구 중심의 실천과정들을 주된 내용으로 담았다.

특히 이 책은 학습내용을 즐길 수 있도록 개념, 해설, 사례 적용, 쉬운 Excel적용 방법 제시, 해답 발굴, 활용방안 개발의 절차에 따라 각종 설명과 분석내용을 제공한다. 또한 심화학습을 위해 부록에 본문의 내용에 대한 공식과 수리적 증명들을 제공하여 고급통계학의 기초를 습득할 수 있도록 하였다.

2015년 5월 초

지은이 씀

CONTENTS

PREFACE 3

CHAPTER 1 통계학 개념과 자료 13

1.1 통계학의 개념과 분류 14

1.1.1 통계학의 개념과 용도 14

1.1.2 통계학의 분류 15

1.2 모집단과 자료 16

1.2.1 모집단과 표본 16

1.2.2 모집단의 구분과 변수의 종류 17

1.2.3 자료의 구분과 오차 19

CHAPTER 2 Excel 2013 활용의 기초사항 23

2.1 Excel 2013 워크시트 화면구조 24

2.1.1 Excel 2013의 워크시트 구성요소 24

2.1.2 단축키의 활용방법 26

2.2 수식입력과 연산 27

2.2.1 계산과 수식입력 27

2.2.2 기본 연산자 27

2.2.3 Excel함수의 특징 29

2.2.4 수행연산에 대한 오류 표시 29

CHAPTER 3 기술통계량과 도수분포 31

3.1 기술통계량과 도수분포의 개념 32

3.1.1 기술통계량 개념과 특성 32

3.1.2 도수분포표의 개념과 구성요소 33

3.2 정량자료와 정성자료의 도수분포 작성 34

3.2.1 정량자료의 도수분포 작성 34

3.2.2 정성자료의 도수분포 작성 47

CONTENTS

CHAPTER 4 중심경향 측정치와 도수분포 분석 53

4.1 중심경향 측정치 54

4.1.1 기술통계량 기능과 중심경향 측정치 개념 54

4.1.2 평균의 개념과 종류 및 문제점 55

4.1.3 최빈치, 중위수, 중점치 61

4.2 분위수의 개념과 종류 64

4.2.1 분위수의 개념 64

4.2.2 분위수의 종류 64

CHAPTER 5 변동성 측정치와 분포의 형태 69

5.1 변동성 측정치의 개념과 종류 70

5.1.1 변동성과 변동성 측정치의 개념 70

5.1.2 편차 및 분산의 개념과 적용 71

5.1.3 자료 범위와 이상치 검색 75

5.2 분포 형태 측정치 83

5.2.1 분포 형태 측정치의 역할 83

5.2.2 왜도의 개념과 종류 83

5.2.3 첨도의 개념과 측정 85

CHAPTER 6 사상 및 확률의 개념과 Excel 활용 확률계산 91

6.1 표본공간 및 사상의 개념과 확률 계산 접근법 92

6.1.1 실험, 표본공간, 사상의 개념 92

6.1.2 확률의 개념과 계산 접근법 96

6.2 조건부확률의 원리와 Excel의 확률계산 적용 99

6.2.1 종속사상의 조건부확률과 베이즈정리 및 분할표 99

6.2.2 Excel의 확률 계산 적용 109

CONTENTS

CHAPTER 7 확률변수와 확률분포의 종류 119

7.1 확률변수의 개념, 확률분포, 기대치 및 분산 120

7.1.1 확률변수의 개념과 종류 120

7.1.2 확률변수의 확률분포와 기대치 및 분산 122

7.2 이산확률분포와 연속확률분포 126

7.2.1 이산확률분포 126

7.2.2 연속확률분포 136

CHAPTER 8 표본추출과 표본분포 147

8.1 표본조사 수행과 표본추출의 수행 및 방법 148

8.1.1 표본조사의 개념과 수행절차 148

8.1.2 표본추출의 수행과 표본추출 편향 149

8.1.3 확률표본추출과 비확률표본추출 150

8.2 표본분포와 점 추정 152

8.2.1 표본분포의 개념, 종류와 기대치 및 표준편차 152

8.2.2 표본크기의 결정과 중심극한정리 157

8.2.3 통계적 추론과 점 추정 168

CHAPTER 9 신뢰구간과 구간추정 175

9.1 신뢰구간과 평균 및 비율의 구간추정 176

9.1.1 구간추정 개념, 신뢰구간 추정절차와 오차확률 176

9.1.2 모집단 평균의 구간추정 179

9.2 모집단 비율 및 분산의 구간추정과 표본크기 결정 187

9.2.1 모집단 비율 및 분산의 구간추정 187

9.2.2 평균과 비율 구간추정을 위한 표본크기 192

CHAPTER 10 t분포, 카이자승분포, F분포와 격차추정 201

10.1 t분포, 카이자승분포, F분포 202

CONTENTS

10.1.1 t분포의 개념 및 특성과 계산절차 202
10.1.2 카이자승분포와 F분포 204
10.2 모집단 격차 추정 210
10.2.1 두 모집단 평균의 격차 추정 210
10.2.2 두 모집단 비율 격차와 분산 및 표준편차의 신뢰구간 추정 216

CHAPTER 11 가설검정의 방법과 단일 모집단 가설검정 225

11.1 가설검정의 개념과 방법 226
11.1.1 가설검정의 개념과 오류 226
11.1.2 가설검정의 방법과 종류 228
11.2 단일 모집단 가설검정 233
11.2.1 모집단 평균의 가설검정 233
11.2.2 모집단 비율과 분산에 대한 가설검정 245

CHAPTER 12 두 모집단의 가설검정과 카이자승검정 255

12.1 두 모집단의 평균, 비율 및 분산 격차의 검정 256
12.1.1 두 평균간 격차의 검정 256
12.1.2 모집단 비율간 격차와 분산간 격차의 가설검정 267
12.2 적합도와 독립성의 카이자승검정 272
12.2.1 적합도의 카이자승검정 272
12.2.2 독립성의 카이자승검정 275

CHAPTER 13 분산분석과 상관분석 281

13.1 분산분석 개념과 일원분산분석 282
13.1.1 분산분석 개념과 수행절차 282
13.1.2 일원분산분석의 개념과 수행절차 284
13.2 이원분산분석과 상관분석 289
13.2.1 이원분산분석과 교호작용의 개념 289

CONTENTS

13.2.2 반복 없는 이원분산분석과 반복 있는 이원분산분석 289
13.2.3 공분산과 상관분석 296

CHAPTER 14 인과관계와 산점도 및 회귀분석 301

14.1 인과관계와 산점도 302
14.1.1 인과관계와 통계적 및 결정적 관계 302
14.1.2 산점도의 개념과 상관관계 측정 303
14.2 회귀분석 307
14.2.1 회귀분석의 개념 및 가정과 정규최소자승법 307
14.2.2 다중회귀분석의 원리와 수행방법 318

CHAPTER 15 시계열분석 327

15.1 시계열의 특성과 추세 및 순환분석 328
15.1.1 시계열의 개념 및 종류와 4대 결정요인 328
15.2.1 추세분석과 순환분석 330
15.2 계절변동분석 334
15.2.1 계절변동의 분석원리 334
15.2.2 계절조정 적용의 방법 및 절차 335

APPENDIX A 통계 측정치와 분포관련 함수들 활용의 기초 343

A.1 제3장 중심경향 측정치 관련 함수 344
A.1.1 평균의 종류 344
A.1.2 그룹화 자료의 최빈치와 중위수 계산 345
A.1.3 그룹화 자료의 4분위수와 백분위수 계산 346
A.2 제5장 변동성 측정치 관련 공식 347
A.2.1 적률의 개념 347
A.2.2 중심적률의 개념과 구분 347
A.2.3 평균편차의 계산 348

CONTENTS

A.2.4 분산의 계산 349
A.2.5 표준편차의 계산 350
A.2.6 피어슨 왜도계수 351
A.2.7 적률 왜도계수 352
A.2.8 첨도 측정치 353

A.3 제6장 사상 및 확률 관련 개념과 공식 354

A.3.1 사상공간의 개념과 특징 354
A.3.2 확률공간과 확률모형 354
A.3.3 확률측정치의 기본공리 355
A.3.4 벤다이어그램과 집합연산 356
A.3.5 확률측정치의 보조정리 358
A.3.6 조건부확률과 결합확률 360
A.3.7 전확률법칙과 베이즈법칙 360
A.3.8 확률실험 셈 원리 362

A.4 제7장 확률변수와 확률분포 종류 관련 공식 365

A.4.1 이산확률변수와 연속확률변수의 확률함수 365
A.4.2 확률변수의 기대치와 분산 366
A.4.3 확률변수 기대치의 특징 367
A.4.4 확률변수 분산의 특징 368
A.4.5 이항분포 369
A.4.6 음이항분포와 기하분포 370
A.4.7 초기하분포 371
A.4.8 포아송분포 372
A.4.9 정규분포와 표준정규분포 372
A.4.10 지수확률분포 373
A.4.11 감마분포 374
A.4.12 와이블분포 375
A.4.13 로그정규분포 376

A.5 제8장 표본추출과 표본분포 관련 공식 378

A.5.1 평균의 표본분포 기대치와 표준편차 378
A.5.2 최우량 추정량 요건 378

CONTENTS

A.6 제9장 신뢰구간과 구간추정 관련 공식 379

A.6.1 모집단 평균의 구간추정 379

A.6.2 모집단 비율의 구간추정 380

A.7 제10장 t분포, 카이자승분포, F분포와 격차 구간추정 관련 공식 382

A.7.1 Student t분포 382

A.7.2 카이자승분포 383

A.7.3 F분포 385

A.7.4 모집단 평균 격차의 구간추정 386

A.7.5 두 모집단 비율 격차의 신뢰구간 추정 388

A.7.6 분산과 표준편차의 신뢰구간 추정 388

A.8 제11장 단일모집단 가설검정 관련 공식 390

A.8.1 모집단 평균의 가설 검정 390

A.8.2 정규분포를 사용한 모집단 비율의 가설검정 391

A.9 제12장 두 모집단 가설검정과 카이자승검정 관련 공식 391

A.9.1 독립표본들의 두 평균간 격차의 검정 391

A.9.2 쌍체표본들의 두 평균간 격차 검정 393

A.9.3 두 모집단 비율간 격차의 검정 395

A.9.4 두 모집단 분산간 격차 396

A.9.5 적합도의 카이자승검정 397

A.9.6 독립성의 카이자승검정 399

A.10 제13장 분산분석과 상관분석 관련 공식 400

A.10.1 일원분산분석 400

A.10.2 반복 없는 이원분산분석 401

A.10.3 반복 있는 이원분산분석 403

A.10.4 공분산 405

A.10.5 상관계수 406

A.11 제14장 회귀분석 관련 공식 408

A.11.1 단순회귀분석 408

A.11.2 다중회귀분석 415

A.12 제15장 시계열분석 관련 공식 418

CONTENTS

APPENDIX B 비모수통계학 419

B.1 비모수통계학의 개념과 특성 420
B.2 부호검정 421
B.2.1 단일 표본 중위수의 가설검정에 대한 부호검정 421
B.2.2 쌍체표본의 중위수 격차 검정의 특성 422
B.3 Mann-Whitney U 검정 426
B.4 Wilcoxon 검정 429
B.4.1 대칭연속분포의 경우 429
B.4.2 쌍체표본의 경우 431
B.5 Kruskal-Wallis 검정 433
B.6 Wald-Wolfowitz의 연 검정 437
B.7 스피어먼 순위상관검정 440

APPENDIX C 지수의 계산과 활용 443

C.1 지수의 개념과 특성 444
C.2 지수의 계산방식 444

EXCEL 2013

CHAPTER 1

통계학 개념과 자료

1.1 통계학의 개념과 분류

1.1.1 통계학의 개념과 용도

1.1.2 통계학의 분류

1.2 모집단과 자료

1.2.1 모집단과 표본

1.2.2 모집단의 구분과 변수의 종류

1.2.3 자료의 구분과 오차

1.1 통계학의 개념과 분류

1.1.1 통계학의 개념과 용도

(1) 통계학의 개념

통계학(statistics)은 분석하려는 집단의 자료(data) 및 숫자로 표시된 사실을 수집·요약·정리하여 정보를 구성하고, 그 정보를 분석·해석하는데 필요한 일체의 방법과 규칙을 연구하는 학문이다. 즉 통계학은 자료에 대한 연구이다.

통계적 기법은 연구 수행을 계획하는 설계(design), 자료의 요약방법에 대한 기술(description), 표본 관찰치를 기초로 모집단에 대한 예측과 일반화를 수행하는 추론(inference)으로 구분한다.

(2) 통계학의 용도

통계학은 사업수행 자료에서 패턴 및 관계를 발견하고, 변동원인을 파악하여 보다 나은 의사결정을 하는데 도움이 되도록 사용한다. 따라서 통계학은 용도(목적)에 따라 다음의 5가지 형태로 구분할 수 있다.

① 기술 분석(Descriptive analysis) : 자료집합의 내용과 특징을 그대로 열거하거나 기록하고 서술하여 자료의 수집 · 정리 · 요약을 통한 정보를 획득한다.

② 추론 분석(Inferential analysis) : 현상의 적합한 설명을 통한 인과관계(causality)을 위해 표본자료를 기초로 모집단 특징들에 대한 결론들을 도출한다.

③ 격차 분석(Differences analysis) : 한 집단의 평균적인 응답내용을 다른 집단과 비교한다.

④ 연관 분석(Associative analysis) : 2개 이상 변수들이 갖는 관계의 강도와 방향을 결정하여 현상의 정확한 표현으로 관계(relationship)를 규명한다.

⑤ 예측 분석(Predictive analysis) : 미래상황의 예측(prediction)과 의사결정(decision making)을 위해 미래 사건들을 예측한다.

1.1.2 통계학의 분류

통계학은 연역적 분석(deductive analysis)을 수행하는 기술통계학(descriptive statistics)과 귀납적 추론(inductive reasoning)을 수행하는 분석(또는 추론) 통계학(analytical or inferential statistics)으로 구분한다.

기술통계학은 현상을 기록한 자료를 보다 쉽게 해석하고 설명하는데 목적을 두는 반면에, 추론통계학은 표본조사를 기초로 모집단 특성을 추정하고 인과관계를 규명하는 것을 목적으로 한다.

특히 기술통계학에서는 자료의 분포형태와 중심경향 및 산포특징을 규명하여 자료의 특징을 보다 용이하게 해석하도록 한다. 그리고 추론통계학에서 일반적 개념이나 예상을 표본자료를 통해 검정 가능한 가설로 전환시키기 위해 특정한 지표 및 절차로 전환시키는 조작화과정(operationalization process)을 수행한다.

기술통계학	자료의 특성을 파악, 요약하여 자료를 보다 쉽게 해석 및 설명하도록 • 자료를 이용 가능한 형식으로 처리하는 기법들을 사용 • 자료 수집, 수집 자료의 정리 및 조직화 • 자료의 요약 • 숫자 표시 또는 차트로 처리한 자료의 제시
추론통계학 (분석통계학)	의사결정자가 최대한 정보를 효과적으로 활용하여 합리적 의사결정을 수행하고, 보다 일반적 상황에 적용할 수 있는 분석결과를 제공하는 것을 목적으로 • 특정하며 제한된 표본정보에서 전체 측량 모집단에 대한 결론을 도출하는 귀납적 추리(inductive reasoning)를 하는 추측통계학(inductive statistics) • 관찰한 표본자료만을 분석하여 모집단에 대한 결론을 도출(자료 기반 추론) • 통계적 의사결정이론(statistical decision theory)을 기초로 함 • 추정(estimation)과 가설 검정(hypothesis-testing)으로 구분 • 자료의 표본통계량으로 모집단 모수 추정, 확률 기반 신뢰구간 사용 • 모집단의 모르는 특성에 대한 주장(가설)의 채택여부를 결정 • 확률이론(probability theory), 추정이론(estimation theory), 가설검정이론(hypothesis-testing theory), 표본추출이론(sampling theory)으로 구성

1.2 모집단과 자료

1.2.1 모집단과 표본

(1) 모집단과 프레임

모집단(population)은 관찰하려는 대상의 전체 값들로 구성된 숫자표시가 가능한 자료집합(set of quantifiable data)인 전체집단(universe)이다. 따라서 모집단은 조사대상 전체를 말한다.

- 모집단 모수(population parameters) : 모집단을 요약하여 하나의 값으로 표시한 척도인 모집단의 숫자표시 특성(numerical characteristics)
- 통계학은 연구하려는 대상의 전체 집단을 모집단(population)으로 규정
- 모집단의 모든 원소나 관찰 단위의 일람표(listing)를 프레임(frame)이라고 한다. 프레임의 모든 원소나 관찰 단위를 포함하려는 조사를 전수조사(全數調査, complete enumeration)라고 하며, 여기에는 인구조사(국세조사, census), 사업소조사, 신체검사 등이 있다.

(2) 표본과 표본조사

표본(sample)은 관찰 대상의 측정과 평가를 위해 가려 뽑은(추출한) 그 대상의 일부이며, 모집단의 부분집합이다. 표본의 종류와 세부 특징에 대해서는 제8장에서 보기로 한다.

- 전체집단을 관찰하는 것은 아주 곤란하므로, 모집단 분석을 위해 표본을 사용
- 명제의 진위 확인을 위해 모집단에 대한 가설을 검정하는데 표본정보를 사용하는 가설검정(hypothesis testing)을 수행
- 표본 통계량(sample statistics) : 가설검정을 수행하도록 표본을 요약하여 하나의(단일한) 값으로 표시한 척도, 표본 특성의 숫자 표시

표본조사(survey)는 질문을 통해 표본이나 모집단에서 정보를 획득하는 방식이다. 시장표본조사(market survey), 여론표본조사(public-opinion survey), 전화표본조사(telephone survey) 등으로 수행된다. 표본조사에서 모집단의 구성요소(member)가 모두 포함된다면 100% 표본조사(100% survey) 또는 인구조사(census)라고 한다.

1.2.2 모집단의 구분과 변수의 종류

(1) 모집단의 구분과 표시

모집단은 유한한 원소로 구성된 유한 모집단(finite population)이나 무한히 많은 원소로 구성된 무한 모집단(infinite population)으로 발생할 수 있다. 모집단은 변수(variable)를 사용하여 표시할 수 있다.

- 원소(element) : 모집단을 구성하는 각 항목
- 변수 : 공통적이며 수량화될 수 있는 특성을 갖는 통계단위(집단을 구성하는 개체, 원소)이며, 여러 개의 값(value)과 범주(category)로써 조사연구대상의 경험적 속성을 표현
- 변수는 대문자 X, Y, Z 등으로 표시하며, 개체인 변수 X가 갖는 특성치인 측정치(관찰치)를 x_1, $\cdots$, x_n 등으로 표시

(2) 척도에 따른 변수 종류

척도(尺度, scale)는 어떤 가설에 의거하여 질적인 내용을 지닌 여러 속성을 수량적인 변수로 바꾸어 놓은 표지(식별할 수 있도록 사용하는 표시나 특징)이다.

- 범주형 변수(categorical variable) : 특성에 따른 구분을 위해 수치를 부여한 비계량적 변수(nonmetric variable) 또는 질적 변수(qualitative variable)
- 양적 변수(quantitative variable) : 크기나 양을 나타내는 숫자로 표현된 계량변수(metric variable), 연속변수(continuous variable)와 이산변수(discrete variable)로 구분

<table>
<tr><th colspan="3">구분</th><th>특성</th><th>사례</th></tr>
<tr><td colspan="2" rowspan="2">질적
(범주)
변수</td><td>명목
변수</td><td>대립되는 범주를 구분한 명명변수,
숫자, 기호, 문자 등으로 표현</td><td>농촌형과 도시형, 남과 여, 성별, 혈액형, 전화번호 등</td></tr>
<tr><td>서열
변수</td><td>순위 서열에 따라 측정대상에 수치를 부여한 순서변수</td><td>아주 친절, 약간 친절, 보통,
약간 불친절, 아주 불친절</td></tr>
<tr><td rowspan="3">양적
(계량)
변수</td><td rowspan="2">연속
변수</td><td>등간
변수</td><td>측정 대상이 갖는 속성의 양적(量的) 정도의 차이에 따라 등간격으로 수치를 부여 측정하는 간격변수</td><td>크기, 높이, 부피, 무게, 온도, 시간 등의 측정단위 사용</td></tr>
<tr><td>비율
변수</td><td>간격척도에 기준점(절대 원점)을 고정시켜 설정하여, 비율계산이 가능하여 수식화가 유리한 변수</td><td>물가지수, 표준화변수</td></tr>
<tr><td colspan="2">이산변수</td><td>셀 수 있는 숫자 값을 보유</td><td>생산량, 매출액, 사고건수 등</td></tr>
</table>

(3) 인과관계에 따른 변수의 종류

인과관계(causality)는 한 사물 현상이 다른 사물 현상의 원인이 되고, 그 다른 사물 현상은 먼저 사물 현상의 결과가 되는 관계이다.

독립변수(independent variable) : 설명변수(explanatory variable)라고도 하며, 다른 변수에 영향을 주는 변수

종속변수(dependent variable) : 반응변수(reaction variable)라고도 하며, 다른 변수의 영향을 받아 값이 결정되는 변수

(4) 코딩형식에 따른 변수의 종류

코딩(coding)은 계산을 하기 전에 자료 값들 또는 계급값(class marks)을 조정하여 계산을 할 수 있도록 동일한 상수로 각 값을 곱하거나 나누거나 또는 더하거나 빼는 과정이다.

- 숫자변수 : 숫자로 코딩된 변수
- 문자변수 : 문자열로 코딩된 변수
- 날짜변수 : 날짜 표기형식으로 코딩된 변수

1.2.3 자료의 구분과 오차

(1) 자료의 개념과 구분

자료(data)는 관찰의 결과물로 알려진 사실이나 아이디어의 집합이다. 자료는 표시형태에 따라 정량자료(quantitative data)와 정성자료(qualitative data)로 구분된다.

- 정량자료 : 숫자로 표시된 값들을 갖는 자료
- 정성자료 : 일람표로 만들 소비자 선호 등과 같이 특징들로 구분되는 자료

또한 자료는 수집원천에 따라 1차 자료(primary data)와 2차 자료(secondary data)로 구분한다.

- 1차 자료 : 개인면담이나 설문지 등을 통해 조사대상에 대해 특수하게 수집된 자료
- 2차 자료 : 해당 조사가 아니라 다른 연구목적을 위해 수집된 자료이며, 보고서, 출판물, 인터넷 등을 통해 획득할 수 있는 자료

(2) 자료사용의 오차

현실에서의 연속적 자료들은 단지 진정한 크기에 비슷한 근사치로 구성되므로, 이를 간략측량(근사측량, approximate measurements)이라고 한다. 이는 측정 대상이 민감하게 변화하거나 탐색이 곤란하여 제대로 측량하려면 소수점 아래로 아주 많은 숫자를 사용해야 하는 경우가 많기 때문이다. 이러한 문제를 민감성 또는 탐색한계(sensitivity or detection limit)라고 한다.

한편 민감성한계 외에도, 실제측량을 그 진정한 값(실가)와 괴리되게 하는 요인을 측정오차(error of measurement)라고 한다. 측정오차에는 확률오차(random error)와 체계적 오차(systematic error)가 있다.

① 확률오차는 모집단 모수와 표본 통계량의 격차로 나타나는 오차이며, 표본추출(표집)오차(sampling error)라고 한다.

- 모든 표본이 동일한 통계량을 제공하지 못하기 때문에, 표본 통계량은 표본에 따라 변동
- 표본크기가 작을수록 표본 통계량의 모집단 모수에 대한 격차인 확률오차는 확대될 수 있음
- 표본 통계량의 변동은 그 표본 통계량의 모집단 또는 표본 표준편차를 표본크기의 자승근으로 나누어 구한 표준오차(standard error)로 측정
- 측정을 반복하는 경우에 발생하는 여부와 크기는 매번 다르게 발생
- 측정 정확성(precision of a measurement)에 주된 영향을 초래

② 체계적 오차는 조사된 모집단에서 척도문제로 인해 관찰되는 오차이며, 비표본추출(비표집)오차(nonsampling error)라고 한다.

- 한 방향으로 지속적인 왜곡을 발생시켜 측정치가 항상 아주 크거나 아주 작게 만드는 측정절차의 결함(flaws)으로 초래
- 한 방향으로 지속적 왜곡을 초래한다는 의미에서 편의(偏倚, bias)라고 함
- 측정을 할 때마다 동일하게 발생

학습문제

맞으면 "○", 틀리면 "×"를 표시

1. 통계량은 모집단의 특성치이다. ( )
2. 모수는 모집단의 특성치이다. ( )
3. 통계학은 숫자표시 자료의 수집, 분류, 제시, 해석에 대한 학문(science)이다. ( )
4. 통계학의 논제는 기술통계학과 추론통계학의 2개 분야로 대별될 수 있다. ( )
5. 표본은 어떤 실험대상에서 획득 가능한 모든 자료 값들의 집합이다. ( )
6. 기술통계학은 연구 대상의 어떤 모집단이나 표본에 관련된 모든 자료들의 수집, 구성, 분석을 포함한다. ( )
7. 통계학은 자료의 수집, 구성, 제시, 분석에 대해서만 연구하는 학문이다. ( )
8. 모집단은 어떤 주어진 실험대상에 대해 가능한 모든 값들의 집합이다. ( )
9. 추론통계학은 값들의 어떤 모집단을 이용하여 수행하는 어떤 표본에 대한 예측이나 의사결정을 포함한다. ( )
10. 모집단은 표본의 일부이다. ( )
11. 인구조사는 전체 모집단의 표본이다. ( )
12. 계량변수는 질적 변수 또는 범주형 변수라고 한다. ( )
13. 종속변수는 결과변수 또는 반응변수라고 하며, 다른 변수에 의해 영향을 받아 값이 결정된다. ( )

해답

1. × 2. ○ 3. ○ 4. ○ 5. × 6. ○ 7. × 8. ○ 9. × 10. ×
11. ○ 12. × 13. ○

EXCEL 2013

CHAPTER 2

Excel 2013 활용의 기초사항

2.1 Excel 2013 워크시트 화면구조

2.1.1 Excel 2013의 워크시트 구성요소

2.1.2 단축키의 활용방법

2.2 수식입력과 연산

2.2.1 계산과 수식입력

2.2.2 기본 연산자

2.2.3 Excel함수의 특징

2.2.4 수행연산에 대한 오류 표시

2.1 Excel 2013 워크시트 화면구조

2.1.1 Excel 2013의 워크시트 구성요소

Excel 2010의 워크시트는 〈그림 2-1〉과 같은 구성요소들을 갖고 있다.

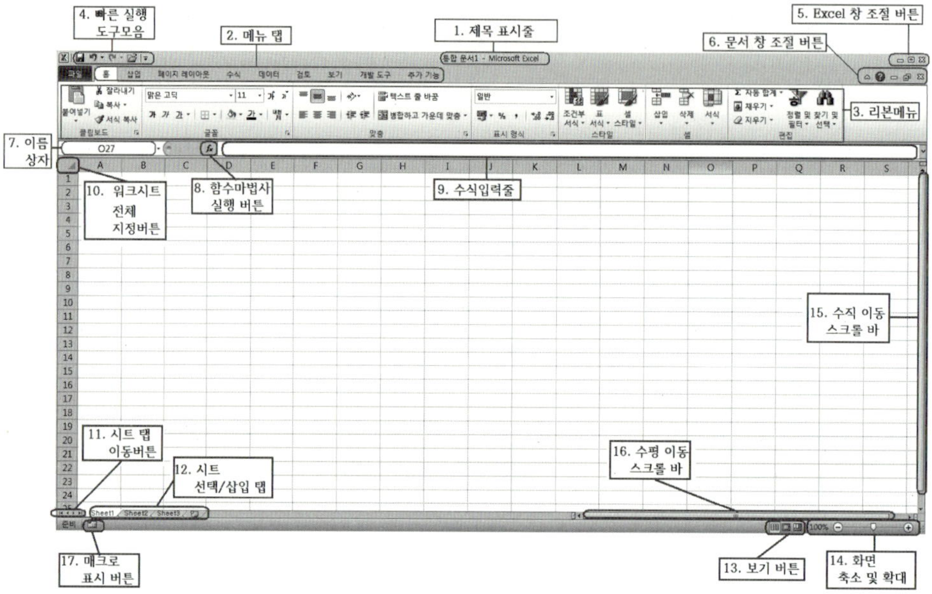

〈그림 2-1〉 엑셀 2013의 화면 구성

1. 제목 표시줄 : 현재 작업 중인 통합문서의 제목과 파일명을 표시
2. 메뉴 탭 : 기본 탭이라고도 하며, 일반적으로 사용하는 주요 메뉴를 표시
3. 리본메뉴 : 각 주요메뉴에 관련된 하위 작업과 여러 명령단추를 기능별로 제공
4. 빠른 실행 도구모음 : 자주 사용하는 기능을 간편하게 사용하도록 모아 둔 것
5. Excel 창 조절 버튼 : 엑셀 프로그램 자체의 창에 대한 조절을 하는 단추
6. 문서 창 조절 버튼 : 작업 중인 워크시트에 대한 창을 조정하는 단추
7. 이름상자 : 선택한 셀의 주소, 지정한 셀 또는 그룹의 이름, 입력 함수를 표시
8. 함수 마법사 실행 버튼 : 함수 마법사를 실행하도록 하는 단추

9. 수식 입력줄 : 어떤 셀이나 범위를 지정한 후에 자료나 수식을 입력하는 장소[셀에 직접 입력하면 옆의 셀에 값이 있는 경우에는 입력이 곤란하거나 불가능하므로 수식 입력줄에 함수를 입력하는 습관을 기르는 것이 중요함]

10. 워크시트 전체 지정버튼 : 작업 중인 워크시트 전체를 지정하는 경우에 사용하는 단추, 서식 등의 지정에 편리 → A, B, C, D, E 등으로 표시되는 열 머리글을 마우스 왼쪽 단추로 클릭하면 해당 열 전부를 지정할 수 있다. 그리고 1, 2, 3, 4, 5, 6 등으로 표시되는 행 머리글을 마우스 왼쪽 단추로 클릭하면 해당 행 전부를 지정할 수 있다.

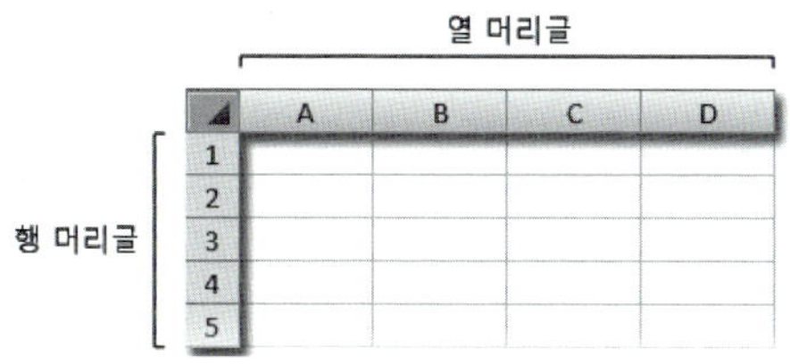

11. 시트 탭 이동버튼 : 하나의 통합문서에 많은 워크시트가 포함되는 경우에 가려져 보이지 않은 시트를 볼 수 있도록 시트 탭 화면을 이동시키는 단추

12. 시트 선택/삽입 탭 : 워크시트를 선택 또는 삽입(가장 우측 탭 : ⊕)하는 경우에 사용하는 탭

13. 보기 버튼 : 왼쪽에서 오른쪽으로 순서대로 "기본", "페이지 레이아웃", "페이지 나누기 미리보기"의 3개 단추로 구성, 기본은 처음 시작하는 때에 나타나는 화면을, 페이지 레이아웃은 인쇄할 페이지의 형태를, 페이지 나누기 미리보기는 나눠질 페이지 형태를 보여주는 단추

14. 화면 축소 및 확대 : 작업 중인 워크시트의 셀 및 글씨 크기를 확대 또는 축소하는데 사용, "-"를 누를 때마다 10%씩 축소되고, "+"를 누를 때마다 10%씩 확대되는 기능 수행

15-16. 수직/수평 이동 스크롤 바 : 화면을 아래위로, 그리고 좌우로 빠르게 이동하고, 화면에 나타나지 않은 부분을 확인하는데 사용하는 막대

17. 매크로 표시 버튼 : 매크로 함수의 내장 여부 및 내역을 표시하는 단추, 옆의 준비라는 표시와 함께 "상태 표시 영역"을 구성

2.1.2 단축키의 활용방법

알아두면 편리한 기타 단축키들은 다음과 같다.

- Ctrl + Page Up : 앞의 시트로 이동
- Ctrl + Page Up : 다음 시트로 이동
- Alt + Page Up : 시트 내부 화면에서 왼쪽으로 이동
- Alt + Page Up : 시트 내부 화면에서 오른쪽으로 이동
- Home : 해당 셀이 위치한 행의 A열(제일 왼쪽) 셀로 이동
- Ctrl + Home : 활성 시트(현재 작업 중인 시트)의 A1셀로 이동
- Ctrl + End : 활성 시트(현재 작업 중인 시트) 작업영역의 우측 하단 셀로 이동
- Ctrl + ↑ : 활성시트의 제일 위(1행)의 셀로 이동
- Ctrl + ↓ : 활성시트의 제일 아래(1048576행)의 셀로 이동
- Ctrl + ← : 활성시트의 제일 왼쪽(A열)의 셀로 이동
- Ctrl + → : 활성시트의 제일 오른쪽(XFD열)의 셀로 이동
- F6 : 창 나누기를 한 후에 칸막이들을 이동하는데 사용
- Shift + F6 : 창 나누기를 한 후에 칸막이에서 다른 칸막이로 F6과는 반대 방향으로 이동하는데 사용
- F2 : 워크시트에서 어떤 셀의 내용들을 추가 편집하는데 사용
- F9 : 계산을 다시 수행

2.2 수식입력과 연산

2.2.1 계산과 수식입력

엑셀에서 계산을 하려면 반드시 "="을 먼저 사용(표시)하고, 관련 연산의 수식이나 함수를 작성한다.

- 연산 : 필요한 해답을 구하려고 정해진 방식에 따라 수행하는 계산
- 수행 중인 연산을 완료하려면, 커서 이동키를 누르거나, 마우스로 다른 셀로 커서를 이동시키거나, 또는 "Enter"를 클릭하면 된다.
- 자동계산이나 수식입력항목의 추적을 쉽게 하기 위해서는 숫자를 직접 입력하는 대신에, 입력할 숫자들을 다른 셀들에 입력하고 해당 셀들을 이용하여 수식을 입력하는 것이 효과적이다. 이는 수식에 입력할 숫자가 많은 경우에 오타가 발생할 가능성이 크고, 같은 수식을 반복적으로 다시 적용할 경우에 일부 수식의 복사 또는 활용이 곤란하기 때문이다.

2.2.2 기본 연산자

연산자(operator)는 연산을 수행하는 기호 또는 표시를 말하며, 엑셀의 기본연산자는 다음과 같이 3가지로 구분된다.

- 산술연산자 : 더하기, 빼기, 곱하기, 나누기 등의 기본적인 수학 연산의 수행에 사용하는 기호

용도	산술연산자	적용 예제	
		입력 식	결과
더하기	+(더하기)	=2+4	6
빼기	-(빼기)	=2-4	-2

용도	산술연산자	적용 예제	
		입력 식	결과
곱하기	*(별표)	=2*4	8
나누기	/(슬래시)	=2/4	0.5
% 비율	%(백분률)	=50%*8	4
지수	^(캐럿)	=2^4	16

- 비교연산자 : 두 개의 값을 비교하여, 조건의 진위 검정에 사용하는 기호, 조건표시에서 검정(비교)할 대상은 좌측에, 검정기준은 우측에 표시

비교연산자	의미	비교연산자	의미
=	같음(일치)	>=	크거나 같음(이상)
>	보다 큼(초과)	<=	작거나 같음(이하)
<	보다 작음(미만)	<>	같지 않음(상이)

- 텍스트 연결 및 참조 연산자 : "TEXT"함수를 사용할 경우, 텍스트 문자열을 연결하여 하나의 텍스트로 만들기 위해 "&"(앰퍼샌드)를 사용하고, 계산에 필요한 셀 범위를 지정하고 조합으로 결합하기 위해 참조연산자를 사용

참조연산자	의미	예제
:(콜론)	두 개의 참조 셀을 포함하고, 그 셀들 사이의 모든 셀을 하나의 참조로 만드는 범위 연산자	=SUM(A5:A25)
,(쉼표)	여러 참조를 하나의 참조로 결합하는 통합연산자	=SUM(A5:A25,B5:B15)
(공백)	두 참조에 공통되는 셀에 대한 참조를 만드는 논리곱 연산자 [입력 후 "Ctrl+Shift+Enter" 클릭]	=A5:A12 B6:B13

2.2.3 Excel함수의 특징

엑셀함수들은 재무, 수학 및 삼각, 통계, 논리, 텍스트, 날짜 및 시간, 찾기 및 참조 영역, 데이터베이스, 공학, 큐브, 정보, 호환성, 사용자정의함수로 구분하여 제공되고 있다. 엑셀 함수는 크기와 형태가 다양하지만, 다음과 같이 투입물 개수에 따라 3가지로 구분할 수 있다.[1)]

구분	예
어떤 투입자료도 사용하지 않는 함수들	=Rand(), =Today, True(), =Row(), =Column()
하나의 값을 투입물로 사용하는 함수들	=TRIM("나와 유"), =INT(15.56), =Row(A35), =Column(K35), =DAY(DATE(2011,1,15)), =DAY("2011/1/15")
2개 이상의 값들을 투입물로 사용하는 함수들	=Sumproduct(A1:A5,C1:C5), =Offset(A1,3,2), =Mid("나와유 I&You",1,3)

2.2.4 수행연산에 대한 오류 표시

엑셀에서 "="를 이용하여 연산을 수행하는 경우에 입력수식에서 잘못이 있으면, 답이 나타나는 대신에 다음과 같은 오류 표시가 나타난다.

- #REF! : 원래 공식에서 사용된 셀이나 구간이 삭제된 경우에 발생하는 표시
- #NAME? : 공식에 함수가 아닌 문자나 기호를 사용하는 경우에 발생하는 표시
- #DIV/0! : 모형에서 자료가 없거나 사용공식을 자료에 입력한 경우 나오는 표시
- #NUM! : 반복계산 등의 경우에 수행 실패로 발생하는 표시
- #N/A : VLOOKUP, HLOOKUP, MATCH 형태 함수에서 대응 셀을 못 찾는 경우에 수행 실패를 나타내는 표시

1) 각 식을 "Ctrl+C"로 복사하여 엑셀 워크시트에 "Ctrl+V"로 붙여 넣으면 용도를 알 수 있음

CHAPTER 3

기술통계량과 도수분포

3.1 기술통계량과 도수분포의 개념
3.1.1 기술통계량 개념과 특성
3.1.2 도수분포표의 개념과 구성요소
3.2 정량자료와 정성자료의 도수분포 작성
3.2.1 정량자료의 도수분포 작성
3.2.2 정성자료의 도수분포 작성

3.1 기술통계량과 도수분포의 개념

3.1.1 기술통계량 개념과 특성

(1) 기술통계량의 개념

기술통계량(descriptive statistics)은 자료의 설명을 위해 자료 특성을 파악할 수 있도록 도수분포 또는 상대도수분포의 특성을 설명 또는 요약하는 숫자 표시의 지수(numerical index)이다.

- 분포(distribution) : 어떤 변수의 크기 순서에 따라 정렬된 관찰된 값들에 의해 나타나는 패턴, 이론적 분포는 관찰된 값들로부터 수집한 분포 대신에 연역 추론된(deduced) 분포로 규정
- 기술통계량은 자료 값들의 도수분포를 표 또는 차트형식으로 표시하고, 수집한 정보의 특성을 배열, 요약 또는 전달하도록 처리한 숫자 값
- 기술통계학은 분석 대상이 되는 집단을 보다 쉽게 해석할 수 있도록, 그 집단에 관한 숫자 표시 자료를 요약하고 설명하는데 사용되는 방법론

(2) 기술통계량의 특성

통계자료의 특성을 나타내도록 요약하는 기술통계량은 평균(average)과 분산측정치(measures of dispersion or spread)의 2가지 공통된 특성으로 구분된다.

- 평균은 자료집합의 중심이나 중간을 나타내는 중심경향 측정치(measures of central tendency)와 자료의 위치를 숫자 크기로 표시하는 위치측정치(measures of location)로 병행 사용
- 분산측정치(measures of spread or dispersion)는 관찰치 집합이 얼마나 넓게 흩어져 있는지를 설명하는 측정치이며, 변동성 측정치(measures of variability)라고 함

- 기술통계량 기법들은 대량의 정량정보를 아주 분명하게 적용시키는 방법을 설명해주며, 사회과학 및 행동과학에 대한 분석기준을 제공한다. 그리고 기술통계량은 "자료수집→정보추출(자료정리)→정보해석 및 요약"의 과정으로 획득할 수 있다.

3.1.2 도수분포표의 개념과 구성요소

(1) 도수분포표의 개념

도수분포표(frequency distribution)는 사전에 자료배열의 범위를 몇 개의 구간으로 나누어, 각 구간 범위인 그룹에 속하는 자료 값들의 수를 표시하는 그룹화 자료에 대한 표(tabular representation of grouped data)이다.

- 배열 또는 자료배열(data array) : 치수(측정치)들을 오름차순(ascending order) 또는 내림차순(descending order)으로 정렬시킨 집합
- 범위(range) : 측정치 집합에서 최대 측정치와 최소 측정치 사이의 격차 또는 측정척도(measurement scale) 표시 거리
- 도수분포표로 작성하여 구성된 정성(범주형)변수나 정량(연속형)변수의 자료를 그룹화자료(grouped data)라고 한다.

(2) 도수분포표의 구성요소

도수분포표는 계급(class)과 도수(frequency)를 사용하여 작성한다.

- 계급(class) : 조사할 내용을 수량화시킨 변량이 갖는 값들을 구분한 구간
- 도수 : 계급에 속하는 값들의 수, 계급 간격(class interval) 안에 있는 값들의 수
- 주어진 도수분포에서 모든 계급간격들을 균등하게 하는 것이 편리하며, 사용할 계급간격(급간격) 근사치(approximate class interval)는 다음 공식으로 계산

(3.1) $$\text{계급간격 근사치} = \frac{\text{비그룹화자료의 최대치} - \text{비그룹화자료의 최소치}}{\text{원하는 계급들의 수}}$$

$$\text{계급간격 근사치} = \frac{\text{자료의 범위}}{\text{원하는 계급들의 수}}$$

3.2 정량자료와 정성자료의 도수분포 작성

3.2.1 정량자료의 도수분포 작성

(1) 도수분포표의 구성요소 계산

도수분포표 작성을 위해서는 자료의 최대값 및 최소값을 구하여, 범위를 계산하고, 자료의 수를 측정하여 계급의 수를 관습에 따라 적용하거나 계산을 해야 한다. 그리고 자료의 범위와 계급의 수를 사용하여 계급간격을 구한다.

① 자료의 범위 계산

- 자료의 최대값을 "=MAX(자료구간)"으로 계산
- 자료의 최소값을 "=MIN(자료구간)"으로 계산
- 자료의 범위(range)를 "=MAX(자료구간)-MIN(자료구간)"으로 계산

(3.2) 자료 범위 = 자료의 최대값 - 자료의 최소값

② 자료의 수(표본크기) n의 측정

- 자료의 수 n을 "=COUNT(자료구간)"으로 계산

③ 계급의 수 k 와 간격 근사치와 계급간격의 계산

- 자료 성격에 따른 관행을 기초로 점수는 등급(계급)을 $A^+, A^0, \ldots, D^+, F$와 같이 9단계 또는 A, B, .., F와 같이 5단계로 결정
- 관행이 없는 경우 H.A. Sturges 공식 사용[표본크기 30개 이상인 경우에 양호]

(3.3.1) $k = [1+3.322\log_{10} n]$

(3.3.2) $k = [\log_2 n + 1]$

- (3.3.1)식이나 (3.3.2)식에서 계산된 값을 정수로 끊어 올려서 사용, Excel에서는 Roundup함수를 이용하여 계산
- 계급간격의 근사치를 범위/계급의 수로 계산하고, 판별이 편리한 정수 자릿수 단위로 적용

예제 3.1 A1:A16구간의 자료를 기초로, 평점의 표시와 도수분포표의 구성요소들을 계산할 수 있다.

	A	B	C	D	E
1	점수	최대값	97	=MAX(AB)	
2	79	최소값	45	=MIN(AB)	
3	85	범위	52	=C1-C2	
4	78	자료크기(n)	15	=COUNT(AB)	
5	86	계급 수(k)	5	=ROUNDUP(1+3.322*LOG(C4),0)	
6	50	계급 수(k)	5	=ROUNDUP(LOG(C4,2)+1,0)	
7	81	계급 간격	10	=ROUND(C3/C5,0)	
8	95				
9	88				
10	97				
11	68				
12	45				
13	71				
14	58				
15	91				
16	74				

① 자료구간의 이름지정

- A2:A16구간을 지정, 열 머리 좌측 위의 이름상자에서 "A2"에 마우스 커서를 두고 왼쪽 단추를 눌러 셀 표시가 검게 변하면 "AB"로 구간 이름을 지정

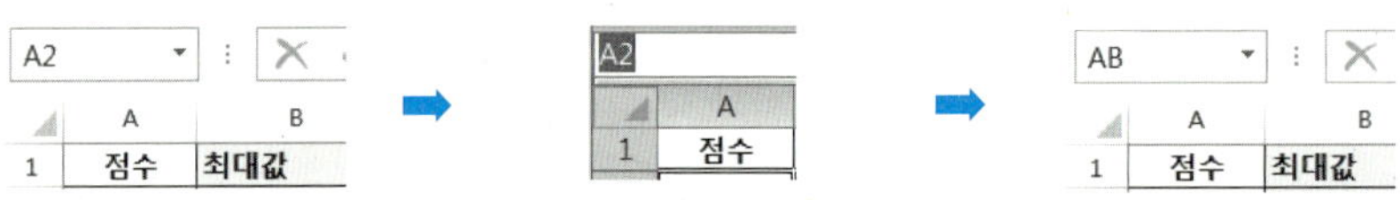

② 범위와 자료크기 계산

- C1셀에 "=MAX(AB)", C2셀에 "=MIN(AB)"를 입력, 최대값과 최소값 계산
- C3셀에 "=C1-C2"를 입력하여 (3.2)식에 따라 자료의 범위를 계산
- C4셀에 "=COUNT(AB)"를 입력하여 자료크기 n을 15로 계산

③ 계급의 수 k 와 계급간격의 계산

- C5셀에 "=ROUNDUP(1+3.322*LOG(C4),0)"을 입력, (3.3.1)식에 따라 계산
- C6셀에 "=ROUNDUP(LOG(C4,2)+1,0)"을 입력, (3.3.2)식에 따라 계산
- (3.1)식에 따라 C7셀에 "=ROUND(C3/C5,0)"을 입력, 계급간격을 계산

TIP 반올림 관련 Excel함수

- ROUND(숫자, 반올림할 소수점 자릿수) : 소수점 자릿수가 2이면 소수점 2자리, 0이면 정수, -1이면 10단위(소수점 위 1자리), -2이면 100단위(소수점 위 2자리) 등으로 반올림
- ROUNDDOWN(숫자, 소수점 자릿수) : 설정한 자릿수로 숫자를 끊어 내리는 함수
- ROUNDUP(숫자, 소수점 자릿수) : 설정한 자릿수로 숫자를 끊어 올리는 함수

(2) 도수분포표의 작성

엑셀의 Frequency함수를 기초로 도수분포표를 작성하기 위해서는 계급 상한들을 입력하고, 관련 계급들의 도수들을 구해야 한다.

① 계급과 계급상한의 입력

- 계급(class) : 조사할 내용을 수량화시킨 변량이 갖는 값들을 구분한 구간
- 변량(variate) : 조사 내용의 특성을 수량으로 나타낸 것

② 계급별 도수의 계산과 도수분포표 완성

- FREQUENCY(data_array,bins_array) 함수를 이용한 계급별 도수 계산
  - data-array에는 입력한 자료를 지정
  - bins-array에는 계급구분에 사용할 참조 값들인 계급상한들을 지정
- 도수 표시 구간의 첫 셀에 "=FREQUENCY(자료구간,계급상한구간)"을 입력 후 "Ctrl+Shift+Enter"를 동시에 눌러 도수들을 획득

예제 3.2 예제 3-1의 자료와 계산결과를 기초로 도수분포표를 작성하고, 각 계급의 비중을 구할 수 있다.

	A	B	C	D	E	F	G
1	점수	최대값	97	계급	계급상한	도수	비중
2	79	최소값	45	A	100	3	20.0%
3	85	범위	52	B	89	4	26.7%
4	78	자료크기(n)	15	C	79	4	26.7%
5	86	계급 수(k)	5	D	69	1	6.7%
6	50	계급 수(k)	5	F	59	3	20.0%
7	81	계급 간격	10		계	15	100.0%
8	95						
9	88						
10	97						
11	68						
12	45						
13	71						
14	58						
15	91						
16	74						

① 자료복사와 도수분포표 구성요소 입력

- 워크시트 아래의 시트 탭에서 마우스로 3-1을 지정하고, 오른쪽 단추를 눌러 나오는 대화상자에서 "이동/복사"를 클릭, 다시 대화상자에서 위치를 3-1 아래로 지정 후 "확인"을 클릭

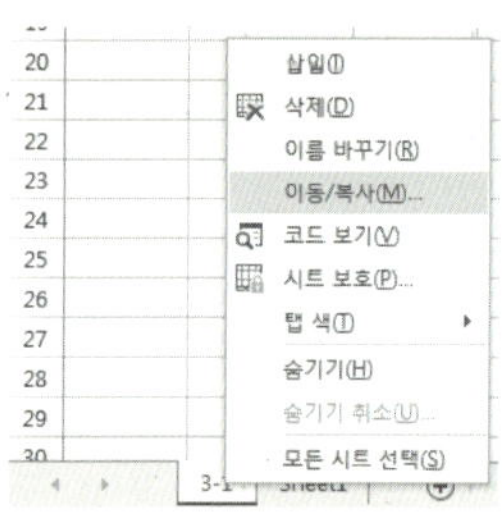

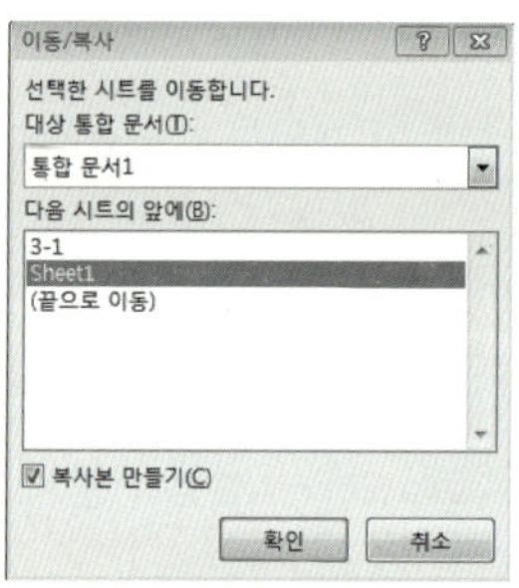

- D1:E7구간을 위의 시트와 같이 입력

② 계급별 도수계산

- F2:F6구간 지정, 수식입력줄에 다음 식 입력 후 "Ctrl+Shift+Enter"를 클릭
- "=FREQUENCY(AB,E2:E6)"
- F7셀에 "=SUM(F2:F6)"을 입력

③ 계급별 도수 비중 계산

- G2:G7구간 지정, 수식입력줄에 "=F2/$F$7" 입력 후 "Ctrl+Enter"를 클릭

(3) 도수분포도의 작성

도수분포표를 표시한 그림을 도수분포곡선 또는 도수분포도라고 하며, 다음과 같은 차트와 그래프를 통해 제시할 수 있다.

- 막대그래프(bar charts) : 개별 범주에 대한 측정치를 표시하며, 각 범주의 막대(bar)가 서로 떨어져 있음
- 히스토그램(Histograms) : 막대그래프와 유사하지만, 각 막대(bar)가 서로 붙어있고, 각 막대의 면적이 해당 계급에서 관측치들의 수에 비례
- 원그래프(pie charts) : 전체를 구성하는 각 구성요소의 비율을 보여주는데 사용
- 도수꺾은선 또는 도수다각형(run chart or frequency polygon) : 원점(0)에서부터 계급 중앙값들을 연결한 직선들로 구성한 그림
- 점 그래프(point graph) : 각 자료 값 또는 계급값의 도수를 좌표평면의 점들로 표시한 그래프
- 선 그래프(line graph) : 각 자료 값 또는 계급값의 도수를 좌표평면의 점에서 내린 수직선들로 표시한 그래프
- 누적(상대)도수분포곡선(ogive) : 각 계급의 하한(계급이 시작하는 값)과 그 계급까지의 누적(상대)도수의 쌍으로 된 조합들을 연결한 직선
- 줄기-잎 도표(stem-and-leaf diagram) : 순위 배열된 막대그래프 체제의 측정치들을 체계적으로 표현하는 단순한 방식이며, 패턴 및 관계에 관한 통찰력을 획득하기 위한 자료의 예비분석에 관련된 탐색적 자료 분석에서 가장 많이 사용
- 파레토 차트(Pareto charts) : 히스토그램과는 달리, 정성변수에 대한 도수 막대그래프, 각 막대는 좌측에서 우측으로 내림차순(descending order)으로 배열된 도수 또는 상대도수를 표시

TIP

- 상대도수(relative frequency) : 해당 계급 관찰치의 도수를 도수합계(총도수)로 나눈 값
- 누적도수(cumulative frequency) : 이전 계급들부터 해당 계급까지의 도수를 더한 값

차트로 표시할 구간을 지정하고, 엑셀의 메뉴 탭에서 “삽입 | 차트”를 지정하면, 〈그림 3-1〉과 같은 여러 형태의 차트에서 선택을 할 수 있다.

〈그림 3-1〉 엑셀 2013의 기본 차트

예제 3.3 예제 3-2의 D1:D6구간과 F1:F6구간을 사용하여 히스토그램으로 도수분포도를 다음과 같이 작성할 수 있다.

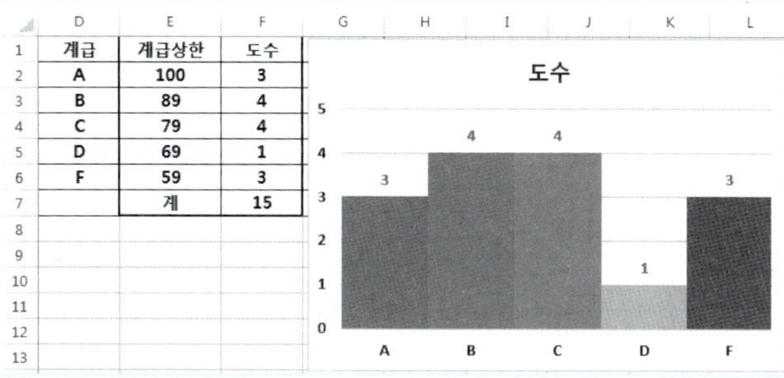

계급	계급상한	도수
A	100	3
B	89	4
C	79	4
D	69	1
F	59	3
	계	15

① 자료구간 지정 및 차트종류 선택

- F1:F6구간 지정, 메뉴 리본의 "삽입/차트/세로막대형 차트 삽입"을 지정
- "묶은 세로 막대형"을 지정하여 아래 우측 차트를 생성

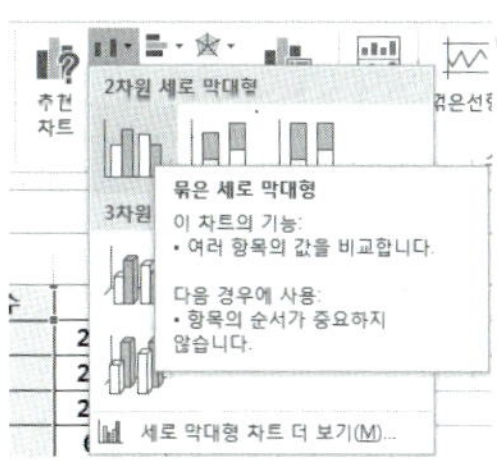

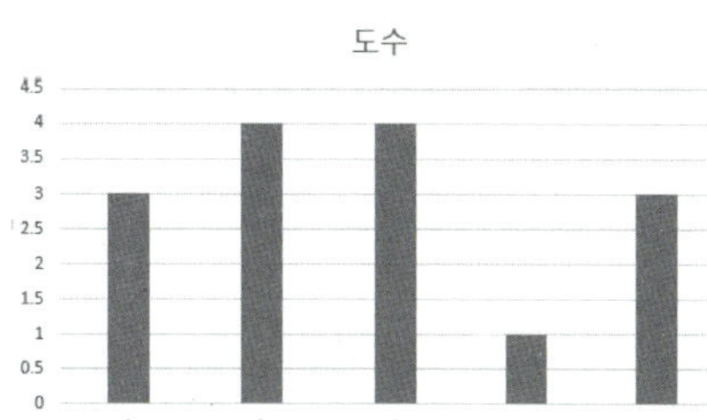

② 축 서식 조정

- 차트 수직축 숫자를 마우스로 더블 클릭, 대화상자에서 "축 서식"을 지정
- 축 서식 대화상자에서 "최대값"을 "5"로, "단위/주"를 "1"로 지정

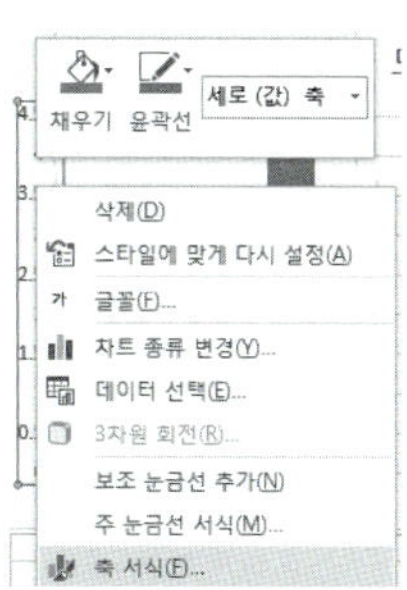

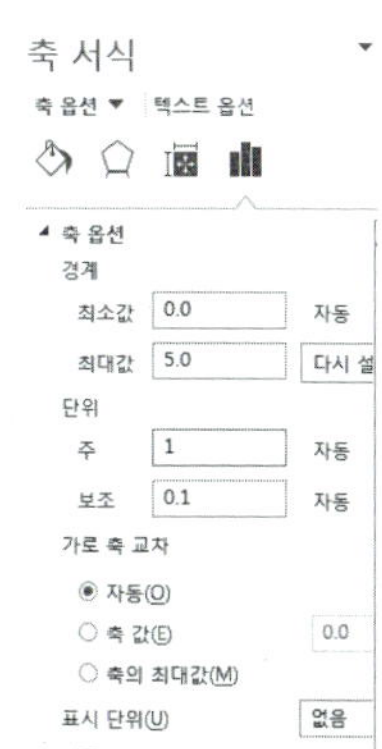

③ 가로(항목) 축 레이블 변경

- 차트 내부를 마우스로 지정한 후에 오른쪽 단추를 눌러 생성된 대화상자에서 “데이터 선택”을 지정
- 데이터 원본 선택 대화상자에서 “가로(항목) 축 레이블/편집”을 지정, 생성된 축 레이블 대화상자에 “D2:D6”구간을 지정

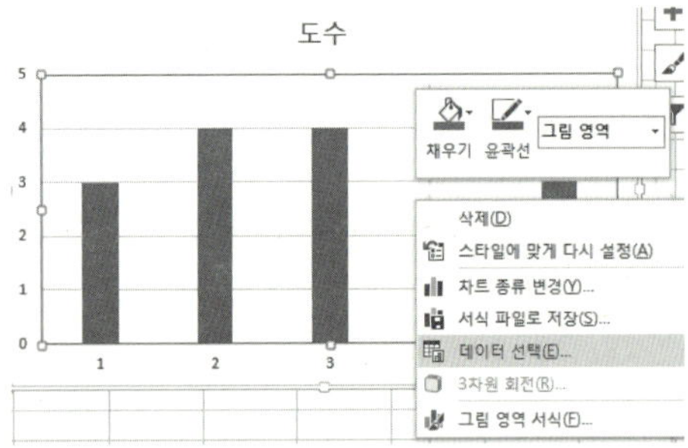

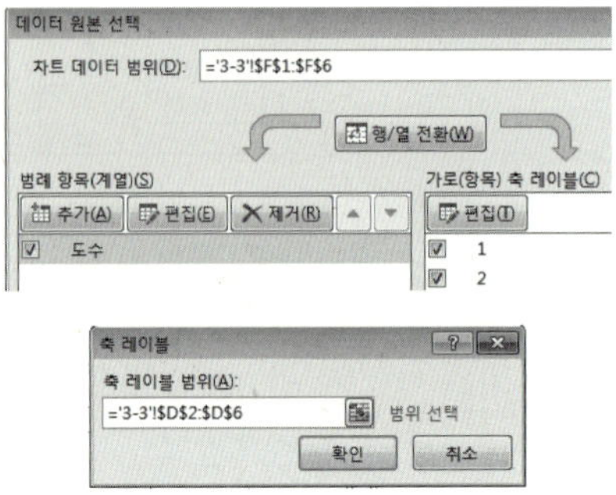

④ 그래프 간격 조정과 데이터 레이블 추가

- 차트의 막대그래프를 지정, 생성된 대화상자에서 “데이터 계열 서식”을 지정
- 데이터 계열 서식 대화상자의 계열 옵션에서 간격 너비를 “0%”로, 채우기를 “자동/요소마다 다른 색 사용”으로 지정
- 차트의 막대그래프를 다시 지정, 대화상자에서 “데이터 레이블 추가/데이터 레이블 추가”를 선택

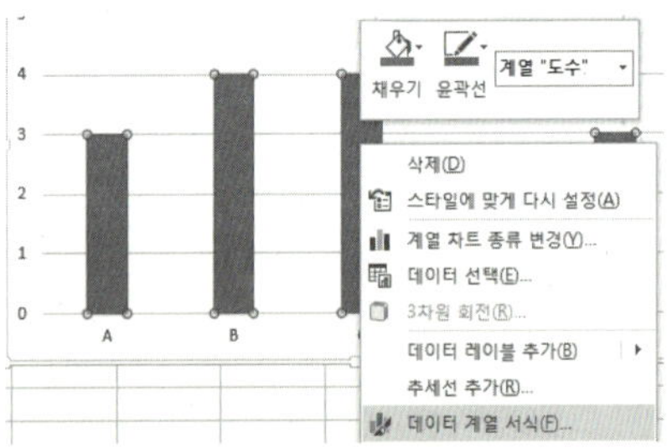

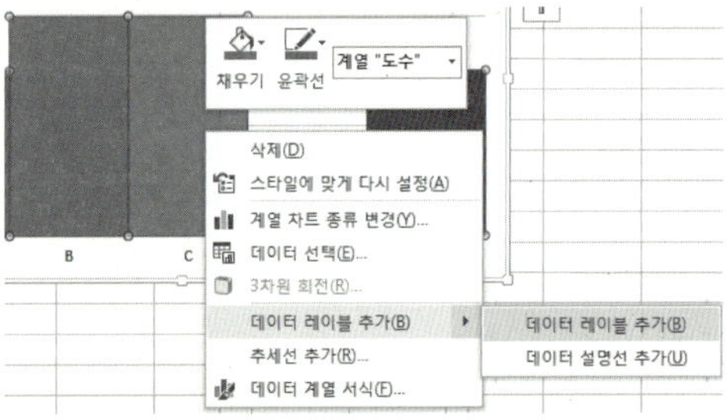

예제 3.4 예제 3-1의 자료에 대한 도수분포도를 추가기능(히스토그램)을 이용하여 다음과 같이 작성할 수 있다.

	A	B	C	D	E
1	점수	계급상한	계급상한	빈도수	누적 %
2	79	100	59	3	20.00%
3	85	89	69	1	26.67%
4	78	79	79	4	53.33%
5	86	69	89	4	80.00%
6	50	59	100	3	100.00%
7	81		기타	0	100.00%
8	95				
9	88				
10	97				
11	68				
12	45				
13	71				
14	58				
15	91				
16	74				

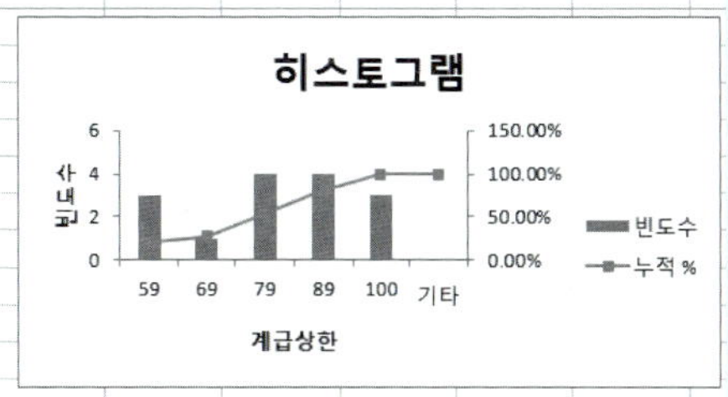

① 메뉴 리본의 데이터 분석도구 추가

- 메뉴 리본에서 "파일 | 옵션"을 지정하면, "Excel옵션" 대화상자가 생성된다. "Excel옵션" 대화상자에서 "추가기능"을 그리고 "이동"을 클릭
- 생성된 추가기능 대화상자에서 "분석도구"를 지정하고 "확인"을 클릭
- 메뉴 리본의 "데이터"에서 "분석/데이터 분석"이 생성되는 것을 확인

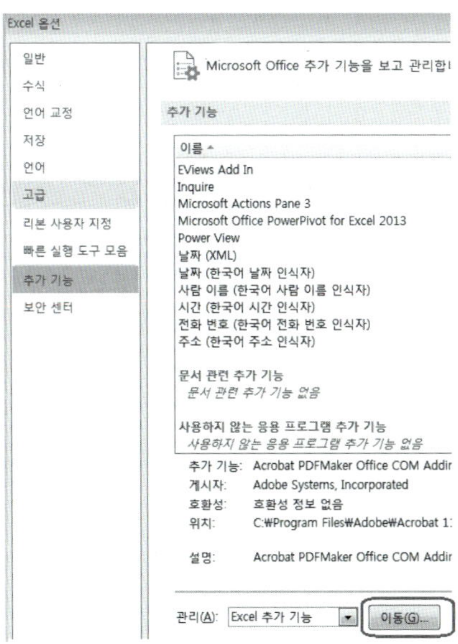

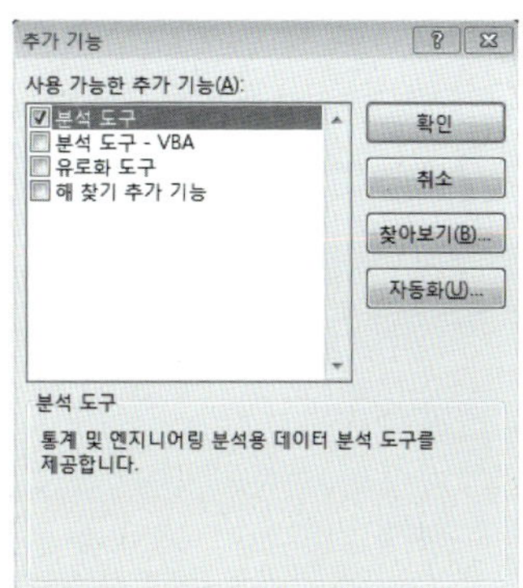

② 계급상한을 입력

- B1:B6구간에 계급상한과 값들을 입력

③ 메뉴 리본에서 "데이터/분석/데이터 분석" 을 지정 히스토그램 작성

- 생성된 "통계 데이터 분석" 대화상자에서 "히스토그램"을 지정
- 생성된 히스토그램 대화상자에서 이름표 표시와 함께, 입력범위에는 자료구간을, 계급 구간에는 계급 상한구간을, 출력 옵션에서 출력범위에 특정 셀을 지정하고, "누적 백분율, 차트출력"을 지정

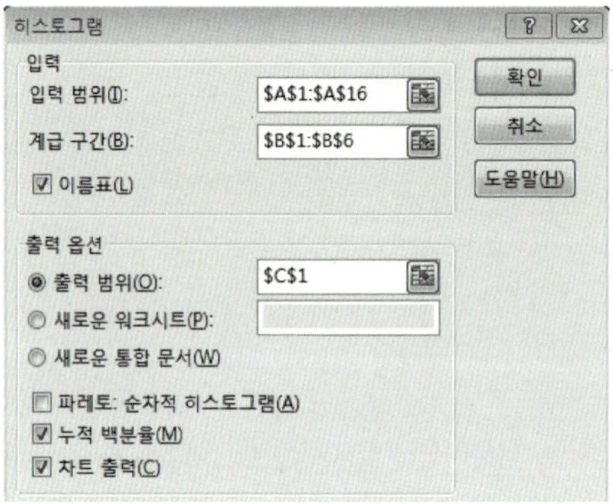

(4) 도수분포표의 활용

도수분포표의 계급과 도수를 기초로 계급간격(class interval), 완전(진정)계급한계[exact (true) class limits or class boundaries], 완전계급하한(lower exact class limit), 완전계급상한(1), 계급 중점(class midpoint)을 규명할 수 있다.

- 계급간격(class interval) : 자료가 속하는 계급의 범위 또는 범주이며, 그 크기(폭)는 해당 계급의 완전계급상한에서 완전계급하한을 차감하여 계산

(3.4) 계급간격 = 완전계급상한 - 완전계급하한

완전계급한계는 연속변수들에 대한 측정치 척도에 따라 인접하는 계급들을 분리하기 위해 설정하는 (정의에 따라 얻어진 수인) 정확수(exact number)로 결정되는 특정한 값이다. 따라서 완전계급한계를 사용하면, 연속 계급들의 하한과 상한 사이에 격차가 없다.

- 오름차순 배열 계급에서 한 계급의 완전계급상한은 다음 계급의 완전계급하한
- 오름차순 배열 계급에서 한 계급의 완전계급하한은 직전 계급의 완전계급상한

완전계급한계는 인접 계급들(adjoining classes)의 상한과 하한 사이의 절반인 점들을 계산하여 결정한다.

- 완전계급하한 : 해당 계급하한과 인접 계급상한의 1/2
- 완전계급상한 : 해당 계급상한과 인접 계급하한의 1/2

계급값(class mark)은 계급한계(class limits)인 상한과 하한의 평균, 계급 대표치(mid-value) 또는 계급 중앙값(central value)이라고 한다.

- 계급값은 그 계급의 간격(구간)에서 중간(중앙)이 되는 값

$$계급값 = \frac{완전계급하한 + 완전계급상한}{2}$$

$$계급값 = 완전계급하한 + \frac{계급간격}{2}$$

예제 3.5 예제 3-3의 도수분포표를 사용하여 다음과 같이 계급한계, 완전계급하한, 계급값(계급중점)을 구할 수 있다.

	A	B	C	D	E	F	G
1	계급	계급상한	도수	계급하한	완전계급하한	완전계급상한	계급값
2	A	100	3	90	89.5	100	94.75
3	B	89	4	80	79.5	89.5	84.5
4	C	79	4	70	69.5	79.5	74.5
5	D	69	1	60	59.5	69.5	64.5
6	F	59	3	0	0	59.5	29.75

① 자료복사 및 붙이기

- 예제 3-3시트의 D1:F6구간 지정 후 “Ctrl+C”로 복사
- 시트 탭에서 새 시트 단추 “ ⊕ ”를 클릭하여 새로운 시트를 추가
- 새로운 시트의 A1셀을 지정 후 마우스 오른쪽 단추를 눌러 생성된 대화상자에서 붙여넣기 옵션 중 “ 123 ”(값 붙여넣기)를 지정하여 붙이기

② 계급한계 계산

- D2:D5구간 지정, 수식입력줄에 “=B3+1”를 입력 후 “Ctrl+Enter”를 클릭하여, 직전 계급상한에 1을 추가하여 각 계급의 하한을 동시 계산
- D6셀에 0을 입력, 가상 낮은 (내림차순의) 마지막 계급의 하한을 기록

③ 완전계급하한 계산

- E2:E5구간 지정, 수식입력줄에 “=(D2+B3)/2”를 입력 후 “Ctrl+Enter”를 클릭하여 각 계급의 완전계급하한을 동시 계산
- E6셀에 0을 입력, 가장 낮은 (내림차순의) 마지막 계급의 완전계급하한을 기록

④ 완전계급상한 계산

- F2셀에 100을 입력, 가장 높은 (내림차순의) 첫째 계급의 완전계급상한을 기록
- F3:F6구간 지정, 수식입력줄에 “=(B3+D2)/2”를 입력 후 “Ctrl+Enter”를 클릭하여 각 계급의 완전계급상한을 동시 계산

⑤ 계급값 계산

- G2:G6구간 지정, 수식입력줄에 “=SUM(E2:F2)/2”를 입력 후 “Ctrl+Enter”를 클릭하여 각 계급에 대해 계급값을 동시 계산

3.2.2 정성자료의 도수분포 작성

정성변수(범주형변수, 비계량변수)의 도수분포표는 피벗차트 또는 COUNTIF함수를 사용하여 작성할 수 있다.

예제 3.5 어떤 무역회사는 주로 미국(U), 중국(C), 일본(J), 프랑스(F), 독일(G), 태국(T), 인도(I)의 수입상들로부터 제시된 제품 조회에 대한 상담을 한다고 하자. 어떤 일자에 조회를 한 수입상들의 국적이 다음의 A2:A16구간과 같다고 하자. 조회국의 빈도와 히스토그램을 피벗차트를 사용하여 구하면 다음과 같다.

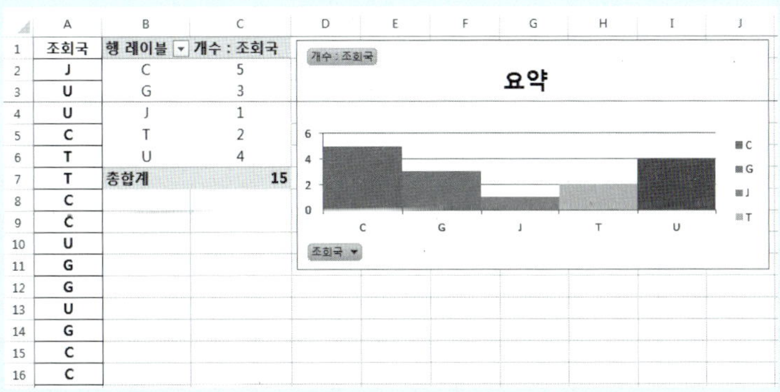

① 자료 입력과 피벗차트 지정

- A1:A16구간과 같이 자료 입력
- 메뉴 리본에서 "삽입 | 차트 | 피벗차트 | 피벗차트 및 피벗테이블"을 지정
- 생성된 "피벗 테이블 및 피벗 차트 만들기" 대화상자에서 A1:A16의 자료구간을 지정하고, 출력할 테이블 위치를 B1으로 지정 후 "확인"을 클릭

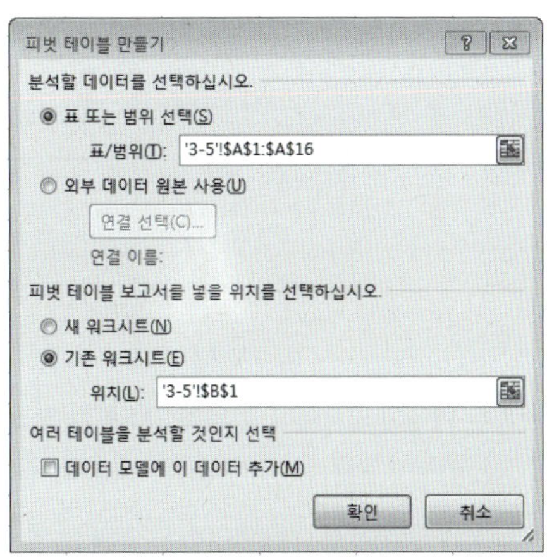

▪ 아래와 같이 생성된 화면에서 오른쪽 피벗 차트 필드에서 조회국을 지정

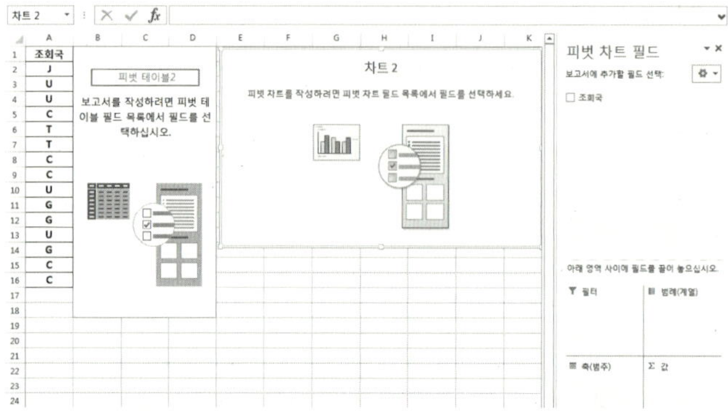

▪ 조회국을 지정하면 아래와 같이 행 레이블이 나타남

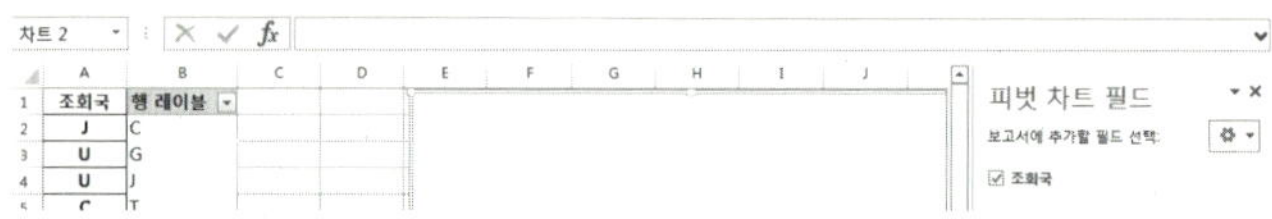

▪ 다시 우측 피벗 차트 필드에서 조회국을 커서로 눌러서 지정

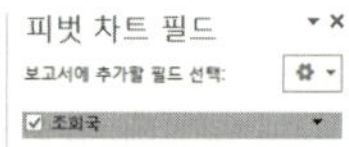

▪ 우측 피벗 차트 필드에서 지정한 레이블(조회국)을 커서로 $\sum$ 값으로 이동시키면 레이블의 개수와 차트가 다음과 같이 생성됨

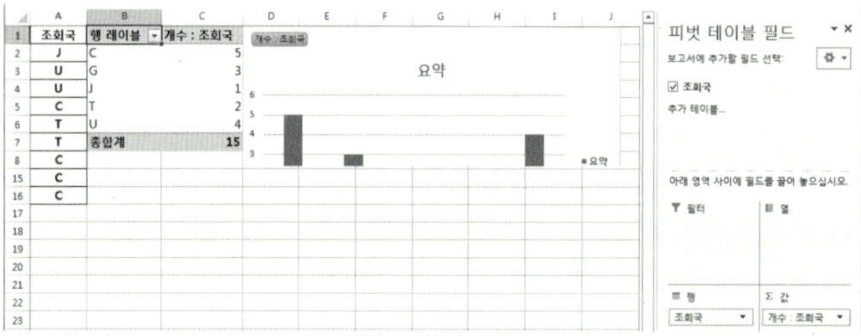

② 차트의 색상 조정 및 레이블 추가

▪ 차트 막대에 커서를 두고 우측 단추를 눌러 생성된 대화상자에서 "데이터 계열 서식"을 지정

▪ 데이터 요소 서식 대화상자에서 "채우기 : 요소마다 다른 색 사용"을 지정

▪ 데이터 요소 서식 대화상자에서 "계열 옵션 : 간격 너비"를 0%로 지정

▪ 차트 막대에 커서를 두고 우측 단추를 눌러 생성된 대화상자에서 "데이터 레이블 추가"를 지정

예제 3.6 예제 3-5는 3월 24일의 조회국가들 자료라고 하자. 그리고 3월 25일에 그밖에 우즈베키스탄(Z), 베트남(V), 싱가포르(S), 러시아(R)의 수입상들로부터 제시된 제품 조회를 받았다고 하자. 이와 같이 조회를 한 수입상들의 국적이 다음의 A2:B20구간과 같다고 하자. 이러한 경우에 각 일자의 조회국의 빈도와 히스토그램을 피벗차트를 사용하여 구하면 다음과 같다.

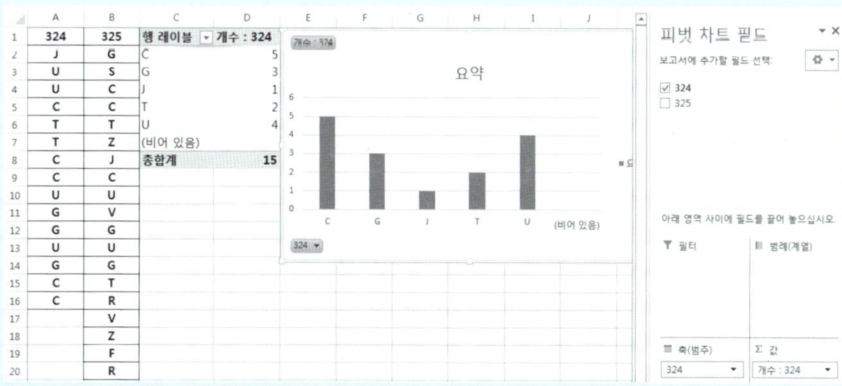

① 자료 입력과 피벗차트 지정

- A1:B20구간과 같이 자료 입력
- 메뉴 리본에서 "삽입 | 차트 | 피벗차트 | 피벗차트 및 피벗테이블"을 지정

- 생성된 “피벗 테이블 및 피벗 차트 만들기” 대화상자에서 A1:B20의 자료구간을 지정하고, 출력할 테이블 위치를 C1으로 지정 후 “확인”을 클릭

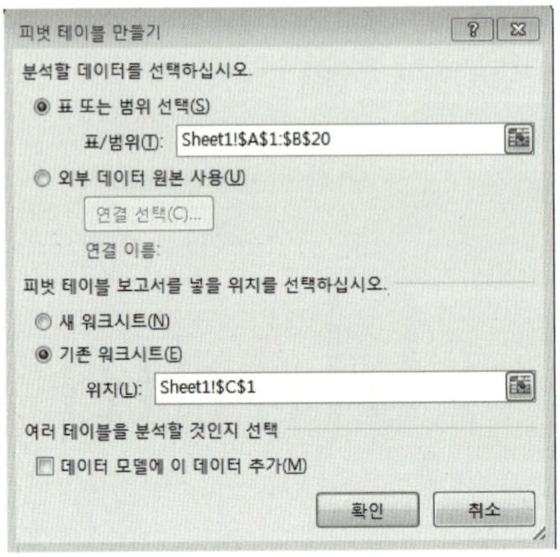

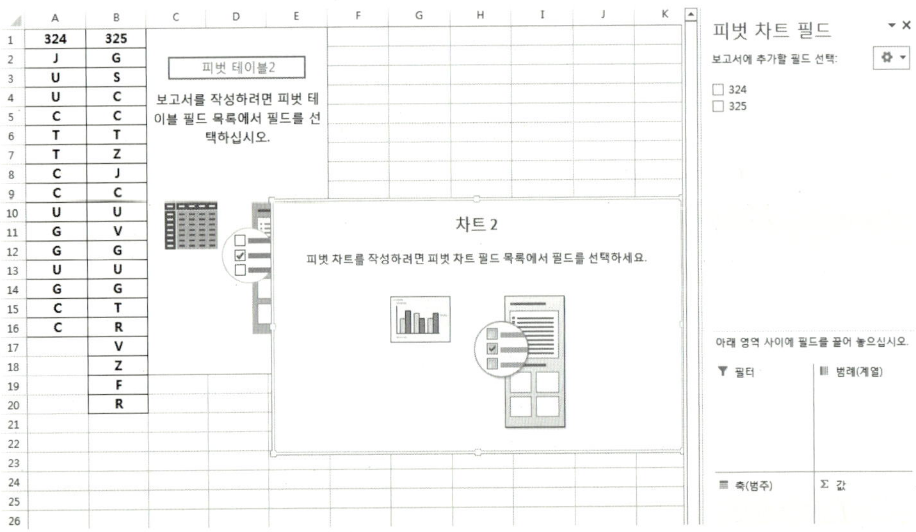

- 생성된 피벗 차트 필드에서 레이블(325)를 지정하고, 레이블(325)를 클릭하여 커서로 $\sum$ 값으로 이동시켜, 윗부분과 같이 레이블 개수와 차트를 생성
- 다시 레이블(325)를 지정 취소를 하고, 필드에서 레이블(324)를 지정하고, 레이블(324)를 클릭하여 커서로 $\sum$ 값으로 이동시켜, 아랫부분과 같이 레이블 개수와 차트를 생성

학습문제

맞으면 "○", 틀리면 "×"를 표시

1. 기술통계량은 자료의 분포 특성을 설명하는 숫자표시 지수이다. (　)

2. 통계자료의 특성을 표시하는 기술통계량은 보통 위치측정치와 산포측정치의 2가지 공통된 특성으로 크게 분류된다. (　)

3. 계급크기는 계급구간 근사치를 끊어 올리기로 계산한다. (　)

4. 자료의 범위는 해당 자료집합에서의 최대값에서 최소값을 차감하여 계산된 값으로 결정된다. (　)

5. 도수분포표를 Excel의 FREQUENCY함수로 구하려면, 계급상한들을 입력하고 관련계급들의 도수들을 계산해야 한다. (　)

6. 파레토 차트에서 각 막대는 좌측에서 우측으로 내림차순으로 배열된 도수를 표시한다. (　)

7. Excel의 피벗차트를 지정하면, 피벗테이블로 나타나는 도수분포표와 피벗차트로 나타나는 히스토그램을 모두 구할 수 있다. (　)

해답

1. ○　2. ○　3. ○　4. ○　5. ○　6. ○　7. ○

EXCEL 2013

CHAPTER 4

중심경향 측정치와 도수분포 분석

4.1 중심경향 측정치

4.1.1 기술통계량 기능과 중심경향 측정치 개념

4.1.2 평균의 개념과 종류 및 문제점

4.1.3 최빈치, 중위수, 중점치

4.2분위수의 개념과 종류

4.2.1 분위수의 개념

4.2.2 분위수의 종류

4.1 중심경향 측정치

4.1.1 기술통계량 기능과 중심경향 측정치 개념

(1) 기술통계량의 2대 기능

- 기술적 통계측정치는 자료의 특징들을 요약하는 숫자 값들이며, 자료에서 계산한 기술측정치들이다.
- 기술적 통계측정치는 자료분포의 정신적 이미지를 제공하고, 추정 및 가설검정의 기초가 되어 추론통계학의 필수요소(essential component)가 되는 2가지 기능들을 갖는다.

(2) 중심경향 측정치의 개념

숫자자료(numerical data)를 요약하는 가장 보편적 방식은 중심(중앙, center)이 어디에 있는지를 요약하는 것이다. 자료집합의 중심이 무엇인지를 고려하는 방식들은 다음과 같다.

- 대표적(전형적, 일반적) 값(typical value)은 무엇인가?
- 자료의 중간은 어디에 있는가?

이와 같이 숫자자료를 기초로 도출하는 도수분포의 특성은 여러 방식으로 설명될 수 있지만, 가장 널리 사용되는 방식은 그 도수분포의 위치 통계량(location statistics)이다. 위치측정치(measures of location)는 분포 특징들이 측정척도와 관련하여 위치하고 있는 장소를 보여준다.

- 위치측정치는 중심경향 측정치(measures of central tendency)라고 하며, 자료 값들 분포의 중심 또는 가장 전형적인 자료 값을 결정하는 수치

- 중심경향 측정치 : 분포 중심의 측면들을 기술하는 통계적 측정치
- 중심경향은 많은 형태의 자료에서 측정치들이 분포 중심 근방에서 밀집(clustering)을 이루는 현상

자료집합의 중심은 여러 방식으로 측정할 수 있지만, 측정방식은 자료에 대한 결론을 도출하는데 심하게 영향을 줄 수 있다.

- 집합(set) : 원소(element)라는 대상들의 모임이며, 영문 대문자로 표시
- 중심경향 측정치에서 가장 널리 사용되는 수단은 평균(mean or average)과 중위수(중앙값, 중간치, 중간값, median)이다. 그리고 최빈치, 분위수, 중점치, z값 등을 위치 통계량인 관찰치 분포의 중심경향 측정치로 많이 사용한다.

4.1.2 평균의 개념과 종류 및 문제점

(1) 평균의 개념

측정치들의 분포 중심에 대한 집중으로 인하여, 각종 중심경향 측정치들을 보통 평균값 측정치(measure of average value) 또는 평균(averages)이라고 한다.

(2) 평균의 종류

평균은 산술평균, 기하평균, 조화평균, 가중평균 등의 방식으로 사용된다.

① 산술평균(arithmetic mean) : 관찰치들의 합을 관찰치 수로 나눈 값

- Excel에서는 "=AVERAGE(구간)"으로 계산

② 기하평균(geometric mean) : N개 관찰치들 곱의 (1/N)승근(Nth root)으로 계산

- 평균 변화율, 지수, 상대가격 등의 계산에 주로 사용
- Excel에서는 "=GEOMEAN(구간)"으로 계산

③ 조화평균(harmonic mean) : N개 관찰치들 역수의 산술평균을 구하고, 다시 그 산술평균의 역수로 계산

- 시간의 변화에 따라 값이 변하는 속도, 상품 가격 등의 평균을 계산하는데 사용
- Excel에서는 "=HARMEAN(구간)"으로 계산

④ 가중평균(weighted mean) : 각 관측치가 전체 자료(표본)에 대해 갖는 가중치를 고려하여 구한 가중된 산술평균(weighted arithmetic mean)

⑤ 절사평균(trimmed mean) : 분포의 형태와는 무관하게 관측치들의 중간 절반만을 사용하여 분포의 특성을 규명하도록 양 끝단의 관측치들에서 제시된 비율을 각각 절사하여 계산한 평균

예제 4.1 다음 A1:J2구간에 제시된 수익률자료에서 월별 평균수익률을 산술평균과 기하평균으로 구할 수 있다.

	A	B	C	D	E	F	G	H	I	J
1	월	1	2	3	4	5	6	7	8	9
2	수익률(R)	5.4%	2.3%	-1.8%	-2.5%	3.6%	1.4%	2.1%	-4.8%	2.7%
3	1+R	105.4%	102.3%	98.2%	97.5%	103.6%	101.4%	102.1%	95.2%	102.7%
4	산술평균	0.93%	=AVERAGE(B2:J2)							
5	기하평균	0.89%	=GEOMEAN(B3:J3)-1							

① 산술평균의 계산

- B4셀에 "=AVERAGE(B2:J2)"를 입력하여 산술평균을 0.93%로 계산

② 기하평균의 계산

- 기하평균을 구하도록 음의 값을 제거하기 위해 B3:J3구간을 지정 후, 수식입력줄에 "=1+B2"를 입력하고 "Ctrl+Enter"를 클릭하여, "1+수익률" 자료 생성
- B5셀에 "=GEOMEAN(B3:J3)-1"을 입력하여 수익률의 기하평균을 계산

예제 4.2 어떤 거리를 8개 구간으로 구분하여, B2:I2와 같이 자동차로 각 구간을 통과하는데 걸린 시간들의 평균을 다음과 같이 구할 수 있다.

	A	B	C	D	E	F	G	H	I
1	구간 번호	1	2	3	4	5	6	7	8
2	주행시간(분)	15	13	21	17	19	11	14	12
3	1/주행시간	0.067	0.077	0.048	0.059	0.053	0.091	0.071	0.083
4	산술평균	15.25	=AVERAGE(B2:I2)						
5	기하평균	14.91	=GEOMEAN(B2:I2)						
6	조화평균	14.59	=HARMEAN(B2:I2)						
7	조화평균	14.59	=1/(SUM(B3:I3)/COUNT(B3:I3))						

① 산술평균, 기하평균, 조화평균을 Excel 내장함수로 계산

- B4셀에 "=AVERAGE(B2:I2)"를 입력하여 산술평균을 계산
- B5셀에 "=GEOMEAN(B2:I2)"를 입력하여 기하평균을 계산
- B6셀에 "=HARMEAN(B2:I2)"를 입력하여 조화평균을 계산

② 역수의 평균을 구하고, 다시 역수를 취하여 조화평균 계산

- B3:I3구간을 지정, 수식입력줄에 "=1/B2"를 입력한 후에 "Ctrl+Enter"를 클릭
- B7셀에 "=1/(SUM(B3:I3)/COUNT(B3:I3))"를 입력하여 B6셀과 동일한 값의 조화평균 계산
- 동일한 관찰치들의 평균을 계산할 경우에 "산술평균〉기하평균〉조화평균"의 형태로 크기가 다르게 결정되는 것을 B4:B6구간의 각 평균에서 확인

예제 4.3 어떤 학생이 한 학기에 모두 16학점을 신청하여 3학점인 통계학에서 A, 4학점인 컨설팅에서 A, 3학점인 전략론에서 C, 4학점인 시장조사에서 A, 2학점인 수학에서 B를 받았다고 가정하자.

평점은 A학점이 4점, B학점이 3점, C학점이 2점이라고 하자. 그 때 학생의 해당 학기 평점은 다음과 같이 3.50으로 계산할 수 있다.

	A	B	C	D	E	F	G	H	I
1	과목	학점	평점(x)	가중치(w)	w*x	가중평균			
2	통계학	3	4	0.2	0.75	3.50	=SUMPRODUCT(D2:D6,C2:C6)		
3	컨설팅	4	4	0.3	1.00				
4	전략론	3	2	0.2	0.38				
5	시장조사	4	4	0.3	1.00				
6	수학	2	3	0.1	0.38				
7	계	16		1.0	3.50				

① 자료 입력 및 학점의 합계

- B2:C6구간에 자료 입력
- B7셀을 지정, "=SUM(B2:B6)"을 입력하여 학점들을 합계

② 각 학점의 가중치 계산

- D2:D6구간을 지정, 수식입력줄에 "=B2/$B$7"을 입력하고 "Ctrl+Enter"를 클릭하여 가중치를 계산

③ 학점 및 가중치의 곱과 그 합계로 가중평균 계산

- E2:E6구간을 지정, 수식입력줄에 "=D2*C2"를 입력 후 "Ctrl+Enter"를 클릭하여 학점 및 가중치의 곱들을 동시 계산
- D7:E8구간 지정, 수식입력줄에 "=SUM(D2:D6)"을 입력하고 "Ctrl+Enter"를 클릭하여 가중치 합계와 가중평균을 동시 계산
- F2셀에 "=SUMPRODUCT(D2:D6,C2:C6)"을 입력, 3.50의 가중평균을 다시 계산

(3) 평균의 문제점과 이상치

중심측정치들에서 평균은 전말(결과부터 뒤집어 보는 일이 처음부터 끝까지 진행되어 온 경과, whole story)을 항상 보여주는 것은 아니라, 약간 오도할 수도 있다. 예컨대 자료집합의 원소들 중에서 몇 개 원소들이 다른 원소들에 비해 아주 크거나 작다면, 계산하는 평균이 크거나 작게 나타나도록 많은 영향을 줄 것이다. 이러한 원소들을 이상치(이상점, outliers)라고 한다.

- 이상치(異常値) : 자료집합에서 나머지 원소들에 비해 극단적으로 높거나 낮은 숫자들
- 산술평균 등 여타 평균보다 더 큰 내성을 갖지만, 특정 자료 값들에 대해 여전히 민감한 중심 측정치

(4) 절사평균의 계산방법

절사평균은 모집단크기 또는 표본크기의 (%표시) 특정비율에 해당하는 자료들을 중앙값의 좌우에서 삭제한 후에 나머지 자료들을 사용하여 계산한다.

- 20% 절사평균(20% trimmed mean)은 이상치와 같이 평균이나 중위수에서 크게 벗어나는 자료 값들을 제거하여 특이한 상황에 의한 영향을 회피하면서 분포의 특성 규명이 가능
  - 표본을 오름차순 등으로 순서에 따라 정렬
  - 표본크기 n의 20%를 구하여 정수단위로 반올림한 크기 g의 자료들을 각각 최소값과 최대값에서부터 계산하여 제외
  - n-2g의 크기에 해당하는 자료들로 평균을 계산
- Excel에서는 절사평균인 "TRIMMEAN(구간, 2*절사비율 percent)"함수를 사용, 제외시킬 자료 값의 범위를 절사비율 %로 사용
- 5% 절사평균은 자료의 최대값과 최소값으로 양 끝단에서 5%를 제거하고 90%의 값들에 대해 계산

예제 4.4 20개 점포를 가진 기업이 지난 달 매출액(만원)에 대한 자료를 오름차순으로 정렬한 결과가 B2:B21구간과 같다고 하자.
양극단으로 매출액 규모가 너무 차이가 있어, 이러한 값에 영향을 크게 받지 않도록 5% 및 10% 절사평균으로 중심측정치를 다음과 같이 계산할 수 있다.

① 절사평균 크기 및 실제 삭제 크기 계산

- C2:C3구간에 절사평균 크기를 각각 5%와 10%로 입력
- D2:D3구간 지정, 수식입력줄에 "=2*C2"를 입력 후 "Ctrl+Enter"를 클릭하여 실제 삭제크기를 동시에 계산

② 5% 및 10% 절사평균 동시 계산

- E2:E3구간 지정, 수식입력줄에 "=TRIMMEAN($B$2:$B$21,D2)"를 입력 후 "Ctrl +Enter"를 클릭하여 각 크기의 절사평균을 동시 계산
- E4셀에 산술평균 3,955.0을 계산, 절사크기 단위로 절사평균과 상호 비교 가능

	A	B	C	D	E	F	G	H
1	순서	자료	절사평균 크기	실제 버리는 자료 크기	절사평균			
2	1	50	5%	10%	3,725.0	=TRIMMEAN($B$2:$B$21,D2)		
3	2	250	10%	20%	3,612.5	=TRIMMEAN($B$2:$B$21,D3)		
4	3	750		산술평균	3,955.0	=AVERAGE(B2:B21)		
5	4	1,200						
6	5	1,500						
7	6	1,800						
8	7	2,100						
9	8	2,600						
10	9	3,000						
11	10	3,450						
12	11	3,900						
13	12	4,400						
14	13	4,800						
15	14	5,100						
16	15	5,400						
17	16	5,600						
18	17	6,000						
19	18	6,200						
20	19	9,000						
21	20	12,000						

4.1.3 최빈치, 중위수, 중점치

(1) 최빈치

최빈치(mode) Mo는 자료집합에서 출현빈도인 도수(popularity or frequency)가 가장 큰 값이다.

- 가공되지 않은 원래 자료인 미그룹화자료(ungrouped data)의 최빈치는 엑셀의 "Mode(자료구간)" 또는 "Mode.sngl(자료구간)"을 사용하여 계산
- 2개의 최빈치들을 갖는 자료 집합은 양봉(쌍봉, bimodal) 자료, 3개 및 4개의 최빈치들을 갖는다면 각각 삼봉(tri-modal) 및 사봉(quad-modal) 자료라고 함

(2) 중위수

중위수 또는 중앙값(Median) Me는 값들의 오름차순 또는 내림차순으로 배열된 관찰치 분포의 중간에 있는 값이며, 최빈치보다 더 많이 사용되는 통계량이다.

자료집합의 원소들 개수가 홀수인 경우에 중위수는 그 원소들 중의 하나가 된다. 아래 자료 3에서 7개 중 4번째 항목이 중앙이며, 그 값이 26이어서 중앙값이 26이다. 그러나 짝수인 경우에는 (자료 2의 23, 24, 25, 25, 26, 28 등의 경우에는 25 같이) 중위수 주변의 원소들이 동일하다면 원소들 중의 하나가 될 수 있지만, (자료 1의 23, 24, 25, 26, 27, 28 등의 경우에는 25.5와 같이) 원소와는 다른 값이 될 수 있다.

	A	B	C	D	E	F	G	H	I	J
1	항목 순서	1	2	3	4	5	6	7	평균	중위수
2	자료 1	23	24	25	26	27	28		25.5	25.5
3	자료 2	22	24	25	25	26	28		25	25
4	자료 3	23	24	25	26	27	28	29	26	26

- 미그룹화자료의 중위수(Median) $\tilde{x}$ 는 관찰치의 수 n에 대해 다음과 같이 계산

$$\tilde{X} = \begin{cases} \dfrac{n+1}{2} \text{번째 관찰치} & \text{for } n\text{이 홀수} \\ \dfrac{n}{2} \text{와 } \dfrac{n}{2}+1 \text{번째 관찰치들의 평균} & \text{for } n\text{이 짝수} \end{cases}$$

- 엑셀의 "MEDIAN(자료구간)"을 사용하면 미그룹화자료에서 관찰치 수의 짝수 여부와는 무관하게 중위수의 계산이 가능
- 내성측정치(resistant measurements)는 원소의 값이 변동하는 경우에 그 측정치가 영향을 받지 않는 측정치이다.
- 중위수는 극단적 값들에 영향을 받지 않을 정도로 내성(저항성)을 가진 내성적 중심 측정치(resistant measure of center)
- 아래와 같이 중위수는 이상치들이 발생해도 영향을 받지 않지만, 평균은 크게 영향을 받는다. 따라서 중위수는 내성측정치이고, 평균은 내성측정치가 아님

	A	B	C	D	E	F	G	H	I	J	K
1	순서	1	2	3	4	5	6	평균	중위수	=AVERAGE(B2:G2)	
2	자료 1	23	24	25	26	27	28	25.5	25.5	=MEDIAN(B2:G2)	
3	자료 2	2	24	25	26	27	28	22.0	25.5		
4	자료 3	23	24	25	26	27	100	37.5	25.5		

중심측정치로 평균과 중위수 중에서 어느 것을 사용해야 하는가의 여부는 상황에 따라 다르지만, 이들을 모두 표시하는 것이 좋다. 특히 평균과 중위수가 크게 다른 경우에 모두 표시하는 것이 이상치 존재를 반영하는 양호한 방식이다.

(3) 중점치

자료집합에서 중점치(midrange)는 최대값과 최소값 사이의 중간지점 값(value midway)으로 계산한다.

$$중점치 = \frac{최대값 + 최소값}{2}$$

- 최소값과 최대값의 2개 값들만을 사용하여, 이러한 양극단의 값들에 대해 아주 민감하여 거의 사용되지 않음
- 계산하기 편리하고, 자료의 중심을 규정하기 위해 다른 방법들도 있다는 점을 주지시키기 위해 사용됨
- 중위수(중앙값)가 아니므로, 중위수와 함께 중점치를 명확히 규정하여 혼동 회피

예제 4.5 미그룹화자료의 경우에 대해 Excel의 Mode함수와 MEDIAN함수를 사용하여 관찰치 수 N의 홀수 여부와는 무관하게 최빈치와 중위수를 구하고, 중점치를 다음과 같이 계산할 수 있다.

	A	B	C	D	E	F	G	H	I	J
1	순서	자료 1	자료 2		최빈치	6.0	=MODE(B2:B11)			
2	1	6	3	자료 1	중위수	8.5	=MEDIAN(B2:B11)			
3	2	6	3		중점치	10.0	=(MIN(B2:B11)+MAX(B2:B11))/2			
4	3	7	3		최빈치	3.0				
5	4	6	9	자료 2	중위수	8.0				
6	5	12	6		중점치	9.0	=(MIN(C2:C12)+MAX(C2:C12))/2			
7	6	14	8							
8	7	8	4							
9	8	9	12							
10	9	9	14							
11	10	10	12							
12	11		15							

① 최빈치 계산

- F1셀에 "=MODE(B2:B11)"을 입력하여 자료 1의 최빈치를 6으로 계산
- F4셀에 "=MODE(C2:C12)"를 입력하여 자료 2의 최빈치를 3으로 계산

② 중위수 계산

- F2셀에 "=MEDIAN(B2:B11)"을 입력하여 자료 1의 중위수를 8.5로 계산
- F5셀에 "=MEDIAN(C2:C12)"를 입력하여 자료 2의 중위수를 8로 계산
- 자료크기 n이 짝수인 경우에 중위수는 정수가 아니라 소수로 발생

③ 중점치 계산

- F3셀에 "=(MIN(B2:B11)+MAX(B2:B11))/2"를 입력, 자료 1의 중점치 계산
- F6셀에 "=(MIN(C2:C12)+MAX(C2:C12))/2"를 입력, 자료 2의 중점치 계산
- 2개 자료 모두에서 중위수와 중점치는 다르게 발생

4.2 분위수의 개념과 종류

4.2.1 분위수의 개념

표본 중위수(sample median)는 표본 자료의 중간 값(middle value)이어서 자료를 2개 부분으로 구분한다. 이러한 원리에 따라 자료집합을 여러 개의 동일한 간격으로 구분(등분)하기 위해 분위수들(변위치들, quantiles)을 사용할 수 있다.

따라서 중위수, 분위수들은 모두 분포에 있는 관찰치들의 순서를 사용하여 결정하는 순서통계량들(order statistics)이다.

4.2.2 분위수의 종류

(1) 사분위수

사분위수(quartiles)는 자료집합(분포)을 크기에 따라 오름차순(ascending order)이나 내림차순(descending order)으로 배열한 상황에서 그 자료들을 4등분하는 수이다.

- 제1사분위수(first quartile) Q_1 : 자료 관측치들의 25%가 아래에 위치하는 수, 자료크기 N개 값들에 대해 N/4번째와 (N/4)+1번째 관측치들 사이인 (N/4)+(1/2)번째 관측치에 해당
- 제2사분위수(second quartile) Q_2 : 자료 관측치들의 50%가 아래에 위치하는 수이며, N개 값들에 대해 (2N/4)+(1/2)번째 관측치에 해당하는 중위수(median)
- 제3사분위수(third quartile) Q_3 : 자료 관측치들의 75%가 아래에 위치하는 수이며, N개 값들에 대해 (3N/4)+(1/2)번째 관측치에 해당
- 이상의 사분위수 계산 결과가 정수(whole number) 또는 1/2을 갖지 않는다면, 반올림을 수행 → 정렬 후 어떤 사분위수의 순서가 2.75이면 3번째 값으로, 사분위수의 순서가 9.3이면 9번째 값으로, 7.5이면 7번째와 8번째 값들의 평균(합의 절반)으로 적용

- 미그룹화자료에 대한 사분위수는 Excel에서 "Quartile.inc(구간,순서)"함수를 입력하여 계산하며, 순서는 0부터 4까지 사용 가능
- 사분위수를 적용하여 계산할 수 있는 최소값, 제1사분위수, 중앙값, 제3사분위수, 최대값의 5개 숫자들을 사용하여 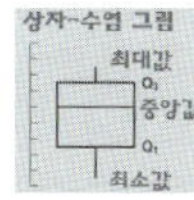

과 같은 상자-수염 그림(box-and-whiskerplot)의 작도 가능

(2) 백분위수

백분위수(percentiles)는 3개의 사분위수가 분포를 4개 구간으로 분할하듯이, 99개 백분위수를 통해 분포를 100개 구간으로 분할하여 산포를 측정하는 값이다.

- 백분위수는 자료를 오름차순으로 정리한 후에 각 블록이 자료 값들의 1/100을 포함하도록 자료 값들을 구분한 100개의 구획(block)으로 구성
- 최초 블록은 가장 작은 자료 값들을 포함하며, 마지막 블록은 가장 큰 자료 값들(data values)을 포함
- a 번째 백분위수(a^{th} percentile)에 해당하는 숫자 값 아래에는 자료의 a%의 값들이 있고, a 번째 백분위수 위에는 $(100-a)\%$ 의 값들이 위치
- 원래 값들(raw scores)은 누적 도수를 사용하여 백분위수들로 전환 가능 → 만약 50의 원래 값이 90번째의 백분위수라고 한다면, 이는 점수들의 90%를 표시하며 50 이하의 값들이 점수들의 90%를 차지하는 것으로 해석
- Excel에서 미그룹화자료에 대한 k백분위수는 k를 100으로 나누어 소수(decimal)인 "k/100"으로 전환시킨 후에 "=Percentile.inc(구간,k/100)"을 입력하여 계산

(3) 십분위수

십분위수(deciles)는 자료를 오름차순으로 정리한 후에 10개의 블록(block)으로 구분하여, 자료값들의 1/10을 나타내는 각 블록 임계값이다.

- 10분위수의 최초 블록은 가장 작은 자료 값들을 포함하며, 마지막 블록은 가장 큰 자료 값들(data values)을 포함
- 1십분위수는 10백분위수와 동일하게 계산

예제 4.6 어느 기업이 갖는 22개 점포의 매출액을 오름차순으로 정리한 결과가 다음 A2:B12 구간과 같은 미그룹화자료에서 점포별로 매출액의 중앙값, 각 사분위수, 10, 25, 50, 75, 90백분위수들을 다음과 같이 계산하고, 이를 자료의 백분위 환산순서에 대한 해당 값들과 비교할 수 있다.

	A	B	C	D	E	F	G	H	I	J	K	L	M
1	자료		순서		백분위 환산 순서		사분위구분	사분위수					
2	3	30	1	12	4.55	54.55	0	3.00	=QUARTILE.INC($A$2:$B$12,G2)				
3	6	30	2	13	9.09	59.09	1	18.75					
4	9	30	3	14	13.64	63.64	2	30.00					
5	12	32	4	15	18.18	68.18	3	34.50					
6	15	33	5	16	22.73	72.73	4	42.00					
7	18	35	6	17	27.27	77.27	백분위구분	백분위수					
8	21	38	7	18	31.82	81.82	10%	9.30	=PERCENTILE.INC($A$2:$B$12,G8)				
9	25	39	8	19	36.36	86.36	25%	18.75					
10	28	40	9	20	40.91	90.91	50%	30.00					
11	30	41	10	21	45.45	95.45	75%	34.50					
12	30	42	11	22	50.00	100.00	90%	39.90					

① 자료 입력과 백분위 환산 순서 계산

- A2:B12구간에 자료를, C2:D12구간에 크기 순서를 입력
- E2:F12구간을 지정, 수식입력줄에 "=100*C2/$D$12"을 입력 후 "Ctrl+Enter"를 클릭하여 C2:D12구간의 22개 순위를 백분위 순위로 동시 환산

② 5개의 사분위수를 계산

- G2:G6구간에 사분위수들의 종류에 대한 값을 0(최소값)부터 4(최대값)까지 지정
- H2:H6구간 지정, 수식입력줄에 "=QUARTILE.INC($A$2:$B$12,G2)"을 입력 후 "Ctrl+Enter"를 클릭하여 각 사분위수를 계산

③ 각 백분위수를 계산

- G8:G12구간에 백분위수들의 종류에 대한 값을 10% 등으로 입력
- H8:H12구간 지정, 수식입력줄에 "=PERCENTILE.INC($A$2:$B$12,G8)"을 입력 후 "Ctrl+Enter"를 클릭하여 각 백분위수를 계산

학습문제

맞으면 "○", 틀리면 "×"를 표시

1. 중심경향측정치는 산포측정치이다. ( )

2. 최빈치는 자료집합에서 가장 많이 나타나는 값이다. ( )

3. 중위수는 오름차순이나 내림차순으로 배열된 관찰치 분포의 중간에 있는 값으로, 최빈치보다 더 많이 사용되는 통계량이다. ( )

4. 동일 관찰치들에 대해 "산술평균〉기하평균〉조화평균"순으로 결정된다. ( )

5. 분위수는 자료집합을 여러 개의 동일한 간격으로 구분하는 측정치들이며, 사분위수, 십분위수, 백분위수를 자주 사용한다. ( )

6. Excel의 사분위수함수를 사용하여 최소값, 최대값과 3개 사분위수들을 동시에 계산할 수 있다. ( )

해답

1. × 2. ○ 3. ○ 4. ○ 5. ○ 6. ○

EXCEL 2013

CHAPTER 5

변동성 측정치와 분포의 형태

5.1 변동성 측정치의 개념과 종류

5.1.1 변동성과 변동성 측정치의 개념

5.1.2 편차 및 분산의 개념과 적용

5.1.3 자료 범위와 이상치 검색

5.2 분포 형태 측정치

5.2.1 분포 형태 측정치의 역할

5.2.2 왜도의 개념과 종류

5.2.3 첨도의 개념과 측정

5.1 변동성 측정치의 개념과 종류

5.1.1 변동성과 변동성 측정치의 개념

(1) 변동성의 개념

자료집합에서 어떤 특징을 가진 측정치들이라도 차이(변화, variation)는 항상 존재하므로, 두 자료집합들의 효과적 비교를 위해서는 가변성(변동성, variability)을 파악해야 할 필요가 있다.

두 자료집합들이 평균과 중위수가 모두 동일하더라도, 그 원소들이 모두 동일하다는 것을 의미하지는 않는다. 예컨대 아래의 두 자료들은 평균과 중위수가 모두 동일하지만, 중위수를 제외하고는 다른 원소들은 크게 다르다. 이러한 경우에 자료 1은 자료 2에 비해 아주 작은 크기의 가변성을 갖는다고 한다.

	A	B	C	D	E	F
1	원소순서	1	2	3	평균	중위수
2	자료 1	199	200	201	200	200
3	자료 2	0	200	400	200	200

(2) 변동성 측정치의 개념

변동성은 자료집합의 원소들이 다른 자료에 비해 상대적으로 얼마나 넓게 흩어져 있는지에 따라 정도를 비교할 수 있다. 따라서 변동성은 자료원소가 흩어진 상태인 산포도(분산, dispersion) 또는 퍼짐(분포, spread)으로 반영된다.

변동성 측정치(measure of variability)는 분포 또는 분산측정치(measures of spread or dispersion)라고 하며, 관찰치 집합이 얼마나 넓게 흩어져 있는지를 설명한다.

- 변동성 측정치는 자료집합의 값들이 평균 주위에 집중되는지의 여부에 따라 작거나 크게 발생

- 분산 또는 변동(dispersion or variation) : 숫자자료들이 평균 주변에서 퍼지는 경향의 정도
- 가장 대표적인 산포측정치는 표준편차(standard deviation)와 분산(variance)이며, 범위, 사분위수범위, 10-90백분위수범위, 평균편차 등도 많이 사용됨

5.1.2 편차 및 분산의 개념과 적용

(1) 평균편차

평균편차(mean deviation) MD는 각 관찰치 x_i가 산술평균 $\overline{x}$에 대해 갖는 편차(deviation)의 절댓값들을 구하고, 그 절대값들의 산술평균으로 계산한 값이다.

- 자료집합의 평균에 대한 자료의 각 값들의 격차들을 합하면 항상 0이 되므로, 이러한 문제를 회피하여 변동가능성의 유효한 지수가 되도록 절댓값들을 사용
- 미그룹화자료의 평균편차는 Excel에서 "AVEDEV(관찰치 구간)"함수로 계산

(2) 분산

분산(variance)은 각 관찰치에서 산술평균을 빼고, 그 격차를 자승한 값들에 대해 산술평균으로 계산한다. 이는 관찰치들이 산술평균에 대해 갖는 격차 자승의 산술평균이다.

- 모집단의 분산을 모분산(population variance)이라 하고, σ^2 (sigma squared)으로 표시
- Excel에서 모집단 분산인 모분산은 "VAR.P(관찰치구간)"함수로 계산
- 표본의 분산을 표본분산(sample variance)이라 하며, s^2 으로 표시
- Excel에서 표본분산은 "VAR.S(관찰치 자료구간)"함수로 계산

(3) 표준편차의 개념

표준편차(standard deviation)는 2개 이상의 관찰치 집합들의 분포(spread)를 비교하는 측정치이며, 보편적으로 가장 많이 사용된다.

- 표준편차는 관찰치가 산술평균에서 떨어진 격차 평균의 자승근이며, 분산의 자승근으로 계산
- Excel에서 모집단 표준편차는 "STDEV.P(관찰치구간)"함수로 계산
- Excel에서 표본표준편차는 "STDEV.S(관찰치구간)"함수로 계산
- 표준편차의 특징
  - 표준편차는 음수가 될 수 없다.
  - 표준편차의 최소값은 0(자료집합의 모든 숫자(number)가 정확히 같은 경우)
  - 표준편차는 이상치(outliers)에 의해 영향을 받는다(표준편차는 자료의 각 원소 크기와 평균의 격차를 자승하여 합계한 값인 분산을 구하고, 그 자승근으로 계산한 것이기 때문임)
  - 표준편차는 자료의 원래 측정단위와 동일한 단위를 갖는다. 그러나 분산의 단위는 표준편차 단위를 자승한 값이다.

(4) 표준편차의 활용

표준편차가 작은 관찰치일수록 그 평균으로 관찰치들을 대표할 경우에 신뢰가능성은 증가한다. 평균으로부터 표준편차의 배수로 떨어진 구간에 위치할 자료 분포의 비율을 추정하는데 사용할 수 있다.

① 체비셰프 정리 또는 부등식(Chebyshev's theorem or inequality) : 어떤 관찰치 집합이라도 그 집합 자료 값들의 평균으로부터 표준편차의 $k(>0)$ 배 떨어진 구간에 위치할 그 집합의 비율(상대도수 : RF)은 $1-\frac{1}{k^2}$ 이상

(5.1) $RF(\mid X-\overline{X}\mid \leq ks) \geq 1-\frac{1}{k^2}$

〈표 5-1〉 체비셰프 부등식과 경험법칙 비교

k (배수)	구간 범위		확률	
	모집단	표본	체비셰프정리 (각 분포 적용가능)	경험법칙 (정규분포에만 적용)
1	$\mu \pm \sigma$	$\overline{x} \pm s$		약 68%
2	$\mu \pm 2\sigma$	$\overline{x} \pm 2s$	75.00%(=1-1/2^2) 이상	약 95%
3	$\mu \pm 3\sigma$	$\overline{x} \pm 3s$	88.89%(=1-1/3^2) 이상	약 99.7%
4	$\mu \pm 4\sigma$	$\overline{x} \pm 4s$	93.75%(=1-1/4^2) 이상	
k	$\mu \pm k\sigma$	$\overline{x} \pm ks$	1-1/k^2 이상	

대칭적인 종모양의 도수분포인 정규분포와 같이 볼록한 형태의 분포(mound-shaped distribution)에서는 〈표 5-1〉의 제일 우측과 같은 확률을 갖는 경험법칙(empirical rule) 또는 정규법칙(normal rule)을 적용한다.

- 경험법칙을 68-95-99.7법칙(68-95-99.7 rule) 또는 3개 시그마 경험법칙(어림 계산)(three-sigma rule of thumb)이라고 부름
- 경험법칙은 발생확률이 정규분포 또는 표준정규분포를 이루는 값들을 가진 변수에 적용
- 체비셰프 정리는 각종 분포의 변수들에 적용
- 체비셰프법칙에 따르면 평균이 200, 표준편차가 15인 변수가 평균으로부터 표준편차의 2배인 30(=2×15)만큼 더 작은 170(=200-2×15)부터 그만큼 더 큰 230(=200+2×15)까지의 구간에 있는 값들을 가질 가능성(확률)은 75% 이상
- 68-95-99.7법칙에 따르면 평균이 200, 표준편차가 15인 정규확률변수가 평균으로부터 표준편차의 2배인 30(=2×15)만큼 더 작은 170(=200-2×15)부터 그만큼 더 큰 230(=200+2×15)까지의 구간에 있는 값들을 가질 가능성(확률)은 약 95%

② Markov부등식(Markov inequality) : 체비셰프법칙과 비슷한 방식으로 어떤 분포의 범위를 표시

- 마르코프부등식은 평균이 μ 인 비음의 확률변수(non-negative random variable) X가 μ 보다 큰 어떤 상수 k 를 가질 확률에 대한 주장

$$P(X \geq k) \leq \frac{\mu}{k} \tag{5.2}$$

- 예컨대 평균 6을 갖는 어떤 확률변수가 20을 초과할 확률은 30%(=6/20) 이하
- 표준편차를 사용하는 체비셰프법칙과는 달리, 평균만을 사용하여 쉽게 적용 가능

(5) 변동계수

변동계수(변이계수, coefficient of variation) CV는 산술평균에 대한 표준편차의 % 비율로 계산한다.

$$CV = \frac{\sigma}{\mu} \times 100\% \quad \text{: 모집단} \tag{5.3}$$

$$CV = \frac{s}{\bar{X}} \times 100\% \quad \text{: 표본} \tag{5.4}$$

- 변동계수는 다른 단위들로 측정된 자료집합들을 비교하거나 또는 어떤 자료집합을 여러 기간에 대해 서로 비교하는데 사용하는 측정치
- 변동계수가 낮을수록 각 자료 값들에서 도수분포의 평균값이 유지될 수 있는 정도는 높음
- 변동계수는 보통 자료의 모든 값들이 양수인 경우에만 적용(자료 값들이 양수와 음수를 모두 포함하는 경우에 평균의 절대치가 작거나 0이 되어 변동계수는 상대적 산포 측정치로는 적합하지 않기 때문임)

예제 5.1 3개월 동안의 일일 평균 판매액과 그 표준편차가 영업사원 A는 20만원과 2만원이고, 영업사원 B는 영업사원 B는 16만원과 1.8만원이다. 이러한 경우에 영업사원 A와 B의 판매액 변동계수를 다음과 같이 구할 수 있다.

	A	B	C	D	E
1		평균판매액 (만원)	표준편차	변동계수	
2	영업사원 A	20	2.0	10.00%	=C2/B2
3	영업사원 B	16	1.8	11.25%	

① 자료 입력과 변동계수 계산

- B2:C3구간에 자료 입력
- D2:D3구간을 지정, 수식입력줄에 "=C2/B2"를 입력 후 "Ctrl+Enter"를 클릭

② 판매액의 안정성 비교

- 영업사원 A의 변동계수가 영업사원 B보다 낮아, 표준편차가 높은 영업사원 A의 판매액이 표준편차가 낮은 영업사원 B보다 안정적이라고 해석

5.1.3 자료 범위와 이상치 검색

(1) 범위

숫자들 집합의 범위(range)는 그 집합 숫자들의 최대치와 최소치간의 격차이다. 이러한 범위 R의 개념은 값들의 유한모집단과 표본 모두에 대해 성립한다.

(5.5) 범위 = R = 최대값-최소값

- 범위는 최대값과 최소값 사이의 거리를 측정
- 범위는 자료집합의 분산(spread)을 표시
- 범위는 이상치(outlier or outlying value)에 의해 영향을 받는다. 이러한 이유로 범위는 변동 측정치로는 큰 도움이 되지 않는다. 이는 범위가 편차(deviations)의 개념을 사용하지 않고, 오직 최대값과 최소값만을 사용하기 때문이다.

- 도수분포로 자료를 분류한 그룹화자료의 경우에는 원래 자료항목들의 범위를 정확히 계산할 수 없다.

최대값과 최소값을 알거나, 범위를 아는 경우에 표준편차를 어림 계산으로 구하는 방식은 "범위/4"를 이용하는 것이다. 이를 범위 경험법칙(range rule of thumb)라고 한다.

- 어떤 표본자료의 범위가 40이라면, 그 자료의 표본 표준편차는 대략 10(=40/4)으로 계산된다.
- 어떤 표본자료의 표준편차가 10으로 알려졌다면, 그 자료의 범위는 약 40이다.

예제 5.2 다음 A1:F6구간의 3자료들에서 자료 2와 자료 3은 각각 아주 극단적인 자료 점인 이상치(outlying value)를 최소값과 최대값에서 포함하고 있어, 그 범위가 이상치에 의해 크게 영향을 받는 것을 알 수 있다.

	A	B	C	D	E	F
1	자료 1		자료 2		자료 3	
2	900	880	150	880	150	880
3	850	1,060	850	1,060	850	1,060
4	920	1,080	920	1,080	920	1,080
5	980	1,180	980	1,180	980	1,180
6	1,050	1,270	1,050	1,270	1,050	1,700
7	범위	420	범위	1,120	범위	1,550
8			=MAX(E$2:F$6)-MIN(E$2:F$6)			
9						

① 자료 입력

- A2:F6구간에 자료 입력

② 범위 동시 계산과 이상치 영향 측정

- A7, C7, E7셀을 "Ctrl"을 사용 동시 지정, 수식입력줄에 "범위"를 입력하고 "Ctrl+Enter"를 클릭
- B7, D7, F7셀을 "Ctrl"을 사용 동시 지정 후, "=MAX(E$2:F$6)−MIN(E$2:F$6)"을 수식입력줄에 입력 후 "Ctrl+Enter"를 클릭
- 최소값에 이상치가 있는 자료 2는 범위가 1,120으로, 자료 1의 420보다 아주 큼
- 최대값에 이상치가 있는 자료 3은 범위가 1,550으로 자료 1의 420보다 아주 큼

(2) 사분위수범위

자료집합에서 어떤 극단적 값들(이상점들)에 영향을 받지 않으면서 범위의 개념을 갖는 분산 측정치는 사분위수범위(interquartile range)이다.

- 중위수, 분위수들은 모두 분포에 있는 관찰치들의 순서를 사용하여 결정하는 순서통계량(order statistics)
- 사분위수범위는 중위수 개념을 발달시킨 개념이며, 순서에 따라 정렬된 자료집합의 중간 50%의 퍼짐(분산)을 측정
- 사분위수범위는 중위수 아래와 위의 값들을 각각 두 부분으로 구분하여, 제일 낮은 값들로 구성된 부분과 제일 높은 값들로 구성된 부분을 제외한 부분들의 범위
- 사분위수범위 IQR은 제3사분위수 Q_3 에서 제1사분위수 Q_1 를 차감하여 계산

(5.6) $IQR = Q_3 - Q_1$

준사분위수범위(semi-interquartile range) SIQR은 사분위수범위의 절반으로, 크기 순으로 정렬된 자료의 중간에 있는 자료 전체의 1/4개(25%) 항목들이 평균적으로 갖는 범위(산포)를 측정

(5.7) $\text{SIQR} = (Q_3 - Q_1)/2 = \text{IQR}/2$

- 준사분위수범위를 사분위수편차(quartile deviation) QD라고 부름

5대 숫자 요약(five-number summary)은 자료를 4개 균등구간으로 구분하는 5개 기술통계량으로, Q_0(최소값), Q_1, Q_2(중위수, 50백분위수, 5십분위수), Q_3, Q_4(최대값)으로 구성되어 한 눈에 중심, 변동성, 상대적 위치(relative standing)를 제공한다.

(3) 10-90 백분위수 범위

10-90 백분위수 범위(10-to-90 percentile range) IRP는 10백분위수 P_{10} 와 90백분위수 P_{90} 간 거리의 측정치이다.

(5.8) $IRP = P_{90} - P_{10}$

(4) 이상치 규명

이상치 또는 이상점(outlier)은 자료 분포의 중위수나 평균에 비해 아주 다른 자료 값이다. 이상점은 다음과 같이 분포의 중심경향을 왜곡시킬 수 있기 때문에 분포특성의 적절한 파악을 위해 일반적으로 제거해야 한다.

- 이상점은 측정도구에 의한 측정오차로 인해 발생하거나 조사자가 고려하지 못한 요인들에 의해 발생
- 이상점은 실험의 의도를 근본적으로 왜곡시키는 결과를 초래할 수 있음

가장 간단한 방식은 자료를 검토하는 것이지만, 많은 값들로 구성된 자료는 곤란하다. 일반적으로 이상점을 규정하는 방법들은 다음과 같다.

① 표본평균 $\bar{x}$ 에 대해 2배(또는 2.5배)의 표준편차 s 를 가감하여 결정한 구간을 벗어나는 자료 값을 이상점으로 간주 → 분포가 기초적으로 단봉(unimodal)이며 대칭적인 경우에 아주 적합

(5.9) $x_i > \bar{x} + 2s$ 또는 $x_i < \bar{x} - 2s$

표준화 값(standardized value) 또는 z 점수(z score)는 자료의 값을 표준화척도(standardized scale)로 전환시킨 값이다. 자료 값의 표준화는 다음과 같이 그 자료의 값에서

표본평균을 빼고, 그 결과를 표본 표준편차로 나누어 계산한다.

$$z \text{ 점수} = \text{표준화 값} = \frac{\text{자료의 값} - \text{표본평균}}{\text{표본표준편차}}$$

(5.9)식은 z 점수로 표시하면, 특이값(이상치, unusual value)은 z〈-2 또는 z〉2인 경우와 같아 다음이 성립한다.

- 통상치(usual value) : $-2 \leq z \leq 2$
- 이상치(unusual value) : z〈-2 또는 z> 2

② 자료 값들의 분포가 비대칭인(skewed) 경우에 평균보다는 중위수가 중심경향성을 측정하는데 보다 적합한 지표가 되므로, 비대칭 분포의 자료에 대해 이상점을 규정하는 기준을 중위수 $\tilde{x}$ 에 2배의 사분위수범위 IQR을 가감한 구간으로 설정한다. 이러한 기준은 첨도(kurtosis)와 유사하다.

(5.10) $x_i > \tilde{x} + 2(Q_3 - Q_1)$ 또는 $x_i < \tilde{x} - 2(Q_3 - Q_1)$

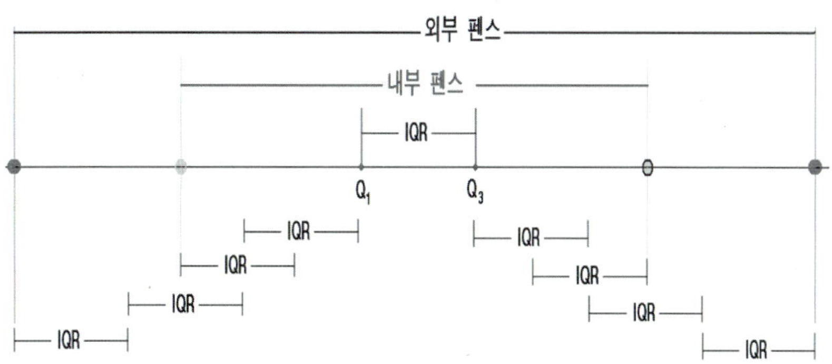

〈그림 5-1〉 내부 및 외부 펜스와 이상치 규명 임계값

③ boxplot법칙(boxplot rule)이라고 하는 보다 확고한 기준(로버스트 기준, robust criterion)은 3사분위수 Q_3 와 1사분위수 Q_1 에 사분위수범위 IQR을 사용하여 내부 펜스(inner fence)와 외부 펜스(outer fence)를 설정하여 이상점을 규명한다.

- 내부 펜스는 3사분위수에 1.5배의 사분위수범위를 더한 값보다 크고, 1사분위수에 1.5배의 사분위수범위를 차감한 값보다 작은 값들을 이상점으로 규정 → 1.5배의 사분위수범위를 계단(step), 기준구간을 울타리(fence) FNC라고 부름.

(5.11.1) $x_i > Q_3 + 1.5(Q_3 - Q_1)$ 또는 $x_i < Q_1 - 1.5(Q_3 - Q_1)$

(5.11.2) $Q_1 - 1.5(Q_3 - Q_1) \leq FNC \leq Q_3 + 1.5(Q_3 - Q_1)$

외부 펜스는 3사분위수에 3배의 사분위수범위를 더한 값보다 크고, 1사분위수에 3배의 사분위수범위를 차감한 값보다 작은 값들을 이상점으로 규정

(5.12.1) $x_i > Q_3 + 3(Q_3 - Q_1)$ 또는 $x_i < Q_1 - 3(Q_3 - Q_1)$

(5.12.2) $Q_1 - 3(Q_3 - Q_1) \leq FNC \leq Q_3 + 3(Q_3 - Q_1)$

〈표 5-2〉 이상치 진단규정

분포 형태/기준	정상 자료 값의 위치 구간 조건
대칭단봉분포	표본평균에 2배의 표준편차를 가감한 구간
비대칭분포	중위수에 2배의 사분위 범위를 가감한 구간
로버스트 기준	3사분위수 및 1사분위수에 1.5배 또는 3배 IQR을 가감한 구간

예제 5.3 A2:K2구간으로 주어진 원래 표본자료를 이용하여, A3:K3구간과 같이 오름차순으로 정리하자.

원 자료를 사용하여 평균, 평균편차, 분산, 표준편차, 5대 숫자 요약치를 계산하자. 그리고 10% 및 20% 절사평균을 계산하여 표본평균과 비교하고, 사분위수범위 IQR, 준사분위수범위 SIQR을 계산하여 Boxplot법칙에 따라 내부펜스 및 외부펜스기준에 의한 이상치들을 다음과 같이 규정할 수 있다.

	A	B	C	D	E	F	G	H	I	J	K
1	순위	1	2	3	4	5	6	7	8	9	10
2	원 자료	12	10	9	11	16	19	8	10	5	14
3	정렬 자료	5	8	9	10	10	11	12	14	16	19
4	$\bar{X}$ (평균)	11.40						절사평균 계산			
5	MD (평균편차)	3.08	=AVEDEV(VM)				절사크기	실제 삭제크기	절사 평균		
6	s^2(분산)	16.49	=VAR.S(VM)				10%	20%	11.25	=TRIMMEAN(VM,H6)	
7	s (표준편차)	4.06	=STDEV.S(VM)				20%	40%	11.00		
8	사분위 크기	측정치	=QUARTILE.INC(VM,A9)					이상치 규명 기준 계산			
9	0	5	Q_0					Boxplot법칙의 정상치 범위			
10	1	9.25	Q_1				배수	기준구간	하한		
11	2	10.50	Q_2				1.5	내부펜스	5.03	=$B$4-G11*$B$14	
12	3	13.50	Q_3				3.0	외부펜스	1.35		
13	4	19	Q_4				배수	기준구간	상한		
14	IQR	4.25	=B12-B10				1.5	내부펜스	17.78	=$B$4+G14*$B$14	
15	SIQR	2.13	=B14/2				3.0	외부펜스	24.15		

① 자료 입력, 원 자료 구간 이름지정과 오름차순 정렬

- A1:K2구간에 순위 크기와 원 자료를 입력
- B2:K2구간을 지정 후, 이름 상자에 "VM"을 입력하고 "Enter"를 클릭
- B3:K3지정, 수식입력줄에 "=SMALL(VM,B1)"을 입력 후 "Ctrl+Enter"를 클릭하여 오름차순으로 정렬 ← 내림차순 정렬에는 "=LARGE(VM,B1)"을 입력

② 평균, 평균편차, 분산, 표준편차 계산

- B4셀에 "=AVERAGE(VM)"을 입력, 평균을 11.40으로 계산
- B5셀에 "=AVEDEV(VM)"을 입력, 평균편차를 3.08로 계산
- B6셀에 "=VAR.S(VM)"을 입력, 표본분산을 16.49로 계산
- B7셀에 "=STDEV.S(VM)"을 입력, 표본표준편차를 4.06으로 계산

③ 5대 숫자 요약치와 사분위수범위 및 준사분위수범위 계산

- A9:A13구간에 사분위 크기에 대해 0부터 4까지 입력
- B9:B13구간 지정, 수식입력줄에 "=QUARTILE.INC(VM,A9)"를 입력 후 "Ctrl +Enter"를 클릭하여 5대

숫자 요약치(최소값 5, 제1사분위수 9.25, 중앙값 10.50, 제3사분위수 13.50, 최대값 19)를 동시 계산

- B14셀에 "=B12-B10"을 입력, 사분위수범위를 4.25로 계산하여 자료 값들의 중간 50%의 크기 범위는 4.25라는 것을 파악
- B15셀에 "=B14/2"를 입력, 준사분위수범위를 2.13으로 계산하여 자료 값들의 중간 25%의 크기 범위는 2.13인 것을 파악

④ 10% 및 20% 절사평균을 계산하여 표본평균과 비교

- G6:G7구간에 절사평균의 기준 크기를 입력
- H6:H7구간 지정, 수식입력줄에 "=2*G6"을 입력 후 "Ctrl+Enter"를 클릭하여 실제 삭제크기를 동시 계산
- I6:I7구간 지정, 수식입력줄에 "=TRIMMEAN(VM,H6)"을 입력 후 "Ctrl+Enter"를 클릭하여 10% 절사평균 11.25와 20% 절사평균 11.00을 동시 계산
- 절사크기 비율을 증가시킬수록 원래 표본평균 11.40에 비해 평균 크기가 계속 감소하는 것을 보면 아주 큰 이상치가 원 자료에 포함됨 것을 반영

⑤ Boxplot법칙에 따라 내부펜스 및 외부펜스기준에 의한 이상치 규정

- 내부 및 외부펜스의 구간 임계값(하한 및 상한) 계산을 위한 배수 1.5와 3을 G11:G12, G14:G15구간들의 각 셀에 입력
- I11:I12구간 지정, 수식입력줄에 "=$B$4-G11*$B$14"를 입력 후 "Ctrl+Enter"를 클릭하여 내부펜스 하한 5.03과 외부펜스 하한 -1.35를 동시 계산 → 정렬 자료에 있는 5는 내부펜스 기준으로는 하한보다 작아 이상치가 되지만, 외부펜스 기준으로는 -1.35 이상의 구간에 있는 값이어서 정상치로 규정
- I14:I15구간 지정, 수식입력줄에 "=$B$4+G14*$B$14"를 입력 후 "Ctrl+Enter"를 클릭하여 내부펜스 상한 17.78과 외부펜스 상한 24.15를 동시 계산 → 정렬 자료에 있는 19는 내부펜스 기준으로는 상한보다 커서 이상치가 되지만, 외부펜스 기준으로는 24.15 이하의 구간에 있는 값이어서 정상치로 규정

5.2 분포 형태 측정치

5.2.1 분포 형태 측정치의 역할

위치와 변동성 측정치는 정량적 개념(quantitative concepts)이어서 분포 그림에서 수평축 숫자가 없으면 어떤 의미도 얻을 수 없다는 단점을 내포하고 있다.

그러나 도수분포의 그래프 특징인 형태(shape)는 수평축에서 숫자 표시가 없더라도 왜도(skewness)와 첨도(kurtosis)를 이용하여 설명할 수 있다. 왜도와 첨도를 요약하는데 사용하는 통계량은 특히 소표본에 적합하다

5.2.2 왜도의 개념과 종류

(1) 왜도의 개념

왜도(skewness)는 도수분포의 모양이 평균을 기준으로 좌측과 우측에 대하여 어디로 더 많이 기울어진 형태로 편중된 정도를 나타낸다. 이와 같이 왜도는 도수분포의 모양이 특정 방향으로 펼쳐지는 경향을 반영하는 측정치이다.

자료의 분포는 대칭이 아니고 다른 쪽에 비해 한쪽으로 더 많이 확장되어 나가는 경우에 왜도를 갖는다고 한다.

- 0의 왜도 : 평균을 기준으로 분포가 좌측과 우측에 동일한 비율로 구성되어 있는 대칭분포(symmetrical distribution)에서는 왜도가 없어 0으로 측정됨
- 0이 아닌 왜도 : 비대칭분포(skewed distribution)는 평균을 기준으로 어느 한 쪽에 더 많은 비율의 관찰치를 갖는 분포이며, 0보다 작거나 크게 왜도가 발생
- 왜도가 심하지 않은 분포에서는 평균편차 MD, 모집단 표준편차 σ, 준사분위수범위 SIQR 사이에 다음 실증 공식들이 성립한다.

(5.13) MD =(4/5)σ

- 왜도가 심하지 않은 분포를 갖는 자료는 자료에서 평균편차는 표준편차의 80%와 거의 일치

(5.14) SIQR = (2/3)σ

- 자료에서 표준편차의 2/3와 준사분위수범위가 거의 일치하면 왜도가 심하지 않은 분포를 갖는 것으로 평가

(2) 왜도의 종류와 분포의 형태

도수분포의 중요한 3가지 형태는 양의 왜도, 음의 왜도, 대칭분포로 발생한다.

- 대칭분포(symmetrical distribution) : 평균의 좌우측에 동일한 수량의 관찰치가 있어, 가운데 봉우리와 좌우측에 균등한 꼬리를 갖는 분포이며, 〈그림 5-2〉의 (a)와 같이 "평균=중위수=최빈치"의 관계가 발생
- 양의 왜도(positively skewed) 또는 우측왜도(skewed to the right) 분포 : 평균의 왼쪽에 더 많은 관찰치가 있어, 최빈치의 우측에 중위수(중앙값)와 평균이 있는 분포이다. 분포는 좌측 봉우리와 우측 긴 꼬리(long tail to the right)를 가지며, 〈그림 5-2〉의 (b)와 같이 "최빈치〈중위수〈평균"의 관계가 발생
- 음의 왜도(negatively skewed) 또는 좌측왜도(skewed to the left) 분포 : 평균의 오른쪽에 더 많은 관찰치가 있어, 최빈치의 좌측으로 중위수(중앙값)와 평균이 있는 분포이다. 분포는 우측 봉우리와 왼쪽 긴 꼬리(long tail to the left)를 갖고, 〈그림 5-2〉의 (c)와 같이 "최빈치〉중위수〉평균"의 관계가 발생
- Excel에서는 "SKEW(구간)"함수로 왜도를 계산
- 일반적으로 왜도는 자료집합에서 각 원소의 z점수의 3승(세제곱)한 값들을 더한 후에 모집단 또는 표본크기로 나누어 구한 절대첨도(absolute kurtosis)를 사용

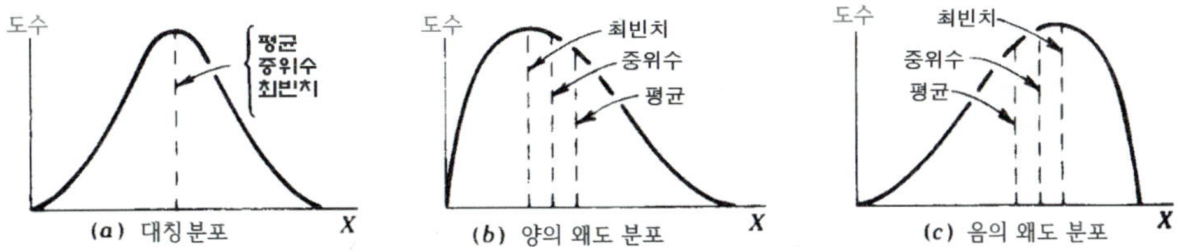

〈그림 5-2〉 위치 측정치와 도수분포의 형태

5.2.3 첨도의 개념과 측정

(1) 첨도의 개념과 분포의 형태

첨도(kurtosis)는 도수분포의 뾰족함(peakedness) 또는 평평함(flatness)을 반영하는 측정치이다.

- 아주 뾰족하지도 않고, 평탄하지도 않은 정규분포는 중간첨도(mesokurtic)
- 완만한 정점을 갖는 〈그림 5-3〉의 B와 같은 분포는 평탄형(판상형, platykurtic)
- 상대적으로 높은 정점을 갖는 〈그림 5-3〉의 C와 같은 분포는 급첨적(leptokurtic)
- 평균에 근접한 관찰치들의 도수가 크고 평균에서 멀리 떨어진 관찰치들의 도수가 작다면, 첨도 값은 크게 발생

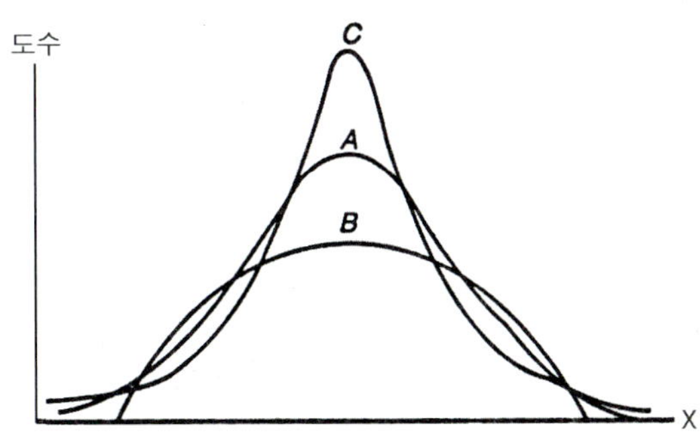

A : 중간첨도(mesokurtic), B : 평탄형(platykurtic), C : 급첨적(leptokurtic)

〈그림 5-3〉 첨도와 도수분포 형태

(2) 첨도 측정치

첨도는 1 이상의 값을 가져 어떤 명백한 표준(benchmark)을 제공하지 않기 때문에, 다른 요약측정치들에 비해 자주 사용되지 않는다.

- 일반적으로 첨도는 자료집합에서 각 원소의 z점수의 4승(네제곱)한 값들을 더한 후에 모집단 또는 표본크기로 나누어 구한 절대첨도(absolute kurtosis)를 사용
- 정규분포의 절대첨도는 3이어서 자료의 상대첨도는 "절대첨도-3"으로 계산
- 정규분포의 첨도를 차감한 "첨도-정규분포 첨도"의 상대첨도(relative kurtosis)가 음이면 평탄적, 양이면 급첨적 분포로 판단

Excel에서 첨도는 표본첨도계수(sample coefficient of kurtosis) SCK를 이용한 "Kurt(구간)"함수로 계산한다.

- 일반 첨도와는 달리, Excel로 계산한 첨도는 양수와 음수 첨도가 모두 가능
- SCK가 양이며 클수록 정규분포에 비해 보다 더 뾰족한 분포곡선 형태를 반영
- SCK가 음이며 절대치가 클수록 정규분포에 비해 보다 더 평평한 분포곡선의 형태를 반영

예제 5.4 A2:B11구간으로 주어진 미그룹화자료에 대해 5대 숫자 요약치와 평균, 표준편차, 사분위수범위, 준사분위수범위, 왜도, 첨도를 다음과 같이 구하고, 왜도 및 첨도의 정도를 평가할 수 있다.

	A	B	C	D	E	F	G	H	I
1	자료		기호	분위크기	사분위수				
2	33	27	Q_0	0	18	=QUARTILE.INC($A$2:$B$11,D2)			
3	26	22	Q_1	1	19.75				
4	24	18	Q_2	2	22				
5	21	49	Q_3	3	28.25				
6	20	22	Q_4	4	56				
7	19	20	평균	26.9	=AVERAGE(A2:B11)				
8	18	23	s(표준편차)	11.8273	=STDEV.S(A2:B11)				
9	18	32	IQR	8.5	=E5-E3				
10	52	20	SIQR	4.25	=D9/2				
11	56	18	(2/3)s	7.88	=(2/3)*D8				
12			왜도	1.65372	=SKEW(A2:B11)				
13			첨도	1.60369	=KURT(A2:B11)				

① 5대 숫자 요약치 계산

- D2:D6구간에 분위크기 숫자를 입력
- E2:E6구간 지정, 수식입력줄에"=QUARTILE.INC($A$2:$B$11,D2)"를 입력 후 "Ctrl+Enter"를 클릭하여, 최소값 18, Q1 19.75, 중앙값(50백분위수) 22, Q3 28.25, 최대값 56을 동시에 계산

② 사분위수범위, 준사분위수범위, (2/3)배의 표본표준편차, 왜도계수 계산

- D7셀에 "=AVERAGE(A2:B11)"을 입력, 표본평균 26.9를 계산
- D8셀에 "=STDEV.S(A2:B11)"을 입력, 표본표준편차 11.83을 계산
- D9셀에 "=E5-E3"을 입력, 사분위수범위 IQR 8.5를 계산
- D10셀에 "=D9/2"를 입력, 준사분위수범위 SIQR 4.25를 계산
- D11셀에 "=(2/3)*D8"을 입력, 표본표준편차의 (2/3)배인 7.88을 계산
- D12셀에 "=SKEW(A2:B11)"을 입력, 왜도계수 1.65를 계산

③ 첨도 계산

- D13셀에 "=KURT(A2:B11)"을 입력, 첨도계수 1.60을 계산, 정규분포보다 아주 뾰족한 봉우리의 분포를 갖는 것을 반영

학습문제

맞으면 "○", 틀리면 "×"를 표시

1. 평균은 변동성 측정치이다. ( )

2. 자료집합의 평균(절대)편차는 평균을 초과하는 50%의 값들과 평균에 미달하는 50%의 값들로 항상 그 자료집합을 구분한다. ( )

3. 자료집합의 표준편차는 양 또는 음이 될 수 있다. ( )

4. 표준편차가 큰 자료집합일수록 여타 자료에 비해 변동가능성이 더 작다. ( )

5. 경험법칙은 평균으로부터 2배의 표준편차들 이내에 자료집합의 정확히 95%가 위치할 것이라고 진술한다. ( )

6. 자료집합에서 분산에 대한 단위는 관련 변수에 대한 단위의 자승이다. ( )

7. 표준편차는 분산의 자승근이다. ( )

8. 사분위수범위는 순서 정렬된 자료집합의 상부 50%와 하부 50%의 중위수들의 평균이다. ( )

9. 자료집합의 평균은 범위의 1/2에 해당한다. ( )

10. 순서 정렬된 자료 값들의 50%가 사분위수범위를 구성한다. ( )

11. 종모양의 분포에서 값들의 범위는 평균에서 3배 표준편차들 이내에 있는 값들간의 거리와 거의 일치한다. ( )

12. 변동계수는 단위가 다른 자료집합들의 변동 가능성 비교에 사용할 수 있다. ( )

13. 하나의 자료집합은 2개 이상의 변동성 측정치들을 가질 수 있다. ( )

14. 경험법칙(empirical rule)은 모든 자료집합에 적용된다. ( )

15. 범위는 자료집합의 어떤 이상점에 의해서도 영향을 받지 않는다. ( )

학습문제

16. 이상치(outlying value)는 자료집합의 중위수 값에 영향을 주지 않는다. ( )

17. 어떤 자료집합에서 큰 이상치는 그 자료집합의 제99 백분위수의 값에 영향을 줄 수 있다. ( )

18. 평균에 대한 편차의 합은 어떤 자료집합에서도 항상 0이다. ( )

19. 음의 왜도분포에서 꼬리는 평균의 우측에 위치한다. ( )

20. 양의 왜도분포에서 최빈치는 중위수보다 작고, 중위수는 평균보다 작다. ( )

해답

1. ×	2. ×	3. ×	4. ×	5. ×	6. ○	7. ○	8. ×	9. ×	10. ○
11. ○	12. ○	13. ○	14. ×	15. ×	16. ○	17. ○	18. ○	19. ×	20. ○

CHAPTER 6

사상 및 확률의 개념과 Excel 활용 확률계산

6.1 표본공간 및 사상의 개념과 확률 계산 접근법

6.1.1 실험, 표본공간, 사상의 개념

6.1.2 확률의 개념과 계산 접근법

6.2 조건부확률의 원리와 Excel의 확률계산 적용

6.2.1 종속사상의 조건부확률과 베이즈정리 및 분할표

6.2.2 Excel의 확률 계산 적용

6.1 표본공간 및 사상의 개념과 확률 계산 접근법

6.1.1 실험, 표본공간, 사상의 개념

(1) 실험의 개념

실험(experiment)은 본질적으로 안정된 동일한 여건에서 반복 수행할 수 있는 구체적이거나 추상적인 행위들로 구성된 과정이며, 불확실성을 포함하는 반복적 행위를 수행할 수 있는 상황이다.

- 특성상 통제되지 않은 사상들을 관찰하여 자료를 얻거나 또는 실험실에서 통제된 절차를 통해 자료를 획득하는 과정은 모두 실험으로 간주
- 무작위실험(random experiment) 또는 확률시행(random trial) : 대부분 여건들은 동일하지만, 일부 변수들의 값을 통제할 수 없어 결과가 변동할 수 있는 실험

무작위(확률)실험은 두 가지 이상의 결과들이 발생할 수 있지만, 어떤 결과가 발생할지는 불확실한 특성을 가진 과정이다. 무작위실험은 다음 특징을 갖는다.

- 발생할 수 있는 각종 결과들은 모두 사전에 알려진다.
- 어떤 시행에 대한 결과는 사전에 알 수 없지만, 발생되는 결과들에 관련된 규칙성은 미리 인식할 수 있다.
- 동일한 여건에서 시행이 반복될 수 있다.

(2) 표본공간과 표본점의 개념

표본공간(sample space)은 어떤 무작위(확률)실험으로 발생 가능한 모든 결과들로 구성된 집합이다. 하나의 실험 결과들에 대해 하나의 표본공간으로 대부분의 정보를 제공할 수 있다. 표본공간에 관련된 용어들은 다음과 같다.

- 표본점(sample points) : 어떤 실험으로 발생하는 각 결과들이며, 표본공간의 개별 원소이다. 기초적 결과(basic outcomes) 또는 단순사상(simple event)이라고 함
- 표본공간은 결과들 집합(outcomes set)으로 대문자 Ω로 표시

집합 Ω의 원소 x가 갖는 값이나 특성은 {x ｜ 0≤x≤2} 또는 {x ｜ x는 P를 충족}과 같이 표시하며, 중괄호 { } 안의 "｜"은 "such that"이라고 읽으며, "｜"은 ":"으로도 표시할 수 있다. 예컨대 A={x ｜ x는 양의 정수<7}는 집합 A가 7보다 작은 양의 정수들로 구성된 것을 나타낸다.

표본공간은 원소인 표본점들을 구분하여 셀 수 있는지의 여부에 따라 이산표본공간과 연속 표본공간으로 구분한다.

- 연속 표본공간(continuous sample spaces) : 무한히 많고 셀 수 없는 표본점들로 구성된 불가산 무한 표본공간(noncountably infinite sample space)
- 연속표본공간은 별도로 셀 수 없기 때문에 측정단위들을 사용하여 처리하며, 일반적으로 (길이, 시간, 중량, 무리 등의) 측정된 사상들을 포함
- 이산 표본공간(discrete sample spaces) : 원소들인 표본점들이 별도로 분리되어 셀 수 있는 표본공간
  - 유한 표본공간(finite sample space) : 분리되어 셀 수 있는 유한 표본점들로 구성된 이산표본공간
  - 가산 무한 표본공간(countably infinite sample space) : 무한 표본점들로 구성되지만, 분리할 수 있는 이산 표본공간

예제 6.1 표본공간을 다음과 같이 표시할 수 있다.

① 이산표본공간 표시

- 앞면 H와 뒷면 T의 결과를 갖는 하나의 동전 던지기 표본공간 : Ω={H,T}
- 결과들 1,2,3,4,5,6을 갖는 하나의 주사위 던지기 표본공간 : Ω={1,2,3,4,5,6}
- 자연수들의 집합인 표본공간 : Ω={x | x는 자연수}

② 연속표본공간 표시

- 0과 2 사이의 모든 실수들의 집합인 표본공간 : Ω={x | $0 \le x \le 2$}
- x는 0과 1 사이, y는 2와 3 사이에 있는 모든 실수들을 원소들로 갖는 집합인 표본공간 : Ω={x,y | $0 \le x \le 1$, $2 \le y \le 3$}

예제 6.2 이산 표본공간과 연속 표본공간에 대한 사례들을 다음과 같이 적용해 볼 수 있다.

① 유한한 수의 결과들을 포함하는 이산표본공간

개별적으로 셀 수 있다는데 초점을 두고 파악

- 어떤 기업에 대한 취업지원자의 수
- 정부의 계약에 입찰한 전자회사들의 수
- 선적 상품에 포함된 불량품의 수 등

② 무한한 수의 셀 수 있는 결과들을 포함하는 이산표본공간

사상들로 그룹화하여 셀 수 있다는데 초점을 두고 파악

- 어떤 주식에 대한 매매 호가
- 직물 원단에 있는 흠(flaws)의 수
- 자연수 등

③ 무한한 수의 셀 수 없는 결과들을 포함하는 연속표본공간

- 어떤 전구의 수명, 포장된 밀가루의 순중량
- 강에서 잡은 물고기의 길이
- 자동차의 주행연비
- 고속도로를 달리는 승용차의 평균속도 등

(3) 사상의 개념과 종류

사상(event)은 표본공간에서 어떤 진술이 성립하게 하는 하나 이상의 기초적 결과(표본점)들의 집합이다. 실험이나 조사를 하여 사상 A의 원소가 그 결과로 나타났다면, 사상 A가 발생했다고 한다.

- 사상은 표본공간의 부분집합이며, 어떤 확률실험으로 발생할 수 있는 하나 또는 그 이상의 결과들의 집합
- 표본공간 자체는 확실사상(sure event)이며, 발생하지 않는 공집합(empty set)의 사상은 불가능사상(impossible event)

사상은 구성하는 표본점의 수에 따라 단일사상, 복합사상 및 전수사상으로 구분할 수 있다. 그리고 발생하는 특성에 따라 상호배반사상, 독립사상, 종속사상으로 구분한다.

- 단일 또는 근원사상(simple or elementary event) : 표본공간의 하나의 기초적 결과(표본점)로 구성된 사상이며, 하나의 기준만을 충족시키는 결과
- 복합사상(composite event) : 표본공간의 2개 이상의 기초적 결과들을 갖는 사상
- 전수사상(exhaustive events) : 어떤 실험의 표본공간에 대해 가능한 결과들을 모두 설명하는(포함하는) 사상
- 집합적 포괄(전수)사상들(collectively exhaustive events) : 표본점들 중의 하나는 반드시 발생하는 사상들의 집합, 예컨대 동전 던지기에서 앞면이나 뒷면 중 하나는 반드시 발생하므로 동전 던지기의 앞면과 뒷면은 집합적 전수사상들
- 상호 배반사상(mutually exclusive events) : 어떤 실험을 동일하게 반복해도 서로 동시에 발생할 수 없는 경우의 결과들
- 독립사상들 : 각 사상의 발생이 서로 다른 사상의 발생에 대해 영향을 주지 않는 사상들
- 종속사상들(dependent events) : 상호 독립적이 아니어서 다른 사상의 발생에 영향을 주는 사상들

예제 6.3 주사위 던지기로 가능한 결과들인 기초적 결과들은 모두 1, 2, 3, 4, 5, 6으로 구성된다. 이러한 주사위 던지기 실험의 표본공간과 관련 사상들을 다음과 같이 표시할 수 있다.

① 주사위 던지기 실험의 표본공간은 Ω = {1, 2, 3, 4, 5, 6}이다.
② 사상 A가 주사위실험에 대한 짝수의 기초적 결과들이라면, A={2, 4, 6}이다. 여기서 {2}, {4}, {6}은 단일사상(표본점)들이다.
③ 4의 사상은 다른 사상들인 1, 2, 3, 5, 6의 사상들과는 결코 동시에 발생할 수 없으므로, 각 표본점들은 모두 상호배반사상들의 관계를 보유
④ 1, 2, 3, 4, 5, 6은 주사위 던지기의 모든 결과들을 전부 설명하므로 전수 사상

6.1.2 확률의 개념과 계산 접근법

(1) 확률의 개념

확률(probability)은 어떤 실험의 특정 결과가 발생할 것이라는 믿음에 대한 측정치이며, 어떤 확률변수에서 특정사상의 발생 가능성을 표시하는 숫자이다.

- 확률을 우연(chance), 가능도(우도, likelihood) 및 승산(odds)이라고 함.
- 어떤 사상의 확률은 그 사상의 발생 가능성을 크기가 0부터 1까지의 척도로 표시한 실수(real number)
- 1의 확률은 발생이 확실한 사상을, 0의 확률은 발생할 수 없는 사상을 표시
- 사상 A의 확률(probability of event A)은 P(A)로 표시하고, "P of A"로 읽음

TIP

- 확률변수(random variable) : 어떤 실험의 사상들을 표시하는 숫자 값들을 갖는 변수이며, 사전에 미리 알려질 수 없는 측정치나 관찰치

(2) 확률 계산의 접근법

확률계산의 방법에는 고전적, 상대도수, 주관적 접근법이 있다. 장기적으로 확률 값들은 사상의 상대적인 발생비율을 표시하므로, 고전적 및 상대도수 처리방식들은 모두 객관적인 확률 값들을 제공한다. 보통 확률 계산에는 실험결과 자료에 따른 상대도수 접근법을 많이 사용한다.

① 고전적 확률 접근법(classical probability approach) : 실험의 단일사상들이 균등한 발생 가능성을 갖는다는 가정을 기초로 확률을 계산하는 방식

$$\text{(6.1)}\quad \text{사상 } i\text{의 확률} \equiv P(e_i) = \frac{n_i}{N} = \frac{\text{사상 } i\text{에 포함된 결과들의 수}}{\text{가능한 결과들의 총수}}$$
$$= \frac{e_i}{S} = \frac{\text{사상 } i\text{의 표본점 수}}{\text{표본공간 표본점의 수}}$$

- 관찰대상에 대한 모든 표본점을 사전에 알고 있다는 가정을 전제로 하기 때문에, 발생결과에 대한 추론을 사전에 수행할 수 있다는 의미에서 사전적(선험적) 확률(a priori probability)이라 부름
- 주사위, 동전 등을 던지는 경우에 발생할 수 있는 표본점들을 사전에 알기 때문에, 이러한 실험에 대한 확률 계산은 고전적 접근법을 사용

② 상대도수접근법(relative frequency approach) : 과거 경험을 기초로 확률을 계산하는 역사적 해석방법

$$\text{(6.2)}\quad \text{사상 } i\text{의 확률} \equiv P(e_i) = \frac{n_i}{N} = \frac{\text{과거에 발생한 사상 } i\text{의 횟수}}{\text{관찰치의 총수}}$$
$$= \frac{\text{발생횟수}}{\text{시행횟수}}$$

- 동일한 발생 가능성에 대한 어떤 사전적 가정도 하지 않고, 자료를 수집하고 관찰한 결과에 따라 확률을 계산하는 실증적 접근법(empirical approach)
- 장기적으로 어떤 사상의 발생 확률 추정을 가능하게 해주는 방법이어서 그에 따른 확률을 장기상대도수(long-term relative frequency)라고 함
- 동전 던지기 등과 같이 정확히 반복횟수를 측정할 수 있는 시행을 수행하는 경우에도 상대도수로 승산이나 확률의 측정이 가능
- 자료를 수집하고 관찰한 결과에 따라 계산한 확률이므로, 도수확률(frequency probabilities), 객관적 확률(objective probabilities) 또는 경험적 확률(empirical probability)이라 부름

③ 주관적 또는 개인적 접근법(subjective or personal approach) : 개인이 이용할 수 있는 사전지식, 정보 및 경험 등의 모든 증거들을 기초로 하는 주관적 또는 개인적 믿음(개념)을 조건으로 확률을 결정하는 방법

- 개인의 판단 결과가 확률 값으로 나타나므로, 주관적 접근법을 개성주의 접근법(personalistic approach)이라 부름
- 확률실험을 수행하지 않고, 자신의 판단으로 계산한 확률

예제 6.4 다음과 같이 각 경우에 대해 적용된 확률 계산의 방식을 구분할 수 있다.

① 내년에 경기회복이 발생할 확률(주관적)
② 각 표면이 균등한 주사위가 한 번 던져서 2 또는 3의 값이 나올 확률(고전적)
③ 일정 수량의 불량품이 포함된 진열상품에서 불량품이 선택될 확률(고전적)
④ 대량의 상품들 중에서 무작위로 뽑아낸 상품이 불량품일 확률(상대도수)[불량품의 사전적 확률을 모르기 때문]
⑤ 대형 백화점에 들어오는 손님이 구입을 할 확률(상대도수)
⑥ 종합주가지수가 다음 해에 50% 이상 상승할 확률(주관적)

〈표 6-1〉 확률계산 접근법의 종류와 특성

확률 접근법	고전적 (사전적, 이론적)	• 특정사상 발생가능 횟수를 전체사상 발생가능 횟수(표본공간의 전체 단순 사상의 수)로 나눈 값 • 실험을 수행하지 않고서도 확률 계산이 가능
	상대도수 (경험적, 객관적)	• 특정 사상의 실제 발생횟수를 시행한 횟수로 나눈 값 • 실험 또는 시행횟수가 증가할수록, 그 확률은 고전적 확률에 접근
	주관적 (개인적, 판단적)	• 입수 가능한 각종 증거를 기초로 특정 사상이 발생할 것으로 보는 개인 믿음의 정도로 측정 • 자신의 전문지식에 따른 생각으로 판단

6.2 조건부확률의 원리와 Excel의 확률계산 적용

6.2.1 종속사상의 조건부확률과 베이즈정리 및 분할표

(1) 종속사상의 조건부확률과 결합확률

두 사상이 각 사상의 발생에 대해 영향을 주는 종속사상들인 경우에 결합확률과 조건부확률을 통해 상황을 분석할 수 있다.

- 결합확률(joint probability) : 두 사상이 동시에 발생할 확률, 사상 A와 B의 결합확률을 $P(A \cap B)$로 표시
- 조건부확률(conditional probability) : 다른 종속사상이 발생한 상황에서 어떤 사상이 발생할 확률
- 다른 종속사상 B가 이미 발생한 경우에 어떤 사상 A가 발생할 확률(probability of A given B)은 $P(A \mid B)$로 표시
- 다른 종속사상 A가 이미 발생한 경우에 어떤 사상 B가 발생할 확률(probability of B given A)은 $P(B \mid A)$로 표시

결합확률과 조건부확률은 다음의 관계를 갖는다.

(6.3.1) $P(A \mid B) = \dfrac{P(A \cap B)}{P(B)} = \dfrac{P(A \text{ and} B)}{P(B)}$

B에 대한 A의 조건부확률 $= \dfrac{A\text{와 } B\text{의 결합확률}}{B\text{의 발생확률}}$

(6.3.2) $P(B \mid A) = \dfrac{P(A \cap B)}{P(A)} = \dfrac{P(A \text{ and} B)}{P(A)}$

A에 대한 B의 조건부확률 $= \dfrac{A\text{와 } B\text{의 결합확률}}{A\text{의 발생확률}}$

(6.3.1)식과 (6.3.2)식을 이용하여 사상 A와 B의 결합확률(joint probability) $P(A \cap B)$를 다음과 같이 계산

(6.3.3) $P(A \cap B) = P(A) \cdot P(B \mid A) = P(B) \cdot P(A \mid B)$

A와 B의 결합확률 = A의 발생확률 × A에 대한 B의 조건부확률
= B의 발생확률 × B에 대한 A의 조건부확률

예제 6.5 상자에 10통의 필름이 있는데, 그 중에서 3통이 불량품이라고 하자. 그 상자에서 필름 2통을 순차적으로 따라 꺼내려고 한다면, 두 번 모두 불량품을 선택할 확률은 다음과 같이 6/90이 된다.

① 사상의 표시

- 첫째 불량품 결과를 사상 A
- 둘째 불량품 결과를 사상 B로 표시

② 사상들의 확률표시

- 첫째 불량품 결과 확률을 사상 A의 확률 P(A)로 표시
- 둘째 불량품 결과 확률을 사상 B의 확률 P(B)로 표시

③ 확률 계산

- 처음에는 10개 중에서 3개가 불량품이므로, $P(A) = 3/10$
- 둘째 시도에서는 사상 A가 달성된 상황이라면, 나머지 전체는 9개이고 불량품이 2개여서 사상 B가 발생할 확률은 $P(B \mid A) = 2/9$
- 사상 A와 B가 모두 발생한 결합확률은 앞의 두 확률을 곱하여 계산하므로, (6.3.3)식에 따라 P(A and B) = 6/90

$$P(A \cap B) = \frac{3}{10} \times \frac{2}{9} = \frac{6}{90}$$

(2) 독립사상의 조건부확률과 결합확률

독립사상들(independent events)의 동시 발생확률은 각 사상들의 확률을 곱하여 계산한다.

- 두 독립적 사상들 A와 B가 동시에 발생할 확률 $P(A \cap B)$ 또는 P(A and B)는 각 사상의 발생확률들 $P(A)$와 $P(B)$의 곱으로 계산

(6.4.1) $P(A \cap B) = P(A) \times P(B) = P(A) \cdot P(B)$

- 독립적 사상들 A, B, C의 동시 발생 확률 $P(A \cap B \cap C)$ 또는 P(A and B and C)는 각 사상의 발생확률들 $P(A)$, $P(B)$, $P(C)$의 곱으로 계산

(6.4.2) $P(A \cap B \cap C) = P(A) \cdot P(B) \cdot P(C)$

독립사상들의 조건부확률은 없기 때문에, 다른 사상에 의해 발생에 어떤 영향도 받지 않는다. 따라서 다음과 같이 독립사상의 조건부확률은 해당 사상의 확률이다.

(6.4.3.1) P(A | B) = P(A) : 사상 A와 B의 독립성 조건

(6.4.3.2) P(B | A) = P(B) : 사상 A와 B의 독립성 조건

예제 6.6 2개의 동전을 던질 경우에 모두 뒷면이 나올 확률은 (6.4.1)식에 따라 0.25[=(1/2)×(1/2)]가 된다. 이는 던진 각 동전의 결과가 다른 동전의 결과에 영향을 주지 않는 독립적 사상들인 경우이기 때문이다.

예제 6.7 자동차 바퀴의 타이어 수명이 5만 Km 이내일 확률이 1/2이라고 가정하자. 이러한 경우 그 자동차의 4 바퀴 모두 5만 Km 주행 후에 교환이 필요할 확률은 (6.4.1)식에 따라 1/16[= $(1/2)^4$]이 된다.

(3) 베이즈법칙

베이즈법칙(Bayes' Rule)은 효과(결과)인 사상 E가 발생했다는 상황에서 원인이 되는 사상 A의 조건부확률(conditional probability)을 결정하는 방식이다.

- 베이즈법칙은 효과가 관찰된 후에 원인을 추론하려고 하는 경우에 적용할 수 있게 해주는 사상들 조건설정의 역전을 가능하게 하는 공식
- 베이즈법칙은 추론(inference)에 자주 사용되는 인과관계(cause-effect relation)에 대한 확률모형
- 연속적 사상들의 맥락에 적용
- 표본공간에 대한 분할사상들의 확률과 그 분할사상들과 교집합을 갖는 어떤 사상의 각 분할사상에 대한 조건부확률을 사용하여, 그 사상에 대한 특정 분할사상의 조건부확률을 계산하는 관계공식
- 공식의 계산형식은 둘째의 연속적 과정에서 특정 사상이 관찰된 경우에, 그 앞인 첫째의 연속적 과정에서 어떤 사상이 발생했을 조건부 확률을 결정하는 방식

(6.5.1) $P(\text{특정원인} \mid \text{결과}) = \dfrac{\text{해당원인과 결과의 결합확률}}{\text{결과의 발생확률}}$

(6.5.2) $P(\text{결과}) =$ 각종 원인과 결과의 결합확률들의 합계 : 전확률정리

TIP

- 사전확률(prior probability) : 현재 확보한 정보를 사용하여 결정한 초기 확률
- 사후확률(posterior probability) : 사전확률 정보에 추가된 정보를 사용하여 새롭게 계산한 확률

예제 6.8 레이더가 비행기 존재를 포착할 확률을 구하려면, 레이더가 비행기 존재를 표시했는데 비행기가 나타난 조건부 확률을 계산해야 한다.

그래서 E = {비행기가 있다}와 A={레이더가 비행기 존재를 기록한다}의 두 사상들을 규정하자. 그리고 비행기가 나타날 확률 P(E) = 0.05, 비행기가 나타날 때에 레이더가 그 존재를 기록할(포착할) 확률 P(A I E)=0.99, 비행기가 없는데 그 존재를 기록할 확률 $P(A \mid E^C) = 0.1$이 주어진다고 하자.

① 비행기 있음 표시 $E_1 = E$과 비행기 없음 표시 $E_2 = E^c$를 규정

② 비행기 있음 표시와 비행기 없음 표시는 배반사상이어서 $P(E_2) = 0.95$ 를 계산

$P(E_1) = 1 - P(E_2)$ =0.05에서 $P(E_2)$ =0.95

③ 레이더가 비행기를 포착할 확률 $P(E_1 \cap A)$ 와 비행기가 없는데 레이더가 비행기를 표시할 확률 $P(E_2 \cap A)$ 를 계산

- 레이더가 있는 비행기를 기록할 확률

  $P(E_1 \cap A) = P(E_1)P(A|E_1) = 0.05 \times 0.99$ =0.0495

- 레이더가 없는 비행기를 표시할 확률

  $P(E_2 \cap A) = P(E_2)P(A|E_2) - 0.95 \times 0.10$ =0.095

- 레이더가 비행기를 표시할 확률

  $P(A)$ = 0.0495+0.095 = 0.1445

④ 베이즈법칙으로 레이더가 있는 비행기를 포착할 확률 $P(E|A) = P(E_1|A)$ 계산

$$P(E|A) = P(E_1|A) = \frac{P(E_1)P(A|E_1)}{P(A)}$$

$$= \frac{P(E_1)P(A|E_1)}{P(E_1)P(A|E_1) + P(E_2)P(A|E_2)} = \frac{0.05(0.99)}{0.05(0.99) + 0.95(0.1)} \approx 0.3426$$

	A	B	C	D	E	F	G
1	P(E1)	0.05		P(A∩E1)	0.0495	=B1*B2	
2	P(A|E1)	0.99		P(A∩E2)	0.0950	=B4*B3	
3	P(A|E2)	0.10		P(A)	0.1445	=SUM(E1:E2)	
4	P(E2)	0.95	=1-B1	P(E1|A)	0.3426	=E1/E3	

(4) 분할표

분할표(contingency table)는 일반 곱셈법칙을 적용하여 어떤 모집단 자료를 변수의 속성에 따라 구분하고, 전체 자료가 속성별로 분포된 상태를 한눈에 파악할 수 있도록 표시한 빈도표이다.

- 분할표를 교차집계표(cross-table) 또는 결합분포표(joint distribution table)라고도 하며, 자료를 구분하는 차원들 수에 따라 일원 및 이원 분할표로 구분
  - 일원분할표(one-way contingency table) : 한 변수에 의해 분류된 분할표
  - 이원분할표(two-way contingency table) : 두 변수들에 의해 분류된 분할표
- 두 범주변수의 범주별 관찰결과들을 한 변수는 행으로, 다른 변수는 열로 배열
- 행과 열의 교점을 셀(cell)이라 하고, 관찰된 값인 도수(빈도)들을 셀들에 표시

예제 6.9 80명이 졸업한 어떤 실업계 학교에서 남학생은 취업한 학생이 31명, 미취업 중인 학생이 19명이고, 여학생은 15명이 취업을 했다고 하자.
이러한 경우에 미취업 여학생이 15명이므로, 성별에 따른 일원분할표와 취업여부에 따른 일원분할표를 작성할 수 있다. 그리고 일원분할표를 사용하여 다음과 같이 이원분할표를 작성할 수 있다.

	A	B	C	D	E
1	성별 기준 일원분할표		취업 여부 기준 일원분할표		
2	성별		취업 여부		
3	남	50	취업	46	
4	여	30	미취업	34	
5	계	80	계	80	
6	성별 및 취업 여부 기준 이원분할표				
7		취업 B1	미취업 B2	계	
8	남 A1	31	19	50	
9	여 A2	15	15	30	
10	계	46	34	80	

① 성별 기준 일원분할표 작성

- A3셀과 A4셀에 각각 남과 여를 입력
- B3셀과 B4셀에 각각 50과 30을 입력
- B5셀에 "=SUM(B3:B4)"를 입력

② 취업 여부 기준 일원분할표 작성

- C3셀과 C4셀에 각각 취업과 미취업을 입력
- D3셀과 D4셀에 각각 46과 34를 입력
- D5셀에 "=SUM(D3:D4)"를 입력

③ 성별 및 취업 여부 기준 이원분할표 작성

- A7:C9구간의 각 셀을 시트와 같이 입력
- D8:D10구간을 지정, 수식입력줄에 "=SUM(B8:C8)"를 입력하고 "Ctrl+Enter"를 클릭하여 합계를 동시 계산
- B10:C10구간을 지정, 수식입력줄에 "=SUM(B8:B9)"를 입력하고 "Ctrl+Enter"를 클릭하여 합계를 동시 계산

(5) 결합확률표와 주변확률

결합확률표(joint probability table)는 분할표의 도수(빈도)를 전체도수로 나누어 확률로 전환시켜 구성한 표이다.

- 결합확률표의 내부 셀들은 결합확률을 표시
- 주변확률(marginal probability)은 결합확률표의 주변에서 규명되는 확률
- 주변확률은 한계확률, 무조건부확률 또는 (단일사상의 확률이어서) 단일확률(simple probability)이라고 부름
- 어떤 사상 A의 주변확률은 (상호 배반사상들이며 집합적으로 전수 사상들인) 표본공간의 분할사상들 $E_1, .., E_n$ 과의 결합확률들의 합계로 계산

(6.5.3) $P(A) = P(A \cap E_1) + \cdots + P(A \cap E_n)$: 전확률정리

예제 6.10 예제 6-9의 이원분할표에서 각 셀은 두 사상들의 결합확률이다. 분할표를 사용하여 다음 계산을 수행하기로 하자.

① 특정사상이 다른 사상과 동시에 중복적으로 발생하는 사상인 복합사상이 발생할 확률인 결합확률들과 주변확률들을 계산하고, ② 두 사상들의 결합확률들의 합이 중복되는 사상의 발생확률인 주변확률과 동일하다는 사실을 검정하고, ③ 조건부확률 계산을 다음과 같이 수행할 수 있다.

	A	B	C	D	E	F	G	H
1		취업 B1	미취업 B2	계		취업 B1	미취업 B2	계
2	남 A1	31	19	50	남 A1	#(A1∩B1)	#(A1∩B2)	#(A1)
3	여 A2	15	15	30	여 A2	#(A2∩B1)	#(A2∩B2)	#(A2)
4	계	46	34	80	계	#(B1)	#(B2)	#(A1+A2)= #(B1+B2)
5	결합확률 분포표							
6		취업 B1	미취업 B2	계		취업 B1	미취업 B2	계
7	남 A1	31/80	19/80	50/80	남 A1	P(A1∩B1)	P(A1∩B2)	P(A1)
8	여 A2	15/80	15/80	30/80	여 A2	P(A2∩B1)	P(A2∩B2)	P(A2)
9	계	46/80	34/80	80/80	계	P(B1)	P(B2)	P(A1+A2)= P(B1+B2)
10	조건부확률 계산		=B7/$D7		=B7/B$9			
11	P(B1|A1)	P(B2|A1)	62/100	38/100	P(A1∩B1)/P(A1)		P(A1∩B2)/P(A1)	
12	P(B1|A2)	P(B2|A2)	50/100	50/100	P(A1∩B2)/P(A2)		P(A2∩B2)/P(A2)	
13	P(A1|B1)	P(A1|B2)	67/100	56/100	P(A1∩B1)/P(B1)		P(A1∩B2)/P(B2)	
14	P(A2|B1)	P(A2|B2)	33/100	44/100	P(A2∩B1)/P(B1)		P(A2∩B2)/P(B2)	

① 분할표를 이용하여 결합확률과 주변확률 계산

- A1:D4구간에 예제 6-9의 이원분할표를 복사하여 붙이기
- E1:H4구간의 각 셀에 교집합 기호 " ∩ "와 사상 수 " # "(샤프, sharp)를 이용하여 복합사상과 단일사상의 도수들을 기호로 표시
- E6:H9구간에 사상들의 확률 기호 표시
- B7:D9구간과 C11:D14구간을 지정 후, 마우스 오른쪽 단추를 눌러 생성된 대화상자에서 셀 서식을 지정하고, 생성된 셀 서식 대화상자에서 표시형식을 다음과 같이 지정하여 확률을 분모가 80일 분수로 표시하도록 설정
- B7:D9구간을 지정, 수식입력줄에 "=B2/$D$4"를 입력 후 "Ctrl+Enter"를 클릭하여 결합확률과 주변확률을 동시에 계산

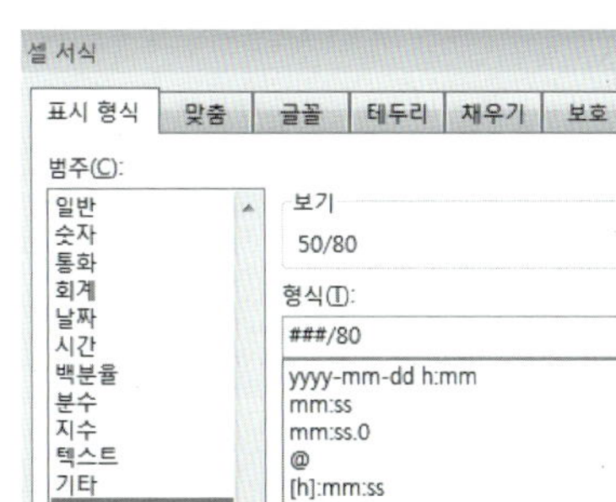

② 두 사상들의 결합확률들의 합이 중복되는 사상의 발생확률인 주변확률과 동일하다는 사실을 검정하여 전확률정리 입증

- B7:D9구간에서 결합확률들의 행의 합은 남과 여의 단일사상 확률들인 주변확률
- B7:D9구간에서 결합확률들의 열의 합은 취업과 미취업의 단일사상 확률들인 주변확률
  - $P(A1 \cap B1) + P(A1 \cap B2) = (31/80) + (19/80) = 50/80 = 0.625 = P(A1)$
  - $P(A2 \cap B1) + P(A2 \cap B2) = (15/80) + (15/80) = 30/80 = 0.375 = P(A2)$
  - $P(B1 \cap A1) + P(B1 \cap A2) = (31/80) + (15/80) = 46/80 = 0.575 = P(B1)$
  - $P(B2 \cap A1) + P(B2 \cap A2) = (19/80) + (15/80) = 34/80 = 0.425 = P(B2)$

③ 조건부확률 계산의 동시 수행

- C11:D12구간을 지정, 수식입력줄에 "=B7/$D7"을 입력 후 "Ctrl+Enter"를 클릭하여 남과 여를 각각 조건으로 하는 취업과 미취업의 발생에 대한 조건부확률을 동시에 계산
- C13:D14구간을 지정, 수식입력줄에 "=B7/B$9"를 입력 후 "Ctrl+Enter"를 클릭하여 취업과 미취업를 각각 조건으로 하는 남과 여의 발생에 대한 조건부확률을 동시에 계산

6.2.2 Excel의 확률 계산 적용

(1) 대수의 법칙과 소수의 법칙

실험에서 어떤 사상의 상대도수는 시행마다 변화하지만, 시행을 아주 많이 수행하면 그 사상의 상대도수(경험)확률은 그 사상의 이론적 확률에 수렴하는 경향을 갖는 대수의 법칙(Law of Large Numbers)이 성립한다. 이러한 근사치방법은 반복횟수를 증가시킬수록 개선된 결과를 제공한다.

- 동일한 실험을 아주 많이 반복하면, 실험의 결과는 예상했던 평균인 기대치에 반드시 접근한다는 법칙
- 동전 던지기를 계속하면, 앞면과 뒷면의 발생확률은 각각 1/2에 수렴
- 대수의 법칙에 따른 실험의 반복수행 결과는 예상평균인 기대치로 나타나지만, 대수의 법칙은 다음의 의미를 가진 평균의 법칙(law of averages)과는 다름
  - 평균의 법칙(law of averages)은 단기적으로 발생하는 일들은 균등하게 나누어야(even out) 한다는 법칙이다.
  - 평균의 법칙은 보통 평균을 유지하도록 어떤 극단적 사건이 발생하면, 그에 대응하는 다른 극단적이 사건이 발생한다는 진술(명제, proposition)이다.

소수의 법칙(law of small numbers)은 희귀한(드문) 사상들에 대한 일반이론으로, 대수의 법칙이 소수에도 적용된다는 주장이다. 특히 자기-시정적 경향(self-corrective tendency)이 작용한다면 소표본들 역시 고도로 대표적이며 서로 유사할 것이다. 그런데 드문 사상들(발생 확률이 작은 사상들)을 고려하는 경우에, 소표본 사용에서 다음과 같은 오류를 범할 수 있어 소수의 법칙을 사용하는 것에 주의해야 한다.

- 사람들은 소표본이 모집단을 대표하는 정도를 과대추정하는 경향이 있음, 특히 소표본이 이상치들만을 포함하는 경우에는 아주 위험
- 확률과정이 자기시정적이 아닌데도 자기시정적이라고 믿는 경향이 있음

예제 6.11 면이 고른 동전을 던져서 앞면(H)이 나올 이론적 확률은 0.5이다. 이를 Excel의 Rand()함수를 사용하여, 0.5 미만이면 "1"을, 0.5 이상이면 "0"으로 표시하여 각 실험횟수에 대한 앞면 누계의 상대도수(확률) 변화를 20회와 500회 수행에 대해 의태시킬 수 있다.

이러한 과정을 통해 20회까지의 앞면 발생의 확률과 500회까지의 앞면 발생 확률을 비교하여, 반복횟수가 증가할수록 앞면 발생확률은 이론적 발생확률인 0.50에 수렴되어 가는 대수의 법칙을 확인할 수 있다.

	A	B	C	D
1	횟수	결과	누계	확률
2	1	1	1	1.0000
3	2	0	1	0.5000
4	3	1	2	0.6667
5	4	1	3	0.7500
6	5	1	4	0.8000
7	6	1	5	0.8333
8	7	1	6	0.8571
9	8	1	7	0.8750
10	9	0	7	0.7778
11	10	0	7	0.7000
12	11	0	7	0.6364
13	12	1	8	0.6667
14	13	0	8	0.6154
15	14	0	8	0.5714
16	15	1	9	0.6000
17	16	1	10	0.6250
18	17	0	10	0.5882
19	18	1	11	0.6111
20	19	0	11	0.5789
21	20	0	11	0.5500
496	495	0	246	0.4970
497	496	0	246	0.4960
498	497	1	247	0.4970
499	498	1	248	0.4980
500	499	0	248	0.4970
501	500	0	248	0.4960

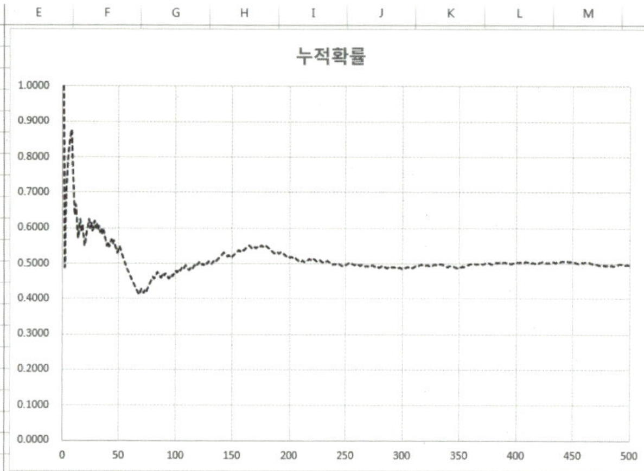

① 횟수 입력과 창틀고정

- A2셀에 "1"을 입력 후, 메뉴 탭에서 "편집/채우기/계열"을 클릭
- 생성된 연속데이터 상자에서 "방향 : 열, 유형 : 선형"을 선택한 후에 "확인"을 클릭하여 1부터 500까지 열 방향으로 입력
- E22셀을 지정 후 메뉴 탭에서 "보기/창/틀 고정/틀 고정(F)"를 선택
- 화면 우측의 "수직이동 스크롤바"를 아래로 당겨 A501셀의 500이 보이게 조정

② 앞면 발생 여부의 결과 더미변수(dummy variable) 표시와 누적상대도수 계산

- B2:B501구간 지정, 수식입력줄에 "=IF(RAND()<0.5,1,0)"을 입력, "Ctrl+Enter"를 클릭하여 앞면 발생 여부의 결과를 동시 표시
- C2:C501구간 지정, 수식입력줄에 "=SUM($B$2:B2)"를 입력, "Ctrl+Enter"를 클릭하여 결과들의 누계를 동시 계산

- D2:D501구간 지정, 수식입력줄에 "=C2/A2"를 입력, "Ctrl+Enter"를 클릭하여 결과들의 누적상대도수를 동시 계산

③ 산점도 작성

- 다음과 같은 방식으로 A1:A501구간과 D1:D501구간 동시 지정
- A1셀을 지정 후 "Shift"를 누른 채로 마우스 커서를 A501셀로 이동시켜 왼쪽 단추를 클릭하여 A1:A501구간 지정
  - "Ctrl"을 누른 채로 마우스를 D1셀로 이동시켜 왼쪽 단추를 클릭하여 A1:A501구간과 동시에 D1셀을 지정
  - 다시 "Shift"를 누른 채로 D501셀로 마우스 커서를 이동시켜 왼쪽 단추를 클릭하여 A1:A501구간과 D1:D501구간을 동시 지정"
- 메뉴 탭에서 "삽입/차트/분산형/표식만 있는 분산형"을 지정하여 차트를 작성
- Excel의 "=Rand()"함수는 기능키를 누를 때마다 다시 계산을 수행
- "F9"키를 눌러 수행횟수 증가에 따라 누적상대도수가 이론적 확률 0.5에 수렴하는 것을 확인

예제 6.12 2개의 주사위를 동시에 던지는 실험에서 두 주사위 점들의 합이 7과 11이 아닐 확률을 다음과 같이 7/9[= 28/36 = 1-(6/36 + 2/36)]로 계산할 수 있다.

	A	B	C	D	E	F	G	H	I	J	K	L	M
1			첫째 주사위 눈금(X)						X+Y	확률			
2			1	2	3	4	5	6	7	P(A|X+Y=7)	6/36		
3		6	7	8	9	10	11	12	11	P(A|X+Y=11)	2/36		
4	둘째	5	6	7	8	9	10	11		P((A∪B)^C)	28/36	=1-SUM(K2:K3)	
5	주사위	4	5	6	7	8	9	10		=COUNTIF($C$3:$H$8,I2)/ COUNT($C$3:$H$8)			
6	눈금	3	4	5	6	7	8	9					
7	(Y)	2	3	4	5	6	7	8					
8		1	2	3	4	5	6	7					

① 주사위 눈금들 합들의 계산과 7 및 11에 표시

- C3:H8구간을 지정, 수식입력줄에 "=C$2+$B3"을 입력 후 "Ctrl+Enter"를 클릭하여 첫째 주사위 눈금과 둘째 주사위 눈금의 합들을 동시 계산
- 메뉴 탭에서 "홈 | 스타일 | 조건부서식 | 셀 강조 규칙 | 같음"을 지정
- 생성된 "같음" 대화상자에서 값에는 "7"을, 적용할 서식에는 "연한 빨강 채우기"를 지정 후 "확인" 단추를 클릭

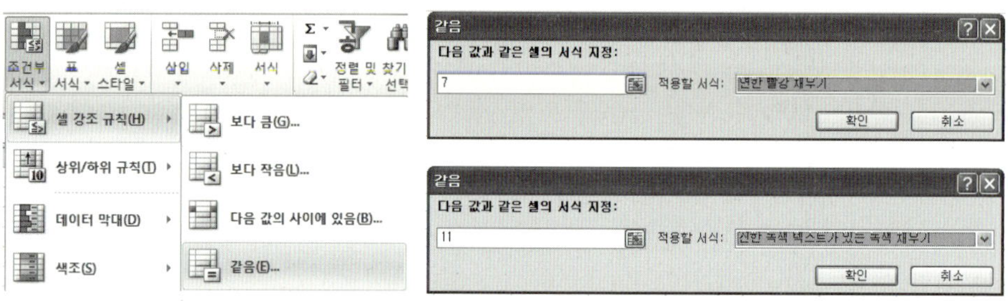

- 다시 셀 강조 규칙의 같음을 지정하여 생성된 "같음" 대화상자에서 값에는 "11"을, 적용할 서식에는 "진한 녹색 텍스트가 있는 녹색 채우기"를 지정 후 "확인" 단추를 클릭

② 7의 합 및 11의 합으로 나타나는 경우들 수 및 확률 계산

- 아래와 같은 두 눈금 조합들의 수를 계산

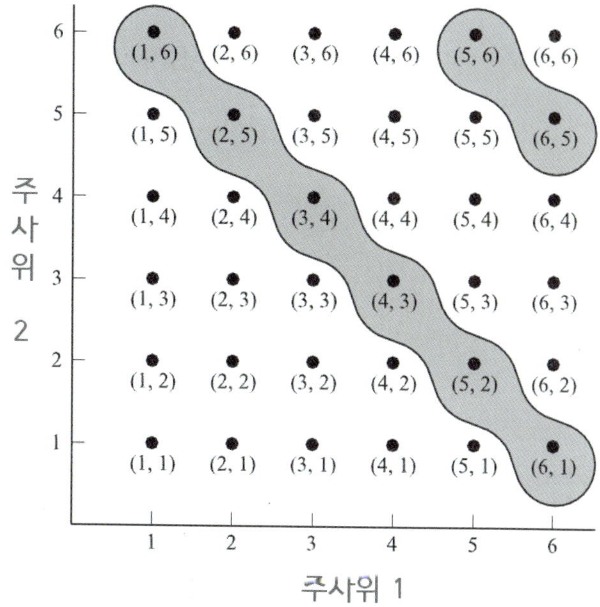

- K2셀에 "=COUNTIF($C$3:$H$8,I2)/COUNT($C$3:$H$8)"을 입력하여 합이 7일 확률을 6/36으로 계산
- K3셀에 "=COUNTIF($C$3:$H$8,I3)/COUNT($C$3:$H$8)"을 입력하여 합이 11일 확률을 2/36으로 계산
- K4셀에 "=1-SUM(K2:K3)"을 입력하여 합이 7이나 11이 아닐 확률 7/9를 계산

예제 6.13 4개 팀들이 참가하는 축구경기에서 A팀이 나머지 3팀에 대해 i 번째 팀($i=1,2,3$)과 경기를 할 확률은 $P(E_1)=0.5$, $P(E_2)=0.25$, $P(E_3)=0.25$라고 하자. 그리고 각 팀들을 만나 경기를 하여 이길 확률들은 각각 $P(A|E_1)=0.3$, $P(A|E_2)=0.4$, $P(A|E_3)=0.5$라고 하자. 이러한 상황에서 A팀이 이긴 경우에, 상대팀이 1팀, 2팀, 3팀일 각 확률을 베이즈법칙을 사용하여 다음과 같이 계산할 수 있다.

	A	B	C	D	E	F	G	H	I
1	P(E1)	0.50	P(A|E1)	0.3	P(A∩E1)	0.150	P(E1|A)	0.400	=F1/$F$4
2	P(E2)	0.25	P(A|E2)	0.4	P(A∩E2)	0.100	P(E2|A)	0.267	
3	P(E3)	0.25	P(A|E3)	0.5	P(A∩E3)	0.125	P(E3|A)	0.333	
4			A팀이 이긴 확률		P(A)	0.375	=SUMPRODUCT(B1:B3,D1:D3)		

① 상대팀들을 만날 확률 $P(E_i)$ 와 각 팀을 만나서 이길 확률들을 입력

- B1:B3구간에 상대팀들을 만날 확률 $P(E_i)$ 들을 입력
- D1:D3구간에 각 팀을 만난 상황에서 이길 조건부확률들을 입력

② 각 팀을 만나서 이긴 결합확률과 A팀이 이긴 확률 P(A)를 계산

- F1:F3구간을 지정, 수식입력줄에 "=B1*D1"을 입력 후 "Ctrl+Enter"를 클릭하여 각 팀을 만나서 이긴 결합확률을 동시 계산
- F4셀에 "=SUMPRODUCT(B1:B3,D1:D3)"을 입력하여 A팀이 이긴 확률 계산

③ 베이즈법칙으로 이긴 상황에서 그 상대가 1, 2, 3팀일 조건부 확률 계산

- H1:H3구간을 지정, 수식입력줄에 "=F1/$F$4"를 입력 후 "Ctrl+Enter"를 클릭하여 이겼는데 각 팀이 상대일 조건부확률들을 동시 계산
- 베이즈법칙은 결과에 대해 원인을 추정하는데 아주 효과적 방식임이 증명됨

예제 6.14 A와 B의 두 제품이 불량(Defective)과 정상(Regular)으로 구분된다고 하자. 어떤 상자에 불량인 A제품 A∩D가 20개, 정상 품질의 A제품 A∩R이 80개, 불량인 B제품 B∩D가 10개, 정상 품질의 B제품 B∩R이 90개인 경우에, 다음과 같이 조건부확률들을 계산하고, 다시 베이즈법칙을 적용하여 확인할 수 있다.

	A	B	C	D	E	F	G	H
1		제품 A	제품B	계		A	B	계
2	R(정상)	80	90	170	R	#(A∩R)	#(B∩R)	#(R)
3	D(불량)	20	10	30	D	#(A∩D)	#(B∩D)	#(D)
4	계	100	100	200	계	#(A)	#(B)	#(R+D)= #(A+B)
5	결합확률 분포표							
6		A	B	계		A	B	계
7	R	40/100	45/100	85/100	R	P(A∩R)	P(B∩R)	P(R)
8	D	10/100	5/100	15/100	D	P(A∩D)	P(B∩D)	P(D)
9	계	50/100	50/100	100/100	계	P(A)	P(B)	1.00
10	조건부확률 계산			=B7/$D7		=B7/B$9		
11	$P(A \mid R)$	$P(B \mid R)$	47/100	53/100	$P(A \mid R)=P(A∩R)/P(R)$		$P(B \mid R)=P(B∩R)/P(R)$	
12	$P(A \mid D)$	$P(B \mid D)$	67/100	33/100	$P(A \mid D)=P(A∩D)/P(D)$		$P(B \mid D)=P(B∩D)/P(D)$	
13	$P(R \mid A)$	$P(R \mid B)$	80/100	90/100	$P(R \mid A)=P(A∩R)/P(A)$		$P(R \mid B)=P(B∩R)/P(B)$	
14	$P(D \mid A)$	$P(D \mid B)$	20/100	10/100	$P(D \mid A)=P(A∩D)/P(A)$		$P(D \mid B)=P(B∩D)/P(B)$	

① 자료 입력과 결합확률분포표 전환

- A1:C3구간에 사상들 A, B, R, D의 발생가능 횟수를 입력
- D2:D3구간 지정, 수식입력줄에 "=SUM(B2:C2)"를 입력 후 "Ctrl+Enter" 클릭
- B4:D4구간 지정, 수식입력줄에 "=SUM(B2:B3)"을 입력 후 "Ctrl+Enter" 클릭
- B7:D9구간 지정, 수식입력줄에 "=B2/$D$4"를 입력 후 "Ctrl+Enter" 클릭하여 이원분할표의 자료 값들을 확률로 전환하여 결합확률분포표를 작성

② 각 사상들의 조건부확률표 작성

- C11:D12구간 지정, 수식입력줄에 "=B7/$D7"을 입력 후 "Ctrl+Enter"를 클릭하여 정상 및 불량에 대한 A와 B의 조건부확률들을 동시 계산
- C13:D14구간 지정, 수식입력줄에 "=B7/B$9"을 입력 후 "Ctrl+Enter"를 클릭하여 제품 A와 B에 대한 정상 및 불량의 조건부확률들을 동시 계산

③ 조건부확률의 해석

- 상자에서 꺼낸 제품이 정상 품질인 경우에 그 제품이 A일 확률 $P(A \mid R)$ =0.471(=47/200)은 C11셀에서 계산, 이를 베이즈법칙으로 계산하면

$$P(A \mid R) = \frac{P(A\cap R)}{P(R)} = \frac{P(A\cap R)}{P(A\cap R)+P(B\cap R)}$$
$$= \frac{P(A)P(R \mid A)}{P(A)P(R \mid A)+P(B)P(R \mid B)} = \frac{0.5 \cdot 0.8}{0.5 \cdot 0.8 + 0.5 \cdot 0.9} = \frac{0.4}{0.85}$$

- 상자에서 꺼낸 제품이 정상 품질인 경우에 그 제품이 B일 확률 $P(B \mid R)$ =0.529(=106/200)를 D11셀에서 계산, 이를 베이즈법칙으로 계산하면

$$P(B \mid R) = \frac{P(B\cap R)}{P(R)} = \frac{P(B\cap R)}{P(A\cap R)+P(B\cap R)}$$
$$= \frac{P(B)P(R \mid B)}{P(A)P(R \mid A)+P(B)P(R \mid B)} = \frac{0.5 \cdot 0.9}{0.5 \cdot 0.8 + 0.5 \cdot 0.9} = \frac{0.45}{0.85}$$

- 상자에서 꺼낸 제품이 불량품인 경우에 그 제품이 A일 확률 $P(A \mid D)$ =0.667(=133/200)을 C12셀에서 계산, 이를 베이즈법칙으로 계산하면

$$P(A \mid D) = \frac{P(A\cap D)}{P(D)} = \frac{P(A\cap D)}{P(A\cap D)+P(B\cap D)}$$
$$= \frac{P(A)P(D \mid A)}{P(A)P(D \mid A)+P(B)P(D \mid B)} = \frac{0.5 \cdot 0.2}{0.5 \cdot 0.2 + 0.5 \cdot 0.1} = \frac{0.1}{0.15}$$

- 상자에서 꺼낸 제품이 불량품인 경우에 그 제품이 B일 확률 $P(B \mid D)$ =0.333(=67/200)을 D12셀에서 계산, 이를 베이즈법칙으로 계산하면

$$P(B \mid D) = \frac{P(B\cap D)}{P(D)} = \frac{P(B\cap D)}{P(A\cap D)+P(B\cap D)}$$
$$= \frac{P(B)P(D \mid B)}{P(A)P(D \mid A)+P(B)P(D \mid B)} = \frac{0.5 \cdot 0.1}{0.5 \cdot 0.2 + 0.5 \cdot 0.1} = \frac{0.05}{0.15}$$

- 이상과 같이 베이즈법칙은 밝혀진 결과에 대한 원인의 발생 확률을 규명하기 위한 후진조건부 확률(backward conditional probability)의 계산 방식

학습문제

맞으면 "○", 틀리면 "×"를 표시

1. 어떤 실험의 표본공간은 그 실험에서 발생 가능한 모든 결과들의 집합이다. ( )
2. 어떤 사상은 표본공간에 대한 하나의 부분집합이다. ( )
3. 어떤 사상의 확률은 그 사상이 발생하지 않을 가능성의 측정치이다. ( )
4. 만약 동전을 100번 던져서 앞면이 50회가 관찰되면, 앞면의 발생확률은 50%라고 추정할 수 있다. 이러한 추정치는 대수의 법칙으로 알려져 있다. ( )
5. 확률의 고전적 해석에서 표본공간에서 모든 결과들(단일사상들)이 균등하게 발생한다고 가정할 필요가 없다. ( )
6. 사상들 A와 B가 독립적이라면, $P(A \mid B)=P(A)$가 된다. ( )
7. 두 사상이 상호 배반적이면, 그 두 사상들은 독립적이다. ( )
8. 어떤 사상의 확률은 0과 1을 포함하는 구간으로 나타난다. ( )
9. 실험의 표본공간은 그 실험의 모든 가능한 결과들의 일람표이다. ( )
10. 대수의 법칙에 따르면, 어떤 사상의 상대도수는 시행을 아주 많이 수행할 경우에 그 사상의 이론적 확률에 수렴하는 경향을 갖는다. ( )
11. $A \cap B=\varnothing$인 두 사상 A와 B는 상호 배반적이어서, A 또는 B가 발생할 확률은 이 들 각 사상들의 발생확률들의 합으로 계산할 수 있다 . ( )
12. 어떤 집합 S가 여러 배반집합들로 구성된 경우에, 그 배반집합들의 모임을 집합 S의 분할이라고 한다. ( )
13. 결합확률은 복합사상의 발생확률이며, 복합사상은 두 가지 이상의 사상들이 동시에 발생한 사상이다. ( )

학습문제

맞으면 "○", 틀리면 "×"를 표시

14. 전확률법칙에 따르면, 두 사상의 관계와는 무관하게 어떤 한 사상의 확률은 다른 사상과 그 다른 사상 여집합의 교집합 확률들의 합과 일치한다. ( )

15. 베이즈법칙은 인과관계의 확률모형으로, 효과가 알려진 경우의 원인에 대한 조건부 확률인 후진 조건부확률을 원인의 사전확률들과 원인에 대한 효과의 조건부확률을 사용하여 계산할 수 있게 한다. ( )

16. 이원분할표에서 주변에 있는 도수들은 단일사상에 대한 것이며, 내부에 있는 도수들은 복합사상의 도수들이고, 제일 우측 하단의 도수는 총도수로 표본공간의 표본점들의 수이다. ( )

17. 이원분할표에 대한 결합확률표에서 내부의 값들은 결합확률들을, 우측 하단의 셀의 1을 제외한 외부의 값들은 주변확률들을 표시한다. ( )

해답

1. ○ 2. ○ 3. × 4. × 5. × 6. ○ 7. × 8. ○ 9. ○ 10. ○
11. ○ 12. ○ 13. ○ 14. ○ 15. ○ 16. ○ 17. ○

EXCEL 2013

CHAPTER 7

확률변수와 확률분포의 종류

7.1 확률변수의 개념, 확률분포, 기대치 및 분산

7.1.1 확률변수의 개념과 종류

7.1.2 확률변수의 확률분포와 기대치 및 분산

7.2 이산확률분포와 연속확률분포

7.2.1 이산확률분포

7.2.2 연속확률분포

7.1 확률변수의 개념, 확률분포, 기대치 및 분산

7.1.1 확률변수의 개념과 종류

(1) 확률변수의 개념

확률변수(random variable)는 확률실험(또는 확률시행)의 결과를 표시하도록 확률실험의 표본공간의 각 점(표본점)에 단지 하나의 숫자 값을 할당하는 수치평가함수(numerical valued function)이다.

- 임의(randomness)는 예측불능(unpredictability)을 의미하고, 확률의 개념은 의심되는 측정치를 수량화하는데 사용
- 확률변수는 값이 운에 따라 다르게 결정되는 불확실한 수량이어서 우연변수(chance variable)라고도 함
- 어떤 실험의 사상을 표시하도록 숫자로 결정되는 값을 실수 선(real number line)의 특정한 점들로 전환시키는 함수
- 확률변수는 표본공간에 대해 정의된 실수 값의 함수이며, 통계적 실험의 결과에 대한 숫자표시 설명(numerical description)
- 확률변수는 어떤 확률실험의 가능한 각 결과인 표본공간의 각 원소를 수량화하기 위해 하나의 수치(숫자 값)를 할당하는 명확한 법칙(well-defined rule)
- 확률변수는 확률공간의 함수로 해당 실험의 모든 가능한 결과들에 대해 확률변수의 숫자표시 값을 규정하는 확률법칙을 가짐
- 확률변수의 값은 해당 실험을 수행하기 이전에는 알려지지 않지만, 실험이 수행된 후에는 알려짐
- 확률변수는 보통 X, Y, Z와 같이 대문자로 표시하고, 그 변수의 특정 값은 x , y , z 와 같이 소문자로 표시

(2) 확률변수의 종류와 확률분포

확률변수는 유한하거나 셈을 할 수 있는 별도 값들을 갖는 이산확률변수(discrete random variable)와 특정 구간 내에서 셈을 할 수 없는 정도로 무수히 많은 별도 값들을 갖는 연속확률변수(continuous random variable)로 구분한다.

- 이산확률변수 : 가능한 값들을 열거할 수 있는 확률변수, 특정한 시행들에서의 성공횟수, 어떤 상품 표면의 흠집 수, 불량부품 비율, 특정기간의 송신실패 횟수 등
- 연속확률변수 : 중량, 전압, 혈압, 시간, 온도, 압력, 길이, 전류 등

확률변수(random variable)가 가질 수 있는 모든 값들과 관련된 확률들은 고전적 또는 사전적 확률들이어서 확률분포를 이론적 (상대)도수분포[theoretical (relative) frequency distribution)라고 한다.

예제 7. 앞면 H와 뒷면 T를 갖는 동전 2개를 던져 나타나는 결과들의 조합으로 구성된 표본공간은 Ω={HH, HT, TH, TT}이다. 이러한 표본공간의 표본점들에 대하여 가능한 H의 수는 2, 1, 0이다. 이에 대해 아래와 같이 확률변수 X는 표본공간 Ω의 각 결과에 실수로 표시한 앞면의 수 x 를 할당하는 함수로 규정된다.

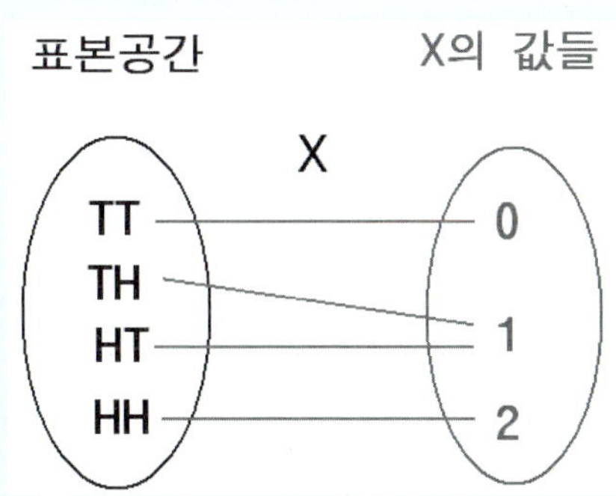

7.1.2 확률변수의 확률분포와 기대치 및 분산

(1) 확률분포의 개념

확률분포(probability distribution)는 확률함수(probability function)라고 하며, 어떤 확률변수가 취할 수 있는 모든 값들을 그 확률과 함께 체계적으로 일람표, 수리적 함수 또는 그래프를 이용하여 표시한 설정식(specification)이다.

- 확률변수 X의 확률분포는 서로 다른 값 x_i와 그에 대응하는 확률 $f(x_i) = P(X = x_i) = P(x_i)$를 대응시켜 주는 관계
- 확률변수가 갖는 값과 그 값들이 발생할 확률로 표시되며, 다음의 특성을 보유
  - 확률분포의 값들은 확률이어서 0과 1 사이의 값으로 결정
  - 확률분포의 모든 값들의 합은 1
  - 실험결과들의 일람표(listing)는 모든 결과들을 보여주고, 실험결과들은 상호 배반적이어서 중복되지 않음

예제 7.2 2개의 주사위를 던지는 경우에 나타나는 눈금의 합을 값으로 갖는 확률변수를 X로 표시하면 그 확률분포를 표로 A2:B13구간과 같이 작성할 수 있다.

	A	B	C	D	E	F	G	H	I	J
1	확률분포				주사위 1의 눈금(x)					
2	x	P(X=x)			1	2	3	4	5	6
3	2	1/36		6	7	8	9	10	11	12
4	3	2/36	주사위	5	6	7	8	9	10	11
5	4	3/36	2의 눈금	4	5	6	7	8	9	10
6	5	4/36	(y)	3	4	5	6	7	8	9
7	6	5/36		2	3	4	5	6	7	8
8	7	6/36		1	2	3	4	5	6	7
9	8	5/36	최소값	2	=MIN($E$3:$J$8)					
10	9	4/36	최대값	12	=MAX($E$3:$J$8)					
11	10	3/36								
12	11	2/36								
13	12	1/36								
14	계	36/36								

① 주사위 눈금들 합들과 최소값 및 최대값 계산

- E3:J8구간을 지정, 수식입력줄에 "=E$2+$D3"을 입력 후 "Ctrl+Enter"를 클릭하여 주사위 1의 눈금과 주사위 2의 눈금의 합들을 동시 계산
- D9셀에 "=MIN($E$3:$J$8)"을, D10셀에 "=MAX($E$3:$J$8)"을 입력하여 확률변수가 취하는 최소값 2와 최대값 12를 계산

② 확률변수 X의 값 x 표시와 확률계산을 통한 확률분포 작성

- A3셀에 2를 입력 후, 메뉴 탭에서 "편집 | 채우기 | 계열"을 클릭하여 생성된 연속데이터 상자에서 "방향 : 열, 유형 : 선형"을 선택한 후에 "확인"을 클릭하여 A13셀의 12까지 열 방향으로 숫자를 입력
- B3:B13구간 지정, 수식입력줄에 "=COUNTIF($E$3:$J$8,A3)/COUNT($E$3:$J$8)"을 입력 후 "Ctrl+Enter"를 클릭하여 각 값의 발생확률을 동시 계산
- B14셀에 "=SUM(B3:B13)"을 입력하여 합계가 1로 계산되는 것을 확인

(2) 확률변수의 기대치와 분산

기대치(expected value)는 확률함수를 통해 계산한 확률변수나 그 분포의 예상값(expectation) 또는 평균(mean)이다.

확률변수 X의 기대치는 예상연산자(expectation operator) "E( )"를 사용하여 E(X) 또는 μ로 표시한다.

- 무한모집단의 평균 및 분산은 관련 확률변수의 기대치와 분산으로 계산
- 기대치는 각 원소의 값과 그 발생확률의 곱들을 합계하여 계산

확률변수의 분산(variance) σ^2은 각 원소의 값에서 평균이나 기대치를 뺀 값의 자승한 결과와 그 원소 발생확률의 곱들을 합계하여 계산한다.

예제 7.3 어떤 공장에서 불량품이 생산될 확률분포가 다음과 같다고 하자. 이러한 경우에 생산될 불량품의 기대치와 그 분산을 아래와 같이 구할 수 있다.

	A	B	C	D	E	F	G	H	I	J
1	불량품 수 x_i	확률 $P(x_i)$	x_i*$P(x_i)$	$(x_i-\mu)^2$*$P(x_i)$	μ	2.8	=SUMPRODUCT(A2:A7,B2:B7)			
2	0	0.05	0	0.392	σ^2	1.86	=SUMPRODUCT((A2:A7-$F$1)^2,B2:B7)			
3	1	0.15	0.15	0.486	σ^2	1.86	=SUMPRODUCT(A2:A7^2,B2:B7)-F1^2			
4	2	0.20	0.4	0.128						
5	3	0.25	0.75	0.01						
6	4	0.25	1	0.36						
7	5	0.10	0.5	0.484						
8	계	1.00	2.80	1.86						

① 개별 곱의 합계를 이용한 기대치 및 분산 계산

- A1:B7구간에 자료 입력
- C2:C7구간 지정, 수식입력줄에 "=A2*B2"를 입력 후 "Ctrl+Enter"를 클릭하여 $x_iP(x_i)$ 의 값들을 동시 계산
- B8:D8구간 지정, 수식입력줄에 "=SUM(B2:B7)"를 입력 후 "Ctrl+Enter"를 클릭하여 C8셀에서 기대치를 2.8로 계산
- D2:D7구간 지정, 수식입력줄에 "=((A2-$C$8)^2)*B2"를 입력 후 "Ctrl+Enter"를 클릭하여 모집단 분산을 D8셀에서 1.86으로 자동 계산

② SUMPRODUCT함수를 사용한 기대치와 분산 계산

- A1:B7구간에 입력된 자료를 사용
- F1셀에 "=SUMPRODUCT(A2:A7,B2:B7)"을 입력, 기대치 계산
- F2셀에 "=SUMPRODUCT((A2:A7-$F$1)^2,B2:B7)"을 입력, 분산을 계산
- F3셀에 "=SUMPRODUCT(A2:A7^2,B2:B7)-F1^2"를 입력, 분산을 계산

7.2 이산확률분포와 연속확률분포

7.2.1 이산확률분포

(1) 이산확률분포의 개념

이산확률변수의 확률분포는 이산확률분포라고 하며, 이산확률변수가 가질 수 있는 모든 가능한 수치들을 그 각 수치들의 발생확률에 대응시켜 표시한 표, 그래프, 또는 함수이다.

- 이산확률변수(discrete random variable)의 확률분포는 이산형함수(discrete function)라고 하며, 이산적인 표본점들 x 에서 0이 아닌 값들만을 갖는다는 의미에서 확률질량함수(probability mass function)라는 용어로 표시
- 이산확률변수의 확률분포인 확률질량함수는 $P(X=x)$ 또는 $f_x(x)$ 로 표시하며, 다음 요건을 충족
  - 모든 i 에 대해 $P(x_i) \geq 0$ 으로 그 확률은 음이 될 수 없음
  - 개별 확률들은 모두 더하면 1이어서, $\sum_{i=1}^{n} P(x_i) = 1$ 이 성립
- 누적분포함수(cumulative distribution function : cdf) : 어떤 주어진 수치(number) 이하의 값을 확률변수 X가 가질 확률이며 $F(x)$ 로 표시
- 이산확률변수 확률분포는 주로 이항분포, 초기하분포, 포아송 확률분포를 사용

(2) 베르누이 시행과 베르누이 과정

베르누이 확률시행(Bernoulli random trial)은 단지 2가지 기초적인 질적 특성의 결과들을 갖는 확률시행(random trial)이다. 베르누이 확률시행에 관련된 확률변수를 베르누이 확률변수(Bernoulli random variable)라고 한다.

- 베르누이시행은 확률실험의 기본구성단위(building block)로 자주 사용
- 베르누이 시행을 구성하는 확률변수는 다음 조건과 같이 독립균등 분포된 (independently and identically distributed : i.i.d.) 특성을 보유
  - 매 시행은 성공과 실패 등의 2가지의 가능한 결과만을 보유
  - 성공의 확률을 p라고 하면 실패의 확률은 1-p이며, 이러한 확률들은 각 시행에서 동일
  - 매 시행 결과는 다른 시행 결과와 독립적으로 발생하여, 서로 영향을 주지 않는 일련의 독립적 시행들로 구성되는 반복적 확률과정

베르누이 과정(Bernoulli processes)은 독립적이며 반복적인 베르누이 시행들의 수열(sequence of Bernoulli trials)이다.

- 동등한 실험조건에서 실험 결과가 (성공과 실패 또는 앞면과 뒷면 등) 단지 두 가지의 상호 배반적이며 전수사상들만을 갖고, 각 시행에서 이들 사상들의 확률이 일정한 여러 독립적 시행들로 구성된 반복적 과정
- 베르누이과정의 대표적 적용 사례
  - 품질검사에서 제품의 합격과 불합격 판정
  - 사망보험 가입자의 사망 여부
  - 세일즈맨의 판촉성공 여부
  - 식물 견본의 저항력 보유 여부

(3) 이항분포

이항분포(binomial distribution)는 어떤 실험에서 성공 확률 p 의 베르누이과정을 n 번 반복적으로 시행할 경우에 성공 횟수를 값으로 갖는 확률변수 X가 따르는 확률분포이다.

- 시행횟수 n 과 성공 확률 p 를 모수로 갖는 이항분포는 $X \sim B(n,p)$ 로 표시
- 이항분포의 3대 필수 정보는 ① 성공 횟수, ② 시행 횟수, ③ 각 시행에서의 성공 확률로 구성

Excel에서는 "=BINOM.DIST(성공횟수,시행횟수,성공확률,0)"을 이용하여 이항분포의 확률질량함수를 계산한다.

Excel에서는 "=BINOM.DIST함수 적용에서 질량함수 지정에 대해 0 대신에 FALSE를 사용할 수 있다. 또한 이항분포의 누적분포함수를 계산하려면, 0 대신에 1 또는 TRUE를 사용할 수 있다.

- 이항분포는 성공과 실패 또는 앞면과 뒷면 등과 같이 두 가지의 배반적 결과로 표시할 수 있는 상황에서 성공 또는 존재의 확률이 일정할 경우에 그 성공 또는 앞면의 횟수인 확률변수가 갖는 값들의 확률을 계산

예제 7.4 판매 성공의 확률 p가 20%인 보험설계사가 10명의 고객을 만나서 성공할 횟수의 확률을 이항분포 계산으로 구하고, 그에 따른 이항분포확률곡선을 작성할 수 있다.

	A	B	C	D	E
1	성공횟수(x)	확률	누적확률	시행횟수(n)	10
2	0	0.107374182	0.107374	성공확률(p)	0.2
3	1	0.268435456	0.37581		
4	2	0.301989888	0.6778		
11	9	4.096E-06	1		
12	10	1.024E-07	1		

① 자료 입력

- A1:A13구간의 각 셀에 성공횟수(x)를 0부터 10까지 채워 넣기로 입력
- D1:E2구간의 각 셀에 시행횟수와 확률분포 자료를 입력
- C5셀을 마우스커서로 지정 후, 메뉴 탭에서 "보기 | 창 | 틀 고정"을 지정하여 화면을 그림과 같이 조정

② 이항분포의 확률 및 누적확률 계산

- B2:B12구간을 지정, 수식입력줄에 "=BINOM.DIST(A2,$E$1,$E$2,0)"을 입력한 후 "Ctrl+Enter"를 클릭하여 각 성공횟수의 확률을 동시 계산

- C2:C12구간을 지정, 수식입력줄에 "=BINOM.DIST(A2,$E$1,$E$2,1)"을 입력한 후 "Ctrl+Enter"를 클릭하여 각 성공횟수의 누적확률을 동시 계산

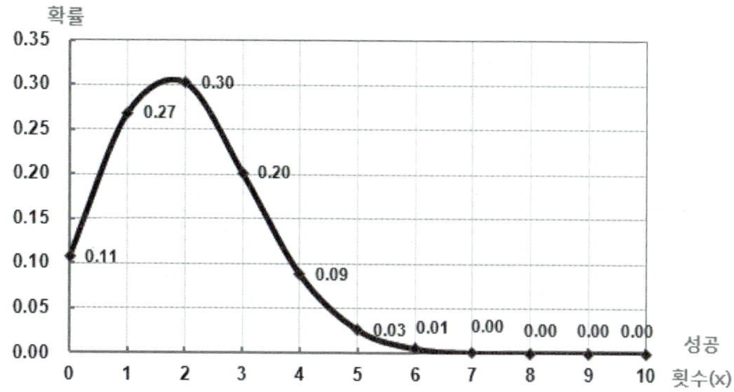

③ 이항분포곡선 작성

- A1:B12구간을 지정, 메뉴 탭의 "삽입 | 차트 | 분산형 | 곡선 및 표식이 있는 분산형"을 지정
- 그래프의 한 점을 지정 후, 마우스 오른쪽 단추를 눌러 생성된 대화상자에서 "데이터 레이블 추가"를 지정
- 생성된 데이터 레이블을 지정 후 마우스 오른쪽 단추를 눌러 생성된 대화상자에서 "데이터 레이블 서식"을 지정, 생성된 데이터 레이블 서식 대화상자에서 "표시 형식 | 숫자 | 소수 자릿수:2"를 지정 후 "닫기"를 클릭
- 그래프의 한 점을 지정하여 생성된 대화상자에서 "데이터 계열 서식"을 지정하고, 다시 생성된 데이터 계열 서식 대화상자에서 표식 옵션, 표식 채우기, 선 색, 선 스타일 등을 조정 후 "닫기"를 클릭
- 차트를 마우스커서 왼쪽 단추로 지정하여 생성된 메뉴 탭의 "차트 도구"에서 레이아웃을 클릭하여 수직축과 수평축에 축 제목 표시

(4) 음이항분포와 기하분포

음이항분포(Negative Binomial Distribution)는 성공확률이 동일한 각 시행에서 성공횟수인 s 와 성공확률인 p 를 모수로 갖는 확장형 기하분포로 f번의 실패와 s번의 성공으로 총 $k(=f+s)$ 번의 시행을 수행하는 경우에 원하는 s (성공횟수)의 값을 갖는 확률변수 X에 대한 확률을 나타내는 분포이다.

- 음이항분포를 파스칼 분포(Pascal's Distribution)라고도 함
- s번 성공하기 위해 필요한 베르누이시행들(Bernoulli trials)의 수를 갖는 확률변수는 음이항확률변수
- 마지막 k번째 시행에서 s번째 성공할 확률은 k-1번 시행에서 s-1번 성공을 했고, k번째 시행에서 성공을 하는 확률을 양의 성공횟수 $s(>0)$ 에 대해 계산
- Excel에서는 "=NEGBINOM.DIST(실패횟수,성공횟수,성공확률,누적여부)"를 사용하여 계산
- 음이항분포는 품질관리, 제품 신뢰성, 제품개발, 상담성공, 석유탐사 및 기타 산업상황에서 성공 확률의 추정에 주로 사용

기하분포(geometric distribution) 또는 기하확률분포(geometric probability distribution)는 독립적이고 동일하게 분포된 베르누이 과정들의 수열에서, 최초 성공을 얻기 위해 요구되는 시행의 수가 갖는 확률분포이다.

- 어떤 단일 사상 또는 시행이 일정한 확률 p 와 $1-p$ 로 성공과 실패 등의 두 가지 가능한 결과만을 갖는 경우에, $k-1$ 회까지 실패하고 k 번째 처음으로 성공하는 시행이 발생할 확률로 계산
- Excel에서는 음이항분포함수인 "=NEGBINOM.DIST(실패횟수,성공횟수,성공확률,누적여부)"를 원하는 성공횟수를 1의 특수한 경우로 사용하여 기하분포를 계산

- NEGBINOM.DIST함수에서 k 번째 최초 성공한 기하분포확률은 실패횟수를 $k-1$, 성공횟수를 1로 설정하여 계산
- 기하분포는 품질관리, 제품 신뢰성, 제품개발, 방문판매성공, 오퍼(offer)의 계약체결 성공, 석유탐사 및 기타 산업상황에서 성공 확률 추정에 많이 사용

예제 7.5 한 번의 오퍼로 수주를 받을 확률이 0.5인 경우에, 2번 수주를 받을 확률을 2회부터 10회까지의 각 시행횟수에 대한 계산은 음이항분포를 이용한다. 한편 각 시행횟수에 대해 직전 시행까지는 모두 실패를 하고, 처음 수주를 받을 확률은 성공횟수를 1로 하는 기하분포로 다음과 같이 계산할 수 있다.

	A	B	C	D
1		성공횟수	성공횟수	성공확률
2		1	2	0.6
3	시행횟수 x	최초 성공확률	2회 성공확률	모든시행 성공확률
4	2	0.24	0.36	0.36
5	3	0.096	0.288	0.216
6	4	0.0384	0.1728	0.1296
7	5	0.01536	0.09216	0.07776
8	6	0.00614	0.04608	0.046656
9	7	0.00246	0.02212	0.027994
10	8	0.00098	0.01032	0.016796
11	9	0.00039	0.00472	0.010078
12	10	0.00016	0.00212	0.006047

① 자료 입력 및 기하확률분포의 계산

- B1:D2구간에 성공횟수들과 성공확률을, A3:A12구간에 시행횟수들을 입력
- B4:B12구간을 지정, 수식입력줄에 "=NEGBINOM.DIST(A4-$B$2,$B$2,$D$2,0)"을 입력 후 "Ctrl+Enter" 클릭, 각 시행횟수에서 처음 성공한 확률들 동시 계산
- 예컨대 성공확률이 0.6인 경우에 5회 시도를 하여 처음 성공할 확률은 0.01536

② 음이항확률분포의 계신

- C4:C12구간을 지정, 수식입력줄에 "=NEGBINOM.DIST(A4-$C$2,$C$2,$D$2,0)"을 입력 후 "Ctrl+Enter" 클릭, 각 시행횟수에서 2회 성공할 확률들을 동시 계산
- D4:D12구간을 지정, 수식입력줄에 "=NEGBINOM.DIST(0,A4,$D$2,0)"을 입력 후 "Ctrl+Enter" 클릭, 각 시행횟수에서 모두 성공할 확률들을 동시 계산

(5) 초기하분포

초기하분포(hypergeometric distribution)는 베르누이 과정으로 간주되지 않는 비복원(without replacement) 표본추출(sampling)을 하는 경우에 베르누이 과정의 효과를 얻도록 적용한다.

- 항목들의 유한 모집단에서 각 표본추출된 항목의 복원이 없이 표본추출을 하는 경우에, 모집단에서 항목들이 제거됨에 따라 성공확률의 체계적 변화가 나타나므로 베르누이 과정(Bernoulli process)은 적용할 수 없음
- 최초시행의 성공확률은 "모집단 성공횟수/모집단 크기"의 비율을 사용하고, 그 기대치는 "표본크기"를 비율에 곱하여 이항분포의 평균인 "표본크기×성공확률"과 유사한 특성을 확보
- 보통 (모집단크기/표본크기) ≥ 20 이어서 표본크기가 모집단크기의 5% 이하인 경우에 초기하분포 대신에 이항분포를 사용
- 표본크기가 모집단 크기에 비해 상대적으로 작을수록 초기하분포의 분산은 이항분포의 분산으로 전환됨
- Excel에서는 "=HYPGEOM.DIST(성공횟수, 표본크기, 모집단 성공도수, 모집단크기, 누적여부)"로 초기하분포를 계산

예제 7.6 6명의 직원 중에서 5년 이상 근무한 직원이 3명이라고 하자. 6명 중에서 4명을 선발했는데, 5년 이상 근속연수(연공서열, seniority)의 직원이 정확히 2명일 확률 0.6과 2명 이하일 확률 0.8을 초기하분포함수를 사용하여 다음과 같이 구할 수 있다.

	A	B	C	D	E	F	G	H
1	N(모집단 크기)	6	P(X=2)	0.60	=HYPGEOM.DIST($B$4,$B$3,$B$2,$B$1,0)			
2	T(모집단 성공도수)	3	P(X≤2)	0.80	=HYPGEOM.DIST($B$4,$B$3,$B$2,$B$1,1)			
3	n(표본크기)	4						
4	X(성공횟수)	2						

① 자료 입력

- A1:B4구간에 모집단 크기, 모집단 성공도수, 표본크기, 성공횟수를 입력

② 확률 계산

- D1셀에 "=HYPGEOM.DIST($B$4,$B$3,$B$2,$B$1,0)"을 입력, 2명일 확률 계산
- D2셀에 "=HYPGEOM.DIST($B$4,$B$3,$B$2,$B$1,1)"을 입력, 2명 이하일 확률을 0.80으로 계산

예제 7.7 재고처리를 위해 원가 이하로 100개의 어떤 제품을 판매하는 상점에서 60개가 정상제품이라고 하자. 그 상점에서 20개의 제품을 무작위로 구입하는 경우에 정상제품이 8개인 경우부터 20개 모두 정상제품일 확률을 다음과 같이 함께 구할 수 있다.

	A	B	C	D
1	성공횟수 X	확률	모집단크기(N)	100
2	8	0.026669931	모집단 성공도수(T)	60
3	9	0.063762595	표본크기(N)	20
4	10	0.119236052		
5	11	0.174832921		
14	20	7.82085E-06		

① 자료 입력과 표집의 성공도수(정상제품의 수) 확률 계산

- A2:A14구간에 8부터 20까지 채워 넣기
- C1:D3구간에 모집단크기, 모집단 성공도수, 표본크기의 자료를 입력

② 정상제품 확률 계산

- B2:B14구간을 지정, 수식입력줄에 "=HYPGEOM.DIST(A2,$D$3,$D$2,$D$1,0)"을 입력 후 "Ctrl+Enter"를 클릭하여 각 성공횟수 확률들을 동시 계산

(6) 포아송분포

포아송분포(Poisson distribution)는 연속적인 시간 또는 공간의 구간에서 어떤 사상이 발생할 횟수에 대한 확률을 표시하는데 사용된다.

- 이항확률분포와 초기하확률분포는 모두 일정한 횟수의 실험을 기초로 하는 성공횟수의 확률을 표시하는 반면에, 포아송분포는 특정기간이나 특정공간에서 발생할 어떤 사건의 횟수에 대한 확률을 표시
- 이항분포는 n 번의 시행에서 지정된 성공횟수에 대한 확률을 구하는데 사용하는 반면에, 포아송분포는 일정 시간단위에 대한 지정된 성공횟수 확률 계산에 사용
- 포아송분포는 이항분포와 마찬가지로 상호 배반적인 두 결과만을 갖는 사상, 독립적인 사상들, 단위시간에 대해 일정한 평균 성공횟수가 계산에 반드시 필요
- 포아송분포는 다음과 같은 상황의 적용에 적합
  - 어떤 연도에 주가지수 또는 환율이 특정비율로 변화되는 일자들의 수
  - 전구공장에서 품질검사원이 매일 검출하는 불량품의 수
  - 컴퓨터의 월별 고장 횟수
  - 어떤 장소에서 발생하는 교통사고의 월별 횟수
- Excel에서는 "=POISSON.DIST(사상 발생횟수,기대치,0)"을 사용하여 포아송분포의 확률을 계산, 누적확률 계산은 누적여부의 0 대신에 1을 사용하여 수행
- 포아송 과정(Poisson process) : 실수들 공간을 하나의 사상만이 있고, 각 사상의 발생확률이 균등하며 여타 세부구간 사상들과 독립적인 사상이 되도록 세부구간들로 분할한 확률실험
- 포아송 과정의 공준(Poisson process postulates)에 따르면, 변화시간의 크기를 작고 겹치지 않는 아주 많은 구간으로 구분되는 시간 연속체(time continuum)에 대해 다음 특성을 따르는 사상의 발생횟수는 평균 모수 λ 를 갖는 포아송 확률분포를 가짐
  - 구간은 구간의 길이에만 영향을 받고, 위치와는 무관
  - 확률변수 측정을 시작하는 위치는 중요하지 않음

- 중복되지 않는 시간구간들에서의 발생횟수는 통계적으로 독립
- 발생횟수는 모든 시간구간에 대해 동일한 확률분포로 발생

- 표본크기 n이 크고, 성공확률 p 또는 실패확률 q가 작은 경우 이항확률 근사치로 포아송분포를 효과적으로 사용할 수 있음 : 이항분포의 포아송분포 근사치
  - 편리한 법칙은 표본크기가 30 이상($n \geq 30$)이고, 표본크기와 성공확률 또는 실패확률의 곱이 5보다 작은($np < 5$ 또는 $nq < 5$) 경우에 이러한 근사치 이용 가능

예제 7.8 수리부서에 1시간마다 평균 5명이 서비스를 받기 위해 방문을 한다고 하자. 무작위로 선택한 시간에 정확히 4명이 서비스를 받으러 올 확률, 3명 이하 및 2명 이하가 올 확률을 다음과 같이 포아송 확률(Poisson probabilities)로 계산한다.

	A	B	C	D	E	F	G
1	X	4	P(X=4)	0.1755	=POISSON.DIST(B1,$B$4,0)		
2	X	3	P(X≤3)	0.2650	=POISSON.DIST(B2,$B$4,1)		
3	X	2	P(X≤2)	0.1247			
4	λ	5					

① 자료 입력

- A1:B4구간에 발생횟수와 평균을 입력

② 확률과 누적확률 계산

- D1셀에 "=POISSON.DIST(B1,$B$4,0)"을 입력하여 4명이 올 확률 계산
- D2:D3구간 지정, 수식입력줄에 "=POISSON.DIST(B2,$B$4,1)"을 입력하고 "Ctrl+ Enter"를 클릭하여 3명 이하 및 2명 이하가 올 확률들을 동시 계산

〈표 7-1〉 베르누이과정의 분포별 특성

분포	표현 확률	Excel 함수
이항	주어진 시행으로 성공횟수가 발생할 확률	BINOM.DIST(성공횟수, 시행횟수, 성공확률, 0)
기하	f 번을 실패한 후에 $f+1$ 번째에 최초로 성공할 확률	NEGBINOM.DIST(실패횟수, 성공횟수, 성공확률, 0)
음이항 (파스칼)	기하분포의 확장형, 주어진 시행에서 f 번을 실패한 후에 $f+1$ 번째 이후부터 모두 성공할 확률	IF(성공횟수 > 0, NEGBINOM.DIST(실패횟수, 성공횟수, 성공확률, 0), 0) * 성공횟수 = 시행횟수-실패횟수(f)
초기하	유한 모집단에서 성공도수와 관찰치 수(크기)가 주어진 경우에, 추출된 표본크기에서 어떤 성공도수가 발생할 확률	HYPGEOM.DIST(성공도수, 추출표본크기, 모집단 성공도수, 모집단 크기, 0)

7.2.2 연속확률분포

(1) 연속확률분포의 개념

연속확률변수의 확률분포를 연속확률분포라고 하며, 연속확률변수가 갖는 실수구간에 대해 확률을 대응시켜 분포의 개략적인 전체 형태를 설명하는 함수 또는 곡선이다.

- 연속확률분포는 확률밀도함수(probability density function), 밀도함수(density function) 또는 확률곡선(probability curve)이라고 부름
- 연속확률변수는 가질 수 있는 가능한 모든 수치들을 열거할 수 없기 때문에, 연속확률변수의 확률은 특정 구간에 대하여 계산
- 연속확률변수의 각 점은 0의 확률을 가져, 부등식들 "<"와 "≤"를 구분할 필요가 없으므로, 연속확률변수 X에 대해 다음이 성립

  $P(x_1 \le X \le x_2) = P(x_1 < X \le x_2) = P(x_1 \le X < x_2) = P(x_1 < X < x_2)$

(2) 정규분포

정규분포(normal distribution)는 좌우 대칭의 모양으로 평균에 집중된 연속변수의 확률분포이며, 중심극한정리(central limit theorem)를 제시한 드무아브르(De Moivre)의 측

정오차 분포에 관한 연구(1733)에서 시작되고, 독일의 수학자 K. F. Gauss에 의하여 정립되어 "가우스분포"(Gaussian distribution) 또는 "오차의 정규함수"(normal function of error)라고도 한다.

- 정규분포가 많이 사용되는 이유
  - 많은 확률과정의 측정치가 정규분포를 따름
  - 정규분포는 이항분포, 포아송분포 등의 다른 확률분포 근사치 계산에 사용
  - 표본크기가 큰 경우에 표본평균 및 표본비율과 같은 통계량의 분포는 모집단의 분포와는 상관없이 정규분포를 이룸
  - 정규분포를 따르는 확률변수에서 통계적 추론에 많이 사용하는 χ^2, t, F분포 등이 파생됨
- Excel에서는 "=NORM.DIST(변수값,표본평균,표본표준편차,0)"함수로 확률밀도함수를 계산, 0 대신에 False 사용이 가능
- Excel에서는 "=NORM.DIST(변수값,표본평균,표본표준편차,1)"함수로 누적확률을 계산, 1 대신에 True 사용 가능
- 정규분포곡선의 특성
  - 정규분포는 평균 μ를 중심으로 좌우대칭이면서 종 모양을 이루고, 정규분포곡선의 양쪽 끝은 급격히 아래로 내려감
  - 정규확률변수가 갖는 값의 절반은 평균의 아래와 위에 각각 위치
  - 정규분포에서는 평균=중위수=최빈치의 관계가 성립
  - 정규곡선은 점근적(asymptotic)이어서 정규곡선이 X축에 더욱 접근하더라도, 곡선의 꼬리는 실제로 결코 X축과는 접촉하지 않음
  - 하나의 정규분포뿐만 아니라 정규분포들의 족(族, family)이 존재
  - 정규분포의 확률은 표준편차 σ와 평균 μ 사이의 구간에 대해 일정한 관계를 가져 68-95-99.7법칙이라는 경험법칙이 성립

TIP 중심극한정리(Central Limit Theorem : CLT)

표본크기가 30개를 초과하면, 모집단분포와는 무관하게 그 표본평균들은 평균 μ 와 표준편차 $\sigma / \sqrt{n}$ 의 정규분포로 근사치를 구할 수 있는 분포를 갖는다.

표본크기가 30개 이하인 경우에 모집단이 정규분포를 갖는다면, 이러한 중심극한정리를 적용할 수 있다. 그러나 모집단이 정규분포가 아닌 경우에 30개 이하의 크기를 가진 표본들의 평균이 갖는 분포에는 중심극한정리를 적용하지 않아야 한다.

이항분포변수에 중심극한정리를 사용하는 경우에는 np≥10과 n(1-p)≥10의 조건을 충족시켜 베르누이 분포의 어떤 왜도를 극복하도록 n이 충분히 커야 한다.

예제 7.9 평균 65와 표준편차 5의 정규분포를 갖는 확률변수 X가 35부터 5단위로 증가하여 95까지의 각 값을 가질 확률밀도와 누적확률을 구하고, 평균으로부터의 표준편차 배수 거리에 위치한 자료들의 발생비율을 확인할 수 있다. 그리고 정규확률밀도함수의 그래프를 작성하고, 스크롤 막대를 사용하여 평균 및 표준편차 변동에 따른 민감도를 분석할 수 있다.

	A	B	C	D	E
1	크기(x)	f(x)	P(X≤x)	평균(μ)	
2	35	0.00000000	0.00000000	65	
3	40	0.00000030	0.00000029	표준편차(σ)	
4	45	0.00002677	0.00003167	5	
5	50	0.00088637	0.00134990		
11	80	0.00088637	0.99865010		
12	85	0.00002677	0.99996833		
13	90	0.00000030	0.99999971		
14	95	0.00000000	1.00000000		
15		크기(x)	P(X≤x)	구간면적	배수
16	μ-σ	60.00	0.1586553	0.6827	1
17	μ+σ	70.00	0.8413447		1
18	μ-2σ	55.00	0.0227501	0.9545	2
19	μ+2σ	75.00	0.9772499		2
20	μ-3σ	50.00	0.0013499	0.9973	3
21	μ+3σ	80.00	0.9986501		3

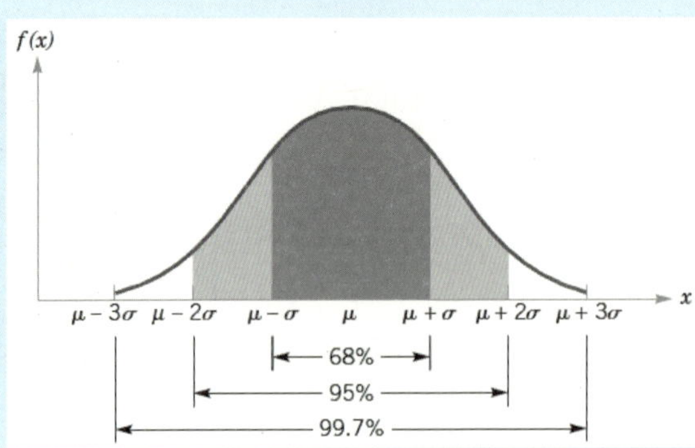

① 자료입력

- A2:A14구간에 35부터 95까지 채워 넣기
- D2셀에 65를, D4셀에 5를 입력하여 평균과 표준편차를 각각 지정

② 정규변수의 값들에 대한 확률밀도 및 누적확률의 계산

- B2:B14구간을 지정, 수식입력줄에 "=NORM.DIST(A2,$D$2,$D$4,0)"을 입력한 후 "Ctrl+Enter"를 클릭하여 확률밀도를 각 값에 대해 동시 계산
- C2:C14구간을 지정, 수식입력줄에 "=NORM.DIST(A2,$D$2,$D$4,1)"을 입력한 후 "Ctrl+Enter"를 클릭하여 각 값에 대한 누적확률을 동시 계산

③ 평균과 표준편차간의 관계 규명

- A16:A21구간에 정규확률변수의 크기를 각각 $\mu \pm \sigma$, $\mu \pm 2\sigma$, $\mu \pm 3\sigma$로 표시
- E16:E21구간의 각 셀에 배수들을 입력
- B16셀, B18셀, B20셀을 "Ctrl"키를 이용하여 동시에 지정한 후에, 수식입력줄에 "=$D$2-E20*$D$4"를 입력 후 "Ctrl+Enter"를 클릭
- B17셀, B19셀, B21셀을 "Ctrl"키를 이용하여 동시에 지정한 후에, 수식입력줄에 "=$D$2+E21*$D$4"를 입력 후 "Ctrl+Enter"를 클릭
- C16:C21구간을 지정, 수식입력줄에 "=NORM.DIST(B16,$D$2,$D$4,1)"을 입력하여 해당 구간의 각 값에 대한 누적확률을 계산
- D16:D17구간, D18:D19구간, D20:D21구간을 각각 병합하고 가운데 맞춤 도구인 ""를 사용하여 셀 병합을 수행
- D16:D21구간 지정, 수식입력줄에 "=C17-C16"을 입력 후 "Ctrl+Enter"를 클릭

④ 정규분포 확률밀도함수의 곡선 작성과 평균과 표준편차에 대한 민감도분석

- A1:B14구간을 지정, 메뉴 탭에서 "삽입 | 차트 | 분산형 | 곡선 및 표식이 있는 분산형"을 지정하여 아래와 같이 정규분포곡선을 작성
- 수직축을 지정하여 생성된 축 서식 대화상자의 축 옵션에서 "최소값 : 고정 : 0.0, 최대값 : 자동, 주 단위 : 고정 : 0.02"를 지정 후 "닫기"를 클릭

⑤ 스크롤막대 붙이기와 컨트롤서식 지정 및 민감도분석

- 리본 탭에서 파일을 클릭, 생성된 화면 왼쪽의 로 시작되는 열 제일 아래에 있는 "옵션"을 선택
- 생성된 옵션 대화상자에서 "리본 사용자 지정"을 지정하고, 제일 오른쪽의 기본탭에서 "개발 도구"를 지정 후 "확인"을 클릭

- 리본 탭에서 생성된 개발도구에서 “컨트롤 | 삽입 | 양식 컨트롤”을 지정 후 아래와 같이 스크롤 막대를 지정, 스크롤 막대를 지정하면 마우스 커서가 “+”로 바뀌는데 이를 E2셀에서 왼쪽 단추를 누른 채로 붙이기
- 스크롤 막대에 커서를 두고, 마우스 우측 단추를 클릭하여 생성된 대화상자에서 “컨트롤 서식”을 지정
- 생성된 컨트롤 서식 대화상자에서 최소값, 최대값, 증분변경을 지정하고, 셀 연결에 “D2”를 지정

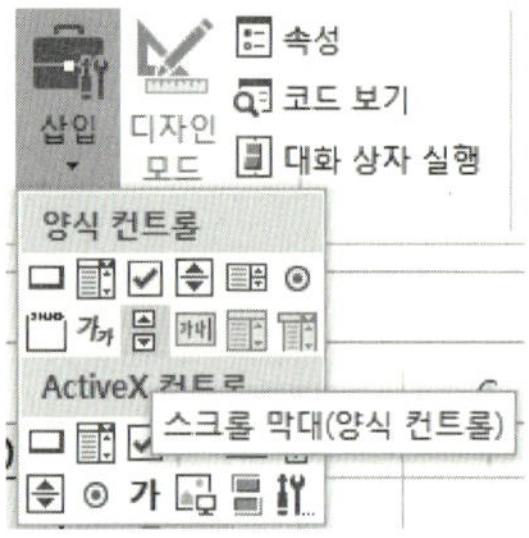

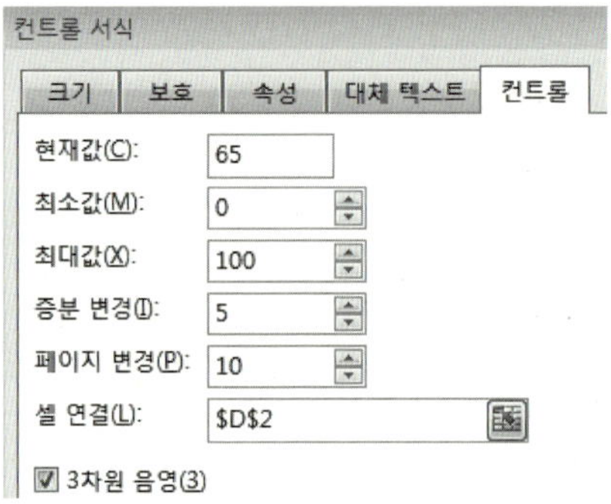

- E4셀에서도 스크롤 막대를 붙여 넣고, 구간을 [0, 20]으로 증분을 1로 지정
- E2셀의 스크롤 막대를 눌러서 평균 변화에 따른 확률밀도곡선의 민감도를 분석
- E4셀 스크롤 막대를 눌러 표준편차 변화에 따른 확률밀도곡선 민감도를 분석

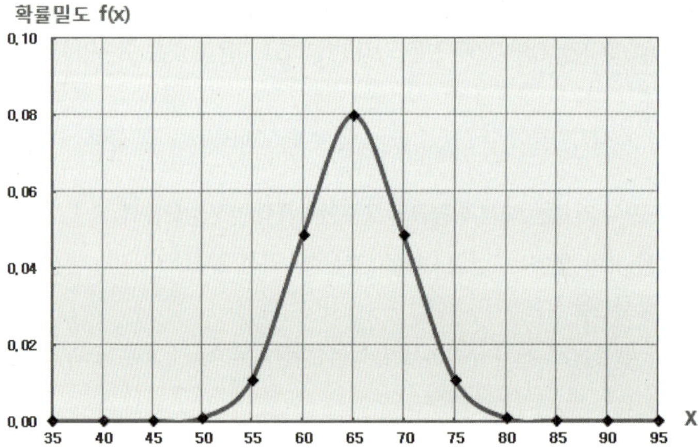

(3) 표준정규분포

표준정규분포(standard normal distribution)는 평균 0과 분산 1을 갖는 정규확률변수가 이루는 분포이며, 표준정규분포는 $Z \sim N(0,1)$로 표시한다.

- 표준화변수(standardized variable)는 평균에 대한 격차를 표준편차로 나누어 전환된 값들로 구성되어, 평균 0과 분산 1인 정규분포를 갖는 확률변수

  $$X \sim N(\mu, \sigma^2) \Rightarrow \frac{X-\mu}{\sigma} = \frac{1}{\sigma}X - \frac{\mu}{\sigma} = Z \sim N(0,1)$$

- 표준화변수는 정규확률변수 X에서 평균을 차감한 값을 그 표준편차로 나누어 전환한 Z값(Z score)들을 가짐
- 정규확률변수인 X를 Z로 표준화하여 표준정규분포를 이용하여 확률을 계산하는 것이 편리하기 때문에 표준정규분포를 자주 사용
- Excel에서는 정규분포의 확률밀도함수와 마찬가지로 "=NORM.DIST(Z값,0,1,0)"을 입력하여 계산
- Excel에서 정규확률변수 값의 누적확률은 "=NORM.DIST(Z값,0,1,1)" 또는 "=NORM.S.DIST(Z값,1)"을 이용하여 계산, 두 함수 모두에서 제일 끝의 1을 True로 대신에 사용 가능

〈그림 7-1〉은 표준정규모집단에서의 표본평균의 확률밀도함수(probability density function)의 그림이다. 이는 $\overline{X}$가 모집단 평균 μ에 집중되고, 그 분산은 표본크기가 증가할수록 축소되는 것을 나타낸다.

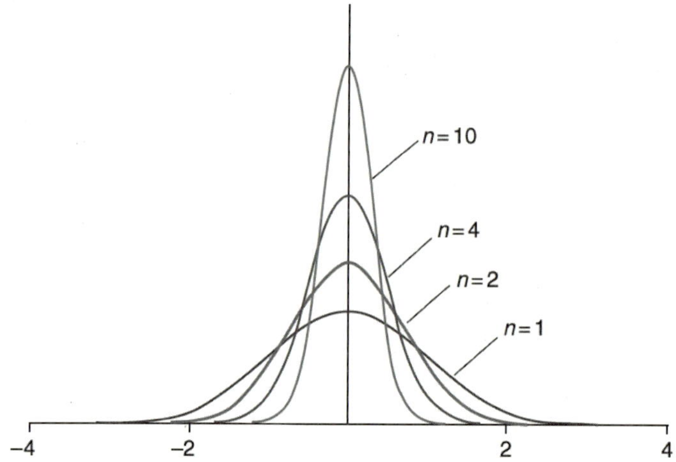

〈그림 7-1〉 표준정규모집단에서 추출된 표본평균들의 확률밀도함수들

예제 7.10 평균 5, 분산 4인 정규분포를 갖는 확률변수 X가 1 이하의 값부터 10 이하의 값을 갖는 각 누적확률들을 다음과 같이 표준정규변수에 대한 확률로 전환하여 구할 수 있다. 확률변수가 4 이상 및 7 이하일 확률을 구하고, 확률밀도곡선 작성과 민감도분석을 수행할 수 있다.

	A	B	C	D	E	F	G	H
1	정규변수 (x)	표준정규 변수(z)	f(z)	P(Z≤z)	평균(μ)			P(Z≤z)
2	0	-2.50	0.01753	0.00621	5			0.00621
3	1	-2.00	0.05399	0.02275	σ		$σ^2$	0.02275
4	2	-1.50	0.12952	0.06681	2		4	0.06681
5	3	-1.00	0.24197	0.15866				0.15866
10	8	1.50	0.12952	0.93319				0.93319
11	9	2.00	0.05399	0.97725				0.97725
12	10	2.50	0.01753	0.99379				0.99379
13			P(4<X≤7)	0.53281	=D9-D6			

① 자료 입력 및 표준편차 계산

- A2:A12구간의 각 셀에 0부터 10을 메뉴 탭에서 "편집 | 채우기 | 연속 데이터"를 지정하여 입력
- E2셀에 평균값 5를, G4셀에 분산 4를 입력
- E4셀에 "=SQRT(G4)"를 입력하여 표준편차를 계산

② 표준정규변수의 계산과 확률밀도 및 누적확률 계산

- B2:B12구간을 지정, 수식입력줄에 "=(A2-$E$2)/$E$4"를 입력한 후 "Ctrl+ Enter"를 클릭하여 정규확률변수의 각 값을 Z값들로 동시 전환

- C2:C12구간 지정, 수식입력줄에 "=NORM.DIST(B2,0,1,0)"을 입력 후 "Ctrl+ Enter"를 클릭하여 표준정규변수의 확률밀도를 동시 계산
- D2:D12구간 지정, 수식입력줄에 "=NORM.DIST(B2,0,1,1)"을 입력 후 "Ctrl+ Enter"를 클릭하여 표준정규변수의 누적확률들을 동시 계산
- H2:H12구간 지정, 수식입력줄에 "=NORM.S.DIST(B2,1)"을 입력 후 "Ctrl+ Enter"를 클릭, D2:D12구간과 동일한 표준정규변수 누적확률들을 동시 계산
- 확률변수 X가 4보다 크고 7 이하일 확률은 C13셀에 "=D9-D6"을 입력하여 0.53281로 계산

③ 정규분포 확률밀도함수의 곡선 작성과 평균과 표준편차에 대한 민감도분석

- B1:C12구간을 지정, 메뉴 탭에서 "삽입 | 차트 | 분산형 | 곡선 및 표식이 있는 분산형"을 지정하여 아래와 같이 정규분포곡선을 작성
- F2셀과 F4셀에 각각 구간 [0,100] 및 [1,20]의 스크롤 막대를 붙여 넣고, 각각 E2셀 및 G4셀을 연결하여 곡선 변화를 점검
- 수직축을 지정하여 생성된 축 서식 대화상자의 축 옵션에서 "최소값 : 고정 : 0.0, 최대값 : 자동, 주 단위 : 고정 : 0.05"를 지정 후 "닫기"를 클릭

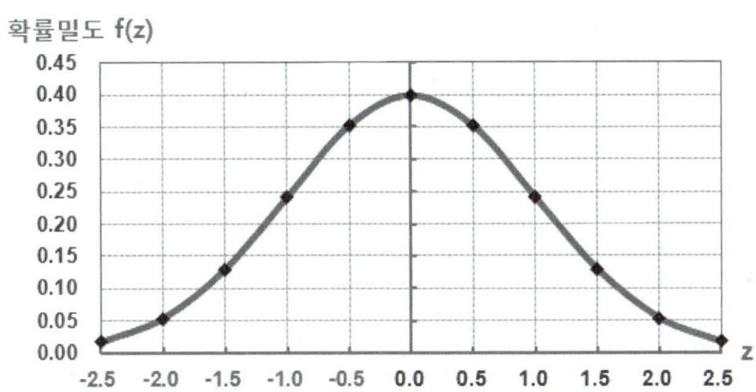

TIP TEXT(값, 표시형식)함수에서 표시 형식의 의미

- 숫자 : "#,###.#"로 표시하면 1,000단위 구분 표시와 소수점 1자리로 표시, 특정 자리에 하나의 숫자를 표시하려면, 그 자리에 해당 숫자를 표시, # 대신에 0을 표시해도 가능
- 날짜 및 시간 : "yy/mm/dd"와 "hh/mm/ss"로 두 자리 숫자의 "년/월/일"과 "시/분/초"를 표시
- 기호와 숫자 : "기호#,###.000" 또는 "기호0,000.000"는 해당 기호에 1,000단위 구분 및 소숫점 3자리로 숫자를 표시

학습문제

맞으면 "○", 틀리면 "×"를 표시

1. 확률변수는 주어진 확률로 하나의 값만을 가질 수 있다. ( )
2. 이산확률변수는 수를 세거나 열거할 수 있는 값들의 어떤 집합이라도 가질 수 있다. ( )
3. 연속확률변수의 값들은 수를 세거나 열거할 수 없다. ( )
4. 면이 고른 주사위의 눈금에 관련된 확률은 0부터 6의 범위를 갖는다. ( )
5. 어떤 실험에 대해 관련된 모든 확률들의 합은 가끔 1 미만이 될 수 있다. ( )
6. 어떤 이산확률변수 X의 기대치는 항상 각 값과 그 값의 확률의 곱을 모두 더하여 계산한다. ( )
7. 어떤 이산확률변수 X의 표준편차라도 항상 확률변수의 값 x, x의 확률 P(x), 평균 μ에 대해 $\sqrt{\sum(x-\mu)^2 P(x)}$ 이다. ( )
8. 이산확률변수들은 단지 하나의 양의 값들을 가질 수 있다. ( )
9. 갖고 있는 어떤 교과서의 어떤 쪽(page)의 길이는 연속확률변수이다. ( )
10. 어떤 농구선수의 신장은 연속확률변수이다. ( )
11. 연속확률변수라도 가끔 이산확률변수가 될 수 있다. ( )
12. 이산확률변수의 평균은 확률변수의 기대치라고도 한다. ( )
13. 확률변수는 어떤 확률실험 표본공간의 각 표본점에 대해 단지 하나의 숫자 값을 할당하는 법칙이다. ( )
14. 연속확률변수는 전형적으로 어떤 형태의 수량을 헤아려서 획득한다. ( )
15. 연속확률변수가 어떤 단일한 값을 가질 확률은 항상 0이 아니다. ( )
16. 어떤 연속확률변수 X라도 $P(X>2)=P(X\geq2)$와 같은 관계를 갖는다. ( )
17. 베르누이 시행은 확률실험의 기본구성단위로 자주 사용된다. ( )
18. 베르누이 확률변수의 기대치는 1의 값일 확률 p를 1에서 차감한 값과 같다. ( )
19. 베르누이 과정은 독립적이며 반복적인 베르누이 시행들의 수열이다. ( )

학습문제

20. 이항실험에서 시행들의 수는 무한하다. ( )

21. 이항실험에서 시행들은 서로 영향을 받는다. ( )

22. 이항실험에서 각 시행에 대해 정확히 2개의 가능한 결과들이 있다. ( )

23. 어떤 시험에 대해 연구를 하는 시간의 량은 하나의 이산확률변수이다. ( )

24. 어떤 이산확률변수라도 그 기댓값의 공식에 μ =np를 사용할 수 있다. ( )

25. 이산확률변수들은 단지 양의 값들만을 갖는다. ( )

26. 실패확률 0.3과 시행횟수 9의 이항확률변수의 기댓값은 실패를 성공적 결과로 간주한다면 2.7이다. ( )

27. 이산확률변수의 평균은 확률변수의 기댓값이라고도 한다. ( )

28. 이항분포의 표준편차는 성공확률 p와 시행횟수 n에 대해 $np(1-p)$와 같다. ( )

29. 독립적이고 동일하게 분포된 베르누이과정들의 수열에서 처음으로 성공하기 위해 필요한 시행들의 수가 갖는 확률분포는 기하분포이다. ( )

30. k번째 처음 성공하게 될 기하분포확률변수의 확률은 Excel에서는 음이항분포함수를 k-1의 실패횟수와 1의 성공횟수를 설정하여 계산한다. ( )

31. 성공확률이 동일한 각 시행에서 성공횟수 s와 실패횟수 f를 더한 횟수의 시행을 수행하는 경우에 성공확률 p를 모수로 갖는 확률변수 X의 확률은 음이항분포를 갖는다. ( )

32. 초기하확률변수의 평균은 성공확률 p과 표본추출크기 n의 곱인 np와 같다. ( )

33. 포아송분포는 연속적 시간이나 공간의 구간에서 어떤 사상의 발생횟수에 관한 확률을 표시하는데 시용된다. ( )

34. 포아송 과정에서 확률변수 측정을 시작하는 위치는 중요하지 않고, 구간의 길이가 중요하다. ( )

35. 정규분포는 그 평균으로 집중된다. ( )

36. 정규확률곡선이 그 평균의 좌측에서 갖는 아래의 면적은 -0.5이다. ( )

학습문제

맞으면 "○", 틀리면 "×"를 표시

37. 정규분포 모집단의 약 68%가 그 평균으로부터 좌우로 1배의 표준편차 이내에 위치한다. (　　)

38. 정규곡선 아래의 총면적은 대략 1이다. (　　)

39. 정규확률변수 X가 어떤 상수 a 이상일 확률은 $P(X > a)$로 표시할 수 있다. (　　)

40. z값 또는 z점수는 평균 μ와 표준편차 σ를 갖는 정규확률변수 X의 값 x에 대한 방정식 $z = (\mu - x)/\sigma$로 계산된다. (　　)

41. 양(+)의 z값은 어떤 정규확률변수의 특정값이 그 평균을 초과하는 크기를 표준편차 표시로 환산한 것이다. 즉 표준편차의 개수로 나타낸 것이다. (　　)

42. 실수들 집합의 어떤 값을 가질 수 있는 확률변수는 반드시 정규분포된다. (　　)

43. 표준정규분포는 0에 대해 대칭적이다. (　　)

44. 표준정규분포는 0의 평균과 1의 분산을 갖는다. (　　)

45. 정규분포의 평균, 중위수, 최빈치는 모두 일치한다. (　　)

46. X가 정규확률변수라면, $P(X > 0) = 0.5$가 항상 성립한다. (　　)

47. 모든 정규분포들이 표준정규분포로 전환될 수 있는 것은 아니다. (　　)

48. z값이 음(-)으로 계산된다면, 계산을 잘못한 것이다. (　　)

해답

1. ×	2. ○	3. ○	4. ×	5. ×	6. ○	7. ○	8. ×	9. ○	10. ○
11. ×	12. ○	13. ○	14. ×	15. ×	16. ○	17. ○	18. ○	19. ○	20. ×
21. ×	22. ○	23. ×	24. ×	25. ×	26. ○	27. ○	28. ×	29. ○	30. ○
31. ○	32. ○	33. ○	34. ○	35. ○	36. ×	37. ○	38. ×	39. ○	40. ×
41. ○	42. ×	43. ○	44. ○	45. ○	46. ×	47. ×	48. ×		

EXCEL 2013

CHAPTER 8

표본추출과 표본분포

8.1 표본조사 수행과 표본추출의 수행 및 방법

8.1.1 표본조사의 개념과 수행절차

8.1.2 표본추출의 수행과 표본추출 편향

8.1.3 확률표본추출과 비확률표본추출

8.2 표본분포와 점 추정

8.2.1 표본분포의 개념, 종류와 기대치 및 표준편차

8.2.2 표본크기의 결정과 중심극한정리

8.2.3 통계적 추론과 점 추정

8.1 표본조사 수행과 표본추출의 수행 및 방법

8.1.1 표본조사의 개념과 수행절차

(1) 표본조사의 개념과 장점

표본조사(sample survey)는 통계학적 원리에 의해 표본을 추출하여 조사대상 전체를 추정하는 방법이다.

- 모집단 전수조사에 비해 표본조사가 갖는 장점
  - 신속성(timeliness) : 조사대상 전부인 모두 조사하는 전수조사에 비해 자료의 수집·집계·분석 과정을 신속한 처리로 시간 절약
  - 비용 절감(cost savings) : 조사에 소요되는 시간·노력·비용의 절약
  - 상세 정보(detailed information) : 전수조사보다 더 많은 상세한 종류의 정보 획득
  - 전수조사가 불가능한 경우에 적용 가능(avoiding destructive testings) : 무한히 큰 모집단, (자동차 안전도 검사, 통조림 위생검사 등의) 파괴적 조사 대상, 정확한 파악이 불가능한 조사 등의 경우에도 적용 가능
  - 정확도 증가(accuracy gain) : 조사과정의 적절한 통제를 통해 자료의 조사과정과 집계과정에서 발생하는 오차인 비표본오차의 감소, 조사대상의 오염방지 등의 효과를 통해 전수조사보다 정확한 자료 획득이 가능

(2) 표본조사의 수행절차

표본조사는 표본추출을 통해 획득한 표본을 분석하여 다음 절차들로 수행한다.

① 기술(description) : 요약 및 기록을 통해 관찰된 사실의 특성(what)을 표현

② 설명(explanation) : 현상의 발생 이유와 원인(why)을 규명

③ 예측(prediction) : 이론, 법칙, 특수한 조건을 기초로 관찰에 의해 증명할 수 있는 미래 현상의 특정 국면에 대한 예상이나 기대를 제시

④ 통제(control) : 현상을 결정하는 원인이나 선행조건을 조작하여 현상을 바람직한 방향으로 유도하는 행위, 전략계획의 구상과 실행 및 평가과정

> **TIP**
>
> - 비표본오차(non-sampling error) : 조사의 계획단계에서 개념 규정이나 조사표 설계 등에서의 오류 또는 조사수행·집계·정리단계에서의 오류로 인해 발생하는 오차, 주로 측정오차로 발생
> - 표본오차(sampling error) : 표본 선택에서 모집단을 대표하는 구성요소를 포함하지 못한 오류로 인해 발생하는 오차, 표본선택방침이 잘못되어 발생한 오차는 "편의(bias)에 의한 표본오차"라고 함
> - 오차(error) : 어떤 양의 측정에서 발생하는 참 값과 측정치 사이의 격차, (발생 원인을 알고 있는) 계통적 오차(systematic error)·(부주의로 인한) 과실오차(careless mistake)·(계통적 오차 등을 보완 및 수정해도 여전히 남아 원인을 찾아내기 어려운) 우연오차(accidental error)로 구성

8.1.2 표본추출의 수행과 표본추출 편향

(1) 표본추출의 개념과 수행절차

표본추출(표집, sampling)은 모집단에서 표본을 선택하는 과정이다. 표집법(표본법)은 모집단을 가장 잘 대표하는 부분을 표본으로 선정 및 조사하여 전수조사를 대신하는 방법이다. 표본추출은 다음 절차를 따라 수행한다.

① 연구 목적에 따라 연구대상인 모집단 결정 및 규명

② 표본구성에 필요한 모집단 구성요소의 열거목록인 표본추출 프레임 결정

③ 표본추출방법의 결정

④ 표본크기의 결정

⑤ 응답자로부터 자료 수집

⑥ 의사결정을 위한 정보 획득

(2) 표본추출 편향의 형태

표본추출 편향(sampling bias)은 모집단의 일부 원소들이 다른 원소들에 비해 포함될 가능성이 더 작은 방식으로 표본이 수집되어 추정량이 모수에서 괴리된 어떤 계통적 편차이다. 표본추출편향은 잘못된 표집기법이나 실제측정수단의 결함으로 인해 발생하며, 다음과 같은 형태로 나타난다.

① 과소포함범위(undercoverage) : 모집단에서 표본으로 추출되어야 할 일부 부분이 제외된 범위

② 자발적 응답편향(voluntary response bias) : 응답자들의 흥미여부에 따라 발생하는 편향된 응답들

③ 자구(표현)편향(wording bias) : 질문 표현에 대한 단어 선택들이 계통적 방식으로 응답에 주는 영향

④ 응답편향(response bias) : 응답자의 상황, 교육정도, 설문에 대한 느낌에 따라 응답의 결과가 다르게 발생하여 나타나는 편향

8.1.3 확률표본추출과 비확률표본추출

(1) 확률표본추출

확률표본(random sample)은 N개 원소들로 구성된 모집단에서 동일한 크기 n의 어떤 부분집합으로도 동일하게 선정될 수 있는 방식으로 선택이 된 표본이다.

확률표본추출방법(probability sampling methods)은 대상 모집단의 각 원소가 표본으로 추출될 확률이 알려져 있는 경우에 무작위로 표본을 추출하는 방법이다. 대상 모집단의 각 원소를 표본추출 프레임의 구성요소라고 한다.

확률표본추출은 〈표 8-1〉과 같이 단순무작위 표집, 계통표집, (비례 및 불균형) 층화표집, 집락표집, 다단계표집의 5가지 방식으로 보통 많이 사용된다. 확률표본추출은 다음 특징을 갖는다.

- 확률표집에서 대상 모집단의 각 원소가 표본에 포함될 확률은 다르게 발생
- 확률표집은 모수 추정에 대한 편향(bias)이 없고, 표본오차추정이 가능하며, 표본분석결과의 일반화가 가능하다는 장점을 보유

(2) 비확률표본추출

비확률표본추출(nonprobability sampling)은 조사자가 자신의 판단이나 직관에 의해 주관적으로 표본을 선정하는 방법이다.

비확률표본추출은 〈표 8-2〉와 같이 덩어리 표집, 판단표집, 할당표집, 누적표집의 방법으로 수행 가능하다. 비확률표본추출은 다음 특징을 갖는다.

- 시간과 비용이 확률표집에 비해 적게 들고 편리하게 확률표집에 대등한 결과를 얻을 수 있다는 장점을 보유
- 비확률표집은 모수추정에서 편향(bias)이 초래되고, 표본분석결과의 일반화가 곤란하며, 표본오차의 추정이 불가능하다는 단점을 가짐

〈표 8-1〉 확률표집의 방법과 주요 절차

표집방법	주요 절차
단순무작위 표집 (simple random sampling)	모집단의 각 구성요소가 표본으로 선택될 확률을 동등하게 부여하여 표본을 선정
계통적 표집 (systematic sampling)	자연적 순서 또는 일정한 질서에 따라 배열된 모집단 구성요소들의 일람표에서 매 k번째 구성요소를 선정
층화표집 (stratified sampling)	모집단을 2개 이상 층(그룹, 계급)으로 구분, 각 층에서 단순무작위로 표본을 선정, 표본크기를 그룹 크기에 따라 비례적 또는 임의적으로 결정
집락(군집)표집 (cluster sampling)	모집단을 이질적 구성요소를 포함하는 여러 집락으로 구분한 후에, 집락별로 표본을 단순무작위 선정
다단계표집 (multistage sampling)	먼저 집락을 구분, 각 집락 크기에 따라 표본크기를 결정, 집락별로 무작위 표본을 선정, 다시 가중치를 부여하여 계통적 방식으로 표집을 수행

〈표 8-2〉 비확률표집의 방법과 주요 절차

표집 방법	주요 절차
덩어리(우연, 편의)표집 (chunk, incidental or convenience sampling)	연구자 편의에 따라 모집단 일정단위 또는 사례를 표집하여 일정한 표본추출크기가 되면 표본추출을 종료하는 방법
판단(의도)표집 (judgement or purposive sampling)	조사 모집단의 사전지식을 갖고 모집단의 대표적 구성요소로 판단되는 사례를 표본으로 선정하는 방법
할당표집 (quota sampling)	모집단을 일정한 범주로 구분한 후에, 각 범주별로 표본설계자가 지정한 수의 요소들을 각 조사자의 주관에 따라 표본으로 선정하는 방법
누적표집 (snowball sampling)	모집단 구성원을 모두 파악하지 못하는 경우에 연구자가 임의로 표본을 선정하고, 다시 선정한 표본에 해당되는 사람의 추천을 받아 다른 표본을 선정하는 과정을 반복하여 표본을 누적해 나가는 방법

8.2 표본분포와 점 추정

8.2.1 표본분포의 개념, 종류와 기대치 및 표준편차

(1) 표본분포의 개념

표본(표집)분포(sampling distribution)는 주어진 표본크기에 대한 어떤 통계량의 모든 가능한 값들의 분포이며, 평균과 표준편차를 가진다. 따라서 표본평균 또는 표본비율 등과 같은 통계량의 표본분포는 하나의 모집단에서 동일한 크기 n의 표본들을 가능한대로 추출하는 경우에 통계량의 모든 값들이 갖는 분포이다.

① 평균의 표본분포(sampling distribution of the mean)는 하나의 모집단에서 동일한 크기 n의 표본들을 모두 추출한 경우에, 모든 표본의 평균들이 갖는 분포이다.

② 분산의 표본분포(sampling distribution of the variance)는 하나의 모집단에서 동일한 크기 n의 표본들을 모두 추출한 경우에, 모든 표본의 분산들이 갖는 분포이다.

분산의 표본분포는 표, 확률히스토그램 또는 공식의 형식(format)으로 된 확률분포에 의해 전형적으로 표시된다.

③ 비율의 표본분포(sampling distribution of the proportion)는 하나의 모집단에서 같은 크기 n의 표본들을 모두 추출한 경우에, 모든 표본 비율들이 갖는 분포이다.

- 표본통계량들은 주어진 크기의 표본들에 대해 계산되고, 하나의 모집단에서 많은 표본들이 추출되기 때문에 표본에 따라 다르게 나타난다.
- 표본분포는 표본에 따라 다르게 발생 ← 하나의 모집단에서 많은 표본들이 추출되고, 표본통계량은 주어진 크기의 표본들에 대해 계산됨
- 표본분포는 표본원소 값들의 분포와는 다르게 발생

(2) 평균의 표본분포

(표본)평균의 표본분포[sampling distribution of the (sample) mean]는 특정 모집단에서 추출된 주어진 크기의 가능한 모든 표본들의 평균들이 갖는 개념적이며 이론적인 확률분포이다.

- 표본평균 $\overline{X}$는 확률변수이며, 이러한 확률변수의 가능한 값들은 $\overline{X}$가 계산될 확률표본에 있는 원소들의 가능한 값들에 의해 결정 → 확률변수 $\overline{X}$의 확률분포는 $\overline{X}$의 표본분포
- $\overline{X}$의 표본분포는 특정 모집단에서 크기 n의 표본을 추출하는 경우에 확률변수 $\overline{X}$가 가질 수 있는 모든 값들의 확률분포
- 집단 분포가 정규분포 $N(\mu,\sigma^2)$인 경우에 표본평균 $\overline{X}$ 역시 정규분포 $N(\mu,\sigma^2/n)$으로 발생

평균의 표본분포는 〈그림 8-1〉과 같이 하나의 모집단에서 동일한 크기의 표본들을 모두 추출할 경우에 표본평균들이 갖는 분포를 말한다.

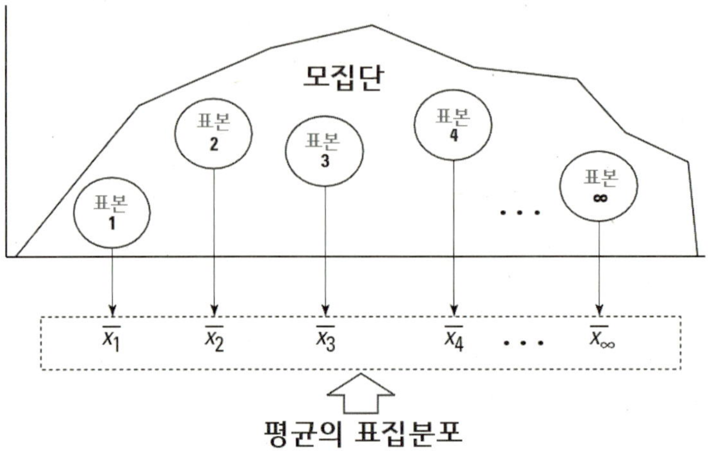

〈그림 8-1〉 평균의 표본분포

표본평균 $\overline{X}$를 사용하여 모집단 평균 μ 를 추정하는 경우에 표본오차와 비표본오차가 발생하므로, 다음 특성을 갖는 표본통계량인 표본분포의 평균을 μ 의 우량 추정량(good estimator)으로 사용해야 한다.

〈표 8-3〉 표본과 모집단의 특징 비교

	표본	모집단
숫자 값(수치)	자료	확률변수들의 값
분포	상대도수	확률
특성 표시 (특성치)	기술통계학 (통계량)	모집단 값들 (모수)
표시 기호	로마자(s, r 등)	그리스문자(σ , ρ 등)

(3) 평균 표본분포의 기대치와 표준편차

표본평균 $\overline{X}$ 의 표본분포 평균 또는 기대치는 모집단 평균 μ 와 일치하여 $\mu_{\overline{X}} = \mu$ 가 성립한다. 그리고 표본평균 $\overline{X}$ 의 표본분포 표준편차는 모집단의 표준편차를 표본크기의 자승근 $\sqrt{n}$ 으로 나눈 값과 일치하여 $\sigma_{\overline{X}} = \dfrac{\sigma}{\sqrt{n}}$ 이 성립한다. 따라서 표본크기가 클수록 표본평균 $\overline{X}$ 의 (표본분포) 표준편차는 감소한다.

표본평균 $\overline{X}$ 의 표본분포 표준편차 $\sigma_{\overline{X}}$ 를 평균의 표준오차(standard error of the mean) 또는 표본평균의 표준편차(standard deviation of the sample means)라고 하며, 표본평균이 모(집단)평균에 대해 갖는 격차의 정도를 표시하는 척도이다.

예제 8.1 정수 1부터 8까지의 정수에 대해 균등 분포된 어떤 모집단에서 복원추출로 구간에 크기 n=2의 표본을 추출한다고 하자. 이러한 경우에 각 정수의 추출확률은 동일하여 모집단분포는 균등분포이며, 추출된 2개의 수들로 구성된 표본(쌍)에서 평균은 삼각형분포를 갖는다.

각 표본들의 가능한 표본평균들 $\overline{X}$, $\overline{X}$의 확률분포, $\overline{X}$의 기대치 $E(\overline{X})$, $\overline{X}$ 의 표준편차 $\sigma_{\overline{X}}$, 모집단 평균 및 표준편차를 아래와 같이 구할 수 있다.

	A	B	C	D	E	F	G	H	I	J	K	L	M	N	O	P
1			1회 추출								$\bar{X}$	$\bar{X}$ 확률	$\bar{X}$	$\bar{X}$ 확률	μ	4.5
2			1	2	3	4	5	6	7	8	1.0	1/64	5.5	6/64	σ	2.2913
3		8	4.5	5.0	5.5	6.0	6.5	7.0	7.5	8.0	1.5	2/64	6.0	5/64	n	2
4		7	4.0	4.5	5.0	5.5	6.0	6.5	7.0	7.5	2.0	3/64	6.5	4/64	$\sigma_{\bar{X}}$	1.6202
5		6	3.5	4.0	4.5	5.0	5.5	6.0	6.5	7.0	2.5	4/64	7.0	3/64		
6	2회	5	3.0	3.5	4.0	4.5	5.0	5.5	6.0	6.5	3.0	5/64	7.5	2/64		
7	복원	4	2.5	3.0	3.5	4.0	4.5	5.0	5.5	6.0	3.5	6/64	8.0	1/64		
8	추출	3	2.0	2.5	3.0	3.5	4.0	4.5	5.0	5.5	4.0	7/64	합계	1.0		
9		2	1.5	2.0	2.5	3.0	3.5	4.0	4.5	5.0	4.5	8/64	$E(\bar{X})$	4.5		
10		1	1.0	1.5	2.0	2.5	3.0	3.5	4.0	4.5	5.0	7/64	$\sigma_{\bar{X}}$	1.6202		

① 가능한 표본들과 표본평균들의 계산

- C2:J2구간에 1부터 8까지 입력, B3:B10구간에 8부터 1까지 입력
- C3:J10구간을 지정, 수식입력줄에 "=AVERAGE(C$2,$B3)"을 입력하여 가능한 크기 2의 표본에 대한 평균들을 동시 계산

② 표본평균의 확률분포 작성과 표본평균의 기대치 및 표준편차 계산

- K2:K10구간과 M2:M7구간에 각각 1부터 5까지와 5.5부터 8까지 입력
- L2:L10구간과 N2:N7구간 지정, "=COUNTIF($C$3:$J$10,M2)/COUNT($C$3:$J$10)"을 수식입력줄에 입력 후 "Ctrl+Enter"를 클릭하여 각 표본평균의 값들에 대한 확률을 동시 계산
- N8셀에 "=SUM(L2:L10,N2:N7)"을 입력하여 확률들 합계를 계산
- N9셀에 "=SUMPRODUCT(K2:K10,L2:L10)+SUMPRODUCT(M2:M7,N2:N7)"을 입력하여 표본평균의 기대치를 계산

- N10셀에 다음 식을 입력하여 평균의 표준오차(표본평균의 표준편차)를 계산
  "=SQRT(SUMPRODUCT(L2:L10,(K2:K10-$N$9)^2)+SUMPRODUCT(N2: N7,(M2:M7-$N$9)^2))"

③ 모집단 평균 및 표준편차 계산과 표준오차 계산 증명

- P1셀에 "=AVERAGE(C2:J2)"를 입력하여 모집단 평균을 계산
- P2셀에 "=STDEV.P(C2:J2)"를 입력하여 모집단 표준편차를 계산
- P3셀에 표본크기 "2"를 입력
- P4셀에 "=P2/SQRT(P3)"을 입력하여, N10셀의 표준오차와 일치하는 것을 확인

④ 삼각형확률분포곡선 도출

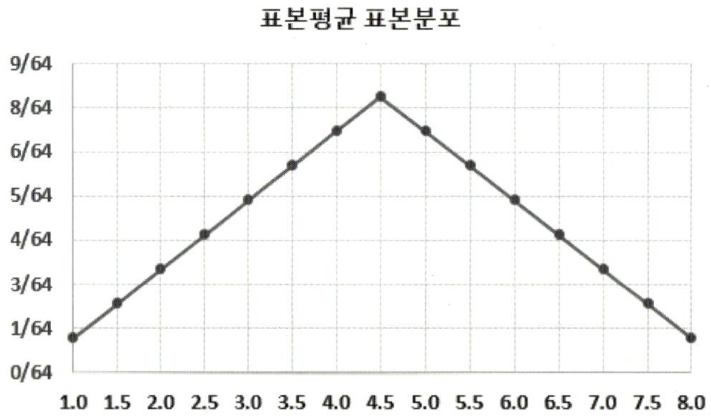

- K11:L16구간을 지정, 수식입력줄에 "=M2"를 입력 후 "Ctrl+ Enter"를 클릭
- K2:L16구간 지정, "삽입 | 차트 | 분산형 | 곡선 및 표식이 있는 분산형"을 지정하여 삼각형분포곡선을 작성

(4) 비율의 표본분포

비율의 표본분포(sampling distribution of the proportion)는 특정 모집단에서 추출된 주어진 크기의 수많은 무작위표본들의 표본비율의 상대도수분포이다. 비율의 표본분포가 다음 특성들을 갖는다.

- 비율의 표본분포는 정규분포의 근사치를 보유
- 모든 가능한 표본들에 대한 평균비율은 모집단 비율과 일치
- 모집단 비율 추정치인 표본비율 p 와 표본크기비율 n 에 대해 표본분포의 표준오차(standard error of sampling distribution of proportion) s_p 는 $s_p = \sqrt{\frac{p(1-p)}{n}}$ 으로 결정된다.

8.2.2 표본크기의 결정과 중심극한정리

(1) 표본크기의 결정방법

표본은 추출되는 구성요소의 순서와는 무관한 조합이다. 크기 N의 유한 모집단에서 n 개 원소의 표본을 비복원으로(without replacement) 추출한다면, ${}_N C_n$ 개의 표본들을 추출할 수 있다. 이러한 조합은 Excel에서 "COMBIN(모집단크기,표본크기)"로 계산할 수 있다.

- 8개의 모집단에서 3개를 추출한다면, 그 방법은 Excel에서 "=COMBIN(8,3)"을 입력하여 56으로 계산
- ${}_N C_n$ 는 이항계수(binomial coefficient)라고 한다. 이항계수는 관찰대상들인 N개를 한 형태의 n 개와 다른 형태의 $N-n$ 개로 단지 2가지 형태로 구성할 경우에 N개 대상들로 구성될 수 있는 가능한 순열(permutation : 어떤 순으로 나열된 결과)의 수를 결정한다.

한편 (추출된 원소를 모집단에 복원시켜 추출을 반복하는) 복원 추출(sampling with replacement)을 한다면, 크기 N의 유한 모집단에서 n개 원소를 갖는 표본 수는 N^n개로 결정할 수 있다.

- 8개의 모집단에서 3개를 복원 추출한다면, 표본의 수는 512로 계산된다. 이는 Excel에서 "=8^3"을 입력하여 계산한다.

표본크기의 결정은 실제로 다음 요인들에 의해 영향을 받는다.

① 표본에 포함되는 그룹들과 소그룹들의 수

② 관찰 대상이 되는 정보의 가치와 정확성

③ 표본추출의 비용

④ 모집단의 변동 가능성

(2) 중심극한정리와 표본크기 결정

중심극한정리(central limit theorem)는 표본크기가 (보통 30개 이상으로) 증가함에 따라 무작위로 선정된 표본의 표본평균 분포가 평균 $\mu_{\overline{X}}$와 표준편차 $\sigma_{\overline{X}}$를 갖는 정규분포에 접근하는 원리이다. 중심극한정리는 다음과 같은 특징을 갖는다.

- 중심극한정리는 표본이 추출된 원래 모집단의 분포와는 무관하게 성립
- 확률분포를 모르는 모집단에서 표본추출을 하는 경우에, 표본크기 n이 크다면 표본평균의 표본분포는 평균 μ와 분산 σ^2 / n을 모수로 갖는 정규분포를 가짐
- 표본크기가 증가함에 따라 표본평균 $\overline{X}$의 표본분포에 대해 사용하는 정규근사법은 보다 나은 결과를 제공
- 일반적으로 표본의 확률변수 X가 정규표본분포를 갖도록 표본크기를 결정하려면, 표본추출한 모집단의 상대도수분포 왜도가 클수록 더 큰 표본이 필요하고, 대칭적 분포를 갖는 모집단에 대해서는 아주 작은 표본이라도 가능

• 표본크기의 결정은 위와 같은 통계적 기법 이외에도 경험법칙(rules of thumb), 예산 제약, 유사 연구와의 비교를 통해 수행 가능

예제 8.2 매출채권 모집단이 크기 1,000개이며, 평균 μ가 260, 표준편차 σ가 45라고 하자. 이러한 매출채권 모집단에서 36개 확률표본을 추출한 경우에, 표본평균이 각각 (5의 추가단위로 배열된) 235, 240, ..., 285보다 작을 확률과 표본평균이 245와 275 사이 구간에서 발생할 확률을 정규근사법으로 다음과 같이 구할 수 있다.

	A	B	C	D	E
1	표본평균	표준정규변수(z)	P(Z≤z)	평균(μ)	P(Z=z)
2	235	-3.33	0.0004	260	0.0015
3	240	-2.67	0.0038	σ	0.0114
4	245	-2.00	0.0228	45	0.0540
5	250	-1.33	0.0912	n	0.1640
6	255	-0.67	0.2525	36	0.3194
7	260	0.00	0.5000	se	0.3989
8	265	0.67	0.7475	7.5	0.3194
9	270	1.33	0.9088		0.1640
10	275	2.00	0.9772		0.0540
11	280	2.67	0.9962		0.0114
12	285	3.33	0.9996		0.0015
13	P(-2≤z≤2)		0.9545	=C10-C4	

① 자료입력과 표본평균의 표준정규변수 전환

- A1:A12구간에 표본평균들을 입력
- D2셀에 모집단 평균 μ인 260을, D4셀에 모집단 표준편차 σ인 45를 입력
- D6셀에 표본크기 n인 36을 입력, D8셀에 "=D4/SQRT(D6)"을 입력하여, n이 36으로 모집단 크기 N의 5%인 50(=0.05×1000)보다 작기 때문에 (8.5)식에 따라 평균의 표준오차를 7.5로 계산
- B2:B12구간을 지정, 수식입력줄에 "=(A2-$D$2)/$D$8"을 입력 후 "Ctrl+Enter"를 클릭하여, $z = \frac{\overline{X} - \mu}{\sigma_{\overline{X}}}$ 에 따라 표본평균들의 z값들을 동시 계산

② 표본평균 z값의 누적확률과 확률 $P(245 \leq \overline{X} \leq 275)$ 의 계산

- C2:C12구간 지정, 수식입력줄에 "=NORM.S.DIST(B2,1)"을 입력 후 "Ctrl+Enter"를 클릭하여 각 z값에 따른 누적확률을 계산
- C13셀에 "=C10-C4"를 입력하여 표본평균이 245와 275 사이의 구간에 있는 값으로 발생할 확률을 다음 원리에 따라 계산

$$P(\overline{X} \leq 275) - P(\overline{X} \leq 245) = P(z \leq 2) - P(z \leq -2) = 0.945$$

③ 표본평균분포의 확률곡선 도출

- E2:E12구간을 지정, 수식입력줄에 "=NORM.DIST(B2,0,1,0)"을 입력 후 "Ctrl+ Enter"를 클릭하여 표본평균의 각 값에 대한 확률밀도를 계산
- A1:A12구간과 E1:E12구간을 동시 지정, 메뉴 탭에서 "삽입 I 차트 I 분산형 I 곡선 및 표식이 있는 분산형"을 지정하여 각 표본크기에 따른 표준정규 확률분포곡선을 다음과 같이 작도

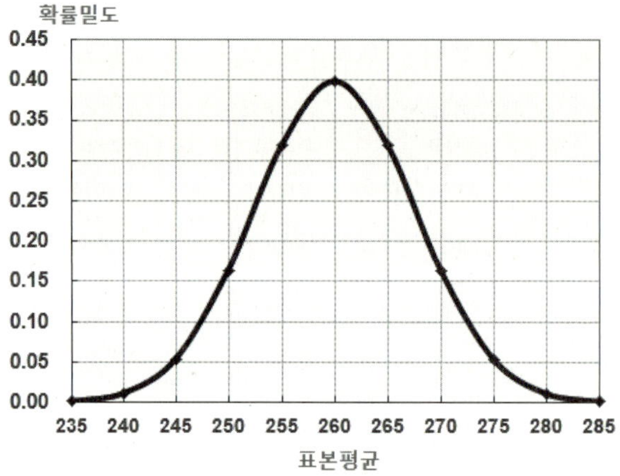

예제 8.3 성공확률이 0.2인 이항분포확률변수의 확률분포곡선은 표본크기가 30 이상이 됨에 따라 확률분포곡선의 오른쪽 꼬리가 거의 사라져, 정규확률분포가 이항확률분포의 우량 근사치가 되는 것을 다음과 같이 확인할 수 있다.

	A	B	C	D	E	F
1	성공횟수 (x)	확률 (n=15)	확률 (n=20)	확률 (n=25)	확률 (n=30)	성공 확률
2	0	0.035	0.012	0.004	0.001	0.2
3	1	0.132	0.058	0.024	0.009	
4	2	0.231	0.137	0.071	0.034	
5	3	0.250	0.205	0.136	0.079	
6	4	0.188	0.218	0.187	0.133	
7	5	0.103	0.175	0.196	0.172	
8	6	0.043	0.109	0.163	0.179	
9	7	0.014	0.055	0.111	0.154	
10	8	0.003	0.022	0.062	0.111	
11	9	0.001	0.007	0.029	0.068	
12	10	0.000	0.002	0.012	0.035	
13	11	0.000	0.000	0.004	0.016	
14	12	0.000	0.000	0.001	0.006	
15	13	0.000	0.000	0.000	0.002	
16	14	0.000	0.000	0.000	0.001	
17	15	0.000	0.000	0.000	0.000	
18	시행횟수 (n)	15	20	25	30	

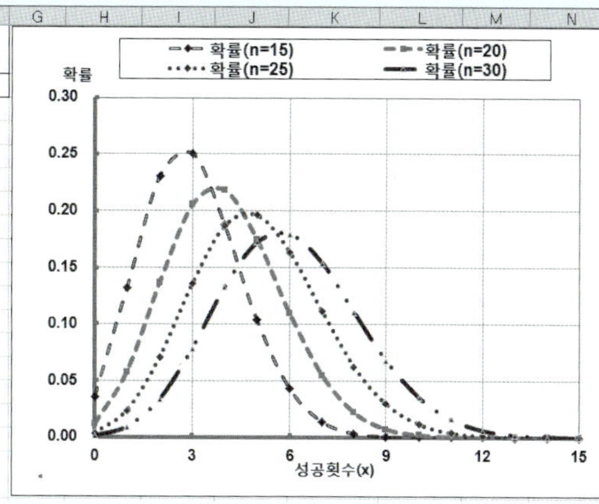

① 성공횟수와 시행횟수의 입력

- A2셀에 0을 입력 후 메뉴 법의 "편집|계열 | 연속 데이터"를 지정하여 열 방향으로 15까지 입력
- A18:E18구간의 각 셀에 시행횟수를 각각 15, 20, 25, 30으로 입력

② 이항분포확률 계산과 이항분포곡선 도출

- B2:E17구간을 지정, 수식입력줄에 "=BINOM.DIST($A2,B$18,$F$2,0)"을 입력한 후에 "Ctrl+Enter"를 클릭하여 각 시행횟수에 대한 성공횟수 확률들을 동시 계산
- A1:E17구간을 지정, 메뉴 탭에서 "삽입 | 차트 | 분산형 | 곡선 및 표식이 있는 분산형"을 지정하여 각 표본크기에 따른 이항분포곡선들을 도출
- 위의 각 표본크기에서 시행횟수에 따른 표본크기가 30으로 결정될 경우에 가장 정규분포에 근접한 상대도수(확률)분포곡선이 발생하는 것을 확인

(3) 이항분포의 정규근사와 연속성수정

성공확률 p 와 표본크기 n 을 갖는 이항확률변수 x 는 np 와 $n(1-p)$ 모두 5보다 큰 경우에 일반적으로 정규확률변수로 전환하여 이항확률분포의 우량 근사치를 획득하는 것이 유리하다.

- 이항확률변수는 다음 방식에 의해 표준정규변수인 z통계량으로 전환

(8.1) $$z = \frac{x-\mu}{\sigma} = \frac{x-np}{\sqrt{np(1-p)}}$$

(8.1)식은 근사치만를 구하는 공식이어서 어떤 오차를 포함하므로, 완전계급하한의 개념을 이용하여 1/2을 더하는 연속성수정(continuity correction)을 하여 보다 양호한 근사치를 얻도록 해야 한다.

- x 의 초과와 $x+1$ 이상의 기준이 동일한 내용으로 나타나는 경우에는 일반적으로 임계값 x 는 $x+0.5$ 로 수정하여 정규근사를 수행하는 것이 적합

예제 8.4 어떤 영업사원이 개인적으로 접촉한 사람들의 20%가 구매를 한다고 가정하자. 그 영업사원이 30명의 유망고객을 만난 경우에, 1명 이상이 구입할 확률부터 15명 이상이 구입할 확률까지를 정규근사에 따른 표준정규누적확률함수를 이용하여 구할 수 있다.
그리고 그 결과를 실제 이항분포함수를 사용한 결과와 연속성수정을 하지 않은 정규근사의 결과와 비교를 수행할 수 있다.

	A	B	C	D	E	F
1	성공횟수 (x)	z (n=30)	P(Z≥z)	BP(X≥x)	P(Z≥z_U)	z_U (n=30)
2	1	-2.51	0.9940	0.9988	0.9969	-2.74
3	2	-2.05	0.9800	0.9895	0.9888	-2.28
4	3	-1.60	0.9449	0.9558	0.9661	-1.83
5	4	-1.14	0.8731	0.8773	0.9145	-1.37
6	5	-0.68	0.7532	0.7448	0.8193	-0.91
7	6	-0.23	0.5903	0.5725	0.6760	-0.46
8	7	0.23	0.4097	0.3930	0.5000	0.00
9	8	0.68	0.2468	0.2392	0.3240	0.46
10	9	1.14	0.1269	0.1287	0.1807	0.91
11	10	1.60	0.0551	0.0611	0.0855	1.37
12	11	2.05	0.0200	0.0256	0.0339	1.83
13	12	2.51	0.0060	0.0095	0.0112	2.28
14	13	2.97	0.0015	0.0031	0.0031	2.74
15	14	3.42	0.0003	0.0009	0.0007	3.20
16	15	3.88	0.0001	0.0002	0.0001	3.65

① 정규근사법 기준의 충족 여부를 검토

- $n \geq 30$ 의 여부 : 표본크기 n 이 30이어서 충족
- $np \geq 5$ 의 여부 : $np = (30)(0.2) = 6 > 5$ 여서 충족
- $n(1-p) \geq 5$ 의 여부 : $nq = (30)(0.8) = 24 > 5$ 여서 충족

② 이항변수의 표준정규변수 전환을 위한 평균과 표준편차 계산

- $\mu = np = (30)(0.2) = 6$
- $\sigma = \sqrt{npq} = \sqrt{(30)(0.2)(0.8)} = \sqrt{4.8} \cong 2.19$

③ 자료입력과 정규근사법칙에 의한 표준정규분포를 이용한 누적확률계산

- A2:A16구간에 1부터 15까지 입력
- B2:B16구간을 지정, 수식입력줄에 "=(A2-0.5-30*0.2)/SQRT(30*0.2*(1-0.2))"를 입력 후 "Ctrl+Enter"를 클릭하여, $x+1$ 명 이상은 x 명 초과를 의미하기 때문에 각 이항변수를 연속성수정을 통해 $z = (x+0.5-\mu)/\sqrt{np(1-p)}$ 가 되도록 표준정규변수 z통계량으로 전환
- C2:C16구간 지정, 수식입력줄에 "=1-NORM.S.DIST(B2,1)"을 입력 후 "Ctrl+ Enter"를 클릭하여 A2:A16구간의 각 셀의 인원 이상이 구입할 확률을 정규근사법칙으로 동시 계산

④ 정규근사법칙의 결과와 실제 이항분포 및 연속성 미수정 정규근사 결과 비교

- D2:D16구간을 지정, 수식입력줄에 "=1-BINOM.DIST(A2-1,30,0.2,1)"을 입력한 후 "Ctrl+Enter"를 클릭하여 A2:A16구간의 각 셀의 인원 이상이 구입할 확률을 이항분포함수를 통해 동시 계산
- F2:F16구간 지정, 수식입력줄에 "=(A2-1-30*0.2)/SQRT(30*0.2*(1-0.2))"를 입력 후 "Ctrl+Enter"를 클릭하여 $z=(x-\mu)/\sqrt{np(1-p)}$ 가 되도록 연속성 미수정 z값들을 동시 계산
- E2:E16구간 지정, 수식입력줄에 "=1-NORM.S.DIST(F2,1)"을 입력 "Ctrl+Enter"를 클릭하여 연속성 미수정 정규분포확률을 동시 계산
- C2:E16구간의 결과들을 비교하면, 1-3명 이상까지와 13-15명 이상까지의 구입확률에 대해서는 연속성 미수정 정규근사가 연속성수정을 통한 정규근사보다 양호한 근사치를 제공
- 4-11명 이상까지 구입할 확률의 계산에서는 연속성수정을 통한 정규근사가 연속성 미수정 정규근사보다 양호한 근사치를 제공

(4) 표본크기와 표준오차

표본크기 n 이 모집단크기 N 의 5% 이상이어서 $n \geq 0.05N$ 인 경우에 평균의 표준오차는 유한수정요소(finite correction factor) $\sqrt{(N-n)/(N-1)}$ 을 반드시 포함해야 한다.

(8.2) $$\sigma_{\overline{X}}=\frac{\sigma}{\sqrt{n}}\sqrt{\frac{N-n}{N-1}}$$

- 모집단 표준편차 σ 를 모르는 경우에 표본표준편차 s 를 사용하여 평균의 표준오차를 결정

(8.3) $$s_{\overline{X}}=\begin{cases}\dfrac{s}{\sqrt{n}} & \text{for} \quad n<0.05N \\ \dfrac{s}{\sqrt{n}}\sqrt{\dfrac{N-n}{N-1}} & \text{for} \quad n\geq 0.05N\end{cases}$$

- 평균의 표준오차는 알려지지 않은 모집단 평균에 대한 통계적 추론의 중요한 기초를 제공하므로, 평균의 표준오차를 이용하여 아래의 중심극한정리에 따라 각 확률변수를 정규확률변수로 전환하여 사건의 발생확률과 추정 및 예측을 수행

예제 8.5 어떤 회사에 근무하고 있는 5명 A, B, C, D, E의 근무연수가 B3:B7구간과 같다고 하자. 5명 중에서 2명을 선정하여 추출한 표본들을 이용하여 아래의 분석을 수행할 수 있다.

① 모집단 모수의 계산

② 가능한 조합들로 구성된 표본들의 수의 계산과 표본평균들의 계산

	A	B	C	D	E	F
1	모집단 분포					
2	이름	근무연수	도수	확률	모집단모수	
3	A	20	1	0.2	평균	24
4	B	22	1	0.2	분산	8
5	C	26	1	0.2	표준편차	2.8284
6	D	24	1	0.2	도수합계	5
7	E	28	1	0.2		
8	크기 2의 표본 구성 가능 조합					
9	표본구성		근무연수		표본평균	
10	A	B	20	22	21	
11	A	C	20	26	23	
12	A	D	20	24	22	
13	A	E	20	28	24	
14	B	C	22	26	24	
15	B	D	22	24	23	
16	B	E	22	28	25	
17	C	D	26	24	25	
18	C	E	26	28	27	
19	D	E	24	28	26	
20	10	10				

① 자료 입력과 모집단 모수의 계산

- A2:B7구간에 근무자 이름과 근무연수를 입력
- C3:C7구간에 각 도수를 1로 입력
- F3셀에 "=AVERAGE(B3:B7)"을 입력하여 근무연수의 모집단 평균을 24로 계산
- F4셀에 "=VAR.P(B3:B7)"을 입력하여 모집단 분산을 8로 계산
- F5셀에 "=STDEV.P(B3:B7)"을 입력하여 모집단 표준편차를 2.8284로 계산
- F6셀에 "=SUM(C3:C7)"을 입력하여 도수합계를 5로 계산
- D열에서 각 확률을 계산하도록 F6셀에 "=SUM(C3:C7)"을 입력
- D3:D7구간을 지정, 수식입력줄에 "=C3/$F$6"을 입력 후 "Ctrl+Enter"를 클릭하여 각 근무자의 추출 확률을 동시 계산

② 가능 조합들의 구성

- A10:B19구간에 두 변수의 조합을 구성하도록 먼저 A10:A13구간을 지정 후 수식입력줄에 A를 입력 후 "Ctrl+Enter"를 클릭, A를 A10:A13구간의 각 셀에 동시 입력
- B10:B13구간에 각각 B, C, D, E를 입력하여 조합을 구성

- 위와 같은 방식으로 A14:A16구간의 각 셀에 B를 입력하고, B14:B16구간에 C, D, E를 입력하여 조합을 구성

A17:A18구간의 각 셀에 C를 입력, B17:B18구간에 D, E를 입력하여 조합 구성

A19셀에 D를 입력하고, B19셀에 E를 입력하여 마지막 가능 조합을 구성

③ 조합 원소의 근무연수 입력과 각 조합(표본) 근무연수의 표본평균 계산

- C10:D19구간을 지정, 수식입력줄에 다음 식을 입력 후 "Ctrl+Enter"를 클릭하여 각 조합 원소의 해당 근무연수를 동시 입력
  "=IF(A10="A",$B$3,IF(A10="B",$B$4,IF(A10="C",$B$5,IF(A10="D",$B$6,$B$7))))"
- E10:E19구간을 지정, 수식입력줄에 "=AVERAGE(C10:D10)"을 입력 후 "Ctrl+ Enter"를 클릭하여 각 표본의 평균을 동시 계산

④ 가능 조합 수와 구성한 조합 수의 일치 여부 확인

- A20셀에 "=COMBIN(5,2)"를 입력, 5개 원소로 구성 가능한 조합 수 10을 계산
- B20셀에 "=COUNTA(B10:B19)"를 입력하여 실제 구성된 조합 수를 10으로 계산하여 A20셀의 값과 일치하는 것을 확인

예제 8.6 예제 8-5의 A9:E19구간의 자료를 이용하여 ① 표본평균의 도수분포표의 작성, ② 모집단 평균과 표본평균의 기대치 비교, ③ 히스토그램 작성을 통한 모집단의 산포(dispersion)와 표본평균의 분포 비교, ④ 모집단에서 균등분포를 이루는 각 근무연수의 도수에 비해 표본평균분포가 정규분포에 더욱 수렴하는 경향의 파악을 수행할 수 있다.

	A	B	C	D	E	F	G	H	I
1	표본구성		근무연수		표본평균	표본평균의 분포구간			
2	A	B	20	22	21	최대값	27	최소값	21
3	A	C	20	26	23	표본평균의 도수분포표			
4	A	D	20	24	22	표본평균	도수	확률	
5	A	E	20	28	24	21	1	0.10	
6	B	C	22	26	24	22	1	0.10	
7	B	D	22	24	23	23	2	0.20	
8	B	E	22	28	25	24	2	0.20	
9	C	D	26	24	25	25	2	0.20	
10	C	E	26	28	27	26	1	0.10	
11	D	E	24	28	26	27	1	0.10	
12						계	10	1.00	
13						표본평균의 기대치		24	

① 자료 복사와 표본평균의 도수분포표의 작성

- 예제 8-5시트의 A9:E19구간을 지정한 후에 "Ctrl+C"를 클릭하여 복사한 후, 본 시트의 A1셀을 지정 후 붙여넣기
- E2:E11구간을 지정한 후에, 이름상자에 표시된 E2 뒤에 마우스 커서를 두고 왼쪽 단추를 누르면 E2가 왼쪽으로 이동되면서 검게 전환되는데, 이를 SM으로 바꾸고 "Enter"를 클릭하여 E2:E11구간을 "SM"으로 이름 붙이기

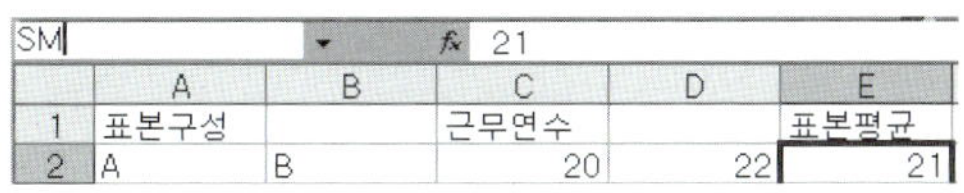
SM | fx 21

	A	B	C	D	E
1	표본구성		근무연수		표본평균
2	A	B	20	22	21

- G2셀에 "=MAX(SM)"을, I2셀에 "=MIN(SM)"을 각각 입력하여 표본평균의 최대값과 최소값을 각각 계산
- F5:F6구간에 각각 21과 22를 입력한 후에 자동채우기로 27까지 채워 넣기
- G5:G11구간을 지정, 수식입력줄에 "=COUNTIF(SM,F5)"를 입력 후 "Ctrl+Enter"를 클릭하여 각 표본평균에 대한 도수를 동시 계산
- G12:H12구간을 지정, 수식입력줄에 "=SUM(G5:G11)"을 입력 후 "Ctrl+Enter"를 클릭하여 도수 합계와 확률 합계를 동시 계산
- H5:H11구간을 지정, 수식입력줄에 "=G5/$G$12"를 입력 후 "Ctrl+Enter"를 클릭하여 각 표본평균의 발생확률을 동시 계산

② 표본평균의 기대치 계산 및 모집단 평균과 비교

- H13셀에 "=SUMPRODUCT(F5:F11,H5:H11)"을 입력하여 $E(\overline{X})=\sum_{i}^{g}\overline{X}_i P(\overline{X}_i)$로 표본평균 기대치를 24로 계산
- 예제 8-5의 시트에 있는 F3셀의 모집단 평균 24와 표본평균 기대치 24가 일치하는 것을 확인

③ 표본평균 도수분포도의 히스토그램 작성과 모집단 도수분포도와의 비교

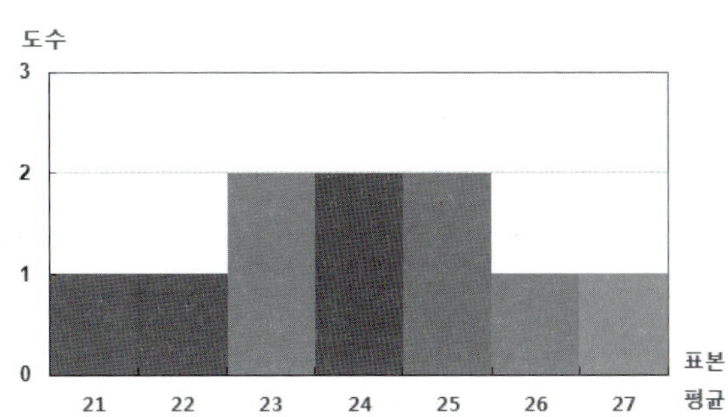

- F4:G11구간을 지정, 메뉴 탭에서 “삽입 | 차트 | 분산형 | 곡선 및 표식이 있는 분산형”을 지정, 생성된 차트에서 한 점을 지정 후 마우스 오른쪽 단추를 눌러 생성된 대화상자에서 “계열차트종류변경”을 지정
- 생성된 차트종류변경 대화상자에서 “세로 막대형 | 묶은 세로 막대형”을 지정하고 “확인”을 클릭
- 생성된 막대그래프의 막대에 마우스 커서를 두고 마우스 오른쪽 단추를 눌러 생성된 대화상자에서 “데이터 계열 서식”을 지정하고, 생성된 데이터 계열 대화상자에서 “옵션”탭을 지정한 후에 간격 너비를 “0”으로 하고 “요소마다 다른 색 사용”을 지정한 후에 “확인”을 클릭
- 위 차트와 같이 표본평균의 도수분포도는 모집단 도수분포도에 비해 범위(=최대값-최소값)가 더 작아 산포가 작고, 보다 정규분포 형태에 근접하는 것을 확인

8.2.3 통계적 추론과 점 추정

(1) 통계적 추론의 개념

통계적 추론(statistical inference) 또는 추론통계분석(inferential statistical analysis)은 어떤 형식의 표본추출을 통하여 모집단에서 수집한 자료에서 얻은 표본결과를 사용하여 모집단의 특성들을 추론하는 과정이다.

통계적 추론은 표본 결과를 기초로 모집단의 분포특성에 대해 추정한(일반화시킨) 결론이 얼마나 신뢰할 수 있는지에 표시하도록 확률을 사용한다. 따라서 통계적 추론은 설정한 확률수준에서 신뢰구간으로 모르는 모수를 추정하고, 유의성 검정으로 모수에 대한 주장에 관해 그 증거가 얼마나 강력한지를 보여준다.

통계적 추론은 모수추정(parameter estimation)과 가설검정(hypothesis testing)의 2개 분야로 구분한다.

- 추정은 해당 통계량에서 모수를 추측 또는 추리하는 과정이며, 표본의 평균 및 표준편차에서 모집단의 평균 및 표준편차를 추정할 수 있다.
- 가설검정은 표본정보를 기초로 어떤 모수의 값에 대한 가설이나 가정을 채택 또는 기각할지의 여부를 결정하는 과정이다.

(2) 점 추정과 점 추정량

추정의 목표는 표본 통계량을 기초로 모집단 모수의 근사치(approximate value)를 결정하는 것이다.

점 추정(point estimation)은 모집단 분포의 각종 특성을 추론(추측하고 그 성질을 조사)하기 위해 표본을 이용하여 평균, 분산, 비율 등의 하나의 단일한 값 또는 점 추정치(point estimate)를 구하는 과정이다. 점 추정에 대해 다음의 용어들을 많이 사용한다.

- 통계량(statistics) : 모집단에 대한 단지 하나의 표본에 대해 특성을 설명하기 위해 계산한 요약 측정치
- 추정량(estimator) : 모집단 모수 추정을 위해 사용하는 확률변수인 표본통계량을 구하는 방법을 설명하는 법칙이나 공식
- 추정치(estimate) : 어떤 통계량의 관찰된 특정한 값
- 추정대상(estimand) : 추정하려는 표적모수(target parameter)의 실제 값
- 점 추정량(point estimator) : 모집단 모수의 추정치로 사용할 수 있는 단일한 숫자를 계산하도록 표본자료의 사용방식을 설명하는 법칙이나 공식
- 점 추정치(point estimate) : 모집단 모수 추정을 위해 사용되는 법칙인 점 추정량에서 구한 하나의 숫자

예컨대 품질관리자가 생산 제품들의 시험성적표에서 중심경향에 대한 정보를 얻기 위해, 어떤 표본을 추출하여 표본평균을 계산할 수 있다. 이러한 경우에 그 표본평균은 모집단 평균의 추정량(estimator)이고, 그 표본평균의 값은 추정치(estimate)이다.

한편 점 추정량 $\hat{\theta}$는 모집단 모수 θ의 값에 근사치가 되는 하나의 값으로 된 통계량(single-valued statistic)이며, $\hat{\theta}$의 특정한 값은 점 추정치이다.

(3) 점 추정량의 요건과 최대우도법

하나의 모집단 모수에 대해 많은 추정량들을 사용할 수 있지만, 어떤 추정량이 여타 추정량들에 비해 최상의 추정량이 될 수 있다. 일반적으로 최우량 추정량을 검색하는 3대 기준은 불편성, 일치성, 효율성이다. 그리고 추가 기준으로 충분성을 사용한다.

- 불편성(unbiasedness) : 모수 θ 의 추정량 $\hat{\theta}$ 의 기대치가 모수와 일치하는 성질, 불편성이 성립하려면 추정량 기대치와 모수의 격차 $(E(\hat{\theta})-\theta)$인 추정량 편의(bias)가 0이어야 함.
- 일치성(consistency) : 표본크기 증가에 따라 추정량과 모수의 격차가 축소되는 성질, 본 크기의 증가에 따라 추정량 $\hat{\theta}$ 가 모수에 보다 근사하는 성질이며, 표본 크기의 증가에 따라 아주 작은 임의의 어떤 양의 값 ϵ 에 대해 $P(|\hat{\theta}-\theta|<\epsilon)$ 이 1로 수렴하여 추정량이 확실하게 모수로 근사하는 성질,
- 상대적 효율성(relative efficiency) : 한 모수에 대한 2가지 불편 추정량들이 있는 경우에, 분산이 더 작은 추정량이 상대적 효율성을 갖는다. 효율성(efficiency)은 추정량이 진정한 모수에 접근할 가능성이 클수록 추정의 정확성이 증가하는 성질이다. 모든 불편추정량들 중에서 가장 효율적인 추정량은 어떤 주어진 표본크기에 대해 최소분산을 가진 추정량이다.
- 충분성(sufficiency) : 사용하는 추정량 이외에 어떤 다른 추정량도 추정할 모수에 대해 추가정보를 제공할 수 없는 성질
- 충분통계량(sufficient statistics) : 사용하는 표본이 추정할 모수에 대해 포함하고 있는 모든 정보를 이용하는 추정량
- 최소분산불편추정량(minimum variance unbiased estimator : MVUE) : 불편추정량들 중에서 최소분산을 갖는 불편추정량

1920년대에 R. A. Fisher는 위의 4가지 조건들을 모두 충족시키지는 않지만, 상대적으로 구하기 쉽고 대표본에 대해 효율적이며 정규근사가 달성되는 최대우도법(maximum-likelihood method)을 개발했다.

- 최대우도법(최우법)의 한 가지 단점은 최우 추정치(maximum-likelihood estimates)가 대표본 특성인 일치성을 갖지만, 소표본에 대해 불편성 결여 가능성이 있음
- 최우법은 가장 가능성이 큰 표본공간을 선택하여 표집한 주어진 크기의 표본을 이용하여 모집단 모수의 값을 추정, 이러한 표본공간에 대응하는 모집단 모수의 값은 최우(최대우도) 추정치
- 모집단 평균의 최우 추정량은 표본평균 ← 주어진 크기의 어떤 표본을 기초로 구할 수 있는 모집단 모수의 가장 가능성이 있는 값은 표본평균

(4) 점 추정량의 단점

점 추정량 사용에서는 다음 3가지 단점이 초래되므로, 모집단 모수의 추정을 위해 점 추정보다는 구간추정량(interval estimator)을 사용한다.

① 실제로 점 추정량은 확실히 모집단 모수를 반영하지 못할 것이다. 예컨대 연속확률변수가 특정값으로 나타날 확률은 0이다. 따라서 표본평균 $\overline{X}$가 모집단평균 μ와 정확히 일치한다는 확률은 0이다.

② 추정량이 모수에 얼마나 근접하는지를 알아야 하는 경우가 많다. 그러나 이를 확인하는 것이 곤란하다.

③ 큰 표본(대표본)은 작은 표본(소표본)에 비해 더 많은 정보를 포함한다. 따라서 모집단 모수에 대한 추론을 하는 과정에서, 대표본이 보다 정확한 결과를 발생시킬 것이라고 예상하는 것이 직감적으로 타당한 것 같다. 그런데 점 추정량은 보다 큰 표본크기의 효과를 반영하지 못한다.

학습문제

맞으면 "○", 틀리면 "×"를 표시

1. 어떤 모집단에 대한 추정(estimation)은 그 모집단에서 뽑아낸 표본을 기초로 그 모집단의 평균이나 분산 등의 정도를 평가하는 과정이다. ( )

2. 통계적 추론은 모수추정과 가설검정의 2개 분야로 구분한다. ( )

3. 표본조사는 통계학 원리를 기초로 표본을 추출하여 조사대상 전체를 추정하는 방법이다. ( )

4. 표본조사는 "기술→설명→예측→통제"의 절차들로 수행된다. ( )

5. 표본추출 편향에 과대포함범위, 자발적 응답편향, 자구편향, 응답편향이 있다. ( )

6. 확률표집방법 중 자연적 순서에 따라 배열된 모집단 구성요소들의 일람표에서 매 k번째 구성요소를 선정하는 방법은 층화표집이다. ( )

7. 조사자가 스스로의 판단이나 직관에 의해 표본을 선정하는 방법이며, 편의, 판단, 할당, 누적 표집 등이 있다. ( )

8. 하나의 모집단에서 추출될 수 있는 모든 표본들의 평균들이 갖는 이론적 확률분포인 평균의 표본분포를 구성할 수 있다. ( )

9. 표본평균의 표본분포 평균은 모집단 평균 μ와 일치하므로 μ의 우량추정량으로 사용된다. ( )

10. 표본평균 표본분포 표준편차를 평균의 표준오차라고 한다. ( )

11. 중심극한정리는 보통 30개 이상으로 표본크기가 증가함에 따라 무작위로 선정된 표본의 표본평균이 갖는 확률분포가 표본평균의 표본분포 평균 및 평균의 표준오차를 각각 평균 및 표준편차로 갖는 정규분포에 접근한다는 원리이다. ( )

12. n개의 독립적 확률변수들(크기가 동일한 무작위표본들의 표본평균들)을 동일한 모집단에서 추출한 경우에, 그 확률변수들의 분산은 (5.11.3)식 및 (5.11.4)식의 원리에 따라 모집단 분산을 확률변수들의 수로 나눈 것과 같다. ( )

13. 평균의 표준오차는 모집단 크기의 5% 이상으로 표본크기가 큰 경우에는 유한수정요소를 반드시 곱해줘야 한다. ( )

학습문제

14. 모집단 모수의 추정을 위해 계산하려는 통계량을 추정량, 계산된 통계량의 값을 추정치라고 한다. ( )

15. 추정하려는 표적모수의 실제 값을 추정대상(estimand)이라고 한다. ( )

16. 불편성은 모수 추정량 기대치와 모수 실제 값의 격차가 0인 특성이다. ( )

17. 사용하는 추정량이 가장 많은 정보를 이용하는 특성을 충분성이라고 한다. ( )

18. 최소분산불편추정량 MVUE는 불편추정량들 중에서 효율성이 가장 높다. ( )

19. 최우법은 대표본뿐만 아니라 소표본에서도 불편성을 확보할 수 있다. ( )

해답

1. ○ 2. ○ 3. ○ 4. ○ 5. × 6. × 7. ○ 8. ○ 9. ○ 10. ○
11. ○ 12. ○ 13. ○ 14. ○ 15. ○ 16. ○ 17. ○ 18. ○ 19. ×

CHAPTER 9

신뢰구간과 구간추정

9.1 신뢰구간과 평균 및 비율의 구간추정
9.1.1 구간추정 개념, 신뢰구간 추정절차와 오차확률
9.1.2 모집단 평균의 구간추정
9.2 모집단 비율 및 분산의 구간추정과 표본크기 결정
9.2.1 모집단 비율 및 분산의 구간추정
9.2.2 평균과 비율 구간추정을 위한 표본크기

9.1 신뢰구간과 평균 및 비율의 구간추정

9.1.1 구간추정 개념, 신뢰구간 추정절차와 오차확률

(1) 구간추정의 개념과 특성

구간추정(interval estimation)은 추정치에 대한 어떤 정도의 불확실성(uncertainty)을 알려진 오차확률로 허용하면서, 일정한 방식에 따라 모집단 모수의 값이 속할 것으로 예상되는 범위를 규정하는 방법이다.

- 구간추정은 모집단 평균에 대한 설명을 위해 표본자료를 사용하는 귀납적 추론(inductive reasoning or inference)의 행위
- 구간추정은 주로 정규확률분포를 사용할 수 있다는 가정을 기초로 하며, 구간의 중점(midpoint)에 불편 추정량을 두고 양쪽에서 구간경계의 값인 신뢰한계(confidence limits or fiducial limits)를 구성
- 귀납적 추론은 경험적 또는 실험적 관찰에서 도출된 판단이나 통칙(일반화, generalization)으로, 결과에서 원인을 분석하여 (거슬러 올라)가는 추론과정(a posteriori reasoning)에 의해 어떤 결론을 도출
- 연역적 추론(deductive reasoning or inference)은 공리(axioms), 전제(premises) 또는 가정을 기초로 하는 판단이나 통칙으로 알고 있는 모집단 평균과 표준편차를 이용하여 표본평균이 가질 수 있는 값들에 대한 확률을 결정하는 행위이며, 결론은 선험적 추론(a priori reasoning)이나 변증법적 과정(dialectical processes)을 통해 획득
  → 기술통계학은 연역적 추론에 속함

(2) 신뢰구간의 개념과 추정절차

신뢰구간(confidence interval)은 모집단 모수 θ를 포함할 것으로 예상되는 값들의 구간이다. 신뢰구간은 요소들로 구성된다.

- 신뢰계수(confidence coefficient) : 신뢰구간 구성을 위해 모집단 표준편차 또는 표본평균의 표준오차에 곱하는 확률분포의 통계량
- 오차한계(margin of error) : 추정치에 대해 주어진 신뢰확률에서 허용되는 오차의 한도, 표본오차(sampling error), 추정치 최대오차(maximum error of estimate), 최대허용오차(maximum allowable error), 경계(bound), 또는 구간(interval) 폭의 1/2이라고도 부르며, 비율 추정에서는 추정치의 % 비율로 표시
- 표본오차(sampling error) : 점 추정치에서 모집단 모수를 차감한 격차이며, 모집단 특성 추정을 위한 표본통계량 사용에서 초래되는 오차
- 신뢰도(degree of confidence) : 추정할 모수를 포함하는 구간에 대해 평균적으로 신뢰할 수 있는 비율

> 신뢰구간 = 관측치 ± 오차한계 = 관측치 ± 신뢰계수× 모집단 표준편차
> 신뢰구간 = 표본통계량 ± 오차한계 = 표본통계량 ± 신뢰계수× 평균의 표준오차

신뢰구간의 추정은 다음 순서에 따라 수행한다.

① 신뢰확률의 규정과 신뢰계수(confidence coefficient) 계산

② 신뢰계수와 모집단 표준편차 또는 평균의 표준오차의 곱으로 오차한계 계산

③ 관측치 또는 점 추정치에 오차한계의 가감으로 모집단 모수의 신뢰구간 추정

(3) 신뢰수준 및 오차확률

구간추정은 모집단 모수 θ 를 표본 관찰을 통하여 구한 두 값 a 와 b 가 구성하는 구간에 있다고 간주하여 "$a < \theta < b$"로 추정하는 방법이다.

- 추정하려는 a 에서 b 까지 구성되는 구간은 신뢰구간(confidence interval)임
- 신뢰수준(confidence level) : 모집단에서 같은 크기로 반복하여 복원 추출한 표본들을 모두 이용하여 동일한 방식으로 계산을 하는 경우에, 신뢰구간에 모집단 모수 θ 가

포함되는 확률

- 신뢰수준은 신뢰확률크기(confidence probability content)라고 함

오차확률(probability of error)은 신뢰구간(confidence interval)이 모집단 모수를 포함하지 않을 확률이며 "α"(alpha)로 표시한다. 오차확률은 1에서 차감한 값이 신뢰수준 C이다. 따라서 다음이 성립한다.

(9.1) $P(a < \theta < 1) = 1 - \alpha = C$

- 오차확률 α 은 신뢰구간이 모집단 모수를 포함한다는 가정에 따른 추정이 올바르지 않을 확률을 표시하며, 위험확률(risk probability) 또는 유의수준(significant level)이라 부름
- α 의 값이 클수록 신뢰구간은 축소되며, α 의 값이 작을수록 신뢰구간은 확장
- 모집단 모수가 신뢰구간에 포함될 것을 아주 확신할 필요가 없다면, 상대적으로 작은 신뢰구간이라도 충분하므로 α 의 값을 크게 설정
- 보통 α 의 값은 0.05 또는 0.01로 설정되어, 각각 95%와 99% 신뢰구간들이 사용

α	: 오차확률, 위험확률, 유의수준
$1-\alpha$	: 신뢰수준, 신뢰확률크기

TIP

- 일반적으로 100(1-α)% 신뢰구간이라는 용어를 많이 사용하는데, 예컨대 α 가 0.05인 경우에 관련된 신뢰구간은 95% 신뢰구간이다. 95%의 신뢰구간은 그 신뢰구간이 모집단모수를 포함한다고 추정하는 경우들 중 평균적으로 단지 5%만이 잘못될 수 있다는 것을 의미한다.
- 예컨대 95% 신뢰구간 또는 95% 구간추정치는 모집단 모수를 포함하는 것을 95% 신뢰 또는 확신하는 구간이다. 신뢰수준은 통계량 표집분포가 갖는 특정한 값들의 범위에 대한 확률을 의미한다.

9.1.2 모집단 평균의 구간추정

(1) 모집단 평균의 구간추정 : 모집단 분산을 아는 경우

모집단 분산을 아는 경우에 정규분포를 이루는 모집단 평균의 구간추정은 다음 순서로 수행할 수 있다.

① 유의수준(1-신뢰수준), 모집단 표준편차, 표본크기를 입력

② Excel의 "=CONFIDENCE.NORM(알파, 모집단 표준편차, 표본크기)"함수를 사용하여 오차한계를 계산

- 만약 표본크기가 모집단크기의 5% 이상인 경우에는 Confidence.norm함수에 유한수정요소를 추가로 곱하여 오차한계를 계산
- 유한수정요소는 "(모집단크기-표본크기)/(모집단크기-1)"의 자승근으로 계산

③ 표본평균에 오차한계를 빼서 신뢰하한을, 표본평균에 오차한계를 더하여 신뢰상한을 계산하여 신뢰구간 추정

한편 오차한계는 신뢰계수와 표준오차를 곱하여 계산할 수 있다. 이를 위해 설정된 유의수준 α 에 대해 신뢰계수 누적확률을 "1-(α/2)"로 계산하고, 상한 신뢰계수 $z_{\alpha/2}$ 를 Excel에서는 "=Norm.s.inv(1-α/2)"로 계산할 수 있다. 또한 표본오차는 모집단 표준편차를 표본크기 자승근으로 나눈 값이다.

- α 가 5%여서 95% 신뢰구간을 적용하는 경우에, 신뢰상한의 통계량을 찾기 위해 필요한 신뢰계수 누적확률은 97.5%이다. 이는 100%에서 우측의 유의수준의 절반인 2.5%를 차감한 값이다.
- 신뢰계수 누적확률은 〈그림 9-1〉에서 상한 신뢰계수 $z_{\alpha/2}$ 까지의 누적확률을 표시, Excel에서는 "=Norm.s.inv(1-α/2)"를 입력하여 계산

- 신뢰확률로 설정된 신뢰도를 갖고 모집단 평균 μ가 신뢰한계에 포함될 것으로 추정하는 구간추정을 완료

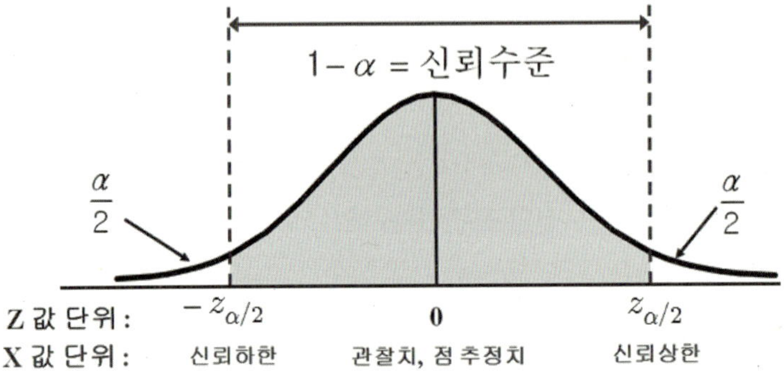

〈그림 9-1〉 유의수준 α 와 신뢰수준 $1-\alpha$

예제 9.1 분산 σ^2 =225의 정규분포를 갖는 확률변수 X의 평균에 대해 90% 신뢰구간을 설정하는 경우에 어떤 관찰치 $x = 55$ 를 이용하여 다음과 같이 신뢰구간의 상하한을 구하고, 신뢰수준 변화에 따른 신뢰구간의 변동 상황을 설명할 수 있다.

	A	B	C	D	E	F	G	H	I	J	K
1	신뢰확률	90.0%	분산	225		180					
2	유의수준	10%	표준편차	15	=SQRT(D1)						
3	관찰치	55	표본크기 n	1							
4	오차한계	24.673	=CONFIDENCE.NORM(B2,D2,D3)								
5	신뢰하한	30.3272	신뢰상한	79.6728							
6	모집단 평균의 90.% 신뢰구간				="모집단 평균의 "&TEXT(B1,"##.#%")& " 신뢰구간"						
7	30.327<μ<79.673				=TEXT(B5,"###.###")&"<μ<"&TEXT(D5,"###.###")						

① 신뢰확률 C와 분산 이용 유의수준 및 표준편차 계산

- E1셀에 스크롤 막대를 붙여 구간 [0,200]으로 F1셀에 연결, 현재값 180을 설정
- B1셀에 "=F1/200"을 입력하여 신뢰확률을 제시
- B2셀에 "=1-B1"을 입력하여 유의수준 계산
- D1셀에 분산 225를 입력, D2셀에 "=SQRT(D1)"를 입력하여 표준편차 계산

② 관찰치 및 표본크기 입력과 오차한계 계산

- B3셀에 관찰치 55를, D3셀에 표본크기 1을 입력

- B4셀에 “=CONFIDENCE.NORM(B2,D2,D3)”을 입력하여 오차한계 계산

③ 신뢰한계의 계산과 신뢰구간의 표시 및 민감도분석

- B5셀에 “=B3-B4”를 입력, D5셀에 “=B3+B4”를 입력하여 각각 신뢰하한과 신뢰상한을 계산
- A6:D6구간을 지정 후 [병합하고 가운데 맞춤]을 눌러서 병합을 시킨 후에, A6셀에 “="모집단 평균의 "&TEXT(B1,"##.#%")& " 신뢰구간"”을 입력하고, A7셀에 “=TEXT(B5,"###.###")&"〈 μ 〈"&TEXT(D5,"###.###")” 입력 신뢰구간 표시
- 스크롤막대의 좌우측 화살표를 눌러서 신뢰구간에 대한 표시와 각 값들이 변화하는 것을 확인

TIP 여러 셀의 문자열들과 새로운 문자열들을 하나의 셀에 하나의 문자열로 통합하기

한 텍스트로 합치려는 텍스트 항목으로 30개까지 지정할 수 있고, 텍스트 항목에는 텍스트, 숫자, 단일 셀 참조 영역 등의 사용이 가능

1. 앰퍼샌드 연산자
   = 뒤에 “”를 지정하여 모든 문자열들을 입력하며, 다른 셀의 내용은 “&지정 셀&”를 추가하여 입력하는 반면에 새로운 문자열은 그대로 추가하여 지정
   = “새로운 문자열 "&다른 셀&"새루운 문자열”
2. 지정한 셀의 서식 규정을 위한 “=TEXT(지정 셀, "값 서식")”함수 사용
   TEXT(value, format_text)함수로 지정한 셀의 값에 대한 서식을 설정
   예) 2자리 이하의 정수와 소수점 아래 4자리 소수로 갖는 숫자로 B2셀 값의 값을 표시하려면 “=TEXT(B2, “##.####”)”를 사용
3. CONCATENATE(text1,text2,...)함수
   CONCATENATE함수의 ( )안에 모든 문자열을 “”로 지정하고, 다른 셀의 내용은 “,지정 셀,”를 추가하여 입력하는 반면에 새로운 문자열은 그대로 추가하여 지정
   =CONCATENATE("새로운 문자열 ",다른 셀," 새로운 문자열 ",다른 셀,"새로운 문자열")"

예제 9.2 Excel의 CONFIDENCE.NORM함수를 이용하여 조사 대상의 모집단 표준편차가 20으로 알려진 경우에 크기 20의 표본평균이 150이라고 하자.

신뢰수준이 각각 90%, 95%, 97.5%, 99%인 경우에 대해 조사대상의 신뢰상한 및 하한들을 구하고, 표본크기가 20부터 4간격으로 40까지 증가하는 경우에 대해 각 신뢰수준의 신뢰구간이 변화하는 민감도를 분석할 수 있다.

	A	B	C	D	E	F	G	H	I	J
1	신뢰수준	90%	95%	97.5%	99%	표본평균	150			
2	신뢰상한	157.36	158.77	160.02	161.52	σ	20			
3	신뢰하한	142.64	141.23	139.98	138.48	표본크기	20			
4			신뢰상한				신뢰하한			
5		신뢰수준	90%	95%	97.5%	99%	90%	95%	97.5%	99%
6		20	157.36	158.77	160.02	161.52	142.64	141.23	139.98	138.48
7		24	156.72	158.00	159.15	160.52	143.28	142.00	140.85	139.48
8	표본크기 변화	28	156.22	157.41	158.47	159.74	143.78	142.59	141.53	140.26
9		32	155.82	156.93	157.92	159.11	144.18	143.07	142.08	140.89
10		36	155.48	156.53	157.47	158.59	144.52	143.47	142.53	141.41
11		40	155.20	156.20	157.09	158.15	144.80	143.80	142.91	141.85

① 신뢰수준, 표본평균, 모집단 표준편차 σ , 표본크기 자료입력

- B1:E1구간에 각 신뢰수준들을 표시
- G1:G3구간에 표본평균, σ , 표본크기를 각각 입력

② 각 신뢰수준에 대한 신뢰상한 및 신뢰하한의 계산

- B2:E2구간 지정, 수식입력줄에 "=$G$1+CONFIDENCE.NORM(1-B$1,$G$2,$G$3)"을 입력 후 "Ctrl+Enter"를 클릭하여 신뢰상한들을 (9.6.1)식에 따라 동시 계산
- B3:E3구간 지정, 수식입력줄에 "=$G$1-CONFIDENCE.NORM(1-B$1,$G$2,$G$3)"을 입력 후 "Ctrl+Enter"를 클릭하여 신뢰하한들을 (9.6.1)식에 따라 동시 계산

③ Excel의 데이터 표 기능을 이용한 표본크기 변화에 따른 신뢰한계 민감도분석

- B6셀에 "=G3"을 입력, B7:B11구간에 24부터 40까지 4간격으로 입력
- C6:F6구간을 지정, 수식입력줄에 "=B2"를 입력 후 "Ctrl+Enter"를 클릭
- G6:J6구간을 지정, 수식입력줄에 "=B3"을 입력 후 "Ctrl+Enter"를 클릭
- B6:J11구간을 지정 후 메뉴에서 "데이터 도구 | 가상분석 | 데이터 표"를 지정, 생성된 데이터 표 대화상자의 열 입력 셀에 "G3"을 입력 후 "확인"을 클릭

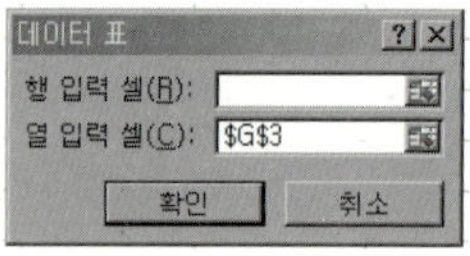

- 표본크기가 증가할수록 평균의 표준오차가 감소하기 때문에, 오차한계가 감소하여 신뢰상한의 크기는 감소하고 신뢰하한의 크기는 증가하는 것을 확인

예제 9.3 표본크기가 모집단크기의 5% 이상인 경우에 표준오차는 유한수정모수를 곱하여 계산해야 한다. 유한수정모수는 "(모집단크기-표본크기)/(모집단크기-1)"의 자승근이다.

모집단 표준편차 σ=45(천원)인 어떤 회사의 매출채권 200건 중에서 35건을 표본 추출한 결과, 표본평균이 260(천원)으로 나타났다. 이와 같이 모집단 크기가 작아 표본크기가 모집단 크기의 5% 이상으로 나타나는 경우에 매출채권의 모집단 평균에 대한 90%, 95%, 99% 신뢰한계를 다음과 같이 구할 수 있다. 그리고 표본크기가 8과 50으로 변화할 경우의 신뢰한계들의 민감도분석을 수행할 수 있다.

	A	B	C	D	E	F	G	H	I	J	K
1	모집단 표준편차 σ	45	모집단 크기 N	200							
2	표본크기 n	35	유한수정모수	0.91057	=IF(B2>=5%*D1,SQRT((D1-B2)/(D1-1)),1)						
3	표본평균 $\bar{X}$	260	평균의 표준오차 $\sigma_{\bar{X}}$	6.92618		표본크기별 신뢰상한			표본크기별 신뢰하한		
4	신뢰수준	유의수준	오차한계	신뢰상한	신뢰하한	35	8	50	35	8	50
5	90%	10%	11.39255627	271.393	248.607	271.393	286.169	269.088	248.607	233.831	250.912
6	95%	5%	13.57506809	273.575	246.425	273.575	291.183	270.829	246.425	228.817	249.171
7	99%	1%	17.84066363	277.841	242.159	277.841	300.981	274.232	242.159	219.019	245.768

① 모집단 표준편차 σ, 표본크기, 표본평균, 모집단 크기, 신뢰수준 자료입력

- B1:B3구간의 각 셀에 모집단 표준편차 σ, 표본크기, 표본평균 자료를 입력
- D1셀에 200을 입력하여 모집단 크기 N을 표시
- A5:A7구간의 각 셀에 신뢰수준을 입력

② 유한수정모수, 유의수준, 오차한계의 계산

- D2셀에 "=IF(B2>=5%*D1,SQRT((D1-B2)/(D1-1)),1)"을 입력하여 유한수정모수를 오차한계 계산에 적용하도록 도출, D3셀에 "=(B1/SQRT(B2))*D2"를 입력하여 평균의 표준오차를 계산
- B5:B7구간을 지정, 수식입력줄에 "=1-A5"를 입력 후 "Ctrl+ Enter"를 클릭하여 각 신뢰수준에 대해 유의수준들을 동시에 계산
- C5:C7구간을 지정, 수식입력줄에 "=CONFIDENCE.NORM(B5,$B$1,$B$2)*$D$2"를 입력 후 "Ctrl+Enter"를 클릭하여 오차한계를 각 신뢰수준에 대해 동시 계산

③ 표본크기 변화와 신뢰한계의 민감도분석

- F4셀과 I4셀을 동시 지정, 수식입력줄에 "=$B$2"를 입력 후 "Ctrl+Enter"를 클릭하여 처음의 표본크기를 동시에 입력
- G4:K4구간과 같이 표본크기들을 입력
- F5:F7구간을 지정, 수식입력줄에 "=D5"를 입력 후 "Ctrl+Enter"를 클릭하여 계산된 신뢰상한을 동시 입력

- F4:H7구간을 지정, 메뉴 탭에서 "데이터 도구 | 가상분석 | 데이터 표"를 지정, 생성된 데이터 표 대화상자의 행 입력 셀에 "B2"를 입력 후 "확인"을 클릭하여 신뢰상한의 민감도분석표를 완성
- I5:I7구간을 지정, 수식입력줄에 "=E5"를 입력 후 "Ctrl+Enter"를 클릭하여 계산된 신뢰하한을 동시 입력
- I4:K7구간을 지정, 메뉴 탭에서 "데이터 도구 | 가상분석 | 데이터 표"를 지정, 생성된 데이터 표 대화상자의 행 입력 셀에 "B2"를 입력 후 "확인"을 클릭하여 신뢰하한의 민감도분석표를 완성

TIP 데이터 표의 이용 방법

- 행이나 열에 주어진 조건이 되는 최초 셀은 조건으로 사용할 값을 표시
- 행으로 조건이 주어진 경우에 행의 각 원소에 해당하는 열의 결과는 최초의 계산 값들을 표시, 예제 9-3 시트의 F5:F7구간 또는 I5:I7구간의 각 값들은 기존에 계산한 변화되지 않은 처음 값들을 표시
- 열로 조건이 주어진 경우에 열의 원소에 해당하는 행의 결과는 최초의 계산 값들을 표시, 예제 9-2 시트에서 표본크기가 조건들이며 열로 주어지고, B6셀은 처음 주어진 표본크기이며, 그에 해당하는 행들인 V6:J6구간은 처음 계산된 신뢰한계들을 표시
- 2가지 차원의 조건들을 사용할 경우에 계산한 값은 행과 열 조건이 처음 시작하는 셀에 설정

(2) 모집단 평균의 구간추정 : 모집단 분산을 모르는 경우

모집단 분산이 알려지지 않아 표본크기 n의 표본평균 $\overline{X}$과 표본표준편차 s_X를 이용하여 구간추정을 수행하는 경우에, 표본크기가 30 이상인 대표본에 대한 추정구간의 신뢰한계는 모집단 분산을 아는 경우와 같이 표준정규변수의 임계값을 사용하는 Excel 함수의 "Confidence.norm"를 적용하여 결정할 수 있다.

그러나 모집단 표준편차를 모르는 경우에 표본크기가 30 미만(29 이하)인 경우에는 t분포 임계값을 사용하여 구간추정을 할 수 있다.

① 유의수준(1-신뢰수준), 모집단 표준편차, 표본크기를 입력

② Excel의 "=CONFIDENCE.T(알파, 표본표준편차, 표본크기)"함수를 사용하여 오차한계를 계산

③ 표본평균에 오차한계를 빼서 신뢰하한을, 표본평균에 오차한계를 더하여 신뢰상한을 계산하여 신뢰구간 추정

또한 모집단 분포가 정규분포가 아닌 경우에 소표본의 표본평균을 이용한 구간추정의 신뢰한계는 주로 중위수를 계산하는 비모수절차(nonparametric procedures)를 통해 계산한다.

따라서 모집단 분포 여부를 모르는 경우에 신뢰한계의 추정을 위해서는 30개 이상의 표본을 추출하는 것이 바람직하다.

예제 9.4 크기 $n=$ 15개 전구의 수명에 대한 표본조사에서 표본평균 $\overline{X}$=3,500시간, 표본 표준편차 s =250시간의 결과를 얻었다고 하자.

전구 수명이 근사적으로 정규분포를 갖는 경우에, 확률표본의 측정결과를 이용하여 90% 신뢰구간 (90% confidence interval), 95% 신뢰구간, 99% 신뢰구간을 각각 다음과 같이 CONFIDENCE.T 함수를 통한 오차한계의 계산으로 구할 수 있다.

	A	B	C	D	E	F
1	표본크기	15	신뢰확률	90%	95%	99%
2	표본평균	3,500	유의수준	10%	5%	1%
3	표본 표준편차	250	오차한계	113.692	138.445	192.154
4	평균의 표준오차	64.55	신뢰하한	3,386	3,362	3,308
5			신뢰상한	3,614	3,638	3,692

① 자료 입력과 평균의 표준오차 $s_{\overline{X}} = \dfrac{s}{\sqrt{n}}$ 의 계산

- B1:B3구간의 각 셀에 표본크기 15, 표본평균 3,500, 표본 표준편차 250을 입력
- B4셀에 "=B3/SQRT(B1)"을 입력하여 평균의 표준오차를 64.55로 계산

② 신뢰확률에 따른 오차한계 계산의 비교

- D1:F1구간에 신뢰확률 90%, 95%, 99%를 각각 입력
- D2:F2구간을 지정, 수식입력줄에 "=1-D1"을 입력 후 "Ctrl+Enter"를 클릭하여 각 신뢰수준에 대한 유의수준들을 동시 계산
- D3:F3구간을 지정, 수식입력줄에 "=CONFIDENCE.T(1-D1,$B$3,$B$1)"을 입력 후 "Ctrl+Enter"를 클릭하여 각 신뢰수준에 대한 오차한계를 동시 계산

③ 신뢰한계 계산

- D4:F4구간을 지정, 수식입력줄에 "=$B$2-D3"을 입력 후 "Ctrl+Enter"를 클릭하여 각 신뢰수준에 대한 신뢰하한을 동시 계산
- D5:F5구간을 지정, 수식입력줄에 "=$B$2+D3"을 입력 후 "Ctrl+Enter"를 클릭하여 각 신뢰수준에 대한 신뢰상한을 동시 계산

9.2 모집단 비율 및 분산의 구간추정과 표본크기 결정

9.2.1 모집단 비율 및 분산의 구간추정

(1) 모집단 비율의 구간추정

모집단에서 어떤 특성크기의 상대적 발생도수를 규명하려는 경우에 비율추정을 수행할 수 있다.

모집단이 특정한 특징이나 속성을 가진 비율 또는 %를 모집단 비율(population proportion)이라고 하며, p로 표시한다. 한편 표본비율(sample proportion)은 표본이 특정한 특징이나 속성을 가진 비율이나 %를 말하며, $\hat{p}$ 또는 $\bar{p}$로 표시한다.

한편 모집단 비율의 신뢰구간 추정은 모집단 평균의 신뢰구간 추정과 마찬가지로 다음과 같이 수행한다.

① 유의수준(1-신뢰수준), 모집단 표준편차, 표본크기를 입력

② Excel의 "=CONFIDENCE.NORM(알파, 모집단 표준편차, 표본크기)"함수를 사용하여 오차한계를 계산

- 비율의 표준오차 대신에 "표본비율(1-표본비율)"의 자승근을 사용
- 만약 표본크기가 모집단크기의 5% 이상인 경우에는 Confidence.norm함수에 유한수정요소를 추가로 곱하여 오차한계를 계산

③ 표본평균에 오차한계를 빼서 신뢰하한을, 표본평균에 오차한계를 더하여 신뢰상한을 계산하여 신뢰구간 추정

표본비율은 평균과 표준편차를 갖는 확률변수이다. 크기 n의 표본에서 성공횟수 x가 주어진 경우에 모집단 (성공)비율 p의 점 추정량(point estimate)인 표본비율 $\hat{p}$을 x/n으로 계산한다.

- 성공비율 표시 이항확률분포(binomial probability distribution)를 사용, 이는 7장 2절에서 성공확률이 주어진 경우의 성공횟수로 표시한 이항확률분포와는 다름
- 표본비율의 평균은 $\mu_{\hat{p}}$로 표시
- 표본비율의 표준편차(standard deviation of the sample proportion)는 비율의 표준오차(standard error of the proportion)라고 하며, $\sigma_{\hat{p}}$로 표시
- 비율의 표준오차는 $\hat{q} = 1 - \hat{p}$에 대해 $\sqrt{\hat{p}\hat{q}/n}$로 계산하며, 표본크기가 모집단크기의 5% 이상이 되는 경우에는 유한수정모수(finite correction parameter)를 적용
- 비율의 표준오차는 비율표시 이항확률분포의 표준편차와 동일
- 표본크기 30 이상, np와 $n(1-p)$가 5 이상이면, 신뢰계수에 표준정규변수 적용
- 모집단 성공비율 p를 모르는 경우에는 크기가 100 이상의 표본을 사용할 것
- 중심극한정리의 적용을 위해서는 표본분포가 다음의 특징을 가져야 한다.
- 독립성 가정 : 표본 추출된 값들은 서로 독립적이어야 한다.
  - 임의적 조건(randomization condition) : 자료 값들은 무작위로 추출되어, 표본분포의 개념에 영향을 주지 않아야 한다.
- 표본크기 가정 : 표본크기는 충분히 커야 한다.
  - 10% 조건(10% condition) : 표본은 비복원 추출이 되어야 하고, 표본크기는 모집단 크기의 10% 이하여야 한다.
  - 충분히 큰 표본 조건(large enough sample condition) : 모집단이 단봉(unimodal)이고 대칭적(symmetric)이라면, 아주 작은 표본도 무관하다. 그러나 극도로 왜곡된 분포의 경우에는 수백개의 크기를 갖는 표본들을 사용해야 표본분포가 정규분포에 근접한다.

예제 9.5 어떤 회사의 수출담당자가 수입국 시장에서 2,000명의 소비자들에 대해 조사한 결과 1,600명이 자사 제품을 구입하기 원한다고 예상하자.

이와 같이 표본 비율이 80%로 나타난 경우에 95%의 신뢰확률로 모집단 비율의 추정치가 발생할 수 있는 구간은 다음과 같이 구할 수 있다.

	A	B	C	D	E	F	G
1	표본크기 n	2,000	추정 표본비율 $\hat{p}$	80.0%	=B2/B1	$n\hat{p}$	1,600.0
2	찬성 횟수 X	1,600	신뢰확률 C	95%		$n\hat{q}$	400.0
3	유의수준	5%	=1-D2				
4	$\sqrt{\hat{p}\hat{q}}$	0.4000	=SQRT(D1*(1-D1))				
5	오차한계	0.01753	=CONFIDENCE.NORM(B3,B4,B1)				
6	신뢰하한	78.25%	신뢰상한	81.75%			

① 표본 (성공)비율과 유의수준 계산

- B1:B2구간에 표본크기와 성공(찬성)횟수를 2000과 1600으로 입력
- D1셀에 "=B2/B1"을 입력하여 표본 (성공)비율을 0.8로 계산
- D2셀에 신뢰수준을 입력 후, B3셀에 "=1-D2"를 입력하여 유의수준 계산

② 정규접근법 요건 확인과 표본성공 및 실패비율의 곱 자승근 계산

- 표본크기 n이 100 이상인 것을 확인
- G1:G2구간과 같이 $n\hat{p}$ 와 $n\hat{q}$ 가 모두 5 이상인 것을 확인
- B4셀에 "=SQRT(D1*(1-D1))"을 입력하여, $\sqrt{\hat{p}\,\hat{q}}$ 를 계산

③ 오차한계와 추정구간의 신뢰한계 계산

- B5셀에 "=CONFIDENCE.NORM(B3,B4,B1)"을 입력하여 오차한계 계산
- B6셀에 "=$D$1-B5"를 입력하여 95% 수준 모집단 비율 신뢰하한 계산
- D6셀에 "=$D$1+B5"를 입력하여 95% 수준 모집단 비율 신뢰상한 계산

(2) 모집단 분산의 구간추정

표준편차는 자료집합의 변동 또는 분산 측정치이다. 전체 모집단에 대한 모든 가능한 관찰치들의 표준편차를 모집단 표준편차 또는 변수의 표준편차라고 한다.

모집단이 작다면 전수조사를 통해 모집단 표준편차를 정확하게 결정할 수 있다. 그러나 일반적으로 모집단은 아주 크기 때문에, 전수조사가 곤란하므로 모집단 표준편차의 정보를 얻기 위해 분산추론방법을 사용해야 한다.

정규분포변수(normally distributed variable)의 분산과 표준편차신뢰구간 추정은 카이자승분포(chi-square distribution)를 기초로 다음과 같이 수행한다.

① 추정요건들이 충족되는지를 확인한다.

- 표본분산이 모집단 분산의 값을 체계적으로 과대추정하지 않도록 표본이 단순무작위표본이어야 한다.
- 도수분포는 정규분포의 형태에 근접하여 모집단 분산의 불편추정량 달성하도록 해야 한다.

② n-1(=표본크기-1)의 자유도를 사용하여, 설정된 신뢰수준에 따른 모집단 분산의 신뢰구간의 상한과 하한을 계산

- 신뢰하한은 자유도와 표본분산의 곱을 카이자승분포 우측임계값 χ_R^2 으로 나누어 계산, χ_R^2 은 "=CHISQ.INV.RT(유의수준/2,자유도)"로 계산
- 신뢰하한은 자유도와 표본분산의 곱을 카이자승분포 좌측임계값 χ_L^2 으로 나누어 계산, χ_L^2 은 "=CHISQ.INV(유의수준/2,자유도)"로 계산

$$\frac{(n-1)s^2}{\chi_R^2} < \sigma^2 < \frac{(n-1)s^2}{\chi_L^2}$$

③ 모집단 표준편차의 신뢰구간 상하한은 분산 신뢰구간 상하한의 자승근으로 계산

예제 9.6 컴퓨터, TV 등의 가전제품 수명은 안정적인 전압의 공급 여부에 크게 의존한다. 집에서 볼트(volts)로 측정된 전압자료들을 보고, 95% 수준에서 집에 공급되는 전기의 모든 전압 수준의 분산 및 표준편차에 대한 신뢰구간을 다음과 같이 계산할 수 있다.

	A	B	C	D	E	F	G
1	전압수준	분산 s^2	0.022	=VAR.S(A2:A11)			
2	123.3	표준편차 s	0.149	=SQRT(C1)			
3	123.5	신뢰수준	95%				
4	123.7	유의수준 α	5%	=1-C3			
5	123.4	표본크기 n	10	=COUNT(A2:A11)			
6	123.6	자유도 v	9	=C5-1			
7	123.5	vs^2	0.201	=C6*C1			
8	123.5	χ_R^2	19.023	=CHISQ.INV.RT(C4/2,C6)			
9	123.4	χ_L^2	2.700	=CHISQ.INV(C4/2,C6)			
10	123.6	σ^2 신뢰하한	0.01057	=$C$7/C8	σ 신뢰하한	0.103	=SQRT(C10)
11	123.8	σ^2 신뢰상한	0.07443	=$C$7/C9	σ 신뢰상한	0.273	

① 전압수준 자료 입력과 표본분산 및 표본표준편차 계산

- A1:A11구간에 전압수준 자료 입력
- C1셀에 "=VAR.S(A2:A11)"을 입력하여 표본분산 계산
- C2셀에 "=SQRT(C1)"을 입력하여 표본표준편차 계산

② 신뢰수준 입력과 유의수준 및 자유도 계산

- C3셀에 신뢰수준 95%를 입력
- C4셀에 "=1-C3"을 입력하여 유의수준 계산
- C5셀에 "=COUNT(A2:A11)"을 입력하여 표본크기 n이 10인 것을 확인
- C6셀에 "=C5-1"을 입력하여 자유도를 계산

③ 오차한계와 추정구간의 신뢰한계 계산

- C7셀에 "=C6*C1"을 입력하여 "자유도×표본분산"을 계산
- C8셀에 "=CHISQ.INV.RT(C4/2,C6)"을 입력, 95% 신뢰수준 카이자승통계량 우측임계값을 계산
- C9셀에 "=CHISQ.INV(C4/2,C6)"을 입력, 95% 신뢰수준 카이자승통계량 좌측임계값을 계산
- C10:C11구간을 지정, 수식입력줄에 "=$C$7/C8"을 입력 후 "Ctrl+Enter"를 클릭하여 모집단 분산의 신뢰하한과 신뢰상한을 동시 계산
- F10:F11구간을 지정, 수식입력줄에 "=SQRT(C10)"을 입력 후 "Ctrl+Enter"를 클릭하여 모집단 표준편차의 신뢰하한과 신뢰상한을 동시 계산

9.2.2 평균과 비율 구간추정을 위한 표본크기

(1) 모집단 평균 추정을 위한 표본크기 결정

모집단 평균 추정의 수행을 위한 표본 크기 n은 신뢰확률, 모집단 모수의 추정에서 모집단 모수와 그 추정치간의 격차인 최대허용가능오차(maximum allowable error)인 오차한계 E, 모집단분산이나 표본분산을 이용하여 다음과 같이 결정한다.

① 모집단 분산 σ^2 을 아는 경우

(9.1) $$n = \left(\frac{z_{\alpha/2}\sigma}{E} \right)^2$$

- $z_{\alpha/2}$ 는 "=NORM.S.INV(1-(유의수준/2))"로 계산하며, 신뢰수준에 따른 z의 상한 임계값인 (상한) 신뢰계수임
- 모집단 표준편차 σ 는 평균의 표준오차 $\sigma_{\overline{X}}$ 에 표본크기 자승근 $\sqrt{n}$ 을 곱하여 계산 가능

② 모집단 분산 σ^2 을 모르는 경우

(9.2) $$n = \left(\frac{z_{\alpha/2}s}{E} \right)^2$$

예제 9.7 특정 상품에 대한 어떤 국가의 수입량에 대한 특정기간의 자료에서 표준편차가 3,000이라고 하자. 95%의 신뢰수준에서 오차한계를 200으로 평균의 신뢰구간 추정을 하려고 한다면, 필요한 표본의 크기는 다음과 같이 865로 계산할 수 있다.

	A	B	C	D
1	신뢰확률	95%		
2	표본 표준편차 s	3,000		
3	최대허용가능오차 E	200		
4	유의수준	5%	=1-B1	
5	신뢰계수 $z_{\alpha/2}$	1.96	=NORM.S.INV(1-B4/2)	
6	소요 표본크기	865	=ROUNDUP((B5*B2/B3)^2,0)	

① 자료 입력과 (상한) 신뢰계수의 계산

- B1:B4구간에 신뢰확률, 표본 표준편차, 최대허용가능오차, 유의수준을 입력
- B5셀에 "=NORM.S.INV(1-B4/2)"를 입력 상한 신뢰계수를 1.96으로 계산

② 신뢰계수, 표본표준편차, 최대허용오차를 이용한 소요 표본크기 계산

- B6셀에 "=ROUNDUP((B5*B2/B3)^2,0)"을 입력하여 (9.2)식에 따라 필요한 표본크기를 865로 계산, 여기서 "ROUNDUP(계산대상, 소수점 자릿수)"는 지정한 소수점 자릿수로 끊어 올림을 수행하는 함수

그리고 표본크기가 모집단의 5%를 초과하여 (n/N)〉5%라면, 유한모집단수정을 적용하여 요구되는 표본크기는 수정된 표본크기 $n_c = nN/(n+N-1)$로 계산해야 한다.

또한 추정치가 평균의 ±R% 내부에서 위치하는 것으로 명시되는 경우에는 설정한 오차한계(허용가능오차) m에 대해 $m = R\mu$가 성립한다. 이러한 경우에 표본크기는 추정되어야 하는 변동계수(coefficient of variation) $CV = \sigma / \mu$를 사용하여, 다음과 같이 계산한다.

$$(9.3) \quad n = \frac{\sigma^2 z_{\alpha/2}^2}{m^2} = \left(\frac{\sigma z_{\alpha/2} CV}{R\sigma}\right)^2 = \left(\frac{z_{\alpha/2} CV}{R}\right)^2$$

예컨대 모집단 표준편차 σ가 3.2이고, 99% 신뢰수준에서의 평균 신뢰구간의 오차한계를 1.0으로 규정하는 경우에 모집단 평균 추정을 위하여 필요한 최소 표본크기는 다음

과 같이 68로 계산한다.

	A	B	C	D	E	F
1	모 표준편차	3.2				
2	신뢰수준	99%	유의수준	1%	=1-B2	
3	오차한계	1.0	신뢰계수	-2.57583	=NORM.S.INV(D2/2)	
4	표본크기	68	=ROUNDUP((D3*B1/B3)^2,0)			

(2) 모집단 비율 추정을 위한 표본크기 결정

모집단 비율 추정에 대해 최소한도로 확보해야 하는 표본크기의 결정과정은 다음과 같이 수행한다.

① 정확성수준을 명시한다. 원하는 정밀도의 허용가능 구간은 $m=\hat{p}-p$ 이다.

② 신뢰수준을 명시하고, 신뢰수준에 관련된 신뢰계수 $z_{\alpha/2}$ 를 결정한다.

③ 모집단비율 p 를 추정하고, 추정치 $\hat{p}$ 와 오차한계 E를 사용하여 표본크기 n 을 결정한다.

(9.4.1) $$n=\hat{p}(1-\hat{p})\left(\frac{z_{\alpha/2}}{E}\right)^2$$

(9.4.2) $$n=0.25\left(\frac{z_{\alpha/2}}{E}\right)^2=\left(\frac{z_{\alpha/2}}{2E}\right)^2$$

그리고 계산된 표본크기 n이 N의 5%, 즉 0.05N을 초과한다면 소요표본크기는 $n_c=nN/(n+N-1)$ 로 계산한다.

무한 모집단 비율의 초기 추정치 $\hat{p}$, 주어진 신뢰확률에 따라 설정된 신뢰계수 $z_{\alpha/2}$ 및 모집단 비율의 표준오차 $s_{\hat{p}}$ 의 곱인 오차한계 $E(=z_{\alpha/2}s_{\hat{p}})$ 를 이용하여 표본크기를 다음과 같이 결정할 수 있다. 한편 초기 추정치가 없는 경우에는 $\hat{p}=0.5$ 를 사용할 수 있다.

신뢰수준과 오차한계(허용 가능 표본추출오차)는 반드시 조사자가 의뢰인들과의 상의 하여 결정해야 한다. 한편 표본추출 전에 모집단 표준편차를 추정하는 방법은 다음과 같다.

① 사전조사(prior survey)의 결과를 사용한다.

② 예비조사(pilot survey)를 수행한다.

③ 2차 자료를 사용한다. 일부 경우에 2차 자료는 모집단 표준편차의 추정치를 개발하도록 사용할 수 있다. 한편 다른 방법들을 적용하지 못하는 경우에, 모집단 표준편차의 추정치를 전적으로 판단에 의해 개발할 수 있다.

④ 발생률(모집단에서 연구할 특징을 가진 사람들의 비율)과 완료율(면접 수행 완성비율)이 주어지면, 실제로 다루어야 할 표본크기는 계산된 표본크기를 "발생률×완료율"로 나누어, 더 크게 만들어야 한다.

$$\text{실제표본크기} = \frac{\text{계산된 소요표본크기}}{\text{발생률} \times \text{완료율}}$$

예제 9.8 당좌계정 또는 저축계정을 가진 200명의 성인에 대한 표본조사에서 124명이 금융기관의 서비스에 불만을 표시했다.

이러한 자료를 기초로 불만을 갖는 성인의 비율에 대한 99.9% 신뢰구간의 한계를 다음과 같이 0.62 ± 0.113 으로 계산할 수 있다.

또한 불만고객비율인 모집단 비율 p 가 위치할 신뢰수준을 99.9%로 유지하면서 최대추정오차(maximum error to estimate)인 오차한계(최대허용가능오차)를 0.113에서 0.02로 감소시키기 위해 필요한 표본크기를 다음과 같이 구할 수 있다.

	A	B	C	D	E	F	G	H
1	표본크기	200	신뢰확률	99.9%				
2	불만고객	124	유의수준	0.10%				
3	불만고객비율	0.62	신뢰계수 $z_{\alpha/2}$	3.291	=NORM.S.INV(1-D2/2)			
4	만족고객비율	0.38	비율의 표준오차	0.034				
5	표본 불만비율의 분산	0.0012	오차한계	0.113	=CONFIDENCE.NORM(D2,SQRT(B3*B4),B1)			
6	신뢰하한	0.507	신뢰상한	0.733				
7	목표 최대허용가능오차	0.02	필요한 표본크기	6,378				

① $\hat{p}$ 와 $\hat{q}$ 의 계산

- B1셀에 표본크기 200, D1셀에 신뢰확률 99.9%, B2셀에 불만고객 수 124를 입력
- B3셀에 "=B2/B1"을 입력, 불만고객비율의 점 추정치 $\hat{p} = x/n$ 을 계산
- B4셀에 "=1-B3"을 입력. 만족고객비율의 점 추정치 $\hat{q} = 1 - \hat{p}$ 를 계산
- $n\hat{p} = 200(0.62) = 124$ 와 $n\hat{q} = 200(0.38) = 76$ 은 모두 5보다 크기 때문에, 비율 x/n 를 정규분포된 확률변수로 취급 가능

② 신뢰계수 누적확률과 (상한) 신뢰계수 $z_{\alpha/2}$ 의 계산

- D2셀에 "=1-D1"를 입력하여 유의수준 계산
- D3셀에 "=NORM.S.INV(1-D2/2)"를 입력하여 신뢰확률 99.9%에 대한 z-통계량의 임계값인 신뢰계수 $z_{\alpha/2}$ 를 3.291로 계산

③ 비율의 표준오차와 오차한계의 계산

- B5셀에 "=B3*B4/B1"을 입력하여 표본 (불만)비율의 분산을 0.0012로 계산
- D4셀에 "=SQRT(B5)"를 입력하여 비율의 표준오차를 0.034로 계산
- D5셀에 "=CONFIDENCE.NORM(D2,SQRT(B3*B4),B1)"을 입력 오차한계 계산

④ 신뢰한계의 계산

- B6셀에 "=B3-D5"를 입력하여 신뢰하한을 0.507로 계산
- D6셀에 "=B3+D5"를 입력하여 신뢰상한을 0.733으로 계산

⑤ 최대허용가능오차 변경에 따라 필요한 표본크기의 계산

- B7셀에 목표 오차한계인 0.02를 입력
- D7셀에 "=ROUNDUP(B3*B4*(D3/B7)^2,0)"을 입력, 오차한계 0.02에 대해 필요한 표본크기를 6,378로 계산

예제9 9. 성공비율에 대한 어떤 사전 판단(prior judgement)도 없는 상황에서 자료 수집 이전에 95% 구간 추정치를 ±0.05 이내로 설정해야 하는 경우에 최소 표본크기는 $n = (z_{\alpha/2}/(2E))^2$ 에 따라 385로 계산되는 것을 확인할 수 있다.

	A	B	C	D	E	F	G
1	신뢰확률 C	95%	최대허용가능오차 E	0.05			
2	유의수준 α	5.0%	최소 표본크기 n	385	=ROUNDUP((B3/(2*D1))^2,0)		
3	신뢰계수 $Z_{\alpha/2}$	1.960	=NORM.S.INV(1-B2/2)				

- B1셀에 "95%"를 입력 후, B2셀에 "=1-B1"을 입력하여 유의수준 계산
- B3셀에 "=NORM.S.INV(1-B2/2)"를 입력하여 상한 신뢰계수를 계산
- D1셀에 "0.05"의 오차한계를 입력 후, D2셀에 "=ROUNDUP((B3/(2*D1))^2,0)"을 입력하여 (9.4.2)식에 따라 최소 표본크기를 385로 계산

학습문제

맞으면 "○", 틀리면 "×"를 표시

1. 모집단 평균(모평균) μ에 대한 최우량 점 추정치는 표본평균 $\overline{X}$이다. ( )
2. 신뢰구간의 길이가 증가할수록, 추정될 모집단 모수를 실제로 포함할 신뢰정도 역시 증가한다. ( )
3. 신뢰구간의 길이가 아주 크다면, 그에 해당하는 예측은 아주 의미가 있다. ( )
4. 98% 신뢰수준에 해당하는 z값은 1.96이다. ( )
5. 모집단 평균 μ의 신뢰구간은 $\overline{X} \pm z_{\alpha/2}\frac{\sigma}{n}$으로 계산할 수 있다. 여기서 σ는 모집단 표준편차이며, n은 표본크기이다. ( )
6. 어떤 고정된 신뢰수준에 대해 표본크기가 증가하면, 모집단평균의 신뢰구간 길이는 감소한다. ( )
7. 표본비율들의 분포는 표본크기가 n≥30리며 정규분포에 근사한다. ( )
8. 모집단 비율 p의 신뢰구간은 $\hat{p} \pm z_{\alpha/2}\hat{p}(1-\hat{p})/n$로 계산할 수 있다. ( )
9. 모집단평균에 대한 90% 신뢰구간은 모집단 평균이 그 신뢰구간에 포함될 확률이 90%라는 것을 의미한다. ( )
10. 모집단평균에 대한 90% 신뢰구간은 반복적으로 표본들을 사용하여 많은 신뢰구간들이 구성된다면, 평균적으로 이러한 구간들의 90%가 진정한 모수를 포함할 것을 의미한다. ( )
11. 모집단 모수 점 추정치는 항상 그 모수에 대한 신뢰구간 중앙에 위치한다. ( )
12. 어떤 모집단에서 반복적으로 표본들을 선정하면, 주어진 모수의 점 추정치는 항상 동일한 값이 될 것이다. ( )
13. 신뢰수준이 높을수록, 신뢰구간은 짧아진다. ( )
14. 모집단 모수의 최우량 점 추정치는 그 해당 표본통계량이다. ( )

학습문제

15. 모집단 평균의 신뢰구간을 고려할 경우에 표본크기를 결정하려면, 신뢰수준, 오차한계, 모집단 표준편차 또는 그 추정치를 알고 있어야 한다. ( )

16. 모집단 비율의 신뢰구간을 고려할 경우에 표본크기를 결정하려면, 신뢰수준, 오차한계, 모집단 평균의 추정치를 알고 있어야 한다. ( )

17. 추론을 위해 요구되는 표본크기를 결정할 경우에 추정치의 최대오차는 정확성의 측정치를 제공한다. ( )

18. 모집단 분산이나 표준편차의 신뢰구간 추정공식에서 $\chi^2_{1-\alpha/2}$ 는 신뢰구간 상한을 결정해 주는 카이자승 값이다. ( )

해답

1. ○ 2. ○ 3. × 4. × 5. × 6. ○ 7. ○ 8. × 9. × 10. ○
11. ○ 12. × 13. × 14. ○ 15. ○ 16. × 17. ○ 18. ○

EXCEL 2013

CHAPTER 10

t분포, 카이자승분포, F분포와 격차추정

10.1 t분포, 카이자승분포, F분포
10.1.1 t분포의 개념 및 특성과 계산절차
10.1.2 카이자승분포와 F분포
10.2 모집단 격차 추정
10.2.1 두 모집단 평균의 격차 추정
10.2.2 두 모집단 비율 격차와 분산 및 표준편차의 신뢰구간 추정

10.1 t분포, 카이자승분포, F분포

10.1.1 t분포의 개념 및 특성과 계산절차

(1) Student t분포의 개념과 특성

Student t분포는 분산이 알려지지 않은 정규분포를 갖는 모집단에서 추출한 크기 30개 미만의 표본이 갖는 분포이며, 1908년 S. Gosset이 개발했다.

평균 μ 를 가진 정규분포된 모집단에서 추출된 크기 n개, 표본평균 $\overline{X}$, 표본 표준편차 s_X 를 갖는 확률표본의 변수 t 는 (n-1)의 자유도(degrees of freedom) ν 를 갖는 Student t분포를 따른다. Student t 분포의 특성은 다음과 같다.

- 연속변수의 확률분포
- 종의 형태(bell-shaped)로 $\overline{X} = \mu$ 인 $t_\nu = 0$ 에서 하나의 봉우리를 갖는 대칭분포
- t 분포의 평균은 0
- t 분포의 분산은 자유도가 3 이상인 경우에 항상 "자유도/(자유도-2)"
- 자유도 ν 에 대해 $Var(t) = \nu/(\nu-2) = (n-1)/(n-3)$ 이므로, t 분포의 분산이 성립하기 위한 최소표본크기는 4
- 표본크기가 증가할수록 분산이 감소하여 1에 접근하므로, t -분포곡선은 표준정규분포에 비해 중심점(평균)으로부터 더 크게 흩어져 보다 평탄한 형태로 발생

(2) t분포 통계량의 확률 및 확률의 통계량 계산

t분포 통계량의 확률은 다음과 같이 계산한다.

- t 분포를 갖는 표본 관찰치 t가 주어진 값 $x(\geq 0)$ 를 초과할 확률 $P(t > x)$ [단측 우측 t분포 값]를 계산하기 위해서는 Excel에서는 "=T.DIST.RT(x ,자유도)"를 이용한다.

- t 분포를 갖는 표본 관찰치 t가 주어진 값 $x(\geq 0)$ 보다 크고, $-x(\geq 0)$ 보다 작은 값들을 가질 확률 $1-P(-x \leq t \leq x)$ [양측 t분포값]를 계산하기 위해서는 Excel에서 "=T.DIST.2T"(x ,자유도)"를 이용한다.

주어진 확률에 대한 t분포 통계량의 임계값은 다음과 같이 계산한다.

- Excel에서는 "=T.INV.2T(α ,자유도)"를 입력하여 t 통계량 임계값 $t_{\nu,\,\alpha/2}$ 를 계산
- 크기 20의 t 분포를 갖는 표본 자료를 사용하여 90%의 신뢰구간에 대한 신뢰계수 $t_{\nu,\,\alpha/2} = t_{19,10\%/2}$ 를 구하는 경우에는 유의수준(=1-신뢰확률)과 자유도를 이용하는 "=T.INV.2T(10%,19)"를 입력

예제 10.1 어떤 주어진 값을 초과하는 t 통계량을 갖는 t 분포 변수들에 대한 양측검정 확률은 단측검정 확률의 2배로 나타나며, 자유도가 증가할수록 그 확률이 감소하는 것을 다음과 같이 볼 수 있다.

	A	B	C	D	E	F	G	H	I	J	K	L	M
1	단측검정 확률 P(x<t)와 양측검정 확률 1-P(-x≤t≤x)의 계산												
2	자유도	단측검정						양측검정					
3		x						x					
4	ν	0	1	2	3	4	5	0	1	2	3	4	5
5	1	0.5000	0.2500	0.1476	0.1024	0.0780	0.0628	1.0000	0.5000	0.2952	0.2048	0.1560	0.1257
6	2	0.5000	0.2113	0.0918	0.0477	0.0286	0.0189	1.0000	0.4226	0.1835	0.0955	0.0572	0.0377
33	29	0.5000	0.1628	0.0275	0.0027	0.0002	0.0000	1.0000	0.3256	0.0549	0.0055	0.0004	0.0000
34	30	0.5000	0.1627	0.0273	0.0027	0.0002	0.0000	1.0000	0.3253	0.0546	0.0054	0.0004	0.0000
35	35	0.5000	0.1621	0.0267	0.0025	0.0002	0.0000	1.0000	0.3242	0.0533	0.0049	0.0003	0.0000
36	40	0.5000	0.1617	0.0262	0.0023	0.0001	0.0000	1.0000	0.3233	0.0523	0.0046	0.0003	0.0000
37	50	0.5000	0.1611	0.0255	0.0021	0.0001	0.0000	1.0000	0.3221	0.0509	0.0042	0.0002	0.0000
38	60	0.5000	0.1607	0.0250	0.0020	0.0001	0.0000	1.0000	0.3213	0.0500	0.0039	0.0002	0.0000
39	120	0.5000	0.1597	0.0239	0.0016	0.0001	0.0000	1.0000	0.3193	0.0478	0.0033	0.0001	0.0000
40	10,000	0.5000	0.1587	0.0228	0.0014	0.0000	0.0000	1.0000	0.3173	0.0455	0.0027	0.0001	0.0000

① 자료 입력

- B2:M4구간에 단측검정과 양측검정에서 이용할 x 값들을 0에서 5까지 각각 입력
- A5셀에 1을 입력하고, 메뉴 탭에서 "홈 | 편집 | 계열 | 연속 데이터"를 지정한 후에 생성된 연속 데이터 대화상자를 "방향 : 열, 유형 : 선형, 단계값 : 1, 종료값 : 30"으로 지정한 후에 "확인"을 클릭
- 마우스 커서로 A7셀을 지정한 후에 메뉴 탭에서 "보기 | 창 | 틀 고정"을 지정한 후에, A35:A40구간에 35, 40, 50, 60, 120, 10000을 입력

② 주어진 값 x 를 초과할 단측검정 확률 $P(x < t)$ 의 계산

- B5:G40구간 지정, 수식입력줄에 "=T.DIST.RT(B$4,$A5)"를 입력 후 "Ctrl+Enter"를 클릭하여 각 자유도와 x 값의 단측우측검정 확률을 동시 계산

③ 양측검정 확률 $1 - P(-x \leq t \leq x)$ 의 계산

- H5:M40구간 지정, 수식입력줄에 "=T.DIST.2T(H$4,$A5)"를 입력 후 "Ctrl+Enter"를 클릭, 각 자유도와 x 값의 양측검정 확률을 동시 계산
- 계산된 결과는 양측검정 확률이 단측검정 확률의 2배로 발생

10.1.2 카이자승분포와 F분포

(1) 카이자승분포

χ^2 (chi-square, 카이자승)분포는 t 비율과 마찬가지로 확률변수이면서 검정통계량으로 독립적인 표준정규변수 자승들 합의 표본분포이다. 카이자승분포는 1900년경에 Karl Pearson이 처음으로 설명했고, 정규분포 다음으로 아주 광범위하게 적용되고 있는 분포이다. 카이자승분포의 중요한 적용 사례는 다음과 같다.

- 분포의 산포 추론을 위한 모집단 분산의 검정
- 이론적 분포를 기초로 한 예상빈도와 표본의 관찰빈도간의 격차를 통한 적합우량도(goodness of fit)의 검정
- Pearson의 연관성검정(test for association)으로 알려진 독립성 검정(test of independence)

카이자승분포의 특성은 다음과 같다.

- 자유도 1의 카이자승(분포)변수 $\chi^2(1)$ 의 중위수는 그 기대치 1보다 작은 반면에, 자유도 2의 카이자승변수 $\chi^2(2)$ 의 중위수는 1보다 크게 나타남

- 자유도가 증가할수록 χ^2 분포는 보다 대칭적으로 되며, 자유도 ν 의 값이 큰 경우에 χ^2 의 분포는 근사적으로 정규분포로 전환

카이자승분포변수의 확률은 다음과 같이 계산한다.

- Excel에서 χ^2 분포의 확률은 $P(a < y)$ 의 형식으로 주어진 a 보다 χ^2 변수의 값이 더 클 확률을 "=CHISQ.DIST.RT(a ,자유도)"를 입력하여 계산
- $P(y \le a)$ 의 확률은 "=CHISQ.DIST(a ,자유도, 누적여부)"를 입력하여 계산
- Excel에서 $Y = \chi^2$ 이 특정구간($a < y \le b$)의 값으로 나타날 확률을 계산하려면, "=CHISQ.DIST.RT(a ,자유도)-CHISQ.DIST.RT(b ,자유도)"로 계산
- Y가 자유도 ν 를 갖는 카이자승 확률변수인 경우, 어떤 $\alpha \in (0,1)$ 에 대해서라도 값 $\chi^2_{\nu,\alpha}$ 는 〈그림 10-1〉와 같이 표시되는 $P(Y \ge \chi^2_{\nu,\alpha}) = \alpha$ 로 규정됨
  - Excel에서 $\chi^2_{\nu,\alpha}$ 는 "=CHISQ.INV.RT(α ,자유도)"로 계산
  - Excel에서 $\chi^2_{\nu,1-\alpha}$ 는 "=CHISQ.INV(α ,자유도)"로 계산

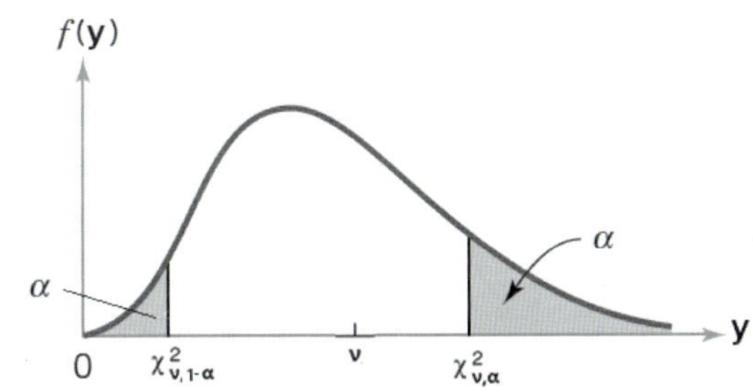

〈그림 10-1〉 자유도 ν 를 갖는 카이자승분포의 밀도함수

예제 10.2 자유도 2, 7, 15, 20에 대한 χ^2 의 확률밀도를 0.5 단위의 χ^2 변수 y 의 값들의 각 구간에 대해 다음과 같이 계산하고, 각 자유도에 따른 확률밀도곡선을 작성할 수 있다.

	A	B	C	D	E
1	y	확률(2)	확률(7)	확률(15)	확률(20)
2	0.0	0.2212	0.0006	0.0000	0.0000
3	0.5	0.1723	0.0046	0.0000	0.0000
4	1.0	0.1342	0.0125	0.0000	0.0000
61	29.5	0.0000	0.0000	0.0019	0.0085
62	30.0	0.0000	0.0000	0.0017	0.0077
63	30.5				
64	자유도	2	7	15	20

① 자료입력과 구간별 확률 계산

- A2셀에 0을 입력 후, 메뉴 탭의 "편집|계열 | 연속 데이터"를 지정하여 열 방향 및 0.5의 단계 값으로 30.5까지 채워 넣기
- B64:E64구간의 각 셀에 각 자유도 2, 7, 15, 20을 입력
- B2:E62구간을 지정, "=CHISQ.DIST.RT($A2,B$64)-CHISQ.DIST.RT($A3,B$64)"를 수식입력줄에 입력 후 "Ctrl+Enter"를 클릭하여 A열의 각 값부터 다음 값 직전의 구간에 대한 χ^2 확률을 각 자유도에 대하여 동시 계산 → 예컨대 B2셀은 $P(0 < \chi^2(2) < 0.5)$ 를, C2셀은 $P(0 < \chi^2(15) < 0.5)$ 를 표시

② 카이자승분포 확률밀도곡선의 작성

- A1:E62구간을 설정, 메뉴 탭에서 "삽입 | 차트 | 분산형 | 곡선 및 표식이 있는 분산형" 지정, 각 자유도에 대한 카이자승분포 확률밀도곡선을 다음과 같이 작성

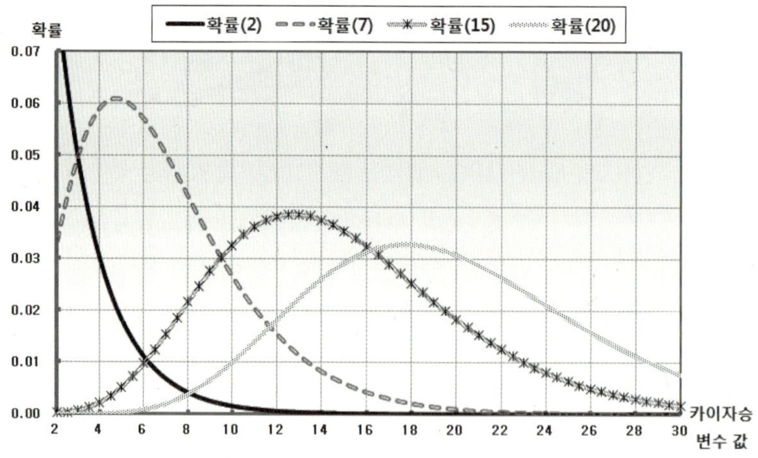

(2) F분포

F분포(F distribution)는 서로 독립적인 2개의 카이자승 확률변수들을 각 자유도로 나눈 값들의 비율이 갖는 분포이다.

- F분포는 R.A. Fisher가 최초로 개발
- F 확률변수는 검정통계량으로 두 모집단 분산의 불편추정치들의 비율로 규정되는 분산비율분포(variance-ratio distribution)
- F분포는 여러 방식으로 적용되지만, 주로 2개 분산들의 일치성에 대한 검정과 3개 이상 평균들의 일치성 검정에 사용
- 분산분석(analysis of variance)은 3개 이상 표본평균들간의 변동가능성분석을 위해 동질성에 대한 검정을 F분포를 사용하여 수행

F변수들의 특성은 다음과 같다.

- Fisher F분포의 모수들은 (분자의 자유도인) ν_1 과 (분모의 자유도인) ν_2 이며, ν_1 과 ν_2 의 조합을 달리하면 다른 Fisher F 분포가 발생
- Fisher의 F 분포 $F(\nu_1, \nu_2)$ 의 기대치는 다음과 같이 ν_2 에 따라 결정되며, ν_2 가 증가함에 따라 기대치는 1에 접근
- F-통계량은 0이나 양의 값을 가져, 음이 될 수 없음
- F분포곡선은 카이자승분포곡선과 같이 우측 꼬리(양의 왜도)를 가짐
- Excel에서 P(F〉x)는 "=F.DIST.RT(x,분자 자유도,분모 자유도)"로 계산하는 반면에, P(F≤x)누적확률은 "=F.DIST(x,분자 자유도,분모 자유도, 누적여부)"로 계산
- 주어진 확률에 대한 특정 값은 DIST 대신 INV를 P(F〈x)에 대해서는 "F.INV"를, P(F〉x)에 대해서는 "F.INV.RT"를 사용하여 도출

예제 10.3 아래 그림과 같이 α=5%가 되도록 하는 F분포 확률변수 x의 좌우측 임계값들 $f_{\nu_1,\nu_2,1-\alpha}$=a와 $f_{\nu_1,\nu_2,\alpha}$=b를 F1셀 및 F2셀로 F.INV(.RT)함수를 사용하여 구할 수 있다. 그리고 a는 $1/f_{\nu_2,\nu_1,\alpha}$로 F.INV.RT함수에 분자 및 분모 자유도들을 바꾼 역수로 구할 수 있다.

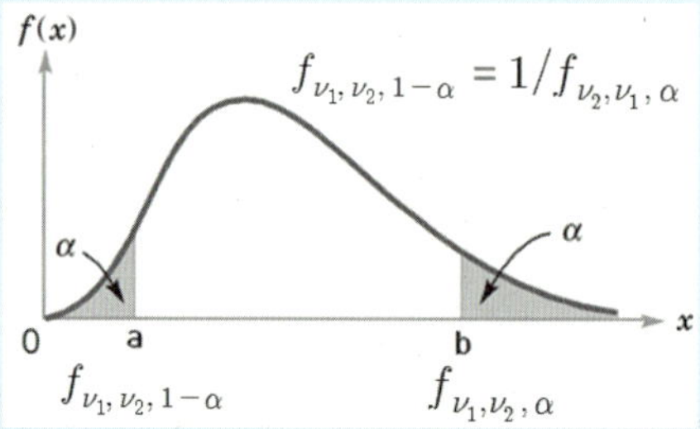

	A	B	C	D	E	F	G	H	I
1	ν_1	5	P(F>b)	5%	b	3.3258	=F.INV.RT(D1,$B$1,$B$2)		
2	ν_2	10	P(F<a)	5%	a	0.2112	=F.INV(D2,$B$1,$B$2)		
3					a	0.2112	=1/F.INV.RT(D1,B2,B1)		

- F1셀에 "=F.INV.RT(D1,$B$1,$B$2)"를 입력하여 $f_{\nu_1,\nu_2,\alpha}$=b를 3.3258로 계산
- F2셀에 "=F.INV(D2,$B$1,$B$2)"를 입력하여 $f_{\nu_1,\nu_2,1-\alpha}$=a를 2.2112로 계산
- F3셀에 "=1/F.INV.RT(D1,B2,B1)"을 입력하여 a=$1/f_{\nu_2,\nu_1\alpha}$을 2.2112로 계산

예제 10.4 확률변수 X는 ν_1=5와 ν_2=2의 Fisher F분포 F(5,2)를 갖는다고 하자. 이러한 경우에 x=9.29에 대한 누적확률을 다음과 같이 0.90으로 구할 수 있다.

	A	B	C	D	E	F	G
1	ν_1	5	P(F≤x)	0.900	=F.DIST(B3,B1,B2,1)		
2	ν_2	2	1-P(F>x)	0.900	=1-F.DIST.RT(B3,B1,B2)		
3	x	9.29					

① 자료입력

- B1:B2구간에 각각 F변수의 분자와 분모 자유도를 입력
- B3셀에 누적확률을 구할 특정한 x의 값을 입력

② F변수의 확률계산

- D1셀에 "=F.DIST(B3,B1,B2,1)"을 입력, $P(F \leq x)$로 9.29까지 누적확률 계산
- D2셀에 "=1-F.DIST.RT(B3,B1,B2)"을 입력, $1-P(F > x)$로 누적확률 계산

예제 10.5 확률변수 X가 F(60,20)으로 분포된다면, 분포의 상위 1%를 절단하는 x 값은 다음과 같이 2.608이다.

	A	B	C	D	E	F	G
1	ν_1	60	P(F>x)	1.0%			
2	ν_2	20	x	2.608	=F.INV.RT(D1,B1,B2)		

- B1:B2구간의 각 셀에 각각 분자와 분모 자유도를 60과 20으로 입력
- D1셀에 특정 수준을 초과하는 구간에서 F변수의 값이 발생할 확률 1%를 입력
- D2셀에 "=F.INV.RT(D1,B1,B2)"를 입력하여 F변수 x 의 값 2.608을 계산

10.2 모집단 격차 추정

10.2.1 두 모집단 평균의 격차 추정

(1) 정규분포를 이용한 평균간 격차 추정

표본평균의 표본분포의 특성과 같이 두 표본평균의 격차 $(\overline{X}_1 - \overline{X}_2)$는 두 모집단 평균의 격차 $\mu_1 - \mu_2$의 불편(편중이 되지 않은) 점 추정치로 사용할 수 있다.

이러한 표본평균의 격차 $(\overline{X}_1 - \overline{X}_2)$를 발생시키는 두 모집단에서 추출된 모든 가능한 표본들의 조합들로부터 격차들의 어떤 분포를 얻을 수 있다. 이를 평균(통계량) 격차의 표본분포[sampling distribution of differences of the means(statistics)]라고 한다.

비교 대상이 되는 두 모집단 평균들의 격차를 사전에 추정하는 것이 필요한 경우는 다음과 같다.

- 국가간, 도시간, 산업간 또는 기업간 임금, 매출액, 연구개발비, 운송비, 부동산 가격 등의 격차는 시장에서 공급자의 경쟁력에 영향을 초래할 수 있다.
- 국가간 또는 도시간 1인당 소득, 소득계층별·연령별·성별·학력별 인구, 평균 온도 등의 격차는 시장 소비자들의 구매력과 기호패턴에 영향을 초래할 수 있다.
- 사업 수행의 성공을 위해 공급자 및 수요자 경쟁요인 등의 격차를 규명해야 할 것이다.

독립적인 두 모집단 평균간 격차의 표준오차(standard error of the difference between means) 및 신뢰구간은 두 모집단의 표준편차들을 아는 경우에 다음과 같이 계산한다. 그리고 두 모집단의 표준편차들을 모르는 경우에도 정규분포 사용이 적절하다면, 모집단 분산 대신에 표본분산을 사용하여 적용한다.

① 두 모집단에서 추출한 두 표본의 표본평균들을 계산한다.

② 두 표본에서 표본평균의 분산들을 "모집단 분산/표본크기"로 각각 계산하고, 이를 합계한 결과의 자승근으로 평균간 격차의 표준오차를 계산한다.

③ 주어진 신뢰수준에 따른 신뢰계수를 "Norm.s.inv(1-유의수준/2)"로 계산한다.

④ 평균간 격차의 표준오차에 신뢰계수를 곱하여 오차한계를 계산한다.

⑤ 표본평균 격차에 오차한계를 가감하여 신뢰하한과 신뢰상한을 계산하고, 그에 따른 신뢰구간을 도출한다.

예제 10.6 어떤 기업에서 추출한 크기 $n=30$ 의 종업원 표본에서 평균 주당임금이 표준편차 s =14와 평균 $\overline{X}$=280을 갖는다고 하자. 그리고 다른 기업에서 추출한 크기 $n=40$ 의 종업원 평균 주당임금(weekly wage)이 표준편차 s =10과 평균 $\overline{X}$=270을 갖는다고 하자.
두 기업의 평균 주당임금 격차 추정을 위한 90%, 95%, 99% 신뢰한계를 각각 다음과 같이 구할 수 있다. 그리고 신뢰구간을 기초로 임금 격차에 대한 아래의 주장을 할 수가 있다.

	A	B	C	D	E	F
1	표본 1의 평균	280	표본 2의 평균	270		
2	표본 1의 표준편차	14	표본 2의 표준편차	10		
3	표본 1의 크기	30	표본 2의 크기	40		
4	표본 1 평균의 분산	6.533	표본 2 평균의 분산	2.500	=D2^2/D3	
5	표본 1 평균 - 표본 2평균	10.00	평균간 격차의 표준오차	3.006	=SQRT(B4+D4)	
6	신뢰수준	유의수준	신뢰계수	신뢰하한	신뢰상한	
7	90%	10.0%	1.645	5.056	14.944	
8	95%	5.0%	1.960	4.109	15.891	
9	99%	1.0%	2.576	2.258	17.742	

① 자료입력과 각 표본에서 표본평균의 분산 계산

- A1:D3구간에 자료로 제시된 표본 1과 표본 2의 평균, 표준편차, 크기를 입력
- B4셀과 D4셀을 동시 지정, 수식입력줄에 "=D2^2/D3"을 입력 후 "Ctrl+ Enter"를 클릭하여 표본 1 및 2의 표본평균의 분산들을 동시 계산

② 표본평균간 격차와 평균간 격차의 추정된 표준오차 계산

- B5셀에 "=B1-D1"을 입력하여 표본평균간 격차를 10으로 계산
- D6셀에 "=SQRT(B4+D4)"를 입력하여 평균간 격차의 추정된 표준오차를 3.006으로 계산

③ 신뢰수준에 따른 유의수준과 (상한) 신뢰계수 계산

- A7:A9구간의 각 셀에 90%, 95%, 99%의 신뢰수준들을 각각 입력
- B7:B9구간을 지정, 수식입력줄에 "=1-A7"을 입력 후 "Ctrl+Enter"를 클릭하여 각 신뢰수준에 대한 유의수준들을 동시 계산
- C7:C9구간을 지정, 수식입력줄에 "=NORM.S.INV(1-B7/2)"를 입력 후 "Ctrl+ Enter"를 클릭하여 각 신뢰수준에 대한 신뢰계수들을 동시 계산

④ 신뢰한계 계산

- D7:D9구간을 지정, 수식입력줄에 "=$B$5-C7*$D$5"를 입력 후 "Ctrl+Enter"를 클릭하여 각 신뢰수준에서의 신뢰하한들을 동시 계산
- E7:E9구간을 지정, 수식입력줄에 "=$B$5+C7*$D$5"를 입력 후 "Ctrl+Enter"를 클릭하여 각 신뢰수준에서의 신뢰상한들을 동시 계산

⑤ 추정한 신뢰구간을 해석[모집단에서 여러 표본들을 추출한 경우에 평균적으로 적용할 수 있는 주장을 도출]

- 90%의 신뢰도를 갖고 기업 1의 평균 주당임금이 기업 2보다 5.056과 14.944구간이내의 어떤 값만큼 더 크다고 주장 가능
- 95%의 신뢰도를 갖고 기업 1의 평균 주당임금이 기업 2보다 4.109와 15.891구간 이내의 어떤 값만큼 더 크다고 주장 가능
- 99%의 신뢰도를 갖고 기업 1의 평균 주당임금이 기업 2보다 2.258과 17.742구간 이내의 어떤 값만큼 더 크다고 주장 가능

(2) t 분포를 이용한 평균간 격차 추정

근사적으로 정규분포를 갖는 두 모집단의 표준편차 σ 를 모르는 상황에서 두 모집단의 분산이 동일하고, 표본크기가 30 미만인 경우에는 t 분포를 추정에 사용할 수 있다. 이러한 경우에 신뢰구간 추정을 평균간 격차의 표준오차를 구하여 다음과 같이 수행한다.

① 두 모집단에서 추출한 두 표본의 표본평균들을 계산한다.

② -1 두 모집단 분산에 대한 합동분산추정치(pooled variance estimate) s_P^2 를 다음 절차로 계산한다.

- 각 표본크기에서 1을 뺀 자유도와 표본분산의 곱을 계산
- 두 표본의 자유도와 표본분산 곱들을 더하고, 그 합계를 자유도의 합계로 나누어 합동분산추정치 계산

② -2 합동분산추정치의 자승근으로 평균간 격차의 표준오차 $s_{\overline{X}_1 - \overline{X}_2}$ 를 계산한다.

③ 신뢰수준에 따른 유의수준을 이용하여, 신뢰계수 $t_{\nu, \alpha/2}$ 를 두 표본의 자유도 합계 $n_1 + n_2 - 2$ 를 자유도 ν 로 하는 "=T.INV.2T(유의수준,자유도)"의 Excel함수로 계산한다.

④ 평균간 격차의 표준오차에 신뢰계수를 곱하여 오차한계를 계산한다.

⑤ 표본평균 격차에 오차한계를 가감하여 신뢰하한과 신뢰상한을 계산하고, 그에 따른 신뢰구간을 도출한다.

예제 10.7 주행거리의 수명조사를 위해 추출한 한 회사의 타이어 표본 1은 크기 $n_1 = 20$, 평균 $\overline{X}_1 = 46{,}000$ Km, 표준편차 $s_1 = 2{,}500$ Km라고 하자.

다른 회사의 표본 2는 크기 $n_2 = 16$, 평균 $\overline{X}_2 = 40{,}000$ Km, 표준편차 $s_1 = 2{,}000$ Km라고 하자. 두 회사가 생산한 타이어의 수명이 정규분포를 갖는다고 가정한 경우에, 두 회사 타이어의 평균 수명간 격차를 추정하기 위한 90%, 95%, 99% 신뢰구간을 다음과 같이 구할 수 있다.

	A	B	C	D	E	F	G
1	표본 1의 평균	46,000	표본 2의 평균	40,000			
2	표본 1의 표준편차(s_1)	2,500	표본 2의 표준편차(s_2)	2,000			
3	표본 1의 크기(n_1)	20	표본 2의 크기(n_2)	16			
4	표본 1의 분산(s_1^2)	6,250,000	표본 2의 분산(s_2^2)	4,000,000			
5	자유도(n_1+n_2-2)	34	합동분산추정치 s_p^2	5,257,353	=((B3-1)*B4+(D3-1)*D4)/B5		
6	표본1 평균 - 표본 2평균	6,000	평균간 격차의 표준오차	769.06			
7	신뢰수준	신뢰계수	신뢰하한	신뢰상한			
8	90%	1.691	4,700	7,300			
9	95%	2.032	4,437	7,563			
10	99%	2.728	3,902	8,098			

① 자료입력과 표본 1과 2의 분산 계산

- B1:D3구간의 각 셀에 표본 1 및 2의 평균, 표준편차, 크기를 입력
- B4셀과 D4셀을 동시 지정, 수식입력줄에 "=D2^2"를 입력 후 "Ctrl+Enter"를 클릭하여 표본 1과 2의 분산을 동시 계산

② t 분포의 자유도, 합동분산추정치, 평균간 격차의 표준오차 계산

- B5셀에 "=B3+D3-2"를 입력하여 t 분포의 자유도를 34로 계산
- D5셀에 "=((B3-1)*B4+(D3-1)*D4)/B5"를 입력, 합동분산추정치를 계산
- B6셀에 "=B1-D1"을 입력하여 표본 1의 평균과 표본 2의 평균간 격차를 계산
- D6셀에 "=SQRT((D5/B3)+(D5/D3))"을 입력하여 평균간 격차의 표준오차를 계산

③ t-통계량을 이용한 신뢰계수와 신뢰한계의 계산

- A8:A10구간의 각 셀에 신뢰확률들을 90%, 95%, 99%로 각각 입력
- B8:B10구간을 지정, 수식입력줄에 "=T.INV.2T(1-A8,$B$5)"를 입력 후 "Ctrl+ Enter"를 클릭하여 각 신뢰확률에 대한 t-통계량인 상한 신뢰계수를 동시 계산
- C8:C10구간을 지정, 수식입력줄에 "=$B$6-B8*$D$6"을 입력하여 각 신뢰확률에 대한 신뢰하한을 동시 계산
- D8:D10구간을 지정, 수식입력줄에 "=$B$6+B8*$D$6"을 입력하여 각 신뢰확률에 대한 신뢰상한을 동시 계산

④ 추정 신뢰구간의 해석[모집단에서 여러 표본들을 추출한 경우에 평균적으로 적용할 수 있는 주장을 도출]

- 90%의 신뢰도를 갖고 회사 1의 타이어가 평균 주행수명이 회사 2보다 4,700Km와 7,300Km구간 이내의 어떤 값만큼 더 크다고 주장 가능
- 95%의 신뢰도를 갖고 회사 1의 타이어가 평균 주행수명이 회사 2보다 4,437Km와 7,563Km구간 이내의 어떤 값만큼 더 크다고 주장 가능
- 99%의 신뢰도를 갖고 회사 1의 타이어가 평균 주행수명이 회사 2보다 3,902Km와 8,098Km구간 이내의 어떤 값만큼 더 크다고 주장 가능

10.2.2 두 모집단 비율 격차와 분산 및 표준편차의 신뢰구간 추정

(1) 두 모집단 비율 격차의 신뢰구간 추정

두 모집단 비율의 추정치가 $\hat{p}_1$과 $\hat{p}_2$인 경우에 두 모집단 비율간 격차의 추정을 위한 신뢰구간은 비율간 격차의 표준오차(standard error of the difference between proportions) $s_{\hat{p}_1-\hat{p}_2}$를 사용하여 다음 절차와 같이 계산한다.

① 두 모집단에서 추출한 표본에서 표본비율들을 계산한다.

② -1 두 표본비율에 대한 비율의 추정된 표준오차(estimated standard error of the proportion)를 다음과 같이 계산한다.

- 각 표본비율과 1에서 표본비율을 뺀 값을 곱한다.
- 표본비율과 1에서 표본비율을 뺀 값의 곱을 표본크기로 나누어 표본비율의 분산을 계산한다.

② -2 각 표본비율의 분산을 합계하고, 그 합계의 자승근으로 비율간 격차의 표준오차 $s_{\hat{p}_1-\hat{p}_2}$를 계산한다.

③ 신뢰계수 $z_{\alpha/2}$를 "Norm.s.inv(1-유의수준/2)"의 Excel함수로 계산한다.

④ 평균간 격차의 표준오차에 신뢰계수를 곱하여 오차한계를 계산한다.

⑤ 표본평균 격차에 오차한계를 가감하여 신뢰하한과 신뢰상한을 계산하고, 그에 따른 신뢰구간을 도출한다.

예제 10.8 어떤 지방시장 1에서 표본 추출한 1,000명 중에서 450명이 자사 제품을 사용하는 것으로 나타났고, 다른 지방시장 2에서 표본 추출한 2,000명 중에서 580명이 자사제품을 사용하는 것으로 나타났다.

이러한 경우에 자사 고객비율의 시장간 격차에 대한 90%, 95%, 99%의 신뢰구간들을 다음과 같이 구할 수 있다.

	A	B	C	D	E	F	G	H
1	표본 1 크기	1,000	표본 2 크기	2,000	신뢰수준	신뢰계수	신뢰하한	신뢰상한
2	표본 1 고객수	450	표본 2 고객수	580	90%	1.645	0.129	0.191
3	표본 1 고객비율	0.45	표본 2 고객비율	0.29	95%	1.960	0.123	0.197
4	표본1 비율의 분산	0.0002	표본 2 비율의 분산	0.0001	99%	2.576	0.112	0.208
5	비율간 격차 표준오차	0.0187	표본비율 격차	0.16				

① 자료입력과 표본 1과 2 비율의 분산 계산

- B1:D2구간의 각 셀에 표본 1과 2의 크기와 고객수를 입력
- B3셀과 D3셀을 동시 지정, 수식입력줄에 "=D2/D1"을 입력 후 "Ctrl+Enter"를 클릭하여 표본 1과 2의 고객비율을 동시 계산
- B4셀과 D4셀을 동시 지정, 수식입력줄에 "=D3*(1-D3)/D1"을 입력 후 "Ctrl+ Enter"를 클릭하여 표본 1과 2의 고객비율의 분산은 동시 계산

② 비율간 격차의 표준오차와 표본비율 격차 계산

- B5셀에 "=SQRT(B4+D4)"를 입력하여, 비율간 격차의 표준오차를 0.0187로 계산
- D5셀에 "=B3-D3"를 입력하여 표본 1이 표본 2에 대해 갖는 추정된 고객비율의 격차를 0.16으로 계산

③ 신뢰계수 $z_{\alpha/2}$와 신뢰한계의 계산

- E2:E4구간의 각 셀에 90%, 95%, 99%의 신뢰수준들을 입력
- F2:F4구간을 지정, 수식입력줄에 "=NORM.S.INV(1-(1-E2)/2)"를 입력 후 "Ctrl+ Enter"를 클릭하여 각 신뢰수준에 대한 상한 신뢰계수를 계산
- G2:G4구간을 지정, 수식입력줄에 "=$D$5-F2*$B$5"를 입력 후 "Ctrl+Enter"를 클릭하여 각 신뢰수준에 대한 고객비율격차의 신뢰하한을 동시 계산
- H2:H4구간을 지정, 수식입력줄에 "=$D$5+F2*$B$5"를 입력 후 "Ctrl+Enter"를 클릭하여 각 신뢰수준에 대한 고객비율격차의 신뢰상한을 동시 계산

④ 추정 신뢰구간의 해석[모집단에서 여러 표본들을 추출한 경우에 평균적으로 적용할 수 있는 주장을 도출]

- 90%의 신뢰도를 갖고 시장 1의 고객비율이 시장 2보다 0.129와 0.191구간 이내의 어떤 값만큼 더 크다는 주장이 가능
- 95%의 신뢰도를 갖고 시장 1의 고객비율이 시장 2보다 0.123과 0.197구간 이내의 어떤 값만큼 더 크다는 주장이 가능
- 99%의 신뢰도를 갖고 시장 1의 고객비율이 시장 2보다 0.112와 0.208구간 이내의 어떤 값만큼 더 크다는 주장이 가능

(2) 분산과 표준편차의 신뢰구간 추정

정규분포를 갖는 확률변수의 표본 관찰을 통해 나타나는 비율 $(n-1)s^2/\sigma^2$ 은 χ^2 분포를 갖는다. 다음과 같은 특성으로 인해 표본으로 얻는 표본 분산 s^2 은 모집단 분산과는 일치하지 않아, 모르는 분산이나 표준편차의 통계적 추정을 위해 사용하는 $(n-1)s^2/\sigma^2$ 비율에는 χ^2 분포 적용이 필요하다.

- 표본분산은 모집단 분산의 불편추정량(unbiased estimator)이기 때문에, 카이자승분포를 갖는 $(n-1)s^2/\sigma^2$ 비율의 장기적 기대치는 자유도 $n-1$ 로 발생
- 카이자승분포는 대칭분포가 아니기 때문에, 분산이나 표준편차의 양측 신뢰구간(two-sided confidence interval) 추정에는 정규분포 대신에 χ^2 분포를 사용
- 카이자승분포는 자유도 $(n-1)$의 값에 따라 다르게 발생

자유도 ν (=$n-1$)와 유의수준 α 를 갖는 카이자승분포를 사용한 모집단 분산 σ^2 에 대한 100(1-α)% 신뢰구간은 다음과 같이 계산한다.

① 표본에서 표본분산과 표본크기를 계산한다.

② 표본크기에서 1을 뺀 자유도를 구한다.

③ 자유도와 표본분산의 곱을 이용하여 다음과 같이 신뢰수준에 따른 신뢰하한과 신뢰상한을 계산한다.

- 신뢰수준에 대한 유의수준을 구하여, 그에 따른 카이자승 통계량 우측 임계값을 "=CHISQ.INV.RT(유의수준/2,자유도)"를 입력하여 계산, "자유도와 표본분산의 곱"을 우측 임계값으로 나누어 신뢰하한 계산
- 신뢰수준에 따라 계산한 유의수준에 대한 카이자승 통계량 좌측 임계값을 "=CHISQ.INV.RT(1-유의수준/2,자유도)"를 입력하여 계산, "자유도와 표본분산의 곱"을 우측 임계값으로 나누어 신뢰상한 계산

④ 모집단 표준편차의 신뢰구간은 위와 같이 계산된 분산의 자승근을 구하여 다음과 같이 적용하면 된다.

$$\sqrt{\frac{(n-1)s^2}{\chi^2_{\nu,\alpha/2}}} < \sigma < \sqrt{\frac{(n-1)s^2}{\chi^2_{\nu,1-\alpha/2}}}$$

예제 10.9 병에 술을 담는 경우에 무작위로 추출한 20개 술병의 표본에서 담은 술의 부피(플루이드 온스 : fluid ounce=29.5735ml(밀리리터)) 단위 표본 분산 s^2이 0.0153이라고 하자. 이러한 경우에 모집단 분산의 95% 신뢰구간을 다음과 같이 추정할 수 있다. 또한 유의수준이 분포곡선의 우측에만 있는 95% 상부 신뢰구간(95% upper-confidence interval)의 한계를 다음과 같이 계산할 수 있다.

	A	B	C	D	E	F	G	H
1	신뢰수준 c	95%	유의수준 α	5%	=1-B1			
2	표본분산 s^2	0.0153	신뢰하한	0.008849	=$B$4*$B$2/CHISQ.INV.RT($D$1/2,$B$4)			
3	표본크기 n	20	신뢰상한	0.032639	=$B$4*$B$2/CHISQ.INV.RT(1-$D$1/2,$B$4)			
4	자유도	19						
5	95% 상부 단측 신뢰구간 한계	0.028734	=B4*B2/CHISQ.INV.RT(1-D1,B4)					

① 자료입력과 유의수준 및 자유도 계산

- A1:B3구간에 자료 입력
- B4셀에 "=B3-1"를 입력하여 자유도를 19로 계산
- D1셀에 "=1-B1"을 입력하여 유의수준을 5%로 계산

② 모집단 분산의 95% 신뢰구간을 구성

- D2셀에 "=$B$4*$B$2/CHISQ.INV.RT($D$1/2,$B$4)"를 입력 신뢰하한 계산
- D3셀에 "=$B$4*$B$2/CHISQ.INV.RT(1-$D$1/2,$B$4)"를 입력 신뢰상한 계산
- 모집단 분산의 95% 신뢰구간을 "$0.008849 < \sigma^2 < 0.032639$"로 구성

③ 모집단 분산의 95% 상부 신뢰구간 구성

- B5셀에 "=B4*B2/CHISQ.INV.RT(1-D1,B4)"를 입력하여 신뢰구간 한계를 계산
- 모집단 분산의 95% 상부 신뢰구간 "$\sigma^2 < 0.028734$"로 구성
- 이러한 상부 신뢰구간은 모집단 분산이 임계값 미만을 보장하는 경우에 주로 사용한다.

예제 10.10 크기 30의 표본이 분산 120을 갖는다면, 이에 대한 모집단 분산의 95% 신뢰구간에 대한 신뢰한계들을 다음과 같이 추정할 수 있다.

	A	B	C	D	E	F	G
1	표본크기	30	자유도 v	29	=B1-1		
2	s^2	120	신뢰수준	95%			
3	α/2	0.025	$\chi^2_{0.025}$	45.72229	=CHISQ.INV.RT(B3,$D$1)		
4	1-α/2	0.975	$\chi^2_{0.975}$	16.04707	=CHISQ.INV.RT(B4,$D$1)		
5	vs^2	3,480					
6	신뢰상한	216.86					
7	신뢰하한	76.11					

① 자료 입력과 자유도 계산

- B1, B2, D2셀에 각각 표본크기, 표본 분산, 신뢰수준을 입력
- D1셀에 "=B1-1"로 자유도를 29로 계산

② 신뢰한계 상하한 χ^2 임계값들의 계산

- B3셀에 "=(1-D2)/2"와 B4셀에 "=1-B3"을 입력하여 신뢰한계 상하한 χ^2 임계값들까지의 누적확률을 계산
- D3:D4구간을 지정, 수식입력줄에 "=CHISQ.INV.RT(B3,$D$1)"을 입력 후 "Ctrl+ Enter"를 클릭하여 신뢰한계 상하한 χ^2 임계값들을 동시 계산

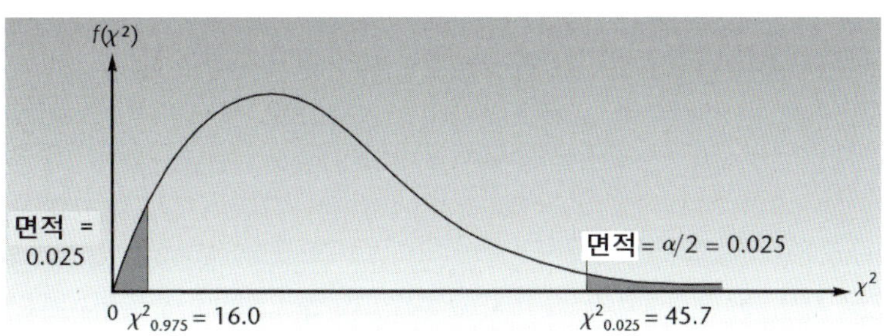

③ 자유도 및 표분분산의 곱과 신뢰한계들의 계산

- B5셀에 "=D1*B2"를 입력하여 자유도와 표본분산의 곱을 계산
- F1:F2구간을 지정, 수식입력줄에 "=$B$5/D3"을 입력 후, "Ctrl+Enter"를 클릭하여 모집단 분산의 신뢰한계 상하한을 동시 계산

예제 10.11 30개 해외시장표본의 평균 월간매출액이 USD28만이며, 그 표본 표준편차가 USD1.4만이라고 하자.

평균 월간매출액이 근사적으로 정규분포를 갖는 경우에 평균 월간매출액의 표준편차 추정에 대한 90%, 95%, 99% 신뢰구간을 다음과 같이 구할 수 있다.

	A	B	C	D	E	F
1	표본크기	30	표본표준편차	1.40	표본평균	28
2	자유도(v)	29	=B1-1			
3	표본분산	1.96	=D1^2			
4	유의수준	$\chi^2(v,\alpha/2)$	$\chi^2(v,1-\alpha/2)$	신뢰하한	신뢰상한	
5	10%	42.5569678	17.7083662	1.16	1.79	
6	5%	45.7222858	16.0470717	1.11	1.88	
7	1%	52.33561779	13.1211489	1.04	2.08	

① 자료입력과 자유도 및 표본분산 계산

- B1, D1, F1셀들에 각각 표본크기, 표본표준편차와 표본평균을 입력
- B2셀에 "=B1-1"을 입력하여 자유도 ν 를 29로 계산
- B3셀에 "=D1^2"를 입력하여 표본분산을 1.96으로 계산

② 신뢰확률에 따른 신뢰구간 하한 및 상한 χ^2 임계값 계산

- A5:A7구간의 각 셀에 각각 10%, 5%, 1%를 입력하여 각 신뢰확률에 따른 유의수준들을 표시
- B5:B7구간을 지정, 수식입력셀에 "=CHISQ.INV.RT(A5/2,$B$2)"를 입력 후 "Ctrl+Enter를 클릭하여 신뢰구간 하한의 카이자승 변수 우측 임계값들을 각 유의수준에 대해 동시 계산
- C5:C7구간을 지정, 수식입력셀에 "=CHISQ.INV.RT(1-A5/2,$B$2)"를 입력 후 "Ctrl+Enter를 클릭하여 신뢰구간 상한의 카이자승 변수 좌측 임계값들을 각 유의수준에 대해 동시 계산

③ 신뢰한계의 계산과 추정 신뢰구간의 해석

- D5:E7구간을 지정, 수식입력줄에 "=SQRT($B$2*$B$3/B5)"를 입력하여 각 유의수준에 대한 모집단 표준편차의 신뢰구간 하한 및 상한을 동시 계산
- 표본을 반복적으로 추출할 때에 평균 90%의 신뢰도를 갖고 각 수입국 시장에서 평균월간매출액 USD28만에 대한 표준편차가 USD1.16만에서 USD1.79만 사이의 값으로 발생할 수 있다는 주장이 가능
- 여러 표본에 대해 평균적으로 95%의 신뢰도를 갖고 각 수입국 시장에서 평균월간매출액 USD28만에 대해 표준편차가 USD1.11만에서 USD1.88만 사이의 값으로 발생할 수 있다는 주장이 가능
- 여러 반복적으로 추출한 표본들에 대해 평균 99%의 신뢰도를 갖고 각 수입국 시장에서 평균월간매출액 USD28만에 대해 표준편차가 USD1.04만에서 USD2.08만 사이의 값으로 발생할 수 있다는 주장이 가능

학습문제

맞으면 "○", 틀리면 "×"를 표시

1. t분포의 분산이 성립하기 위한 최소 표본크기는 4이다. ( )

2. t분포의 분산은 자유도가 3 이상인 경우에 항상 "자유도/(자유도-2)"이다. ( )

3. 모집단 분산이나 표준편차의 신뢰구간 추정공식에서 $\chi^2_{1-\alpha/2}$ 는 신뢰구간 상한을 결정해 주는 카이자승 값이다. ( )

4. 두 모집단 분산들을 모르면서 각 표본크기들이 30미만인 경우에 두 모집단 평균들간의 격차에 대한 신뢰구간의 추정은 두 모집단에서 추출한 표본크기들의 합계에서 2를 차감한 자유도를 갖는 t 통계량을 설정된 신뢰수준에 따라 계산하여 사용해야 한다. ( )

5. F분포의 기대치는 분모 자유도가 2보다 큰 경우에, 그리고 그 분산은 분모 자유도가 4보다 큰 경우에 계산할 수 있다. ( )

6. 카이자승분포의 기댓값은 자유도와 같고, 그 분산은 자유도의 2배이다. ( )

7. F분포는 검정통계량으로 두 모집단 분산의 불편추정치들 비율로 규정된 분산비율분포이다. ( )

8. 두 모집단 비율 격차에 대한 중심극한정리를 기초로, 충분히 큰 표본크기에 대해 두 표본 비율들간의 격차에 대한 표집분포는 정확히 정규분포된다고 가정할 수 있다. ( )

9. 두 모집단 비율들간의 격차에 대한 신뢰구간들을 구하기 위해 같은 표본크기들을 계산한다면, 유의수준이 일정한 가운데 오차한계가 감소하면 표본크기는 증가할 것이다. ( )

10. 두 모집단 평균들간 격차에 대한 대표본 신뢰구간의 계산하려면, 두 모집단들의 분산들을 반드시 알고 있어야 한다. ( )

해답

1. ○ 2. ○ 3. ○ 4. ○ 5. ○ 6. ○ 7. ○ 8. × 9. ○ 10. ×

EXCEL 2013

CHAPTER 11

가설검정의 방법과 단일 모집단 가설검정

11.1 가설검정의 개념과 방법

11.1.1 가설검정의 개념과 오류

11.1.2 가설검정의 방법과 종류

11.2 단일 모집단 가설검정

11.2.1 모집단 평균의 가설검정

11.2.2 모집단 비율과 분산에 대한 가설검정

11.1 가설검정의 개념과 방법

11.1.1 가설검정의 개념과 오류

(1) 통계적 추론의 방법

모집단 특성 파악을 위한 통계적 추론(statistical inference)의 방법은 통계적 추정과 가설검정으로 구분한다.

① 통계적 추정은 점 추정과 구간추정으로 구분한다. 제9장과 제10장에서와 같이, 통계적 추정은 모집단으로부터의 표본 추출을 통해 점 추정치와 신뢰구간 추정치(confidence interval estimates)를 계산하여 모집단 모수를 추정하거나 두 모집단 모수간의 격차를 추정한다.

② 가설검정(hypothesis testing) 또는 통계적 가설검정(test of statistical hypothesis)은 모집단에 대해 설정한 가설인 통계적 가설(statistical hypothesis)의 타당성(validity)을 그 모집단에서 추출한 표본정보를 통해 결정하는 행위이다.

가설검정의 목적은 모집단 모수의 값에 대한 상호 배반적이며 총망라적 가설들 중에서 하나의 가설을 선택하는 것이다. 따라서 가설검정의 의사결정(decision making)은 표본 관찰치들을 기초로 2개의 다른 가설(대안)들 중에서 하나를 선택하여 결론에 도달하는 과정이다.

- 총망라 이론가설(exhaustive theory hypothesis) : 검정을 통하여 입증된 모든 가능성을 포함하는 가설
- 배반적 가설들(exclusive hypotheses) : 두 가설 중 한 가설이 진실이면 다른 가설은 반드시 허위가 되는 관계를 갖는 가설들

(2) 가설의 개념과 종류

가설(hypothesis)은 논리적 결과 연구를 위해 임시로 진실이라고 채택한 진술이다. 그리고 통계적 가설은 하나의 모집단 또는 어떤 모집단 그룹이 갖는 하나 이상의 모수들에 대한 시험적 진술(tentative statement)이다.

가설은 단순가설(simple hypothesis)과 복합가설(composite hypothesis)의 두 형태로 구분한다.

- 단순가설 : 모집단 모수에 대해 하나의 값을 설정한 가설 → 모집단 비율이나 평균에 대한 설정한 어떤 값, 두 모집단 평균의 격차가 0이라는 가설 등
- 복합가설 : 모집단 모수가 가질 수 있는 값의 범위에 대해 설정한 가설 → 모집단 평균이나 비율이 어떤 값 이상(이하)이거나 또는 모집단 평균의 격차가 0이 아니라는 가설

가설은 항상 귀무가설(null hypothesis)과 대립가설(alternative hypothesis)의 쌍으로 제시한다.

- 귀무가설 : 표본결과와 비교하여 검정할 대상인 통계적 가설
- 대립가설 : 귀무가설과는 배반적인 가설

〈표 11-1〉 가설의 종류

구분 기준	설정 값의 수		검정 대상 여부	
구분 가설	단순가설	복합가설	귀무가설	대립가설

(3) 가설검정의 오류

가설검정의 의사결정문제는 관련 모집단에서 추출된 표본을 기초로 그 모집단 모수에 대한 2가지 상호 배반적 가설들 중 하나를 결정하는 것이다. 두 가설들은 상호 배반적이며 총망라적이어서, 귀무가설 H_0 의 채택은 대립가설 H_1 의 기각과 동일하다.

가설검정에서는 귀무가설이 진실인 경우에 기각하는 오류뿐만 아니라, 대립가설이 진

실일 때 기각하는 오류까지 함께 고려해야 한다. 따라서 검정결과에 따라 어떤 가설이 진실(truth)인 경우에 잘못 기각을 하거나 또는 허위(falsity)인 경우에 잘못 채택을 하게 되는 과오는 다음과 같이 분류한다.

- 제1종의 오류(type Ⅰ error) : 진실인 귀무가설을 기각하는 오류, 제1종 오류의 발생확률을 유의수준(significance level)이라고 하며 α 로 표시
  $\alpha = P(H_0 \text{ 기각 } | \text{ 올바른 } H_0) = P(\text{제1종 오류})$
- 제1종 오류를 제외한 확률인 $1-\alpha$ 는 올바른 귀무가설을 채택할 확률인 신뢰수준
- 제2종의 오류(type Ⅱ error) : 허위인 귀무가설을 채택하는 오류, 제2종 오류의 발생확률을 β (beta)로 다음과 같이 표시
  $\beta = P(H_0 \text{ 채택 } | \text{ 잘못된 } H_0) = P(\text{제2종 오류})$
- 허위인 귀무가설을 기각할 확률은 $1-\beta$ 로 표시되며, 이러한 올바른 결정의 확률인 $(1-\beta)$ 를 (통계적) 검정력[power of a (statistical) test]이라고 함

〈표 11-2〉 귀무가설에 대한 상태와 의사결정

상 태		의사 결정	
		귀무가설 채택	귀무가설 기각
귀무가설 진실	결과	올바른 선택	제1종 오류
	확률	$1-\alpha$ = 신뢰수준	α = (검정)유의수준
귀무가설 허위	결과	제2종 오류	올바른 선택
	확률	β	$1-\beta$ = (통계적) 검정력

11.1.2 가설검정의 방법과 종류

(1) 가설검정의 방법

가설검정에서 표본통계량을 기초로 기각역 접근법, Z값 접근법 또는 P값 접근법에 따라 귀무가설의 채택여부에 대한 의사결정을 할 수 있다.

① 기각역 접근법 : 설정된 유의수준에 따른 표본공간(sample space)의 채택역과 기각역을 구분하여 검정하는 방법이다.

- 채택역(acceptance region) : 귀무가설 H_0을 채택하게 되는 검정통계량의 영역, 신뢰구간으로 결정
- 기각역(rejection or critical region) : 귀무가설을 기각하게 되는 검정통계량 영역, 신뢰구간의 하부 임계값 이하 또는 상부 임계값 이상의 영역
- 임계값(critical value) : 가설검정의 확정범위를 제시하는 차단점(cutoff point)
- 검정통계량(test statistic) : 귀무가설과 대립가설 중 선택에 사용하는 통계량

② Z값 접근법 : 유의수준의 Z 임계값과 표본 통계량의 Z값을 비교하여, 표본통계량 절대치가 임계값의 절대치 이상이면 귀무가설을 기각하는 방법이다.

③ P-값 접근법 : 귀무가설을 기각할 수 있는 최소 유의수준인 P-값을 관찰치를 통해 계산하여, P-값이 설정된 유의수준 이하이면 귀무가설을 기각하는 방법이다.

- P-값(probability value) : 설정된 귀무가설이 진실인 경우에 귀무가설이 기각될 수 있는 최대 유의수준이며, 관찰 유의수준(observed level of significance)이라고 함
- P-값은 표본통계량이 귀무가설로 예상되는 값으로부터 얼마나 크게 괴리되어 있는가를 반영하는 확률이며, 귀무가설이 진실인 경우에 획득되는 실제 값보다 더욱 극단적으로 검정통계량의 값이 나타날 확률
- P-값이 설정된 유의수준 이하인 경우에는 귀무가설을 기각하고, P-값이 설정된 유의수준을 초과하면 귀무가설 기각은 불가능

TIP

- 0.3%의 낮은 P-값을 갖는 표본 통계량은 귀무가설이 참인 경우가 1,000번의 실험 중에서 단지 3번만 발생하는 확률을 반영
- 30%의 높은 P-값은 귀무가설이 참인 경우가 100번의 실험 중에서 30회나 발생할 확률을 반영하며, 그 표본통계량이 귀무가설로 예상되는 값에서 크게 괴리되지 않는다는 것을 의미

(2) 가설검정 통계량의 선택기준

가설검정을 위한 통계량 선택의 기준은 다음과 같다.

- 〈표 11-3〉과 같이 대부분의 경우에 Z값을 사용
- 정규분포를 갖지만 표준편차를 모르는 모집단에 대해 30 미만의 크기를 갖는 표본을 이용하는 경우에는 〈표 11-3〉의 t값을 사용
- 정규분포를 갖지 않는 모집단에 대해 30 미만 크기의 표본을 이용한다면 모집단 표준편차의 인식 여부와는 무관하게 비모수검정법(nonparametric tests)을 사용

〈표 11-3〉 모집단 표준편차 σ 의 인식 여부에 따른 검정통계량 선택

모집단 분포	표본크기	σ 를 아는 경우	σ 를 모르는 경우
정규분포인 경우	30 이상	$z=\dfrac{\overline{X}-\mu_0}{\sigma_{\overline{X}}}$	$z=\dfrac{\overline{X}-\mu_0}{s_{\overline{X}}}$
	30 미만	$z=\dfrac{\overline{X}-\mu_0}{\sigma_{\overline{X}}}$	$t=\dfrac{\overline{X}-\mu_0}{s_{\overline{X}}}$
정규분포가 아닌 경우	30 이상	$z=\dfrac{\overline{X}-\mu_0}{\sigma_{\overline{X}}}$	$z=\dfrac{\overline{X}-\mu_0}{s_{\overline{X}}}$
	30 미만	중위수에 대한 비모수검정 통계량	

(3) 가설검정의 종류

검정의 형태는 대립가설 H_1 이 귀무가설 H_0 의 모집단 모수 설정 값에 대해 전적으로 크거나 작은 범위에 포함되는 단측검정(one-sided test)과 귀무가설 H_0 의 설정 값 양쪽으로 포함될 수 있는 양측검정(two-sided test)으로 구분할 수 있다.

■ 단측검정

가설의 단측검정(one-sided or one-tailed test)은 기각역이 추정하려는 모수의 한쪽에 있는 가설 검정이며, 기각역이 귀무가설의 설정 값의 좌측에 위치하는 좌측 검정과 우

측에 위치하는 우측 검정으로 구분한다.

① 좌측, 좌측 꼬리 또는 낮은 꼬리 검정(left-sided, left-tailed or lower-tailed test) : 대립가설에서 모수 값이 가설 설정한 값보다 작은 방식으로 기각역이 추정하려는 모수의 왼쪽에 있는 검정방법이다.

- 〈그림 11-1〉과 같이 좌측 검정에서 유의수준 α가 차지하는 면적인 기각역이 분포곡선의 좌측에 위치
  - 5% 유의수준의 기각역은 Z값이 -1.645 이하인 영역
  - 1% 유의수준의 기각역은 Z값이 -2.326 이하인 영역
- 〈그림 11-1〉과 같이 낮은 유의수준은 귀무가설 추정의 정확성 결여를 반영하므로, 표본통계량에 대해 낮은 유의수준에서 기각되는 귀무가설은 그 정확성이 아주 낮은 것을 반영

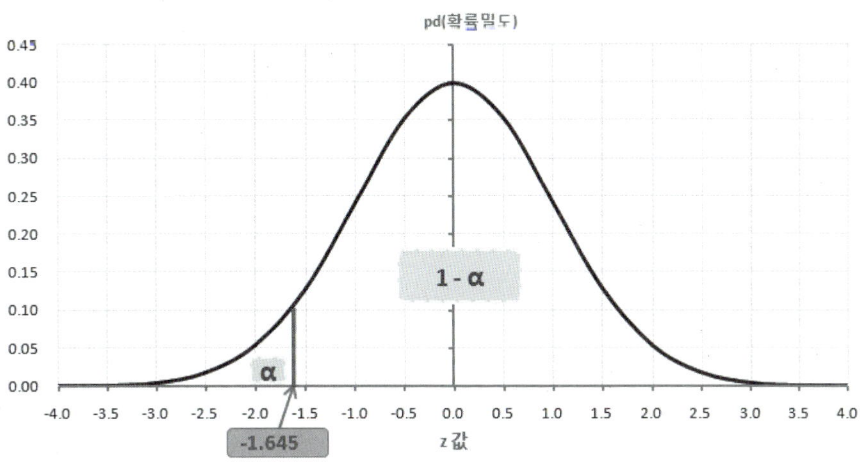

〈그림 11-1〉 유의수준 5%의 좌측 꼬리검정(α= 5%)

② 우측, 우측 꼬리 또는 높은 꼬리 검정(right-sided, right-tailed or upper-tailed test) : 대립가설에서 모수 값이 가설 설정한 값보다 큰 방식으로 기각역이 추정하려는 모수의 오른쪽에 있는 검정방법이다.

- 〈그림 11-2〉와 같이 우측 검정은 유의수준 α가 차지하는 면적인 기각역이 우측 꼬리에 위치
  - 5% 유의수준의 기각역은 Z값이 1.645 이상인 영역
  - 1% 유의수준의 기각역은 Z값이 2.326 이상인 영역

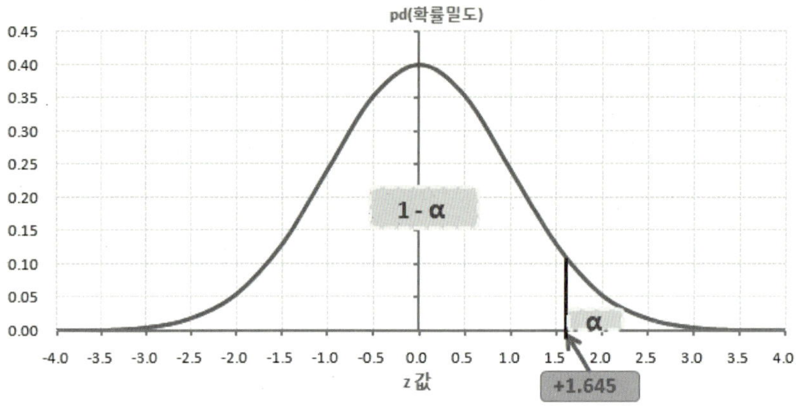

〈그림 11-2〉 유의수준 5%의 우측 꼬리검정(α = 5%)

■ 양측검정

가설의 양측검정(two-sided or two-tailed test)은 관찰치에 대한 귀무가설의 기각영역(기각역)이 추정하려는 모수 값의 각각 왼쪽과 오른쪽에 있는 두 부분으로 구성된다.

- 유의수준 5% 양측검정의 기각역은 〈그림 11-3〉과 같이 확률밀도곡선 아래 면적이 (5%/2)가 되는 -1.96 이하인 Z값 영역과 1.96 이상인 Z값의 영역에 위치
- 유의수준 1% 양측검정의 기각역은 확률밀도곡선 아래의 면적이 (1%/2)가 되는 두 영역이 -2.576 이하인 Z값과 2.576 이상인 Z값의 영역에 위치

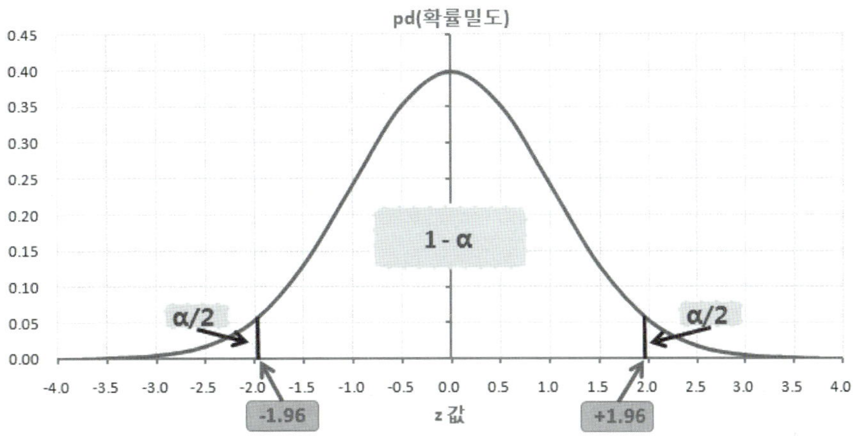

〈그림 11-3〉 유의수준 5%의 양측검정(α= 5%)

11.2 단일 모집단 가설검정

11.2.1 모집단 평균의 가설검정

(1) 모집단 평균의 양측가설 검정 절차

모집단 평균에 대한 양측가설의 검정은 다음과 같이 가설설정, 유의수준 설정, 검정통계량 및 그 기각역 결정, 통계량 계산 및 의사결정과정으로 수행된다.

① 모집단 평균에 대한 양측가설을 설정한다.

- 표본 통계량과 비교할 모수 μ 의 값을 귀무가설 H_0 로 설정
- 귀무가설이 진실이더라도 표본 통계량이 귀무가설의 값으로 나타날 가능성이 없는 배반적인 값들을 대립가설 H_1 으로 설정

② 가설검정의 유의수준을 설정한다.

- 5%와 1%의 유의수준을 주로 사용

③ 검정통계량을 선정한다.

- 검정할 모수의 불편추정량인 표본통계량이나 그 변형을 검정통계량으로 사용
- 평균의 표본분포가 정규분포이면 표본평균의 값을 Z값으로 전환하여 사용

$$\text{검정통계량} = \frac{\text{표본통계량} - \text{귀무가설 모수}}{\text{평균의 표준오차}}$$

④ 검정통계량의 기각치 또는 기각역을 결정한다.

- 표본평균 $\overline{X}$의 기각역 임계값 $\overline{X}_{CR}$은 모집단 표준편차를 아는 경우와 모집단 표준편차를 몰라도 표본크기가 30 이상인 경우에 귀무가설 설정 모집단 평균 μ_0와 신뢰계수 $z_{\alpha/2}$ 및 평균의 표준오차 $\sigma_{\overline{X}}$의 곱 오차한계 $z_{\alpha/2}\sigma_{\overline{X}}$로 구성
- 표본평균 $\overline{X}$의 기각역 임계값 $\overline{X}_{CR}$은 모집단 표준편차를 모르고, 표본크기가 29개 이하인 경우에 귀무가설 설정 모집단 평균 μ_0와 신뢰계수 $t_{\alpha/2}$ 및 평균의 표준오차 $s_{\overline{X}}$의 곱 오차한계 $t_{\alpha/2}s_{\overline{X}}$로 구성

⑤ 표본통계량과 유의수준에 따른 검정통계량을 비교하여 다음 중 하나를 이용하여 가설 기각여부 결정

- 기각역 접근법에 따라 표본평균이 신뢰구간을 벗어난 기각역에 포함되면 귀무가설을 기각
- 표본 통계량 Z값의 절대값이 양측검정 Z 임계값의 절대값보다 이상이면 귀무가설을 기각
- P-값 접근법에 따라 표본통계량 Z값의 발생확률인 P-값이 유의수준 이하이면 귀무가설을 기각

〈표 11-4〉 양측검정 검정접근법의 귀무가설 기각 기준

검정접근법	H_0 기각 기준
기각역 접근법	표본통계량 ≥ 기각역 상한 or 표본통계량 ≤ 기각역 하한
Z값 접근법	표본통계량 Z 값 절대치 ≥ 양측검정 Z 임계값 절대치
P값 접근법	2×표본통계량 Z 값의 누적확률 ≤ 설정한 유의수준

예제 11. 어떤 회사의 매출채권에 대한 표준편차가 43(억 원)으로 알려진 경우에, 그 매출채권의 평균이 260(억 원)이라는 가설을 검정하기 위해 표본 추출한 크기 n =36의 표본에서 평균이 240(억 원)으로 계산되었다고 하자. 이에 대한 양측가설 검정을 5% 유의수준에서 다음과 같이 수행할 수 있다.

	A	B	C	D	E	F
1	귀무가설 설정 평균 μ0	260	표본크기	36		
2	모집단 표준편차	43	표본평균	240		
3	유의수준 α	5%	평균의 표준오차	7.167	=B2/SQRT(D1)	
4	신뢰계수	1.960	=NORM.S.INV(1-B3/2)			
5	최대허용가능오차(오차한계)	14.046	=B4*D3			
6	하부기각역 임계값	245.954	=B1-B5			
7	상부기각역 임계값	274.046	=B1+B5			
8	통계량 Z값	-2.791	=(D2-B1)/D3			
9	통계량 Z값의 P-값	0.53%	=2*NORM.S.DIST(B8,1)			

① 가설 H_0 및 H_1 설정과 자료 입력

- $H_0 : \mu = 260$, $H_1 : \mu \neq 260$
- A1:D2구간 각 셀에 귀무가설로 설정한 평균, 표본크기, 모집단 표준편차, 표본평균을 각각 입력
- B3셀에 유의수준 5%를 입력, 유의수준 크기가 제시되지 않는 경우에는 가장 많이 사용하는 5%를 유의수준으로 사용

② 검정통계량 선정과 평균의 표준오차 계산

- 표본크기가 36이어서 30 이상이어서 표준정규분포를 사용
- D3셀에 "=B2/SQRT(D1)"을 입력하여 평균의 표준오차를 계산

③ 기각역 접근법에 따른 가설검정 수행

- B4셀에 "=NORM.S.INV(1-B3/2)"를 입력, 유의수준 5%에 대한 신뢰계수 $z_{\alpha/2}$ 를 계산
- B5셀에 "=B4*D3"을 입력하여 오차한계(최대허용가능오차)를 계산
- B6셀에 "=B1-B5"를, B7셀에 "=B1+D5"를 입력하여 하부 기각역 임계값과 상부 기각역 임계값을 각각 계산
- D2셀의 표본평균 $\overline{X}= 240$ 은 하부 기각역 임계값 245.954이므로, 표본 통계량이 기각역에 포함되어 귀무가설은 기각(대립가설을 채택)

④ Z값 접근법 및 P-값 접근법에 따른 가설검정 수행

- B8셀에 "=(D2-B1)/D3"을 입력, 표본 통계량의 Z값을 -2.791로 계산, 이는 절대값이 유의수준의 Z 임계값인 B4셀의 1.96보다 크므로 귀무가설 기각
- B9셀에 "=2*NORM.S.DIST(B8,1)"을 입력, 표본 통계량 Z값의 누적확률의 2배로 설정되는 양측검정의 P-값을 계산, P-값이 0.53%로 유의수준 5%보다 아주 낮아 귀무가설을 기각[대립가설을 채택] → 0.53%는 1%보다 낮아 1%의 유의수준에서도 평균이 260(억 원)이라는 귀무가설은 기각

(2) 모집단 평균에 대한 단측가설의 검정

모집단 평균이 어떤 수준 이상 또는 이하인지의 여부를 검정하려면 단측검정을 수행해야 한다. 예컨대 모집단 평균이 260 이상인지의 여부를 단측가설(좌측꼬리)로 검정하기 위한 가설의 설정하는 방법은 다음과 같다.

- 귀무가설 H_0 : $\mu= 260$ [또는 $\mu \geq 260$]
- 대립가설 H_1 : $\mu< 260$
- 귀무가설에는 반드시 "="가 포함되어야 함

단측검정의 임계값은 양측검정과 마찬가지로 평균이나 Z값으로 표시되지만, 기각역의 발생확률이 분포의 한쪽 꼬리에 모두 위치하기 때문에 임계값은 하나로 결정된다. 단측검정에서 임계값의 결정은 양측검정과 동일하지만, 임계값이 하나만 있어 귀무가설 모수(평균)에 오차한계를 더하여 결정한다.

① 표준정규분포를 사용하는 경우

- 좌측꼬리검정의 경우 유의수준에 대해 "=Norm.s.inv(유의수준)"으로 Z의 임계값을 계산
- 좌측꼬리검정의 경우 유의수준에 대해 "=Norm.s.inv(1-유의수준)"으로 Z의 임계값을 계산

② t분포를 사용하는 경우

- 좌측꼬리검정의 경우 유의수준에 대해 "=T.INV(유의수준,자유도)"로 Z의 임계값을 계산
- 우측꼬리검정의 경우 유의수준에 대해 "=-T.INV(유의수준,자유도)"로 Z의 임계값을 계산

(3) 제2종 오류의 확률 계산

허위인 귀무가설을 채택할 제2종 오류의 확률은 β로 표시하며, β는 대립가설의 범위에 포함되는 특정 값(specific value)에 대해 계산할 수 있다.

실제 관찰된 평균값 μ_1이 가설검정의 좌측꼬리 대립가설의 범위에 있는 경우에, 제2종 오류의 확률 β는 다음과 같이 계산한다.

① "(임계값-표본평균)/평균의 표준오차"로 검정통계량 z_1을 계산한다.

② "(표본평균-귀무가설 평균)/평균의 표준오차"로 표본통계량 Z를 계산한다.

③ 좌측 꼬리와 우측 꼬리 검정에 대해 다음과 같이 제2종 오류의 확률을 각각 계산한다.

- 좌측 꼬리검정에서는 Excel에서 "=1-NORM.S.DIST(z_1,1)"을 입력하여 표본통계량 Z가 검정통계량 z_1 이상일 확률을 β로 계산한다.
- 우측 꼬리검정에서는 Excel에서 =NORM.S.DIST(z_1,1)"을 입력하여 표본통계량 Z가 검정통계량 z_1 이하일 확률을 β로 계산한다.

④ 단측검정에 t분포를 사용한다면, 다음과 같이 제2종 오류 확률을 계산한다.

- 좌측 꼬리검정에는 "=1-T.DIST(검정통계량 t_1,자유도,1)"을 입력하여 표본통계량 t가 검정통계량 t_1 이상일 확률을 β로 계산한다.
- 우측 꼬리검정에는 "=T.DIST.RT(검정통계량 t_1,자유도)"를 입력하여 표본통계량 t가 검정통계량 t_1 이하일 확률을 β로 계산한다.

예제 11.2 예제 11-1의 경우에 대해 억 원 단위의 매출채권의 평균이 260이라는 귀무가설의 검정을 260 미만이라는 (좌측 꼬리) 대립가설에 대해 1%와 5%의 유의수준에서 다음과 같이 각각 수행할 수 있다.
또한 관찰치의 평균이 실제로 240으로 나타난 경우에, 1%와 5%의 유의수준(제1종 오류 확률)에 대해 계산된 임계값들을 사용할 경우에 발생할 수 있는 제1종 오류와 제2종 오류의 확률을 각각 구할 수 있다.

	A	B	C	D	E	F
1	설정 평균 μ_0	260	표본크기	36		
2	모집단 표준편차	43	표본평균	240		
3	평균의 표준오차	7.167	=B2/SQRT(D1)			
4	표본통계량 Z값	-2.79069767	=(D2-B1)/B3			
5	P-값	0.26%	=NORM.S.DIST(B4,1)			
6	유의수준	유의수준 Z값	단측검정 오차한계	기각역 임계값	김정통계량 z_1	$\beta=P(Z\geq z_1)$
7	1%	-2.326	-16.67216	243.328	0.464	32.12%
8	5%	-1.645	-11.78812	248.212	1.146	12.59%

① 자료 입력과 단측가설 및 유의수준들의 설정

- A1:D2구간에 귀무가설의 평균, 표본크기, 모집단 표준편차, 표본평균을 입력
- 단측가설을 다음과 같이 설정

  H_0 : $\mu = 260$ 또는 $\mu \geq 260$

  H_1 : $\mu < 260$
- 일반적으로 많이 사용하는 1%와 5%의 유의수준들을 설정

② 검정통계량 선정과 평균의 표준오차 계산

- 표본크기가 36이어서 30을 초과하므로 표준정규분포를 사용
- D3셀에 "=B2/SQRT(D1)"을 입력하여 평균의 표준오차를 계산

③ 표본통계량 Z와 그 단측검정 P-값의 계산

- B5셀에 "=(D2-B1)/B3"을 입력하여 표본통계량 Z값을 계산
- B6셀에 "=NORM.S.DIST(B4,1)"을 입력하여 표본통계량 Z의 P-값을 계산

④ 유의수준 입력, 유의수준(누적확률)의 Z값, 단측 오차한계, 기각역 임계값 계산

- A7:A8구간의 각 셀에 유의수준인 1%와 5%를 각각 입력
- B7:B8구간을 지정, 수식입력줄에 "=NORM.S.INV(A7)"을 입력 후 "Ctrl+Enter"를 클릭하여 각 유의수준을 누적확률로 하는 Z임계값들을 동시 계산
- C7:C8구간을 지정, 수식입력줄에 "=B7*$B$3"을 입력 후 "Ctrl+Enter"를 클릭하여 각 유의수준에 따른 오차한계 $z_{\alpha/2}\sigma_{\overline{X}}$를 동시 계산
- D7:D8구간을 지정, 수식입력줄에 "=$B$1+C7"을 입력 후 "Ctrl+Enter"를 클릭하여 유의수준별로 표본평균의 귀무가설 기각역 임계값 $\overline{X}_{CR}$을 동시 계산

⑤ 단측가설 검정의 의사결정

- 기각역 접근법에 따라 D2셀의 표본평균 240은 D7:D8구간의 1% 및 5% 유의수준 임계값 모두에 비해 작아 "$\mu = 260$"의 귀무가설 H_0는 5%와 1% 유의수준 모두에서 기각
- Z값 접근법에 따라 B4셀의 표본통계량이 B7:B8구간의 유의수준별 Z 임계값에 비해 절댓값이 더 크므로 귀무가설 H_0를 5%와 1% 유의수준 모두에서 기각
- P-값 접근법에 따라 B5셀의 표본통계량 Z의 단측검정의 P-값이 0.26%로 1%보다 아주 작게 나타나 1%와 5% 유의수준 모두에서 귀무가설 H_0를 기각

⑥ 제1종 오류의 규명과 제2종 오류의 확률 계산

- 표본통계량 Z의 P-값에 따라 제1종 오류의 최대확률(maximum probability)은 0.26%로 발생
- E7:E8구간을 지정, 수식입력줄에 "=(D7-$D$2)/$B$3"을 입력 후 "Ctrl+Enter"를 클릭하여, "(기각역 임계값-표본평균)/평균의 표준오차"로 검정통계량 z_1을 각 유의수준들에 대해 동시 계산
- F7:F6구간을 지정, 수식입력줄에 "=1-NORM.S.DIST(E7,1)"을 입력 후 "Ctrl+ Enter"를 클릭하여, 1%와 5% 유의수준에서의 제2종 오류확률 β를 각각 32.12%와 12.59%로 동시 계산

예제 11.3 예제 11-1의 경우에 대해 억 원 단위의 매출채권 평균이 정규분포를 갖지만, 모집단 표준편차를 알지 못한다고 하자.

이러한 경우에 매출채권 평균이 260 이상이라는 가설을 검정하기 위해 크기 n=20의 표본에서 평균 240과 표준편차 43의 결과를 기초로 다음과 같이 Student t분포를 사용하여 수행할 수 있다. 또한 표본크기의 변화에 따른 민감도분석을 스크롤막대와 "데이터 표" 기능을 사용하여 수행할 수 있다.

	A	B	C	D	E	F
1	설정 평균	260	표본크기	20		
2	표본 표준편차	43	표본평균	240		
3	평균의 표준오차	9.615	표본통계량 t값	-2.080		
4	유의수준	유의수준 t값	단측검정 오차한계	기각역 임계값	단측검정 오차한계	
5	1%	-2.539	-24.417	235.583	-24.417	
6	5%	-1.729	-16.626	243.374	-16.626	
7	유의수준 t값의 표본크기에 대한 민감도 분석				유의수준별 의사결정	
8	표본크기	1%유의수준 t값	5%유의수준 t값	표본통계량 t값	1%	5%
9	20	-2.539	-1.729	-2.080	채택	기각
10	2	-31.821	-6.314	-0.658	채택	채택
11	3	-6.965	-2.920	-0.806	채택	채택
12	5	-3.747	-2.132	-1.040	채택	채택
13	7	-3.143	-1.943	-1.231	채택	채택
14	9	-2.896	-1.860	-1.395	채택	채택
15	11	-2.764	-1.812	-1.543	채택	채택
16	12	-2.718	-1.796	-1.611	채택	채택
17	14	-2.650	-1.771	-1.740	채택	채택
18	15	-2.624	-1.761	-1.801	채택	기각
19	19	-2.552	-1.734	-2.027	채택	기각
20	23	-2.508	-1.717	-2.231	채택	기각
21	25	-2.492	-1.711	-2.326	채택	기각
22	27	-2.479	-1.706	-2.417	채택	기각
23	28	-2.473	-1.703	-2.461	채택	기각
24	29	-2.467	-1.701	-2.505	기각	기각

① 단측가설 및 유의수준의 설정과 검정통계량 선정

- H_0 : $\mu = 260$ (또는 $\mu \geq 260$)
- H_1 : $\mu < 260$
- 유의수준 설정 : 일반적으로 많이 사용하는 1%와 5% 유의수준을 설정
- 표본크기가 20이어서 30보다 작으므로, 검정통계량으로 Student t분포를 사용

② 자료입력과 유의수준 t값 및 표본평균의 기각역 임계값 설정

- A1:D2구간의 각 셀에 귀무가설로 설정된 평균, 표본크기, 표본표준편차, 표본평균을 각각 입력
- B3셀에 "=B2/SQRT(D1)"을 입력하여 무한모집단[표본크기 n이 모집단 크기 N의 5% 미만]에 대한

평균의 표준오차를 계산

- D3셀에 "=(D2-B1)/B3"을 입력, 관찰된 표본평균의 t값인 표본통계량을 계산
- B5:B6구간 지정, 수식입력줄에 "=T.INV(A5,$D$1-1)"을 입력 후 "Ctrl+Enter"를 클릭하여 단측검정의 t분포 임계값을 유의수준별로 동시 계산
- C5:C6구간 지정, 수식입력줄에 "=B5*$B$3"을 입력 후 "Ctrl+Enter"를 클릭하여 각 유의수준에 대한 단측검정 오차한계(최대허용가능오차)를 동시 계산
- E5:E6구간 지정, 수식입력줄에 "=-CONFIDENCE.T(2*A5,$B$2,$D$1)"을 입력 후 "Ctrl+Enter"를 클릭하여 각 유의수준에 대한 좌측꼬리 단측검정 오차한계(최대허용가능오차)를 동시 계산
- D5:D6구간 지정, 수식입력줄에 "=$B$1+C5"를 입력 후 "Ctrl+Enter"를 클릭하여 각 유의수준에 대한 단측검정 기각역 임계값을 동시 계산

③ 표본통계량과 검정통계량 비교를 통한 귀무가설 채택 의사결정

- 1%와 5% 유의수준 표본평균의 기각역 임계값들에 따르면, 1%와 5% 유의수준 표본평균의 기각역은 각각 235.583 이하와 243.374 이하로 나타나 표본평균 $\overline{X}= 240$은 1% 유의수준에서는 채택역에, 5% 유의수준에서는 기각역에 포함 → 1% 유의수준에서는 귀무가설을 채택, 5% 유의수준에서는 귀무가설은 기각
- 관찰된 표본평균의 t값인 D3셀의 -2.080은 B5셀의 1% 유의수준 t값보다 절댓값이 작고, B6셀의 5% 유의수준의 임계 t값보다 절댓값으로 더 크게 발생 → 귀무가설을 1% 유의수준에서는 채택, 5% 유의수준에서는 기각

④ 표본크기에 대한 1% 및 5% 유의수준 t 값의 민감도분석

- 메뉴 탭에서 "개발도구 | 컨트롤 | 삽입 | 양식컨트롤 | 스크롤 막대"를 지정
- E1셀에 구간 [2,29]과 현재값 20을 설정하고, D1셀에 연결하여 붙여 넣기
- 스크롤 막대 화살표를 눌러 표본 크기 변화에 따른 유의수준별 임계값 변화 관측
- Excel의 데이터 표 기능을 이용한 표본크기 변화에 따른 신뢰한계 민감도분석
- A9셀에 "=D1", B9셀에 "=B5", C9셀에 "=B6", D9셀에 "=D3"을 입력
- A10:A24구간에 2, 3, 5에서 29까지 표본크기의 숫자들을 시트와 같이 입력
- A9:D24구간을 지정, 메뉴 탭에서 "데이터 도구 | 가상분석 | 데이터 표"를 지정, 생성된 데이터 표 대화상자의 열 입력 셀에 "D1"을 입력 후 "확인"을 클릭

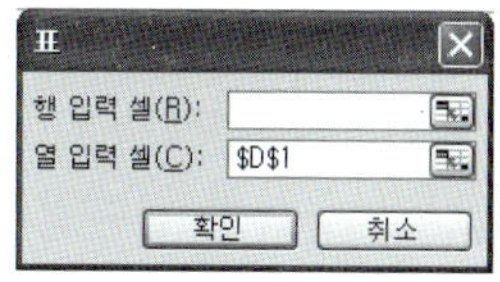

- E9:F24구간을 지정, 수식입력줄에 “=IF(ABS(B9)>=ABS($D9),"채택","기각")”을 입력 후 “Ctrl+Enter”를 클릭하여 귀무가설 채택 여부의 의사결정을 동시 수행
- E9:F24구간을 지정, 메뉴 탭에서 “홈 | 스타일 | 조건부 서식 | 셀 강조 규칙 | 텍스트 포함”을 지정하여 생성된 텍스트 포함 대화상자를 다음과 같이 지정 후 “확인”을 클릭

- 다시 메뉴 탭에서 “홈 | 스타일 | 조건부 서식 | 셀 강조 규칙 | 텍스트 포함”을 지정하여 생성된 텍스트 포함 대화상자를 다음과 같이 지정 후 “확인”을 클릭

- 1% 유의수준에서는 표본크기가 29에서만 귀무가설이 기각되지만, 5% 유의수준에서는 귀무가설이 여러 표본크기에서 기각되는 것을 확인

(4) 표본자료를 이용한 가설검정

Excel에서는 “=Z.TEST(자료구간, 가설 설정 평균, 표준편차)”함수로 주어진 자료에 대한 단측검정의 P-값을 계산할 수 있고, 변형을 통해 양측검정의 P-값을 계산할 수 있다.

① Z.TEST함수는 자료를 이용하여, 설정한 추정평균에 대한 표본의 Z값(t값)을 기초로 “1-NORM.S.DIST(Z,1)” 또는 “1-NORM.S.DIST(t,1)”의 확률 p_Z를 제공한다.

- 표준편차의 값을 입력하지 않는 경우에는 자료값들의 표본 표준편차를 이용하여 계산이 자동 수행

② Z.TEST함수를 이용하여 얻은 값인 누적확률 p_{Zt}를 양측검정과 단측검정에 각각 다음과 같이 적용하여 P-값을 계산하고, P-값 접근법으로 검정 의사결정 수행

- 양측검정의 경우 $2(1-p_Z)$와 $2p_Z$ 중에서 작은 값으로 P-값을 계산하도록 다음

수식을 사용

"=2*MIN(Z.TEST(자료,가설설정평균,표준편차),1-Z.TEST(자료,가설설정평균,표준편차))"

- 이러한 계산 결과는 유의수준에 대한 신뢰계수를 통해 구한 Z값을 이용하여 "2*(1-NORMSDIST(ABS(Z값)))"으로 계산한 결과와 동일
- 이는 기본 모집단 평균이 x일 때 표본 평균이 양쪽 방향에서 AVERAGE(자료)보다 x에서 괴리될 양측검정확률을 계산
- 단측검정의 경우에 p_Z로 P-값을 계산, 이러한 결과는 유의수준에 대한 Z값을 구하여 "1-NORM.S.DIST(ABS(Z값),1)"로 계산한 결과와 동일

예제 11.4 어떤 회사의 20개 해외 대리점에 대한 지난달의 월간 수출액이 A2:B21구간과 같이 나타났다.

월간 수출액의 표준편차가 USD30천으로 알려진 상황에서 원활한 생산관리와 출하를 위해 원자재와 운전자금의 충분한 확보에 필요한 대리점별 평균 월간수출액이 USD125천이라고 추정한다고 하자. 이러한 추정치가 실제 평균 월간수출액에 대해 부족하거나 과다한 것이 아닌가를 다음과 같이 5% 유의수준에서의 가설검정으로 확인할 수 있다.

	A	B	C	D	E	F	G	H
1	시장구분	매출액(U$천)	이름상자	가=B2:B31	σ	30	평균 표준오차	6.7082
2	1	135.0	양측검정		관찰 Z값	-1.76757	Z.TEST 값	0.96143
3	2	80.0	귀무가설 모평균	125				
4	3	115.0	Z.TEST	0.96143	=Z.TEST(가,D3,F1)			
5	4	137.1	Z검정 P-값	7.71%	=MIN(2*(1-D4),2*D4)			
6	5	114.7	표본평균	113.1	=AVERAGE(가)			
7	6	140.8	표본크기	20	=COUNT(가)			
8	7	108.9	표본 표준편차	28.412299	=STDEV.S(가)			
9	8	66.3	평균의 표준오차	6.3531833	=D8/SQRT(D7)			
10	9	119.6	관찰 t값	-1.8663412	=(D6-D3)/D9			
11	10	170.2	t검정 P-값	7.75%	=T.DIST.2T(ABS(D10),D7-1)			
12	11	157.6	단측검정					
13	12	77.0	Z검정 P-값	3.86%	=MIN(D4,1-D4)			
14	13	69.0	t검정 P-값	3.88%	=T.DIST(D10,D7-1,1)			
15	14	105.0	가설모평균에 대한 양측 Z검정 및 t검정의 P-값 민감도					
16	15	98.0	가설모평균	Z검정	t검정			
17	16	127.0	125	7.71%	7.75%			
18	17	101.0	130	1.20%	1.57%			
19	18	135.6	135	0.11%	0.27%			
20	19	90.0	140	0.01%	0.05%			
21	20	115.0	120	30.67%	29.40%			

① 양측가설의 설정

- H_0 : $\mu = 125$
- H_1 : $\mu \neq 125$

② 모집단 표준편차가 USD30천으로 알려진 경우의 Z검정을 수행

- A1:B21구간의 각 셀에 자료를 입력 후, B2:B21구간에 대해 "가"로 이름을 지정
- F1셀에 모집단 표준편차 "30"을, D3셀에 귀무가설로 설정된 평균값 "30"을 입력
- "Z.TEST"함수를 사용하여 P-값을 계산하고 가설검정 의사결정 수행
- D4셀에 "=Z.TEST(가,D3,F1)"을 입력하여 Z 통계량의 누적 확률을 계산
- D5셀에 "=MIN(2*(1-D4),2*D4)"를 입력하여, 양측가설 Z검정의 P-값을 7.71%로 계산
- P-값이 7.71%여서 5% 유의수준에서 귀무가설 $\mu = 125$ 를 채택

③ "(표본평균-가설평균)/평균의 표준오차"로 귀무가설의 관찰 Z값을 계산, 그 계산결과를 기초로 "=1-NORM.S.DIST(관찰 Z값,1)"을 통해 Z.TEST함수와 동일하게 P-값을 계산하는 과정을 비교

- D6셀에 "=AVERAGE(가)"를 입력하여 자료의 표본평균을 계산
- D7셀에 "=COUNT(가)"를 입력, 표본크기를 20으로 계산
- H1셀에 "=F1/SQRT(D7)"을 입력, 평균의 표준오차를 계산
- F2셀에 "=(D6-D3)/H1"을 입력, 가설 평균값의 검정통계량인 관찰 Z값을 계산
- H2셀에 "=1-NORM.S.DIST(F2,1)"을 입력, D2셀의 "Z.TEST함수"의 계산 결과와 비교

④ 모집단 표준편차를 모르는 경우의 t통계량 사용 가설검정

- D8셀에 "=STDEV.S(가)"를 입력, 표본 자료의 표준편차를 계산
- D9셀에 "=D8/SQRT(D7)"을 입력, 무한모집단[표본크기 n 이 모집단 크기 N의 5% 미만]에 대한 평균의 표준오차를 계산
- D10셀에 "=(D6-D3)/D9"를 입력, 관찰된 표본평균의 검정통계량 t 값을 계산
- D11셀에 "=T.DIST.2T(ABS(D10),D7-1)"를 입력하여 t통계량에 대한 양측검정의 P-값을 7.75%로 계산
- 5% 유의수준보다 높은 P-값으로 인해 평균 월간매출액이 125라고 추정하는 귀무가설을 채택

⑤ Z통계량 및 t통계량을 통한 단측가설 검정

- H_0 : $\mu = 125$ 와 H_1 : $\mu < 125$ 의 좌측 단측가설과 5%의 유의수준을 설정
- D13셀에 "=MIN(D4,1-D4)"를 입력, Z검정의 P-값을 3.86%로 계산
- D14셀에 "=T.DIST(D10,D7-1,1)"을 입력, t검정의 P-값을 3.88%로 계산
- 유의수준 5%보다 P-값이 작기 때문에 5% 유의수준에서 $\mu = 125$ 의 귀무가설을 기각, 이는 월간 평균 수출액이 USD125천보다 낮게 발생한다는 것을 95% 신뢰수준으로 믿을 수 있다는 것을 반영

TIP

- T.DIST.RT(t통계량,자유도)함수는 단측(오른쪽) 스튜던트 t-분포 값을 제공, t통계량은 분포를 구하는 숫자

⑥ 가설 모집단평균 변화의 양측 Z검정 및 t검정 P-값 민감도분석과 적정 평균

- C17셀에 "=D3", D17셀에 "=D5", E18셀에 "=D11"을 입력
- C18:C21구간에 120부터 5간격으로 105까지 입력
- C17:E21구간을 지정하고, 메뉴 탭에서 "데이터 도구 | 가상분석 | 데이터 표"를 지정, 생성된 데이터 표 대화상자의 열 입력 셀에 "D3"을 입력 후 "확인"을 클릭

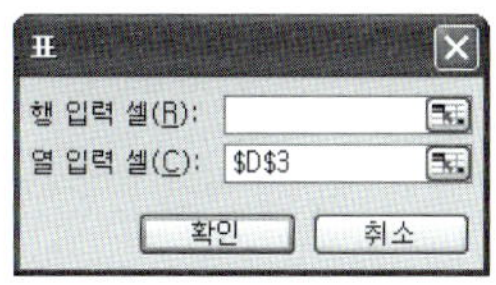

- C17:E21구간에서 출력된 표 분석결과에 따르면 가설 모평균이 115인 경우에 제1종 오류의 확률이 제일 높아, 115가 다른 수준보다 모집단 평균의 적절한 추정치가 되는 것으로 해석이 가능

11.2.2 모집단 비율과 분산에 대한 가설검정

(1) 이항분포를 사용한 모집단 비율의 가설검정

이항분포를 사용하는 비율에 대한 가설 검정은 주로 단측검정으로 수행되는 P-값 접근법이다. 따라서 추출된 확률표본이 베르누이과정(Bernoulli process)을 따르면 다음 절차를 통해 모집단 비율 가설검정에 이항분포를 사용할 수 있다.

- 모집단 비율에 대한 단측가설을 설정
- 유의수준의 설정과 기각역의 계산
- 검정통계량을 계산
- 관찰 통계량이 유의설정 통계량을 초과하면 기각역으로 간주하여 귀무가설 기각
- 관찰 검정통계량의 P-값이 유의수준에 미달하면 귀무가설을 기각

예제 11.5 어떤 회사의 수출담당자가 현재 상담 중인 1,000건의 오퍼가 성사될 확률이 50%라고 주장한다고 가정하자.

상담 중인 오퍼 10건을 표본 추출한 결과, 단지 2건만이 수입회사로부터 수락을 받았다면, 그 담당자의 주장을 5% 유의수준에서 다음과 같이 검정할 수 있다.

	A	B	C	D
1	수락건수	확률	누적확률	성공확률
2	0	0.000977	0.10%	0.5
3	1	0.009766	1.07%	표본크기
4	2	0.043945	5.47%	10
5	3	0.117188	17.19%	
6	4	0.205078	37.70%	

① 가설의 설정과 자료입력

- $H_0 : \pi = 0.50$
- $H_1 : \pi < 0.50$
- A2:A6구간의 각 셀에 0부터 4까지 채워 넣기
- D2셀에 성공확률 0.5를, D4셀에 표본크기 10을 입력

② 기각역 확률의 계산

- 이항분포를 사용하는 경우에 50%의 성공확률로 10번 시행에서 5건 미만이 수락될 확률은 아래와 같이 계산
- B2:B6구간을 지정, 수식입력줄에 "=BINOM.DIST($A2,$D$4,$D$2,0)"을 입력 후 "Ctrl+Enter"를 클릭하여 각 수락건수의 성공확률을 동시 계산
- C2:C6구간을 지정, 수식입력줄에 "=BINOM.DIST($A2,$D$4,$D$2,1)"을 입력한 후 "Ctrl+Enter"를 클릭하여, 각 수락건수 성공의 누적확률을 동시 계산

③ 귀무가설 기각 여부 의사결정 수행

- 표본크기 10에서 수락된 오퍼건수의 검정통계량 누적확률의 계산 결과에서 1건 수락까지의 누적확률은 1.07%이고, 2건 수락까지의 누적확률은 5.47% → 5% 유의수준에서 귀무가설 기각은 단지 0 또는 1건만 수락을 받은 경우에만 가능
- 10건 중 2건이 수락을 받은 것으로 관찰된 상황에서는 누적확률이 5%를 초과하므로, 5% 유의수준에서 수주 성공확률이 50% 이상이라는 주장을 채택
- 1% 유의수준을 사용한다면, 귀무가설은 표본추출에서 수락건수가 1건인 경우에도 채택되므로 수출담당자 주장의 설득력은 보다 강화됨
- 표본크기가 증가할수록, 유의수준으로 인한 기각역의 성공횟수가 증가하기 때문에 귀무가설의 기각 가능성은 증가되어, 수출담당자 주장의 설득력은 약화됨

(2) 정규분포를 사용한 모집단 비율의 가설검정

표본크기 n, 성공확률 p에 대해 $n \geq 30$이며, $np \geq 5$ 및 $n(1-p) \geq 5$인 경우에 이항분포의 근사값 계산을 위해 정규분포를 사용할 수 있다.

π_0로 설정된 가설의 검정에 사용되는 비율의 표준오차 $\sigma_{\hat{p}}$와 비율의 가설검정을 위한 Z통계량을 다음과 같이 계산하여, 기각역, Z값 또는 P값 접근법으로 가설검정을 수행한다.

- 비율의 표준오차 $\sigma_{\hat{p}}$를 "가설설정 비율(1-가설설정 비율)/표본크기"의 자승근으로 계산
- 비율의 가설검정을 위한 Z통계량은 "(표본비율-가설비율)/비율표준오차"로 계산

예제 11.6 예제 11-5의 상황에서 상담 중인 오퍼 1,000건 중에서 30건을 표본 추출한 결과, 단지 10건의 오퍼만 수입회사로부터 수락을 받은 경우에 수출담당자의 주장을 5% 유의수준에서 다음과 같이 검정할 수 있다.

	A	B	C	D	E	F
1	표본 크기	30	성공확률	50%		
2	수락건수	10	관찰치 성공률	33.33%		
3	비율의 표준오차	0.0913	관찰 Z통계량	-1.826	귀무가설 단측검정 의사결정	귀무가설 양측검정 의사결정
4	유의수준	Z임계값 (단측)	Z좌측임계값 (양측)	Z우측임계값 (양측)		
5	1%	-2.326	-2.576	2.576	채택	채택
6	5%	-1.645	-1.960	1.960	기각	채택

① 가설의 설정과 자료입력

- $H_0 : \pi = 0.50$
- $H_1 : \pi < 0.50$
- B1, D1, B2셀에 각각 표본크기 30, 성공확률 50%, 수락건수 10을 입력

② Z통계량 임계값과 비율의 표준오차 계산

- D2셀에 "=B2/B1"를 입력하여 관찰한 표본의 성공비율을 계산
- B3셀에 "=SQRT(D1*(1-D1)/B1)"을 입력하여 비율의 표준오차 계산
- D3셀에 "=(D2-D1)/B3"을 입력하여 관찰된 비율의 Z값을 계산

③ 유의수준에 따른 기각역 임계값과 검정 의사결정 수행

- A5:A6구간에 유의수준 1%와 2%를 입력
- B5:B6구간을 지정, 수식입력줄에 "=NORM.S.INV(A5)"를 입력 후 "Ctrl+Enter"를 클릭하여 1%와 5% 유의수준에서의 단측검정 Z임계값들을 동시 계산
- C5:C6구간을 지정, 수식입력줄에 "=NORM.S.INV(A5/2)"를 입력 후 "Ctrl+Enter"를 클릭하여 1%와 5% 유의수준에서의 양측검정 좌측꼬리 Z임계값들을 동시 계산
- D5:D6구간을 지정, 수식입력줄에 "=NORM.S.INV(1-(A5/2))"를 입력 후 "Ctrl+ Enter"를 클릭, 1%와 5% 유의수준의 양측검정 좌측꼬리 Z임계값들을 동시 계산
- E5:E6구간을 지정, 수식입력줄에 "=IF(ABS($D$3)>=ABS(B5),"기각","채택")"을 입력 후 "Ctrl+Enter"를 클릭하여 단측검정의 1%와 5% 유의수준에서의 귀무가설 채택 결정들을 동시 수행
- F5:F6구간을 지정, 수식입력줄에 다음 식을 입력 후 "Ctrl+Enter"를 클릭하여 양측검정의 1% 및 5% 유의수준에서의 귀무가설 채택 의사결정을 동시 수행
- "=IF(OR(ABS($D$3)>=ABS(C5),ABS($D$3)>=ABS(D5)),"기각","채택")"

TIP

- OR 또는 AND는 TRUE나 FALSE와 같은 논리값이나 조건식을 포함하여 사용하는 함수
- OR(조건1, 조건2,..)함수는 하나의 조건이라도 충족되면 가능한 것을 지정
- AND(조건1, 조건2,..)함수는 지정된 모든 조건들이 충족되어야 가능한 것을 지정

(3) 모집단 분산의 가설검정

모집단 분산에 대한 가설검정은 정규분포모집단에서 추출된 확률표본에서 계산된 표준화 표본분산(standardized sample variance)의 분포가 카이자승분포를 갖는 것을 기초로 다음 절차에 따라 수행된다.

① 모집단 분산에 대한 가설 설정

- 표본결과와 비교할 모수 σ^2 의 값을 귀무가설 H_0 로 설정
- 귀무가설의 값과는 배반적 값들을 대립가설 H_1 으로 설정

② 유의수준을 설정 : 5%와 1%의 유의수준을 주로 사용

③ 정규분포를 갖는 모집단 분산에 대해 가설로 설정된 값 σ_0^2 을 검정하기 위해 자유도 ν (=표본크기-1) 및 표본분산 s^2 에 대해 χ^2 분포 통계량을 "$\chi_\nu^2 = \dfrac{(n-1)s^2}{\sigma_0^2}$"으로 계산

④ 양측검정과 단측검정에 대한 귀무가설 기각 여부를 P-값 접근법 또는 기타 접근법으로 결정

- P값 접근법에 따라 양측검정과 단측검정에서 관찰 카이자승 통계량의 P값과 유의수준을 비교하여 귀무가설 기각 여부 결정
- "CHISQ.DIST.RT(카이자승 통계량,자유도)"로 관찰통계량 χ^2 의 P-값을 계산
- 관찰통계량 χ^2 의 P-값이 설정된 유의수준 이하이면, 귀무가설을 기각
- 주어진 표본에 대해 계산한 카이자승 통계량 χ_ν^2 (관찰 통계량)에 대해 H_0 가 참인 경우에 카이자승 통계량 X_ν^2 가 그 값 χ_ν^2 이상 또는 이하의 극단적 값을 보일 조건부확률은 관찰통계량의 P-값으로 계산

예제 11.7 어떤 상품 구성물 길이들의 표준편차 σ 가 0.15cm 이하라면 판매될 수 있다고 하자. 20개 상품 표본들을 추출한 결과 표본분산 s^2 이 0.025cm^{2}이라면, 그 상품이 판매가능한지를 다음과 같이 검정할 수 있다.

	A	B	C	D	E	F
1	가설 표준편차 σ_0	0.15	표본크기 n	20		
2	표본 분산 s^2	0.025	관찰 $\chi^2(\nu)$	21.1111	=(D1-1)*B2/B1^2	
3	P-값	0.3307	=CHISQ.DIST.RT(D2,D1-1)			

① 우측꼬리 단측검정의 가설설정과 자료입력

- H_0 : $\sigma^2 = 0.15^2 = 0.225$ [귀무가설 : 0.15의 자승인 0.225 이하의 모집단 분산을 가져 판매 가능]
- H_1 : $\sigma^2 > 0.225$ [대립가설 : 0.15의 자승인 0.225보다 높은 모집단 분산을 가져 판매 불가능]
- B1:B2구간과 D1셀에 각각 가설로 설정된 표준편차, 표본 분산, 표본크기를 입력

② 관찰된 카이자승 통계량과 그에 대한 P-값 계산 및 의사결정 수행

- D2셀에 "=(D1-1)*B2/B1^2"를 입력하여 관찰 χ^2 통계량 계산

- B3셀에 "=CHISQ.DIST.RT(D2,D1-1)"을 입력하여 D2셀의 관찰 χ^2의 P-값 계산, 이는 "$P(\chi^2_{19} > 21.1111) = 0.3307$"로 표시 가능
- P-값이 10%보다도 아주 크기 때문에 귀무가설[판매가 가능한 표준편차 크기라는 주장]을 채택

예제 11.8 $n = 10$의 백열전구 무작위표본에서 평균수명 $\overline{X}$가 4,000시간이고, 그 표준편차 s는 235시간으로 나타났다.

백열전구를 켜는 시간은 정규분포를 갖는 것으로 간주되고 있다. 이러한 표본 결과를 이용하여 모집단 표준편차가 150시간이라는 귀무가설을 1%와 5% 유의수준에서 다음과 같이 양측가설 및 우측꼬리 단측가설을 사용하여 검정할 수 있다.

	A	B	C	D	E	F	G	H	I
1	표본크기	10	표본 표준편차 s	235					
2	표본평균	4,000	가설 모표준편차 σ_0	150					
3	자유도(v)	9	검정통계량	22.09	=(B3*D1^2)/D2^2				
4	유의수준	χ^2(v,α/2)	χ^2(v,1-α/2)	H_0 결정					
5	1%	23.589	1.735	채택	=IF(OR($D$3>=B5,$D$3<=C5),"기각","채택")				
6	5%	19.023	2.700	기각					
7	우측꼬리 단측검정		귀무가설						
8	유의수준	χ^2(v,α)	의사결정						
9	1%	21.67	기각	=IF($D$3>=B9,"기각","채택")					
10	5%	16.92	기각						

① 자료입력과 자유도 및 검정통계량 계산

- B1:B2구간과 D1:D2구간의 각 셀에 표본크기, 표본평균, 표본 표준편차, 가설로 설정한 모집단 표준편차를 입력
- B3셀에 "=B1-1"을 입력하여 자유도를 계산
- D4셀에 "=(B3*D1^2)/D2^2"를 입력, (10.8)식에 따라 χ^2 변수 관찰통계량을 22.09로 계산

② 양측가설검정의 수행

- 가설을 $H_0: \sigma = 150$과 $H_1: \sigma \neq 150$으로 설정
- A5:A6구간에 유의수준 1%와 5%를 각각 입력
- B5:B6구간 지정, 수식입력줄에 "=CHISQ.INV.RT(A5/2,$B$3)"을 입력 후 "Ctrl+ Enter"를 클릭하여 1% 및 5% 유의수준의 σ의 하부 기각역에 대한 χ^2 분포에서 우측꼬리에 위치하는 χ^2 변수의 임계값들을 동시 계산
- C5:C6구간을 지정, 수식입력줄에 "=CHISQ.INV.RT(1-A5/2,$B$3)"을 입력 후 "Ctrl+Enter"를 클릭하

여 1% 및 5% 유의수준의 σ 의 상부 기각역에 대한 χ^2 분포에서 좌측꼬리에 위치하는 χ^2 변수의 임계값들을 동시 계산
한편 C5:C6구간에 "=CHISQ.INV(A5/2,$B$3)"을 입력하여 동일한 결과를 얻을 수 있음

- D5:D6구간 지정, 수식입력줄에 "=IF(OR($D$3>=B5,$D$3<=C5),"기각","채택")"을 입력 후 "Ctrl+Enter"를 클릭하여 1% 및 5% 유의수준에서의 귀무가설에 대한 의사결정을 동시 수행
- 귀무가설은 양측검정의 경우에 5% 유의수준에서 기각, 1% 유의수준에서는 채택

③ 단측가설검정의 수행

- 가설을 $H_0: \sigma = 150$ 과 $H_1: \sigma > 150$ 으로 설정하여 우측꼬리 단측검정을 규정
- B9:B10구간 지정, 수식입력줄에 "=CHISQ.INV.RT(A9,$B$3)"을 입력 후 "Ctrl+ Enter"를 클릭하여 1% 및 5% 유의수준에서의 표준편차의 하부 기각역에 해당하는 χ^2 분포 우측꼬리의 임계값들을 동시 계산
- C9:C10구간을 지정, 수식입력줄에 "=IF($D$3>=B9,"기각","채택")"을 입력한 후에 "Ctrl+ Enter"를 클릭하여 1% 및 5% 유의수준에서의 귀무가설 기각 여부의 의사결정을 동시 수행
- 양측검정과는 달리 1% 유의수준에서도 귀무가설이 기각되는 것으로 판정

학습문제

맞으면 "○", 틀리면 "×"를 표시

1. 가설검정에서 모집단 모수에 대한 주장이나 진술은 귀무가설로 분류된다. (　)

2. 모집단에 대한 귀무가설의 주장을 반박하는 진술은 대립가설로 분류된다. (　)

3. 모집단모수는 어떤 규정된 값하고 다르고 주장하길 원한다면, 이러한 사항은 단측검정으로 고려될 수 있다. (　)

4. 귀무가설은 다르게 입증되기 전까지는 올바른 것으로 간주된다. (　)

5. 제1종 오류는 잘못된 귀무가설을 기각하지 못하여 초래되는 오류이다. (　)

6. 제1종 오류를 범할 확률과 유의수준은 동일하거나 같다. (　)

7. 제안된 모수 값과 표본통계량 값 사이에 현저한 격차가 있는 것을 표시하는 Z값들의 범위를 기각역(rejection region or critical region)이라고 한다. (　)

8. 표본크기 n이 30 미만인 경우에, 평균을 처리하는 어떤 가설에 대해 Z값을 항상 관련시킬 수 있다. (　)

9. 가설검정의 P접근법에서 P값이 설정된 유의수준 미만인 경우에 귀무가설을 기각할 수 없다. (　)

10. P접근법에서 0.1% 미만의 P값은 귀무가설 기각에 대한 아주 강력한 증거로 작용한다. (　)

11. 표본크기가 30 이상인 대표본들을 모집단 비율에 대한 가설검정에 사용하는 경우에, 관련 검정통계량은 Z값이다. (　)

12. 어떤 가설검정의 값은 귀무가설이 기각될 수 있는 최소 유의수준이다. (　)

13. 가설검정에서 귀무가설은 참이라고 가정된다. (　)

14. 가설검정에서 귀무가설이 기각되면, 대립가설이 반드시 채택되어야 한다. (　)

15. 단측검정에서 좌측꼬리검정은 가설로 설정된 모집단 모수의 값보다 실제로 모집단 모수 값이 더 작다는 것을 대립가설에서 주장한다. (　)

학습문제

16. 가설검정에서 귀무가설은 항상 등호(=)를 포함한다. ( )

17. 제2종 오류의 확률은 귀무가설을 기초로 평균의 표준오차와 유의수준에 대한 신뢰계수로 설정된 기각역 임계값의 검정통계량보다 표본통계량의 Z값이 더 클 확률로 계산한다. ( )

18. Excel의 Z.TEST함수를 사용하면 평균의 표준오차를 계산할 필요가 없이 표본평균의 P-값을 계산할 수 있다. ( )

19. 단측검정에서 Z.TEST의 계산 값과 1에서 그 계산 값을 차감한 값들 중 작은 값으로 P-값을 계산한다. ( )

20. 모집단 비율의 가설검정은 이항분포로 수행하며, 30개 이상의 표본크기와 성공 및 실패의 평균 횟수가 모두 5개 이상인 경우에 중심극한정리를 따라 표준정규변수를 사용하여 수행할 수 있다. ( )

21. 모집단 분산의 가설검정은 카이자승분포 통계량으로 수행하며, 주어진 자유도 및 유의수준에 대해 검정통계량이 카이자승분포곡선의 우측꼬리에 있는 임계값보다 크면 분산신뢰구간의 하한을 벗어나는 것으로, 카이자승분포곡선의 좌측꼬리에 있는 임계값보다 작으면 분산신뢰구간의 상한을 벗어나는 것으로 간주하여 귀무가설을 기각한다. ( )

해답

1. ○ 2. ○ 3. × 4. ○ 5. × 6. ○ 7. ○ 8. × 9. × 10. ○
11. ○ 12. ○ 13. ○ 14. ○ 15. ○ 16. ○ 17. ○ 18. ○ 19. ○ 20. ○
21. ○

CHAPTER 12

두 모집단의 가설검정과 카이자승검정

12.1 두 모집단의 평균, 비율 및 분산 격차의 검정

12.1.1 두 평균간 격차의 검정

12.1.2 모집단 비율간 격차와 분산간 격차의 가설검정

12.2 적합도와 독립성의 카이자승검정

12.2.1 적합도의 카이자승검정

12.2.2 독립성의 카이자승검정

12.1 두 모집단의 평균, 비율 및 분산 격차의 검정

12.1.1 두 평균간 격차의 검정

(1) 독립표본 사용 두 평균간 격차의 검정

■ 표본 구분과 평균 격차의 가설설정 표시 방법

두 표본들이 독립적 또는 쌍별 자료의 여부에 따라 독립표본(independent samples)과 쌍(체)표본(종속표본, 대응표본)[paired samples(dependent samples or matched samples)]으로 구분한다.

- 독립표본들 : 한 표본의 관찰치들이 다른 표본의 관찰치들의 발생확률에 전혀 영향을 주지 않는 경우의 두 표본들
- 쌍체표본들 : 관찰치들을 쌍별로 추출하므로, 한 표본의 어떤 관찰치는 다른 표본의 관찰치를 어떤 방식으로든 결정하는 상황의 두 표본들

검정할 두 모집단의 평균간 격차 $\mu_1 - \mu_2$ 에 대한 귀무가설은 양측검정, 우측꼬리검정, 좌측꼬리검정에 따라 다음과 같이 표시한다.

- 양측검정(two-tailed test)의 평균간 격차 가설설정 :

  $H_0 : \mu_1 - \mu_2 = 0$, $H_1 : \mu_1 - \mu_2 \neq 0$ 또는

  $H_0 : \mu_1 = \mu_2$, $H_1 : \mu_1 \neq \mu_2$

- 우측꼬리검정(right-tailed test)의 평균간 격차 가설설정 :

  $H_0 : \mu_1 - \mu_2 = 0$, $H_1 : \mu_1 - \mu_2 > 0$ 또는

  $H_0 : \mu_1 = \mu_2$, $H_1 : \mu_1 > \mu_2$

- 좌측꼬리검정(left-tailed test)의 평균간 격차 가설설정 :

  $H_0 : \mu_1 - \mu_2 = 0$, $H_1 : \mu_1 - \mu_2 < 0$ 또는

  $H_0 : \mu_1 = \mu_2$, $H_1 : \mu_1 < \mu_2$

■ 독립표본들의 평균 격차 검정절차

독립표본들을 사용한 두 모집단 평균들 격차의 검정은 표본관찰결과에 따른 검정통계량 결정에 대해 평균간 격차의 표준오차를 사용하는 것을 제외하고는 단일모집단 평균값의 가설검정과 같이 다음 절차를 통해 수행할 수 있다.

① 평균 격차에 대한 가설을 설정하고, 평균 격차의 표준오차(standard error of the difference between means)를 계산한다.

② 검정통계량을 Z통계량 또는 t통계량을 적용하여 계산한다.

③ 설정된 유의수준에 대해 표본의 Z통계량 또는 t통계량이 갖는 P-값을 비교하여 귀무가설의 기각 여부를 결정한다.

그런데 평균간 격차 검정에서 두 표본평균 격차의 표준편차인 평균 격차의 표준오차는 다음과 같이 계산한다.

- 두 모집단 표준편차를 아는 경우에 각 모집단 분산을 표본크기로 나눈 값들의 합을 구하고, 그 합의 자승근으로 평균 격차의 표준오차를 계산
- 두 모집단 표준편차를 모르는 경우에 각 표본분산을 표본크기로 나눈 값들의 합을 구하고, 그 합의 자승근으로 평균 격차의 표준오차를 계산
- 두 모집단 표준편차를 모르고, 두 모집단에서 추출된 표본들이 모두 29개 이하인 상황에서 두 모집단 표준편차가 동일한 등분산성(homoscedasticity)이 있는 경우에는 공동모집단분산의 합동추정치(pooled estimate of the common population variance) $\widehat{\sigma^2}$을 각 표본크기로 나누어 합계를 구하고, 그 자승근으로 평균 격차의 표준오차를 계산
- 공통모집단분산의 합동추정치를 통해 평균 격차의 표준오차를 계산하는 경우에는 Z통계량 대신에 t 통계량을 사용하여 신뢰구간을 규정

■ 독립표본 평균 격차 검정에 대한 Excel 활용

Excel의 리본 탭에서 "데이터 | 분석 | 데이터 분석"을 지정하면 생성되는 통계 데이터 분석 대화상자에서 다음과 같이 z-검정과 각 분산형태에 대한 t-검정을 자동으로 수행할 수 있는 기능들이 제공된다.

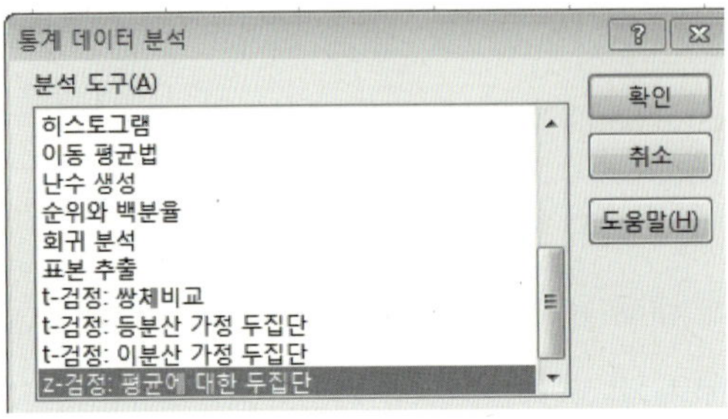

한편 두 모집단의 표본크기가 모두 29 이하인 경우에는 T.TEST함수를 통해 단측 및 양측검정에서의 통계량의 P-값을 계산할 수 있다.

- Excel에서 Z.TEST(자료,가설모평균,모집단 표준편차)함수는 단일 모집단의 표본에 대한 Z값의 누적확률을 계산하여 P 값을 계산
- 두 평균 격차는 T.TEST(첫째 자료집합, 둘째 자료집합, 꼬리분포, t-검정형태)함수를 사용하여 t통계량의 P-값을 구하여, 크기가 모두 29개 이하인 두 표본들에 대해 단측 및 양측검정 수행 가능
  - T.Test함수에서 꼬리분포에 분포가 단측이면 1을, 양측이면 2를 입력
  - 실행 t-검정형태에서 쌍이면 1, 분산이 같은 두 표본은 2, 분산이 다른 두 표본은 3을 입력

예제 12.1 어떤 회사에서 표본 추출한 30명 종업원들 n_1의 1인당 평균 주간생산량 $\overline{X}_1$은 280개이고, 그 표준편차 s_1은 14개이다. 또 다른 회사에서 추출된 40명 종업원들 n_2의 1인당 평균 주간생산량 $\overline{X}_2$는 270이고, 그 표준편차 s_2는 10개이다.

이러한 경우에 두 회사의 1인당 평균 주당생산량간의 격차가 없다는 가설을 5%의 유의수준을 사용하여 검정할 수 있다.

	A	B	C	D
1	표본 1 평균	280	표본 2 평균	270
2	표본 1 표준편차	14	표본 2 표준편차	10
3	표본 1 크기	30	표본 2 크기	40
4	격차의 표준오차	3.0056	=SQRT(B2^2/B3+D2^2/D3)	
5	관찰 Z값	3.33	=(B1-D1)/B4	
6	양측검정 P-값	0.088%	=2*(1-NORM.S.DIST(B5,1))	
7	단측검정 P-값	0.044%	=1-NORM.S.DIST(B5,1)	

① 평균 격차의 표준오차와 관찰치 Z값 계산

- A1:D3구간에 표본 1과 2의 평균, 표본 표준편차, 표본크기의 자료를 입력
- B4셀에 "=SQRT(B2^2/B3+D2^2/D3)"을 입력하여, 두 모집단의 표준편차를 모르는 경우에 대한 (11.2.2)식에 따라 평균 격차의 표준오차를 계산
- B5셀에 "=(B1-D1)/B4"를 입력하여, 평균 격차 검정의 관찰 Z값을 계산

② 양측가설의 설정 및 검정

- $H_0: (\mu_1 - \mu_2) = 0$과 $H_1: (\mu_1 - \mu_2) \neq 0$의 양측가설을 설정
- B6셀에 "=2*(1-NORM.S.DIST(B5,1))"을 입력하여 관찰 Z값에 대한 양측검정의 P-값을 0.088%로 계산
- 1%보다도 낮은 P-값으로 유의수준 5%에서 귀무가설 $H_0: (\mu_1 - \mu_2) = 0$은 기각

③ 단측가설의 설정 및 검정

- $H_0: (\mu_1 - \mu_2) = 0$과 $H_1: (\mu_1 - \mu_2) > 0$의 단측가설을 설정
- B7셀에 "=1-NORM.S.DIST(B5,1)"을 입력하여, 단측검정에서의 관찰 Z값의 P-값을 0.044%로 계산
- 1%보다 낮은 P-값으로 유의수준 5%에서 귀무가설 $H_0: (\mu_1 - \mu_2) = 0$은 기각

예제 12.2 A학교와 B학교에서 각각 30명과 32명의 학생들을 선발하여 시험을 친 결과는 A2:D17구간과 같다.

이러한 경우에 A와 B학교 평균성적이 5%의 유의수준에서 격차가 없다는 귀무가설을 각 모집단 분산을 표본크기로 나눈 값들의 합을 구하고, 그 합의 자승근으로 평균 격차의 표준오차를 사용하여 Z값을 구하고, 그에 따른 단측검정 및 양측검정 P-값을 계산할 수 있다.

또한 Excel의 "데이터 | 분석 | 데이터 분석"을 지정하여 생성된 통계 데이터 분석 대화상자의 "z-검정 : 평균에 대한 두 집단"을 사용하여 동일한 결과를 달성할 수 있다.

	A	B	C	D	E	F	G	H	I	J	K	L
1	A		B			A	B	A	B	z-검정: 평균에 대한 두 집단		
2	97	85	64	91	표본평균	82.2667	78.1875	97	64			
3	90	91	85	78	표분분산	61.5816	68.80242	90	85		A	B
4	94	72	72	87	표본크기	30	32	94	72	평균	82.2667	78.1875
5	79	86	64	93	표준오차	2.0501	=SQRT(F3/F4+G3/G4)	79	64	기지의 분산	61.5816	68.8024
6	78	70	74	89	관찰 Z값	1.9898	=(F2-G2)/F5	78	74	관측수	30	32
7	87	87	93	79	단측P값	0.0233	=1-NORM.S.DIST(F6,1)	87	93	가설 평균차	0	
8	83	73	70	84	우측 기각 z	1.6449	=NORM.S.INV(1-5%)	83	70	z 통계량	1.9898	
9	89	92	79	65	양측P값	0.0466	=2*(1-NORM.S.DIST(F6,1))	89	79	P(Z<=z) 단측 검정	0.0233	
10	76	64	79	78	양측 기각 z	1.9600	=NORM.S.INV(1-5%/2)	76	79	z 기각치 단측 검정	1.6449	
11	84	74	75	66				84	75	P(Z<=z) 양측 검정	0.0466	
12	83	88	66	84				83	66	z 기각치 양측 검정	1.9600	
13	84	88	83	85				84	83			
14	76	74	74	76				76	74			
15	82	73	70	82				82	70			
16	85	84	82	75				85	82			
17			82	78				85	82			
18								91	91			
31								84	82			
32									75			
33									78			

① 자료 입력과 표본 통계량 계산

- A1:D17구간과 같이 자료를 입력
- F2셀에 "=AVERAGE(A2:B16)", G2셀에 "=AVERAGE(C2:D17)"을 입력하여 표본평균을 계산
- F3셀에 "=VAR.S(A2:B16)", G3셀에 "=VAR.S(C2:D17)"을 입력 표본분산을 계산
- F4셀에 "=COUNT(A2:B16)", G4셀에 "=COUNT(C2:D17)"을 입력하여 각 표본크기를 계산

② 가설의 설정과 검정통계량 계산

- 단측가설[$H_0 : \mu_A - \mu_B = 0,\ H_1 : \mu_A - \mu_B > 0$] 설정
- 양측가설[$H_0 : \mu_A - \mu_B = 0,\ H_1 : \mu_A - \mu_B \neq 0$] 설정
- F5셀에 "=SQRT(F3/F4+G3/G4)"를 입력하여, 각 표본분산을 표본크기로 나눈 값의 합계를 구하고, 그 자승근으로 평균 격차의 표준오차를 계산
- F6셀에 "=(F2-G2)/F5"를 입력하여 관찰 Z통계량을 계산

③ 5% 유의수준에서의 가설검정

- F7셀에 "=1-NORM.S.DIST(F6,1)"을 입력하여 관찰 Z값의 단측검정 P-값 계산
- F8셀에 "=NORM.S.INV(1-5%)"를 입력, 우측꼬리검정의 5% 유의수준 임계값을 1.6449로 계산
- 단측검정에서 F7셀의 P값은 5%인 0.05보다 아주 작고, F8셀의 임계값은 관찰 Z값보다 아주 작아 평균간 격차가 없다는 귀무가설은 기각되고, A의 평균이 B보다 높다는 대립가설을 채택
- F9셀에 "=2*(1-NORM.S.DIST(F6,1))"을 입력, 관찰 Z값의 양측검정 P-값 계산
- F10셀에 "=NORM.S.INV(1-5%/2)"를 입력, 5% 유의수준 상부 임계값 계산
- 양측검정에서 F9셀의 P값은 5%인 0.05보다 작고, F10셀의 상부 임계값은 관찰 Z값보다 작아 평균간 격차가 없다는 귀무가설은 기각되고, A의 평균이 B와는 다르다는 대립가설을 채택

④ 통계 데이터 분석의 z-검정 활용을 통한 평균간 격차 가설 검정

- 자료를 열로 재배열하고, 데이터 분석 추가기능 실행
- A2:B16구간과 C2:D17구간의 자료를 H2:H31구간 및 I2:I33구간과 같이 하나의 열로 배열
- "데이터 | 분석 | 데이터 분석"을 지정, 생성된 통계 데이터 분석 대화상자의 "z-검정 : 평균에 대한 두 집단"을 지정, 생성된 대화상자를 다음과 같이 지정하여 J1:L12구간의 결과를 획득, 이는 F1:G10구간과 동일

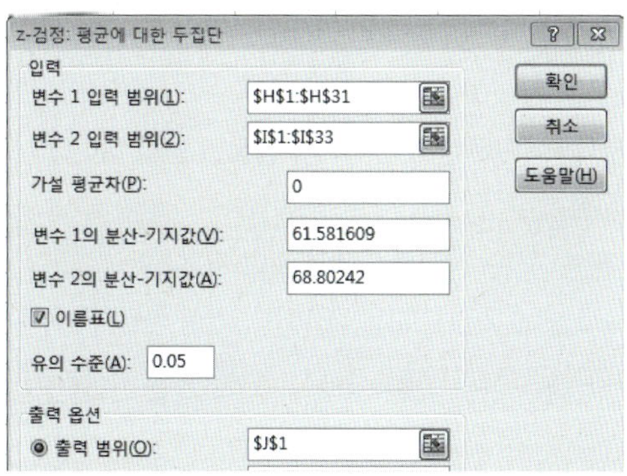

예제 12.3 동일한 제품을 생산하는 공장 C와 D의 일간 생산량들의 평균간 격차에 대해 등분산성을 갖는 공동모집단분산의 합동추정치 $\widehat{\sigma^2}$ 를 사용하여 t 통계량을 구하여 검정하거나 또는 "t-검정: 등분산 가정 두 집단" 기능을 사용하여 검정할 수 있다.

	A	B	C	D	E	F	G
1	C	D	t-검정: 등분산 가정 두 집단				
2	300	276					
3	280	222		C	D		
4	344	310	평균	325	288		
5	385	338	분산	1599.636	1935.818		
6	372	200	관측수	12	12		
7	360	302	공동(Pooled) 분산	1767.727		1767.727	=((D6-1)*D5+(E6-1)*E5)/(D6+E6-2)
8	288	317	가설 평균차	0			
9	321	260	자유도	22			
10	376	320	t 통계량	2.155608		2.155608	=(D4-E4)/SQRT(F7/D6+F7/E6)
11	290	312	P(T<=t) 단측 검정	0.021158		0.021158	=T.DIST.RT(F10,D9)
12	301	334	t 기각치 단측 검정	1.717144		1.717144	=T.INV(1-5%,D9)
13	283	265	P(T<=t) 양측 검정	0.042317		0.042317	=T.DIST.2T(F10,D9)
14			t 기각치 양측 검정	2.073873		2.073873	=T.INV.2T(5%,D9)
15						0.021158	=T.TEST(A2:A13,B2:B13,1,2)
16						0.042317	=T.TEST(A2:A13,B2:B13,2,2)

① "t-검정: 등분산 가정 두 집단" 기능을 이용한 가설검정

- A1:B13구간과 같이 자료 입력
- 단측가설[H0 : $\mu_C - \mu_D = 0$, H1 : $\mu_C - \mu_D > 0$] 설정
- 양측가설[H0 : $\mu_C - \mu_D = 0$, H1 : $\mu_C - \mu_D \neq 0$] 설정
- 메뉴 탭에서 "데이터 | 분석 | 데이터 분석"을 지정, 생성된 통계 데이터 분석 대화상자에서 "t-검정 : 등분산 가정 두집단"을 지정
- 생성된 t-검정 : 등분산 가정 두집단 상자를 다음과 같이 지정 "확인" 클릭
  "변수 1 입력 범위 : A1:A13, 변수 2 입력 범위 : B1:B13, 가설 평균차 : 0, 이름표, 출력범위 : C1"
- D11셀이 유의수준 5%보다 아주 작아 단측검정에서 귀무가설을 기각하고, 대립가설 $\mu_C - \mu_D > 0$ 을 채택
- D13셀에 5%보다 작아 양측검정에서 귀무가설을 기각하고, 대립가설 $\mu_C - \mu_D \neq 0$ 을 채택

② 공동모집단분산 이용 표준오차 계산 기반 가설검정 수행

- F7셀에 "=((D6-1)*D5+(E6-1)*E5)/(D6+E6-2)"를 입력. 합동(공동)분산추정치 계산
- F10셀에 "=(D4-E4)/SQRT(F7/D6+F7/E6)"을 입력, 통계량 계산
- F11셀에 "=T.DIST.RT(F10,D9)"를 입력, t통계량의 단측검정 P-값 계산
- F12셀에 "=T.INV(1-5%,D9)"를 입력, 5% 유의수준의 단측검정 t분포 확률변수 임계값 계산
- F13셀에 "=T.DIST.2T(F10,D9)"를 입력, t통계량의 양측검정 P-값 계산
- F14셀에 "=T.INV.2T(5%,D9)"를 입력, 5% 유의수준의 단측검정 t분포 확률변수 임계값 계산

③ T.TEST함수를 이용한 가설검정의 간단한 수행

- F15셀에 “=T.TEST(A2:A13,B2:B13,1,2)”를 입력하여, 계산된 관찰 t통계량의 단측검정 P-값을 도출
- F16셀에 “=T.TEST(A2:A13,B2:B13,2,2)”를 입력하여, 계산된 관찰 t통계량의 양측검정 P-값을 도출
- F15셀 및 F16셀 모두 5% 미만이어서 단측검정 및 양측검정 모두에서 귀무가설 $\mu_C - \mu_D = 0$을 기각

예제 12.4 항구에서 컨테이너 하역장비의 교체를 위해 하역에 걸리는 시간을 기존 제품과 비교를 한다고 하자. 10개 장소에서는 기존 제품을 사용하고, 8개 장소에서는 신제품을 사용하여 동일한 조건에서 동일한 수량의 컨테이너를 하역하는데 소요된 시간이 A1:B11구간과 같다고 하자. 통계 데이터 분석의 “t-검정 : 이분산 가정 두집단”을 사용하여 검정 신제품이 기존 제품에 비해 하역시간을 단축에 효과가 없다는 귀무가설을 5%의 유의수준에서 검정할 수 있다.

	A	B	C	D	E	F	G	H	I	J	K	L
1	기존제품	신제품	t-검정: 이분산 가정 두 집단			$\frac{s_1^2}{n_1}$	0.0409	$\frac{s_2^2}{n_2}$	0.04498			
2	3.5	3.3				$n_1 - 1$	9	$n_2 - 1$	7			
3	3.8	4		기존제품	신제품	자유도	16	=ROUNDUP((G1+I1)^2/(G1^2/G2+I1^2/I2),0)				
4	4.8	5	평균	4.47	3.9375							
5	5.1	4.5	분산	0.409	0.359821							
6	4.2	3.4	관측수	10	8							
7	3.9	3.5	가설 평균차	0								
8	4.7	3.6	자유도	16		표준오차	0.29305	=SQRT(D5/D6+E5/E6)				
9	5.6	4.2	t 통계량	1.817103		t 통계량	1.8171	=(D4-E4)/G8				
10	4.4		P(T<=t) 단측 검정	0.043989		단측P값	0.04399	=T.DIST.RT(G9,G3)				
11	4.7		t 기각치 단측 검정	1.745884								
12			P(T<=t) 양측 검정	0.087979		양측P값	0.08798	=T.DIST.2T(G9,G3)				
13			t 기각치 양측 검정	2.119905								

① 자료 입력과 통계 데이터 분석 대화상자의 생성

- A1:A11구간과 B1:B9구간에 각각 기존제품 및 신제품 사용의 소요 시간을 입력
- 메뉴 탭에서 “데이터 | 분석 | 데이터 분석”을 지정, 생성된 통계 데이터 분석 대화상자에서 “t-검정 : 이분산 가정 두 집단”을 지정
- 생성된 “t-검정:이분산 가정 두집단” 대화상자에서 “변수 1 입력범위(1) : A1:A11, 변수 2 입력 범위(2) : B1:B9, 가설평균차 : 0, 이름표, 출력 범위:C1”을 지정하고 “확인”을 클릭

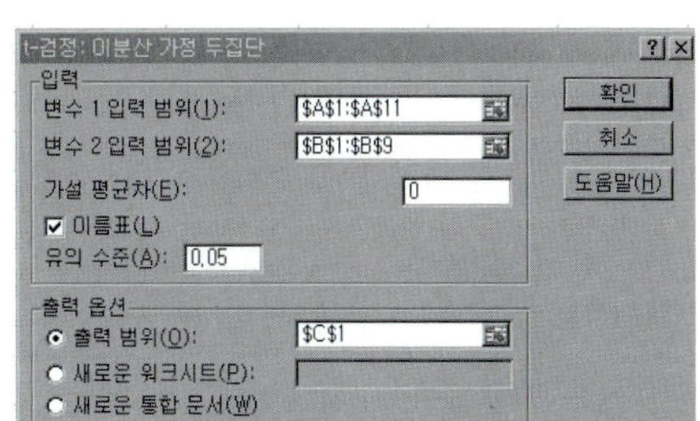

② 가설설정과 t통계량 및 t기각치 비교를 통한 귀무가설의 채택여부 결정

- $H_0 : (\mu_1 - \mu_2) = 0$ 과 $H_1 : (\mu_1 - \mu_2) \neq 0$ 으로 양측검정가설을 설정
- D9셀의 t 통계량이 D13셀의 유의수준 t 임계값보다 (절대치가) 작기 때문에, 기존제품과 신제품의 차이가 없다는 귀무가설을 5% 유의수준에서 채택
- $H_0 : (\mu_1 - \mu_2) = 0$ 과 $H_1 : (\mu_1 - \mu_2) > 0$ 으로 단측검정의 가설을 설정
- D9셀의 t 통계량이 D11셀의 단측검정의 유의수준 임계값보다 (절대치가) 크기 때문에, 기존제품과 신제품의 차이가 없다는 귀무가설을 5% 유의수준에서 기각

③ 이분산 가정 두 집단 t검정에서 자유도의 계산

- D8셀의 자유도는 G3셀과 같은 공식에 따라 계산된 것임
- G1셀과 I1셀처럼 각 표본분산을 표본크기의 나눈 값을 계산
- G2셀과 I2셀처럼, 각 표본크기에서 1을 뺀 값을 계산
- G3셀에 "=ROUNDUP((G1+I1)^2/(G1^2/G2+I1^2/I2),0)"을 입력하여, 자유도 공식 대입에 따라 나온 값을 정수단위로 끊어 올려 자유도를 계산

(2) 쌍체표본들의 두 평균간 격차 검정

다른 표본의 관찰치에 어떤 방식으로 영향을 주는 쌍체표본들(paired samples)을 사용하여 두 모집단 평균들간 격차에 대한 신뢰구간을 구성하는 경우에는 평균 $\bar{d}$ 를 갖는 n 개 격차들의 확률표본, 평균 μ_d 를 갖는 격차들의 모집단, 크기 n 의 격차표본들에 대한 평균격차의 표집분포를 갖는 쌍체표본모형을 기초로 한다.

쌍체 관찰치들의 격차들을 분석하는 종류의 실험을 쌍체격차실험(paired difference experiment)이라 하며, 독립표본실험보다 모집단 평균간 격차에 대해 더 많은 정보를 제공한다.

유사한 실험단위들 집단들 내부에서의 비교를 블록화(blocking)라고 하며, 쌍체격차실험(paired difference experiment)은 일종의 확률화 블록계획법(randomized block design)이다. 쌍체표본 검정을 위해서는 표본들이 무작위 추출되어야 하고, 두 모집단들이 반드시 정규분포되어야 한다.

자료 쌍 격차들의 평균에 대해 종속적인 쌍체표본을 이용하는 평균 쌍체표본 격차 검

정은 다음과 같이 수행한다.

① 표본크기 n 의 쌍체자료 원소들 격차 $d(=x_1 - x_2)$ 와 격차 평균 $\bar{d}$ (=$\sum d / n$)을 계산한다. $\mu_d(=\mu_1 - \mu_2)$ 의 쌍체격차 가설검정을 위한 설정 가설들은 다음과 같다.

- 우측꼬리 단측검정 : H0 : $\mu_d = 0$, H1 : $\mu_d > 0$
- 좌측꼬리 단측검정 : H0 : $\mu_d = 0$, H1 : $\mu_d < 0$
- 양측검정 : H0 : $\mu_d = 0$, H1 : $\mu_d \neq 0$

② 자료 쌍들의 수인 쌍체표본의 크기 n 에 대해 $n-1$ 의 자유도를 갖는 t 분포로 종속표본의 쌍별 자료 격차들의 평균 $\bar{d}$ 에 대한 표본분포에 대한 근사치를 계산한다.

- 쌍별 자료원소간의 격차들의 표준편차 s_d 를 "((원소별 격차-격차 평균)^2/자유도)의 자승근"으로 계산
- 격차 평균의 표준오차(standard error of the mean difference) $s_{\bar{d}}$ 를 $s_d / \sqrt{n}$ 으로 계산
- 표준화 검정통계량 t 는 설정된 격차평균 μ_d 에 대해 "$(\bar{d} - \mu_d) / (s_d / \sqrt{n})$"로 계산

③ 표준화 검정통계량 t의 단측검정 및 양측검정 P-값들을 계산하여, 각 유의수준별로 귀무가설 기각 여부를 결정한다.

- 표본크기가 29개 이하인 소표본의 경우에는 t 통계량이 적합
- 표본크기가 30개 이상인 대표본의 경우에는 Z 통계량이 적합
- Excel에서는 메뉴 탭에서 "데이터 | 분석 | 데이터 분석"을 지정하고, "t 검정 : 쌍체비교"를 통해 대응 쌍에 대한 가설검정을 수행

예제 12.5 동일한 경력을 갖는 남녀의 연봉(단위 : KRW1천)에 대한 크기 n=10의 표본자료에서 동일 경력을 갖는 남녀 쌍에 대해 연봉 평균에 격차가 없다는 가설을 5%의 유의수준에서 검정할 수 있다.

그리고 T.INV함수들을 이용하여 1%의 유의수준에서 단측 및 양측검정의 t통계량 임계값들을 구할 수 있다.

	A	B	C	D	E	F	G	H	I	J
1	경력	남자	여자	t-검정: 쌍체 비교	유의수준 α=5%		유의수준 α=1%			
2	14	73,500	70,881							
3	8	54,990	59,550		남자	여자				
4	9	58,980	68,110	평균	58583	59590.1				
5	3	39,800	40,100	분산	154096112	83842709				
6	10	49,320	60,600	관측수	10	10				
7	11	45,750	63,740	피어슨 상관 계수	0.5590958					
8	14	68,430	67,220	가설 평균차	0					
9	12	78,100	60,470	자유도	9					
10	8	64,400	52,850	t 통계량	-0.3025006					
11	6	52,560	52,380	P(T<=t) 단측 검정	0.3845725					
12				t 기각치 단측 검정	1.8331129		t 기각치 단측 검정	2.821438	=T.INV(1-1%,E9)	
13				P(T<=t) 양측 검정	0.769145					
14				t 기각치 양측 검정	2.2621572		t 기각치 양측 검정	3.249836	=T.INV.2T(1%,E9)	

① 자료입력과 검정가설의 설정

- A1:C11구간에 자료를 입력
- 우측꼬리단측가설 : H0 : $\mu_{남자} - \mu_{여자} = 0$, H1 : $\mu_{남자} - \mu_{여자} > 0$
- 양측가설 : H0 : $\mu_{남자} - \mu_{여자} = 0$, H1 : $\mu_{남자} - \mu_{여자} \neq 0$

② 통계데이터 분석의 "t-검정 : 쌍체 비교"를 통한 가설검정

- 메뉴 탭에서 "데이터 | 분석 | 데이터 분석"을 지정하고, 생성된 통계 데이터 분석 대화상자에서 "t-검정 : 쌍체비교"를 지정,
- 생성된 t-검정 : 쌍체비교 대화상자를 "변수 1 입력 범위 : B1:B11, 변수 2 입력 범위 : C1:C11, 가설 평균차 : 0, 이름표, 출력 범위 : D1"로 지정하고 "확인"을 클릭

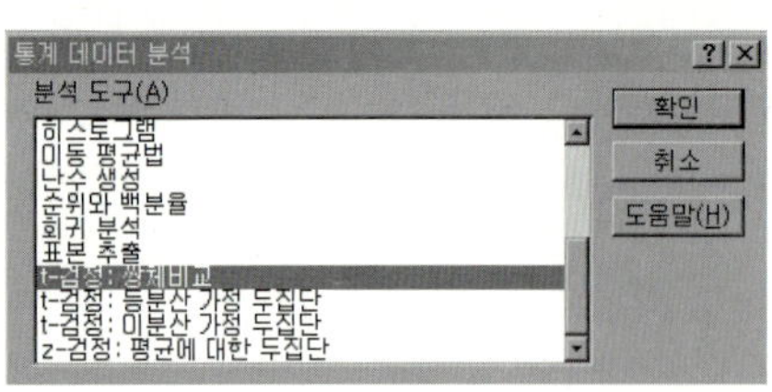

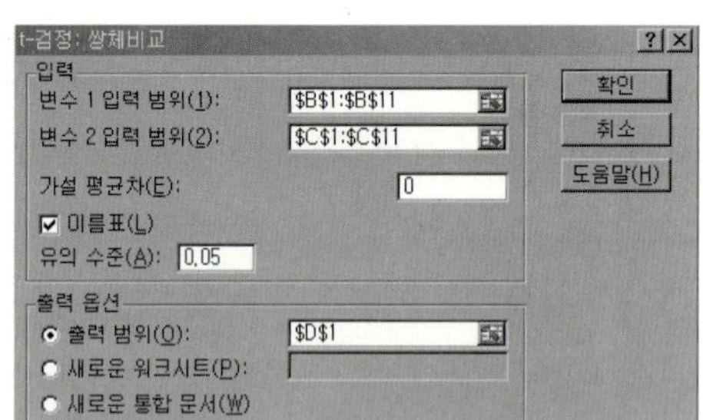

- E11셀에서 관찰 t통계량의 단측검정 P-값이 약 38.5%여서 5%를 아주 상회하고, 또한 관찰 t통계량이 t 기각치 단측검정(단측검정의 t임계값)보다 절대값으로 아주 작아 귀무가설을 채택
- E13셀에서 관찰 t통계량의 양측검정 P-값이 약 76.9%여서 5%를 아주 상회하고, 또한 관찰 t통계량이 t 기각치 양측검정(양측검정의 t임계값)보다 절대값으로 아주 작아 귀무가설을 채택

③ T.INV함수를 통한 우측검정 및 양측검정의 t통계량 임계값 계산

- H12셀을 "=T.INV(1-1%,E9)"를 입력하여 1% 유의수준에서의 우측꼬리검정 t 임계값을 계산
- H13셀을 "=T.INV.2T(1%,E9)"를 입력하여 1% 유의수준에서의 양측검정 t 임계값을 계산

12.1.2 모집단 비율간 격차와 분산간 격차의 가설검정

(1) 두 모집단 비율간 격차의 검정

두 모집단의 (성공)비율 p_1과 p_2가 일치한다는 가설을 검정할 경우에 그 비율들 격차 $p_1 - p_2$의 표준오차를 결정하기 위한 기준으로 두 표본비율을 통합하여 사용하여 다음과 같이 수행할 수 있다.

① 비율 격차의 표준오차(standard error of the difference between proportions) $\hat{\sigma}_{\hat{p}_1 - \hat{p}_2}$를 계산한다.

- 두 모집단 비율의 합동추정치(pooled estimate of the population proportion) $\hat{\pi}$를 각 표본에 대한 표본크기와 표본비율의 곱을 더하고, 그 합계를 표본크기 합계로 나누어 계산
- 비율 격차의 표준오차를 합동추정치와 1에서 합동추정치를 뺀 값의 곱을 각 표본크기로 나누고, 그 값을 더한 값의 자승근으로 계산.

② 두 비율 격차 $(p_1 - p_2) = 0$의 귀무가설 H_0 검정을 위한 Z 통계량을 표본비율 격차를 비율 격차의 표준오차로 나누어 계산한다.

③ Z 통계량의 P-값을 계산하여, 설정된 유의수준과 비교하여 귀무가설의 기각 여부를 결정한다.

예제 12.6 한 국가에서 추출한 50개 부품회사의 표본에서 10개 회사가 외국인 경영자를 고용했고, 다른 국가에서 표본 추출한 50개 부품회사에서 20개 회사가 외국인 경영자를 고용했다고 하자.

두 국가 부품회사들의 외국인 경영자 고용비율이 다르지 않다는 가설을 5% 및 1% 유의수준에서 다음과 같이 검정할 수 있다.

	A	B	C	D	E	F	G	H	I	J
1	n_1	50	n_2	50	비율 합동추정치	0.3	=(B1*B3+D1*D3)/(B1+D1)			
2	X_1	10	X_2	20	비율 격차 표준오차	0.092	=SQRT((F1*(1-F1))/B1+(F1*(1-F1))/D1)			
3	$\hat{p}_1$	0.2	$\hat{p}_2$	0.4	관찰 Z값(z)	-2.18	=(B3-D3)/F2			
4					z의 P-값(양측)	2.91%	=2*(1-NORM.S.DIST(ABS(F3),1))			
5					z의 P-값(단측)	1.45%	=1-NORM.S.DIST(ABS(F3),1)			

① 자료 입력과 표본비율 계산

- A1:D2구간의 각 셀에 국내 및 외국의 표본크기와 외국인 고용회사 비율(성공비율)을 입력
- B3셀과 D3셀을 동시 지정, 수식입력줄에 "=D2/D1"을 입력 후 "Ctrl+Enter"를 클릭하여 각국의 성공비율을 동시 계산

② P-값 접근법을 통한 양측가설의 검정 수행

- $H_0: p_1 - p_2 = 0$ 과 $H_1: p_1 - p_2 \neq 0$ 의 양측가설을 설정
- F1셀에 "=(B1*B3+D1*D3)/(B1+D1)"을 입력하여 비율의 합동추정치 $\hat{\pi}$ 를 계산
- F2셀에 "=SQRT((F1*(1-F1))/B1+(F1*(1-F1))/D1)"을 입력하여, 비율 격차의 표준오차 $\hat{\sigma}_{\hat{p}_1 - \hat{p}_2}$ 를 계산
- F3셀에 "=(B3-D3)/F2"를 입력하여 Z 통계량을 계산
- F4셀에 "=2*(1-NORM.S.DIST(ABS(F3),1))"을 입력, 양측가설에 따른 Z 통계량의 P-값을 계산
- F4셀의 P-값이 5%보다는 낮고 1%보다는 높기 때문에, 5% 유의수준에서는 귀무가설을 기각하지만 1% 유의수준에서는 귀무가설을 채택

③ P-값 접근법을 통한 단측가설의 검정 수행

- $H_0: p_1 - p_2 = 0$ 과 $H_1: p_1 - p_2 < 0$ 의 단측가설을 설정
- F5셀에 "=1-NORM.S.DIST(ABS(F3),1)"을 입력, 좌측꼬리 단측가설에 따른 Z 통계량의 P-값을 계산
- F5셀의 P-값이 5%보다는 낮고 1%보다는 높기 때문에, 5% 유의수준에서는 귀무가설을 기각하지만 1% 유의수준에서는 귀무가설을 채택

(2) 두 모집단 분산간 격차의 검정

정규분포를 갖는 두 모집단에서 추출된 표본들의 분산 비율에 대한 확률분포인 F분포를 사용하여, 두 모집단 분산이 동일하다는 귀무가설 검정을 다음과 같이 수행할 수 있다.

① 두 모집단 분산의 비율이 동일하다는 귀무가설을 검정하도록 표본분산들의 F통계량을 계산한다.

② 주어진 유의수준에 대해 양측검정과 단측검정에 대해 F비율 통계량의 P-값을 계산한다.

- 단측검정에 대해 F.DIST.RT(통계량, 분자 자유도, 분모자유도)와 (1-F.DIST(통계량, 분자 자유도, 분모 자유도, 누적표시)) 중 최소값으로 P-값을 계산
- 양측검정에 대해 F.DIST.RT(통계량, 분자 자유도, 분모자유도)와 (1-F.DIST(통계량, 분자 자유도, 분모 자유도, 누적표시)) 중 최소값의 2배로 P-값을 계산
- Excel에서 두 모집단 자료를 이용, F통계량의 양측검정 P값을 F.TEST함수로 계산

③ 계산된 P-값이 유의수준 이하로 나타나면, 귀무가설을 기각한다.

예제 12.7 정규분포를 갖는 모집단에서 추출된 크기 n_1=90, 표준편차 s_1=16시간인 표본 1과 또 다른 정규분포 모집단에서 추출된 크기 n_2=70, 표준편차 s_2=13시간인 표본 2가 있다고 하자. 이러한 경우에 표본 1과 표본 2의 두 모집단이 동일한 분산을 갖는다는 귀무가설을 F분포를 사용하여 P-값 검정법에 따라 검정하고, 양측검정의 좌우측 F임계값 F_C와 단측검정의 F임계값 F_C를 다음과 같이 계산할 수 있다.

	A	B	C	D	E	F
1	n_1	90	n_2	70	F	1.514793
2	s_1	16	s_2	13	F의 P-값(양측)	7.2927%
3	v_1	89	v_2	69	F의 P-값(단측)	3.6463%
4					유의수준	
5					1%	5%
6				좌측 F_C	0.5594	0.6431
7				우측 F_C	1.8221	1.5751
8				단측 F_C	1.7172	1.4632

① 자료입력과 표본의 자유도 계산

- A1:D2구간에 표본 1과 표본 2의 크기와 표준편차에 대한 자료 입력
- B3셀과 D3셀을 "Ctrl"을 사용하여 동시 지정, 수식입력줄에 "=D1-1"을 입력 후 "Ctrl+Enter"를 클릭하여 각 표본의 자유도를 동시 계산

② 양측검정의 수행과 기각역들의 계산

- H_0 : $\sigma_1^2 = \sigma_2^2$과 H_1 : $\sigma_1^2 \neq \sigma_2^2$의 양측가설을 설정
- F1셀에 "=B2^2/D2^2"를 입력하여 F통계량을 계산
- F2셀에 "=MIN(2*F.DIST.RT(F1,B3,D3),2*(1-F.DIST(F1,B3,D3,1)))"을 입력, F통계량에 대한 양측검정의 P-값을 계산
- F2셀로 계산된 F통계량의 양측검정 P-값은 5%보다 크기 때문에, 5% 유의수준에서 두 모집단 분산이 동일하다는 귀무가설을 채택
- E5셀과 F5셀에 각각 유의수준 1%와 5%를 입력
- E6:F6구간을 지정, 수식입력줄에 "=F.INV(E5/2,$B$3,$D$3)"을 입력 후 "Ctrl+ Enter"를 클릭하여 각 유의수준에 대해 좌측 F_C를 동시 계산
- E7:F7구간을 지정, 수식입력줄에 "=F.INV(1-E5/2,$B$3,$D$3)"을 입력 후 "Ctrl+ Enter"를 클릭하여 각 유의수준에 대해 우측 F_C를 동시 계산

③ 단측검정의 수행

- H_0: $\sigma_1^2 = \sigma_2^2$과 H_1: $\sigma_1^2 > \sigma_2^2$의 단측가설을 설정

- F3셀에 "=MIN(F.DIST.RT(F1,B3,D3),(1-F.DIST(F1,B3,D3,1)))"을 입력하여 F통계량의 우측꼬리 단측 검정 P-값을 계산
- F3셀의 단측검정 P값은 5%보다 작고, 1%보다 크기 때문에 5% 유의수준에서만 귀무가설을 기각
- E8:F8구간을 지정, 수식입력줄에 "=F.INV.RT(E5,$B$3,$D$3)"을 입력 후 "Ctrl+ Enter"를 클릭, 각 유의수준에 대해 단측검정 F임계값 단측 F_C를 동시 계산

예제 12.8 다음 A1:B6구간으로 주어진 두 확률변수의 자료들을 기초로 두 변수들의 모집단 분산들이 일치한다는 양측가설을 주어진 유의수준에 대해 F.TEST함수를 사용하여 다음과 같이 검정할 수 있다.

	A	B	C	D	E	F	G	H	I
1	D1	D2		D1	D2				
2	6	20	표본크기 n	5	5				
3	7	28	표준편차 s	6.308724	8.049845				
4	9	31	자유도 v	4	4				
5	15	38	F 통계량	0.614198	=D3^2/E3^2				
6	21	40	F의 P-값	0.648318	=MIN(2*F.DIST(D5,D4,E4,1),F.DIST.RT(D5,D4,E4))				
7	F의 P-값	0.648318	=F.TEST(A2:A6,B2:B6)						

① 양측가설의 설정과 F.TEST함수를 이용한 검정수행

- A1:B6구간에 자료를 입력
- $H_0\ :\sigma_1^2=\sigma_2^2$과 $H_1\ :\sigma_1^2\neq\sigma_2^2$의 양측가설을 설정
- B7셀에 "=F.TEST(A2:A6,B2:B6)"을 입력
- 관찰된 F통계량의 양측검정 P-값이 64.8%에 도달하므로 5% 유의수준에서 귀무가설을 채택

② F분포 밀도함수를 이용한 F통계량 양측검정 P-값 계산(선택사항, 증명용임)

- D2:E2구간 지정, 수식입력줄에 "=COUNT(A2:A6)"을 입력, "Ctrl+Enter"를 클릭하여 표본크기를 동시 계산
- D3:E3구간 지정, 수식입력줄에 "=STDEV.S(A2:A6)"을 입력, "Ctrl+Enter"를 클릭하여 표본 표준편차를 동시 계산
- D4:E4구간 지정, 수식입력줄에 "=D2-1"을 입력, "Ctrl+Enter"를 클릭하여 자유도를 동시 계산
- D5셀에 "=D3^2/E3^2"를 입력하여 F통계량을 계산
- D6셀에 "=MIN(2*F.DIST(D5,D4,E4,1),F.DIST.RT(D5,D4,E4))"를 입력하여 F통계량의 양측검정 P-값을 계산하여 F.TEST함수와 동일한 결과를 획득

12.2 적합도와 독립성의 카이자승검정

12.2.1 적합도의 카이자승검정

(1) 적합도 카이자승검정방법의 개념과 특징

적합도검정(goodness-of-fit test)은 도수분포를 통해 하나의 범주변수(categorical variable)에 대한 자료집합이 어떤 확률분포에서 발생했는가를 결정하기 위해 어떤 이론적 모형을 기초로 하는 예상도수분포와 표본에서 관찰된 도수분포를 비교하여 표본추출된 모집단의 분포를 추론하는 방법이다.

1900년대 초에 Karl Pearson이 개발한 적합도의 카이자승검정(chi-square test of goodness of fit) 방법의 특성은 다음과 같다.

① 단지 명목척도의 정보만을 가진 단일 표본의 자료를 사용하여 수행할 수 있다.

② 카이자승 검정의 목적은 관찰된 자료집합이 예상되는 집합에 대해 얼마나 양호한 적합도를 보이는지를 결정하는데 있다.

③ 어떤 표본의 관찰도수와 예상도수의 아주 큰 격차는 우연에 의한 것으로 보기 곤란하다. 관찰된 표본은 예상 모집단과는 다르다면, 그러한 표본은 예상도수를 보여준 모집단에서 표본추출된 것이 아니라는 결론을 제공한다.

(2) 적합도 카이자승검정방법의 수행절차

적합도 카이자승검정은 가설을 설정하고, 가설에 따른 예상결과와 실제 관찰된 표본결과가 일치하는지 여부를 규명하도록 다음 절차를 통해 수행된다.

① 귀무가설을 범주형 자료집합(set of categories)에서 각 범주의 확률이 동일하거나 또는 각 범주의 발생빈도 예상패턴이 동일하다는 주장으로 설정한다.

② 특정사상 발생의 예상도수(expected frequency)를 표본크기와 해당 사상 발생확률의 곱으로 계산한다.

③ 다음과 같이 가설을 설정하고, 가설들을 카이자승분포의 우측꼬리 단측검정으로 검정한다.

- H_0 : 각 범주의 확률 또는 발생크기가 동일하다.
- H_1 : 적어도 하나 이상의 범주의 확률 또는 발생크기가 동일하지 않다.

④ 예상도수가 5 이상이 되지 않는 사상은 인접사상으로 포함시키고, 예상도수가 5 이상이 되도록 표본크기를 결정한다.

⑤ 각 사상에 대해 "(관찰도수-예상도수)2/예상도수"의 합계를 검정을 위해 사용할 카이자승 통계량으로 계산하고, 그 P-값이 설정된 유의수준 이하이면 귀무가설을 기각한다. 카이자승 분포 통계량이 갖는 자유도는 다음과 같이 구분한다.

- $\nu = J-1$: 표본통계량을 통해 모집단모수를 추정할 필요가 없이 예상도수를 계산할 수 있는 경우에 사용, $J-1$ 개의 예상도수들을 알고 있다면 나머지 도수는 결정 가능하다는 것을 반영
- $\nu = J-1-m$: 표본통계량에서 m개의 모집단 모수들을 추정해야만 예상도수를 구할 수 있는 경우

예제 12.9 어떤 도시의 컴퓨터 판매업자가 판매하는 시장을 4개 지역(A, B, C, D)으로 세분하고, 판매대리(독점)권(distributorship)을 가진 매수인에게 4개 지역에 컴퓨터를 균등하게 판매하도록 요청하였다.

판매대리권을 가진 매수인이 전년도 판매실적에 대한 회사자료에서 40개의 무작위표본을 추출한 결과, 4개 지역에 판매된 결과는 다음의 B3:E3구간과 같이 관찰도수 f_o로 나타났다.

지역별 판매량이 모두 일치한다면 지역별 판매량분포는 다음 B4:E4구간의 예상도수 f_e로 나타나야 한다. 이러한 자료를 이용하여 다음과 같은 가설검정을 수행할 수 있다.

	A	B	C	D	E	F	G
1		지역				계	
2		A	B	C	D		
3	관찰도수 f_o	6	12	14	8	40	
4	예상도수 f_e	10	10	10	10	40	
5	카이자승값 χ^2	1.6	0.4	1.6	0.4	4.0	
6	범주의 수 J	4	m	0	자유도 ν	3	=B6-D6-1
7	유의수준	1%	5%	10%	관찰 P-값	26.15%	=CHISQ.DIST.RT(F5,F6)
8	χ^2 임계값	11.34	7.81	6.25	관찰 P-값	26.15%	=CHISQ.TEST(B3:E3,B4:E4)
9	H_0 채택결정	채택	채택	채택			

① 가설설정

- H_0 : 4개 지역의 판매량은 모두 동일하다.
- H_1 : 4개 지역의 판매량 중 하나 이상이 동일하지 않다.

② χ^2 검정통계량과 자유도 계산

- B3:E4구간에 지역별 관찰도수와 예상도수를 입력
- F3:F5구간 지정, 수식입력줄에 "=SUM(B3:E3)"을 입력 후 "Ctrl+Enter"를 클릭
- B5:E5구간을 지정, 수식입력줄에 "=(B3-B4)^2/B4"를 입력 후 "Ctrl+Enter"를 클릭하여 각 지역에 대한 χ^2 검정통계량을 동시 계산
- B6셀에 범주의 수 "4"를, D6셀에 추정한 모수 값들의 수 m 에 "0"을 입력
- F6셀에 "=B6-D6-1"을 입력하여 적합도검정의 χ^2 분포 자유도를 계산

③ 귀무가설 채택 여부의 의사결정

- B7:D7구간에 설정할 유의수준들을 입력
- B8:D8구간을 지정, 수식입력줄에 "=CHISQ.INV.RT(B7,$F$6)"을 입력 후 "Ctrl+ Enter"를 클릭하여 각 유의수준에 대한 χ^2 임계값을 동시 계산
- B9:D9구간을 지정, 수식입력줄에 "=IF($F$5>=B8,"기각","채택")"을 입력 후 "Ctrl+ Enter"를 클릭, 각 유의수준에 대한 귀무가설의 채택 여부 동시 결정

- 1%, 5%, 10%의 유의수준 모두에서 지역별 판매량이 균등분포를 갖는다는 귀무가설을 채택

④ χ^2 검정통계량의 우측검정 P-값 계산

- F7셀에 "=CHISQ.DIST.RT(F5,F6)"을 입력하여 관찰된 χ^2 검정통계량의 우측꼬리검정 P-값을 계산
- F8셀에 "=CHISQ.TEST(B3:E3,B4:E4)"를 입력하여 관찰된 χ^2 검정통계량의 우측꼬리검정 P-값을 계산
- F7:F8구간의 카이자승 통계량 P-값이 10%보다도 아주 크기 때문에 10% 유의수준에서도 귀무가설을 채택

12.2.2 독립성의 카이자승검정

(1) 독립성 카이자승검정방법의 개념과 특징

독립성검정(tests for independence)은 한 변수의 어떤 관찰치가 특정 범주에 속한 결과가 다른 변수가 어떤 범주에 속할 확률에 아무런 영향도 주지 않는 특성인 두 범주변수의 통계적 독립성(statistical independence)을 검정하는 방법이다.

독립성검정은 분할표검정(contingency table tests)으로 다음과 같은 특징을 갖는다.

① 두 변수의 독립성검정을 위해 분할표(contingency table)라고 하는 이원분류표(two-way classification table)를 사용한다.

- 적합성 검정은 하나의 차원에서 구분되는 사상들로 분할하여 범주를 결정하고, 그에 대한 관찰도수와 예상도수를 비교하는 일원분류표(one-way classification table)
- 일원분류표는 하나의 행에 J개의 칸으로 관찰도수를 표시하므로, $1\times J$표(1 by J table)라고 함

② 분할표(contingency table)는 J개 열과 H개 행으로 2가지 차원으로 범주를 구분한 2원분류표(two-way classification tables) 또는 H×J표(H×J tables)로 구성된다.

(2) 독립성 카이자승검정방법의 수행절차

독립성검정은 두 변수간의 독립성을 귀무가설로 설정하여 다음 절차로 수행한다.

① 분할표의 각 셀에 대한 관찰도수와 예상도수를 작성한다.

② 분할표의 각 셀에 대한 "(관찰도수-예상도수)^2/예상도수"의 합계로 χ^2 검정통계량을 계산한다.

- 각 셀의 예상도수는 "행의 총도수×열의 총도수/표본크기"로 계산

③ 분할표의 자유도 계산과 주어진 유의수준에 따른 χ^2 임계값을 계산한다.

- 표본통계량을 통해 모집단모수를 추정할 필요가 없이 예상도수를 계산할 수 있는 경우에는 "(행의 수-1)(열의 수-1)"로 자유도를 계산
- 표본통계량에서 m개의 모집단 모수들을 추정해야만 J개의 각 범주의 예상도수를 구할 수 있는 경우에는 "범주의 수-1-모집단 모수들의 수"로 자유도를 계산

④ χ^2 검정통계량이 χ^2 임계값보다 큰 경우에 주어진 유의수준에서 두 변수간의 독립성에 대한 귀무가설을 기각, 또는 분할표 자료를 이용한 χ^2 통계량의 P-값으로 최소유의수준을 결정한다.

- Excel에서 CHISQ.TEST(실제도수구간,예상도수구간)함수로 카이자승분포의 P-값을 계산하고, 유의수준 이하의 P-값에서는 귀무가설 기각을 결정

예제 12.10 150개 도시를 대상으로 범죄율과 기온이 관계가 있는지의 여부를 보기 위해 조사를 한 결과는 C3:E5구간의 분할표로 나타났다. 예상도수는 각 셀의 값이 5 이상이 되도록 기온 분할사상의 확률을 적용하여 계산을 수행할 수 있다.
5% 유의수준에서 범죄율과 기온의 관련 여부에 관한 독립성 가설검정을 다음과 같이 카이자승 검정으로 수행할 수 있다.

	A	B	C	D	E	F	G	H	I	J	K
1			범죄율			행	예상도수(E)			R	3
2			낮음	정상	초과	합계	8.5	9.3	7.2	C	3
3	기온	낮음	12	8	5	25	34.0	37.3	28.7	ν	4
4		정상	35	41	24	100	8.5	9.3	7.2	P-값	1.169%
5		초과	4	7	14	25	P-값	1.169%	=CHISQ.TEST(C3:E5,G2:I4)		
6	열 합계		51	56	43	150	$(O-E)^2/E$			χ^2	12.917
7							1.4412	0.1905	0.655		
8							0.0294	0.3601	0.7597		
9							2.3824	0.5833	6.5155		

① 자료 입력 및 가설설정

- C3:E5구간에 자료 입력
- C6:E6구간 지정, 수식입력줄에 "=SUM(C3:C5)"를 입력 후 "ctrl+Enter"를 클릭하여 열 합계들을 동시 계산
- F3:F6구간 지정, 수식입력줄에 "=SUM(C3:E3)"을 입력 후 "ctrl+Enter"를 클릭하여 행 합계들을 동시 계산
- 귀무가설 H_0와 대립가설 H_1을 설정
- H_0 : 기온과 범죄율은 독립적이다.
- H_1 : 기온과 범죄율은 독립적이 아니다.

② 예상도수 계산과 χ^2 검정통계량의 P-값 계산

- G2:I4구간 지정, 수식입력줄에 "=C$6*$F3/$F$6"을 입력 후 "ctrl+Enter"를 클릭하여 "행의 총도수×열의 총도수/표본크기"로 행 및 열 합계가 표본크기에서 차지하는 비율에 따라 예상도수들을 동시 계산
- H5셀에 "=CHISQ.TEST(C3:E5,G2:I4)"를 입력하여 χ^2 통계량의 P-값을 계산
- χ^2 통계량의 P-값을 1.169%로 1%보다는 크고 5%보다는 작아, 5% 유의수준에서 귀무가설을 기각

③ 공식을 이용한 χ^2 검정통계량 및 그 P-값 계산[심화 학습]

- G7:I9구간 지정, 수식입력줄에 "=(C3-G2)^2/G2"를 입력 후 "ctrl+Enter"를 클릭하여 각 셀에 대한 "(관찰도수-예상도수)^2/예상도수"를 동시 계산

- K1셀에 "=COUNT(C3:C5)"를 입력하여 행의 수를 계산
- K2셀에 "=COUNT(C3:E3)"을 입력하여 열의 수를 계산
- K3셀에 "=(K1-1)*(K2-1)"을 입력하여 자유도를 계산
- K6셀에 "=SUM(G7:I9)"를 입력하여 χ^2 검정통계량을 계산
- K7셀에 "=CHISQ.DIST.RT(K6,K3)"을 입력, 우측꼬리 단측검정으로 χ^2 통계량의 P-값을 계산

〈표 12-1〉 Excel의 TEST함수와 적용 방법

Test함수	결과	함수 인수와 적용
Z.TEST	단측 P-값	"=Z.TEST(자료,가설 평균값,표준편차)", 표준편차 생략 가능(표본표준편차 사용)
	양측 P-값	"=2*MIN(Z.TEST(자료,가설 평균값,표준편차), 1-Z.TEST(자료,가설 평균값,표준편차))"
T.TEST	P-값	"=T.TEST(자료1,자료2,꼬리 표시, 2 표본들 형태)" * 꼬리 표시에서 단측가설은 1, 양측가설은 2 * 두 표본들 형태에서 쌍체표본 1, 등분산 표본들 2, 이분산 표본들 3
F.TEST	양측 P-값	"=F.TEST(자료1,자료2)"
CHISQ. TEST	우측꼬리 단측P-값	"=CHISQ.TEST(관찰도수범위,예상도수범위)"

학습문제

맞으면 "○", 틀리면 "×"를 표시

1. 분산 σ_1^2과 σ_2^2을 갖는 두 모집단에서 추출한 표본들 크기가 n_1과 n_2이며 모두 30 이상인 경우에, 두 표본평균간 격차의 분포는 약 $\frac{\sigma_1^2}{n_1}+\frac{\sigma_2^2}{n_2}$을 분산으로 갖는 정규분포이다. ( )
2. 두 모집단 평균간 격차의 검정을 하는 경우에 모집단 분산을 모르고 모집단에서 추출한 표본 크기들이 30 이상이라면, 관련된 검정통계량은 거의 Z값이다. ( )
3. 모집단 1과 2에서 각 성공횟수들이 x_1과 x_2이고, 이들 모집단에서 n_1과 n_2의 크기로 표본들을 추출하여 두모집단 비율간 격차에 대한 추론을 하는 경우에 계산된 합동비율은 $\hat{\pi}=\frac{x_1+n_1}{x_2+n_2}$이다. ( )
4. 두 모집단 평균들에 대한 가설검정을 하는 경우에 모집단들이 정규분포되어 있다고 가정해야 한다. ( )
5. 어떤 귀무가설이 기각된다면, 이는 그 귀무가설이 참이 아닌 것을 의미한다. ( )
6. 가설검정의 P-값 접근법에서 P-값이 설정된 α값보다 작다면, 귀무가설을 기각해야 한다. ( )
7. 두 모집단 평균간 격차에 대한 추론을 하는 경우에 두 모집단 분산들이 균등하다고 가정되고 n_1이나 n_2가 30 미만이라면, 표본평균간 격차의 분포는 n_1+n_2-2의 자유도를 갖는 t분포를 따른다. ( )
8. 두 모집단 평균간 격차의 검정에서 합동 표준편차(분산)은 그 두 모집단들이 동일하지 않는 분산들을 갖는 경우에 사용한다. ( )
9. 두 모집단에서 추출된 두 표본들이 독립적이라면, 쌍체비교 t검정을 평균간 격차 검정에 사용한다. ( )
10. 소표본들을 사용하여 두 모집단 평균들에 대한 가설검정을 하는 경우에, 표본들을 추출할 모집단들이 정규분포되어 있다는 가정을 해야 한다. ( )
11. 가설검정에서 P-값은 검정통계량의 값이 없는 상황에서 계산할 수 있다. ( )
12. 모집단 표준편차를 모르고, 표본크기가 작으며, 표본추출 모집단이 정규분포를 갖는 경우에, 모집단 평균의 신뢰구간을 구성하는데 t분포를 사용한다. ( )
13. 자료들을 대응 쌍 또는 쌍 표본으로 입수하는 경우에는 자료의 추론을 위해 반드시 Z분포를 사

학습문제

맞으면 "○", 틀리면 "×"를 표시

용해야 한다. ( )

14. Z분포와 t분포의 평균 및 분산은 동일하다. ( )
15. 적합도검정은 어떤 자료집합이 특정한 이론모형에 대해 양호하게 적합한지의 여부를 결정하는 절차이다. ( )
16. 적합도검정에서 자유도 크기는 도수측정범주들 수에서 1을 차감한 값이다. ( )
17. 분할표에서 관찰도수는 표의 각 셀에 표시된 실제 값들이다. ( )
18. 분할표에서 예상도수는 귀무가설이 참이라고 가정한 상황에서 이론적 예상결과들을 표시한다. ( )
19. 분할표에서 어떤 셀(cell)에 대한 예상도수는 "(행의 합+열의 합)/총합계"로 계산하여 구한다. ( )
20. r개의 행과 c개의 열로 구성된 r x c분할표에 대한 자유도는 (r−1)(c−1)이다. ( )
21. χ^2 확률변수의 값들은 가끔 음의 값들을 가질 수도 있다. ( )
22. 적합도검정의 표본추출분포는 χ^2 분포이다. ( )
23. χ^2 적합도검정은 항상 우측꼬리검정으로 증명된다. ( )
24. 12개 행과 12개 열을 갖는 분할표에 대한 자유도는 144이다. ( )
25. χ^2 적합도검정 수행에서 사용되는 기준들 중의 하나는 각 셀의 예상도수는 반드시 5 이상이어야 한다는 것이다. 그리고 5 미만의 예상도수를 갖는 범주나 계급은 다른 계급이나 범주와 통합하여 처리할 수 있다. ( )
26. χ^2 분포의 형태는 표본크기에 따라 다르게 나타난다. ( )
27. χ^2 분포는 모집단 평균에 대한 가설의 검정에 사용된다. ( )

해답

1. ○	2. ○	3. ×	4. ○	5. ×	6. ○	7. ○	8. ×	9. ×	10. ○
11. ×	12. ○	13. ×	14. ×	15. ○	16. ○	17. ○	18. ○	19. ×	20. ○
21. ×	22. ○	23. ○	24. ×	25. ○	26. ○	27. ×			

E X C E L 2 0 1 3

CHAPTER 13

분산분석과 상관분석

13.1 분산분석 개념과 일원분산분석

13.1.1 분산분석 개념과 수행절차

13.1.2 일원분산분석의 개념과 수행절차

13.2 이원분산분석과 상관분석

13.2.1 이원분산분석과 교호작용의 개념

13.2.2 반복 없는 이원분산분석과 반복 있는 이원분산분석

13.2.3 공분산과 상관분석

13.1 분산분석 개념과 일원분산분석

13.1.1 분산분석 개념과 수행절차

(1) 분산분석의 개념과 특징

분산분석(analysis of variance) ANOVA는 주어진 자료집합의 총변동이 어떤 변동요인에 의해 유발되었으며, 얼마나 많이 변동하게 되었는가를 추정하는 방법이다. 분산분석의 특징은 다음과 같다.

① ANOVA는 3개 이상의 모집단 평균 비교를 목적으로 전체 모집단 평균과 개별 모집단 평균의 추정량에 대한 관찰치의 편차 자승을 이용하여 F검정으로 분석하는 방법이다.

② ANOVA는 J개 모집단에서 표집한 J개 표본들로 구성된 어떤 집합을 J개 표본들간의 변동[표본평균들간의 분산]과 J개 표본들 내부의 변동[표본들 내부의 분산]의 2개 부분으로 구분한다.

③ ANOVA는 표본들 내부의 분산은 단지 우연히 발생하는 것이고, 표본평균들간의 분산은 일부는 우연히 발생하지만 일부는 J개 모집단 평균들의 격차로 인하여 발생한다고 가정한다.

④ ANOVA는 F분포의 우측꼬리 검정(right-tail test)만을 사용하여 수행한다.

⑤ ANOVA는 우연한 변동이 아닌 변동(비우연변동)을 분석하는데 사용하는 요인의 수에 따라 일원모형과 이원모형으로 구분한다.

- 일원모형(one-factor or one-way model) : 우연히 발생하지 않은 변동(비우연변동)이 하나의 요인에 의해 발생하는 것을 분석하는 ANOVA모형
- 이원모형(two-factor or two-way model) : 2개의 요인 및 그들의 상호작용에 의해 비우연변동이 발생하는 것을 분석하는 모형

(2) 분산분석의 수행절차

분산분석은 "모집단 평균들이 동일하다"라는 귀무가설 H_0의 검정을 다음 과정을 따라 수행한다.

① 처리집단간 자승의 평균(between-treatments mean square : MST)에서 모집단 분산을 추정한다.

- MST는 처리집단간 자승의 합(SST)을 표본집단의 수 K에서 1을 차감한 값을 나누어 구한 표본평균들간의 분산

② 집단내부 자승의 평균(within-treatment mean square : MSW)에서 모집단 분산을 추정한다.

- MSW는 처리집단내 자승의 합(SSW)을 표본 전체 크기 N에서 K를 차감한 값으로 나누어 구한 표본들 내부의 분산

③ F비율을 "MST/MSW"로 계산한다.

④ 계산된 F비율이 설정된 유의수준과 자유도에서의 F비율 임계값보다 크다면 모집단 평균들이 동일하다는 귀무가설 H_0를 기각한다.

TIP ANOVA의 주요용어

- 실험(experiment) : 표본자료의 수집과정
- 실험설계(design of the experiment) : 표본수집에 대한 계획
- 반응변수(response variable) : 실험에서 측정되는 변수
- 실험단위(experimental unit) : 반응변수를 얻기 위해 측정하는 대상
- 실험집단(experimental groups) : (모집단 평균의) 비교를 위해 추출된 표본들
- 통제집단(control group) : 여러 표본(집단) 중에서 어떤 처리(treatment)도 하지 않는 표본
- 인자(요인, factor) : 반응변수와 관련된 질적(정성) 변수 또는 양적(정량) 변수
- 인자수준(factor level) : 실험에서 인자가 갖는 값인 설정강도(intensity setting)
- 처리(treatment) : 실험에 포함된 인자들의 수준들로 구성된 특정 조합

13.1.2 일원분산분석의 개념과 수행절차

(1) 일원분산분석의 개념과 특징

일원분산분석(one-way ANOVA) 또는 일원ANOVA는 표본분산들을 분석하여 3개 이상의 모집단 평균들을 검정하는 방법으로, 다음 특징들을 갖는다.

① 종속변수의 특성 파악을 위한 실험요인이 되는 하나의 처리 또는 요인(treatment or factor)을 사용하여, 여러 처리집단(treatment groups, 표본집단)의 각각에 대해 무작위로 실험대상(subjects)을 할당하여 얻은 표본평균간 격차를 분석하는 방법이다. 예컨대 자동차를 크기라는 하나의 처리 또는 요인을 사용하여 구분하면, 그 처리 또는 요인은 소형, 중형, 대형 등의 범주들을 갖는다.

② 각 범주의 평균이 동일하다는 귀무가설과 동일하지 않다는 대립가설을 F 통계량을 사용하여 검정한다.

- 모집단들이 동일한 분산들을 갖는다고 가정하고, 두 모집단 분산 σ^2 에 대해 (표본 평균들간의 변동을 기초로 하는) 표본간 변동(variation between samples)과 (표본 분산들을 기초로 하는) 표본내 변동(variation within samples)의 2가지 추정치들의 비율인 F 검정 통계량을 사용한다.

$$F=\frac{ns_{\bar{X}}^2}{s_P^2}=\frac{\text{표본크기}\times\text{표본평균 분산}}{\text{표본분산 평균}}=\frac{\text{표본평균간 변동}}{\text{동일표본 내부 관찰치들간변동}}$$

- 분자 자유도는 표본들의 수 k 에서 1을 차감한 "$k-1$"이고, 분모 자유도는 표본크기 n 에서 1을 차감한 값에 k 를 곱한 "$k(n-1)=kn-k=N-k$"이다. 이러한 분석방법을 일원(one-way) ANOVA라고 한다.

③ F 검정통계량의 분자는 표본평균간 변동을 측정한다. 한편 분모의 분산추정치는 단지 표본분산에만 의존하며, 표본 평균들 사이의 격차들에 의해 영향을 받지 않는다.

- 값이 유사한 표본평균들은 작은 F 검정통계량 및 높은 P-값을 가져와서, 표본평균들 사이에 어떤 유의적 격차도 없다고 결론을 얻게 할 것이다.

④ 일원ANOVA는 여러 처리모집단 평균간 격차의 검정을 위해 각 처리집단에서 표본을 추출하여 전체 표본을 구성하며, k개 표본평균을 이용한 단일요인 완전무작위 설계법(one-factor completely randomized design)을 사용하는 선형모형(linear model)이다.

> 관찰치 = 총평균 + (집단평균–총평균)+(관찰치–집단평균)
> 관찰치 = 총평균 + 처리효과 + 무작위효과

- 총평균 : 다른 요인의 영향을 받지 않으며, 자체 요인에 의해 그 변동을 설명할 수 있는 자기설명적 요인(self-explanatory factor)
- 처리효과 : 총평균 μ 에 대한 k 번째 처리모집단 평균인 μ_k 의 격차

처리효과로 인하여 실험에서 K개의 처리집단을 다루는 경우에 K개의 처리효과가 발생하며, K개 처리 모집단평균들의 평균이 총평균이어서 K개 처리효과들의 합은 0이 되어야 하는 것으로 가정한다.

- 무작위(표집)오차 : 처리모집단 내부의 변동성을 반영하며, 표집행위의 특성상 무작위성(비일관성) 과정(process of randomness)으로 인해 발생, 관찰치에서 처리모집단 평균을 차감한 잔차(residual)이며, 그 기대치는 0

(2) 일원분산분석의 수행절차

일원분산분석은 표본집단들의 모집단 평균들이 동일하다는 가설을 다음과 같이 검정한다.

① K개의 표본집단들에 대해 다음의 귀무가설을 설정한다.

$H_0 \ : \mu_1 = \mu_2 = \cdots = \mu_K$

② 동일한 모집단 분산 σ^2 의 불편독립 추정량을 관찰치의 집단평균에 대한 편차 자승의 평균인 분산 추정치 자승 평균(mean square)으로 계산한다.

- TSS, SST, SSW를 규정
  - 처리집단 편차 자승들의 총합 TSS(total sum of squares, 전체 자승합) : 총평균에 대해 각 관찰치가 갖는 격차 자승의 합계
  - 처리집단간 자승합 SST(between-treatments sum of squares) : 총평균에 대해 각 표본평균이 갖는 격차 자승의 합계
  - 처리집단내 자승합 SSW(within-treatment sum of squares) : 각 표본평균에 대해 해당 표본 관찰치가 갖는 격차 자승의 합계
- 개별처리집단 평균과 총평균간 편차 자승의 합의 평균을 이용하여 모집단 분산 추정치인 처리집단간 자승의 평균 MST를 SST/(K-1)로 계산
- 표본집단 내부 편차자승의 합의 평균을 통해 모집단 분산 추정치인 평균 자승오차(mean square error) 또는 집단내부 자승의 평균 MSW을 SSW/(N-K)로 계산

③ F비율을 MST/MSW[=설명된 분산/설명되지 않은 분산]로 계산한다.

- 모집단 평균들간의 격차는 MST를 증가시키지만, 집단 격차의 내부에서 계산되는 MSW에 어떤 영향도 주지 않는다. 따라서 귀무가설이 거짓인 경우에 MST의 기대치는 MSW보다 크게 발생하는 것을 F비율을 사용하여 평가
- 표본집단 내부자승의 평균들에 대한 표본집단간 자승 평균의 비율을 $\nu_1 = K-1$과 $\nu_2 = N-K$ 자유도의 F비율을 계산
- F비율인 MST/MSW는 "처리제곱평균/잔차제곱평균"

④ 여러 모집단 분산간 격차에 대해 F분포를 사용하여 단측검정을 수행한다.

- 계산된 F비율이 1보다 현저하게 큰 경우에 각 처리모집단들의 평균들이 일치한다는 귀무가설을 기각
- 계산된 F비율이 1보다는 현저하게 크지 않다면, 처리효과가 존재하지 않아 추가 조사에 대해 어떤 결과도 도출할 수 없다는 결론에 도달
- 계산된 F비율이 1보다 작게 나타나면, 이는 표본추출오차만을 나타내거나 또는 실험의 설계 또는 수행에서 잘못이 발생한 것으로 해석 가능

Excel의 메뉴 탭에서 "데이터 | 분석 | 데이터분석"을 지정 후 생성된 데이터분석 대화 상자에서 "분산 분석 : 일원배치법"을 사용하면, 요약 통계량과 함께 〈표 13-1〉과 같은 분산분석표가 제공된다.

〈표 13-1〉 일원분산분석의 요약표

변동의 요인	자승 합 (SS)	자유도 (ν)	자승 평균 (MS)	F 비율
처리집단간 (B)	SST	$K-1$	$MST=\dfrac{SST}{K-1}$	$F=\dfrac{MST}{MSW}$
잔차 (표본추출오차, 처리집단내) (W)	$SSW=TSS-SST$	$N-K$	$MSW=\dfrac{SSW}{N-K}$	
총변동(T)	TSS	$N-1$		

한편 Scheffé 검정(Scheffé Test)과 Tukey 검정(Tukey Test)은 ANOVA에서 F통계량으로 귀무가설이 기각되는 경우에 평균들간의 격차가 어느 집단들간에 나타나는지를 모색하는 검정법이다.

예제 13.1 아래 왼쪽과 같이 총 15명에 대해 3가지 교수법에 따라 각 5명의 성적들을 비교한 표를 가지고, 교수법이 성적에 영향을 준다는 처리효과를 5%의 유의수준에서 검정하기로 하자.

	A	B	C	D
1	교수법	K1	K2	K3
2	점수	86	90	82
3		79	76	68
4		81	88	73
5		70	82	71
6		84	89	81

① Excel의 "분산 분석 : 일원배치법" 을 사용

- 분산 분석 : 일원배치법을 아래와 같이 지정하여 "확인"을 클릭

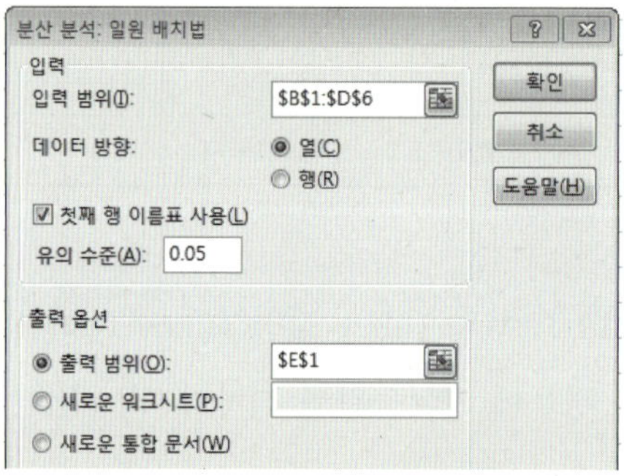

② 분산분석표의 F비율과 P-값을 이용 해석

- 아래와 같이 F비는 3.348이고, 그 P-값은 6.99%여서 5%를 초과하므로 교수법의 성과가 동일하다는 귀무가설을 채택

분산 분석						
변동의 요인	제곱합	자유도	제곱 평균	F 비	P-값	F 기각치
처리	250	2	125	3.348214	0.069909	3.885294
잔차	448	12	37.33333			
계	698	14				

13.2 이원분산분석과 상관분석

13.2.1 이원분산분석과 교호작용의 개념

(1) 이원분산분석의 개념

이원 또는 2요인 분산분석(two-way or two-factor ANOVA)은 종속변수의 특성 파악을 위해 실험요인을 2개의 인자(factor : 설명변수)로 구성한다.

이원분산분석은 2차원의 분류 또는 처리를 통해 요인간 독립성과 종속성을 규명하도록 무작위로 실험대상의 처리집단을 할당하여 얻은 표본평균간 격차를 분석하는 방법이다.

Excel의 분산분석에서는 이원분할자료표의 행(row)으로 규명된 (행 이름표를 갖는) 처리집단을 A 처리집단인자(A treatments)로, 열(column)로 규명된 (열 이름표를 갖는) 처리집단을 B 처리집단인자(B treatments)로 표시한다.

(2) 교호작용의 개념

교호작용(interaction)은 두 처리집단들이 독립적이 아니어서, 한 요인의 특정한 처리효과가 다른 요인의 수준에 따라 변화하는 효과이다.

이원분산분석에서는 교호작용의 검정을 위해 2개 이상의 관찰치 또는 표본추출된 측정치(반복, replication)를 이원자료표의 각 셀에 포함한다.

13.2.2 반복 없는 이원분산분석과 반복 있는 이원분산분석

(1) 반복 없는 이원분산분석

이원분할자료표의 하나의 셀에 하나의 관찰치를 갖는 이원분산분석모형(two-way analysis of variance model)을 무작위 블록 설계법(randomized block design)이라고 한다.

무작위 블록 설계법이라는 명칭과 같이 반복 없는 이원분산분석은 다음 특징을 갖는다.

① 블록이라는 대응집단(matched groups)을 규명하고, 그 블록들에 개별 자료값들을 무작위로 선정·할당하는 방법이다.

② 두 표본평균의 비교를 위한 쌍체 관찰치들을 사용할 경우에 k개의 대응쌍들로 구성된 자료들이 필요한 원리를 이용한다.

③ 블록 차원은 처리차원이 아니며, A처리 효과의 검정을 위해 사전 설정한 블록에 실험대상간 변동성의 일부를 할당하는 방법이다.

④ 〈표 13-2〉와 같이 TSS, SSB, SST, SSE를 규정하고, 블록간 효과와 처리간 효과의 2가지 효과를 교호작용 없이 분석한다.

- 처리집단 편차 자승들의 총합 TSS(total sum of squares, 전체 자승합) : 총평균에 대해 각 관찰치가 갖는 격차 자승의 합계
- 구성블록간 자승합 SSB(between-blocks sum of squares) : 총평균에 대한 블록평균이 갖는 격차 자승의 합계
- 처리집단간 자승합 SST(between-treatments sum of squares) : 총평균에 대해 각 표본평균이 갖는 격차 자승의 합계
- 오차자승합 SSE(error sum of squares) : 각 표본평균 및 블록평균에 대해 해당 표본 관찰치가 갖는 격차에 총평균을 더한 값 자승의 합계

〈표 13-2〉 반복 없는 이원분산분석(무작위 블록 설계법)의 요약표

변동의 요인	자승 합(SS)	자유도(ν)	자승 평균(MS)	F 비율
블록간 (A)	SSB	$J-1$	$MSB=\dfrac{SSB}{J-1}$	$F=\dfrac{MSB}{MSE}$
처리 집단간(B)	SST	$K-1$	$MST=\dfrac{SST}{K-1}$	$F=\dfrac{MST}{MSE}$
표본추출 오차(E)	$SSE=TSS-SSB-SST$	$(J-1)(K-1)$	$MSE=\dfrac{SSE}{(J-1)(K-1)}$	
총변동 (T)	TSS	$N-1$		

Excel의 메뉴 탭에서 메뉴 탭에서 "데이터 | 분석 | 데이터 분석"을 지정하고, 생성된 통계 데이터 분석 대화상자에서 "분산분석 : 반복 없는 이원배치법"을 지정하여 "확인"을 클릭하면, 〈표 13-2〉와 같은 무작위 블록 설계법의 요약표를 출력할 수가 있다.

예제 13.2 B처리집단(열 이름표 집단)에 교수법 K1, K2, K3을 표시하고, A처리집단(행 이름표 집단 또는 블록)에 능력수준 1, 2, 3, 4, 5를 표시한 상황에서 시험성적의 결과는 A1:D7구간과 같다고 하자.

이러한 경우에 3가지 교수법간의 평균성과에는 어떤 격차도 없다는 귀무가설을 5% 유의수준에서 다음과 같이 검정할 수 있다.

	A	B	C	D	E	F	G
1	능력수준(블록)		교수법				
2		K1	K2	K3			
3	1	86	90	82			
4	2	79	76	68			
5	3	81	88	73			
6	4	70	82	71			
7	5	84	89	81			
8	분산 분석: 반복 없는 이원 배치법						
10	요약표	관측수	합	평균	분산		
11	1	3	258	86	16		
12	2	3	223	74.33333	32.33333		
13	3	3	242	80.66667	56.33333		
14	4	3	223	74.33333	44.33333		
15	5	3	254	84.66667	16.33333		
16							
17	K1	5	400	80	38.5		
18	K2	5	425	85	35		
19	K3	5	375	75	38.5		
22	분산 분석						
23	변동의 요인	제곱합	자유도	제곱 평균	F 비	P-값	F 기각치
24	인자 A(행)	367.3333	4	91.83333	9.107438	0.45%	3.837853
25	인자 B(열)	250	2	125	12.39669	0.35%	4.45897
26	잔차	80.66667	8	10.08333			
27							
28	계	698	14				

① 두 가지 양측가설의 설정

- 첫째 양측가설의 설정[A(행) 차원분류에서 j 번째 블록의 효과]
  H_0 : 모든 행처리(능력수준)집단들에 대해 블록 효과는 없음
  H_1 : 일부 행처리(능력수준)집단에 대해 블록 효과가 있음
- 둘째 양측가설의 설정[B(열) 차원분류에서 k 번째 처리 효과]
  H_0 : 모든 열처리(교수법)집단들에 대해 처리 효과 없음
  H_1 : 일부 열처리(교수법)집단들에 대해 처리 효과 있음

② 자료 입력 및 반복 없는 이원배치법 수행

- A2:B7구간에 자료 입력
- 메뉴 탭에서 "데이터 | 분석 | 데이터 분석"을 지정, 생성된 통계 데이터 분석 대화상자에서 "분산분석 : 반복 없는 이원배치법"을 지정
- 생성된 "분산 분석 : 반복 없는 이원배치법" 대화상자에서 "입력범위 : A2:D7, 이름표, 유의수준 : 0.05(또는 5%), 출력옵션 : A8"로 지정 후에 "확인"을 클릭하여 분산분석을 수행

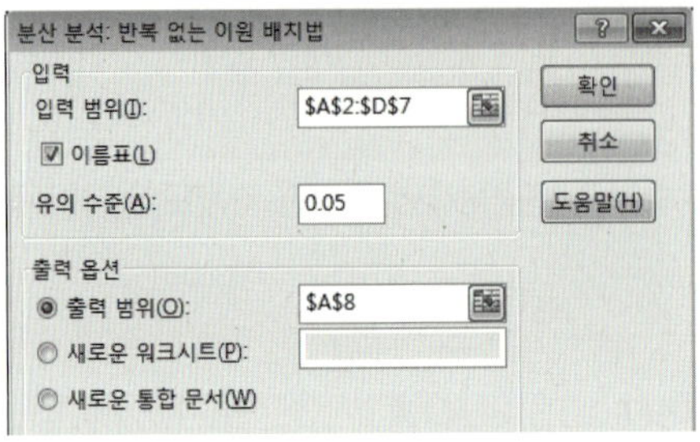

③ 블록 효과 귀무가설의 기각 여부 결정

- 행의 A인자에 대해 제곱합 SSB는 B24셀에서 367.33으로, 자유도는 C24셀에서 4(=5-1=J-1)로, 블록간(행인자간) 자승평균인 MSB는 D24셀에서 91.83으로 발생
- 계산된 F비율은 MSB를 잔차(처리집단내부)의 자승 평균인 MSE로 나누어 계산한 값으로 E24셀에서 9.107로 제공
- 계산된 F 비율에 대한 최소유의수준인 P-값은 F24셀에서 0.45%로 유의수준 5%보다 아주 낮게 나타나고, 5% 유의수준에서의 F분포의 기각치 역시 G24셀에서 3.83으로 계산된 F 비율 9.107보다 아주 낮게 발생 → 귀무가설의 기각
- 행처리집단의 경우에 특정 행(블록)의 효과인 능력수준의 차이가 현저하게 성적에 영향을 주는 것으로 해석

④ 처리 효과 귀무가설의 기각 여부 결정

- 열 표시 B인자에 대해 제곱합 SST는 B26셀에서 250으로, 자유도는 C26셀에서 2(=3-1=K-1)로, 처리집단간(열인자간) 자승평균 MST는 D26셀에서 125으로 발생
- 계산된 F비율은 처리집단간 자승평균 MST를 잔차(처리집단내부)의 자승 평균인 MSE로 나누어 계산한 값으로 E25셀에서 12.40으로 발생
- 계산된 F 비율에 대한 최소유의수준인 P-값은 F25셀에서 0.35%로 유의수준 5%보다 아주 낮게 발생
- 5% 유의수준에서의 F분포의 기각치 역시 G25셀에서 4.46으로 계산된 F비율보다 아주 낮게 발생 → 귀무가설의 기각
- 열 표시 처리집단의 경우 특정 열의 효과인 교수법 차이가 현저한 영향을 주는 것으로 해석

(2) 반복 있는 이원 ANOVA

반복 있는 이원 ANOVA는 이원분할자료표의 하나의 셀에 다수의 관찰치를 갖는 이원 분산분석모형으로 두 요인간의 교호작용을 검정하는데 사용하는 2요소 완전 무작위 설계법(two-factor completely randomized design)이다.

반복 있는 이원 ANOVA는 다음 3개의 다른 귀무가설들을 검정하는데 사용한다.

① 열 평균이 유의적으로 다르지 않아, 어떤 열 효과(column effect)도 없다.

② 행 평균이 유의적으로 다르지 않아, 어떤 행 효과(row effect)도 없다.

③ 행 요인과 열 요인의 두 요인들이 독립적이어서 두 요인들 사이에 어떤 교호작용도 없다.

한 요인에 대한 처리집단들의 효과는 다른 요인의 수준에 따라 변동하는 것을 반영하어 유의적인 교호작용효과를 갖는 반복 있는 이원 ANOVA(two-way analysis of variance model with replication)의 선형모형은 다음과 같다.

관찰치 = 총평균 + 블록 효과 + 처리 효과 + 교호작용 효과 +무작위효과

Excel의 메뉴 탭에서 메뉴 탭에서 "데이터 | 분석 | 데이터 분석"을 지정하고, 생성된 통계 데이터 분석 대화상자에서 "분산분석 : 반복 있는 이원배치법"을 지정하여 "확인"을 클릭하여 수행할 수 있다.

수행 결과에 따른 〈표 11-3〉과 같은 분산분석 요약표로 블록 효과, 처리 효과, 교호작용 효과를 설정한 유의수준에 대해 존재를 규명할 수 있다.

〈표 11-3〉 반복 있는 이원분산분석의 요약표

변동의 요인	자승 합(SS)	자유도(ν)	자승 평균(MS)	F 비율
블록간 (A)	SSB	$J-1$	$MSB=\dfrac{SSB}{J-1}$	$F=\dfrac{MSB}{MSE}$
처리집단간 (B)	SST	$K-1$	$MST=\dfrac{SST}{K-1}$	$F=\dfrac{MST}{MSE}$
A와 B요인간 교호작용(I)	SSI	$(J-1)(K-1)$	$MSI=\dfrac{SSI}{(J-1)(K-1)}$	$F=\dfrac{MSI}{MSE}$
표본추출오차 (처리집단내)(E)	SSE	$JK(L-1)$	$MSE=\dfrac{SSE}{JK(L-1)}$	
총변동 (T)	TSS	$N-1$		

예제 13.3 교수법 K1, K2, K3의 효과를 능력수준에 따라 측정한다고 가정하자. 능력수준에 따른 관찰대상영역(subject area)을 4개로 나누고, 각 대상영역에 교수법 및 능력수준별로 각각 3명씩 총 9명의 학생을 할당하여 성적을 평가하였다.

각 대상 B처리집단(열 이름표 집단)에 교수법 K1, K2, K3을 표시하고, A처리집단(행 이름표 집단 또는 블록)에 능력수준 1, 2, 3, 4를 표시한 상황에서 시험성적의 결과는 B3:D14구간과 같다고 하자. 이러한 경우에 3가지 교수법간의 평균성과에는 어떤 격차도 없고, 개인의 능력수준간의 평균성과에도 어떤 격차도 없으며, 교수법과 능력수준간의 교호작용도 없다는 귀무가설을 5% 유의수준에서 검정할 수 있다.

	A	B	C	D	E	F	G	H	I	J	K
1	능력수준(블록)	교수법			분산 분석: 반복 있는 이원 배치법						
2		K1	K2	K3							
3		70	83	81	요약표	K1	K2	K3	계		
4	1	79	89	86	1						
5		72	78	79	관측수	3	3	3	9		
6		77	77	74	합	221	250	246	717		
7	2	81	87	69	평균	73.6666667	83.33333	82	79.66667		
8		79	88	77	분산	22.3333333	30.33333	13	37		
9		82	94	72							
10	3	78	83	79	2						
11		80	79	75	관측수	3	3	3	9		
12		85	84	68	합	237	252	220	709		
13	4	90	90	71	평균	79	84	73.33333	78.77778		
14		87	88	69	분산	4	37	16.33333	35.69444		
35					분산 분석						
36					변동의 요인	제곱합	자유도	제곱 평균	F 비	P-값	F 기각치
37					인자 A(행)	30.8888889	3	10.2963	0.567637	64.17%	3.008787
38					인자 B(열)	600	2	300	16.53905	0.00%	3.402826
39					교호작용	533.777778	6	88.96296	4.904543	0.21%	2.508189
40					잔차	435.333333	24	18.13889			
41											
42					계	1600	35				

① 양측검정 가설 설정

- 행처리집단들에 대한 가설의 설정
  H_0 : 모든 행처리집단들에 대해 블록 효과 없음
  H_1 : 일부 행처리집단에 대해 블록 효과 있음
- 열처리집단들에 대한 가설의 설정
  H_0 : 모든 열처리집단들에 대해 처리 효과 없음
  H_1 : 일부 열처리집단들에 대해 처리 효과 있음
- 모든 셀들의 교호작용효과에 대한 가설의 설정
  H_0 : 모든 셀들에 대해 블록 효과와 처리 효과 교호작용 없음
  H_1 : 일부 셀들에 대해 블록 효과와 처리 효과 교호작용 없음

② 자료 입력

- B2:D14구간의 각 셀에 자료 입력
- A3:A5구간을 지정하고, 도구표시줄에서 "병합하고 가운데 맞춤" 표시인 ""을 누르고 1을 입력
- A3:A5구간을 자동채우기 핸들로 A6:A14구간에 붙여 넣고, 병합된 구간들에 2, 3, 4를 입력

③ 분산분석:반복 있는 이원 배치법의 수행

- 메뉴 탭에서 "데이터 | 분석 | 데이터 분석"을 지정, 생성된 통계 데이터 분석 대화상자에서 "분산분석 : 반복 없는 이원배치법"을 지정
- 생성된 "분산 분석 : 반복 없는 이원배치법" 대화상자에서 "입력범위 : A2:D14, 표본당 행수 : 3, 유의 수준 : 0.05(또는 5%), 출력옵션 : A15"로 지정 후에 "확인"을 클릭하여 분산분석을 수행

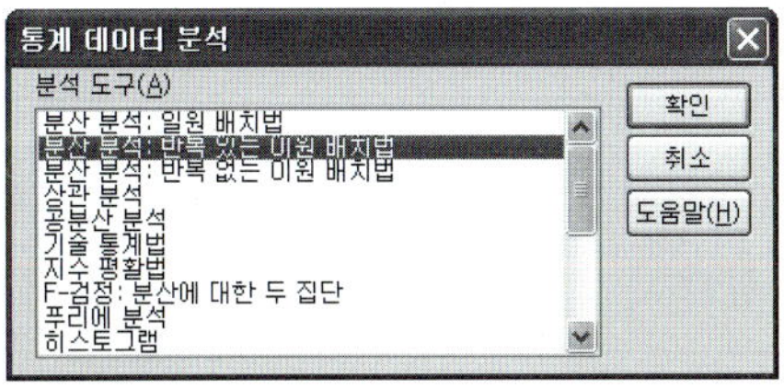

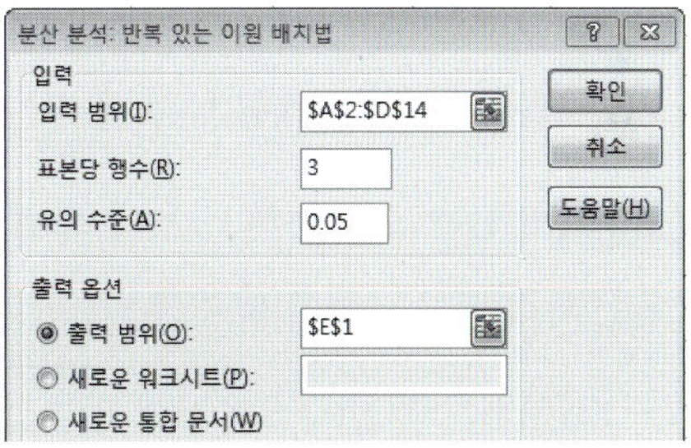

④ 〈표 11-3〉을 이용한 분석결과의 해석 및 귀무가설의 기각 여부 결정

- 첫째 양측가설인 행처리집단에 대해 P-값이 J37셀에서 64.17%로 나타나 5% 수준에서 블록 효과는 없음이라는 귀무가설 채택
- 둘째 양측가설인 열처리집단에 대해 P-값이 J38셀에서 0.00%로 나타나 5% 수준에서 (교수법) 처리 효과는 없음이라는 귀무가설을 기각

- 셋째 양측가설인 셀들의 교호작용에 대해 P-값이 J39셀에서 0.21%로 나타나 5% 수준에서 블록 효과와 (교수법) 처리 효과의 교호작용이 없음이라는 귀무가설을 기각, 1% 수준에서도 교호작용이 성적에 영향을 준다는 결론을 도출

13.2.3 공분산과 상관분석

(1) 공분산

공분산(covariance)은 두 확률변수 X와 Y가 함께 변동하는 정도인 두 변수간의 선형관련(linear association)에 대한 통계적 측정치이며, $Cov(X, Y) = C_{XY} = \sigma_{XY}$로 표시한다.

두 확률변수의 공분산은 각 변수의 대응 항목 값에서 평균을 뺀 값들을 곱하여 합계를 구하고, 모집단크기, 표본크기 또는 "표본크기-1"로 나누어 계산한다. 공분산은 다음과 같은 특성을 갖는다.

① 두 변수간의 공분산은 두 변수의 측정단위에 따라 값이 크게 다를 수 있어, 두 변수간의 변화관계에 대한 방향은 알 수 있지만 정도를 측정하기 곤란한 문제가 빌생힐 수 있다.

② 표본공분산은 대표본의 경우에 모집단 공분산과 동일한 방식으로 표본크기로 평균괴리 격차들 곱의 합계를 나누어 계산한다.

③ 표본공분산은 소표본의 경우에 모집단 공분산과 동일한 방식으로 "표본크기-1"로 평균괴리 격차들 곱의 합계를 나누어 계산한다.

- Excel에서 두 변수 X와 Y의 공분산은 소표본에 대해 "=COVARIANCE.S(X자료구간,Y자료구간)"을 지정하여 계산

(2) 상관계수

상관계수(correlation coefficient)는 공분산과는 다르게 확률변수의 측정단위와는 무관하게 상호 변화에 대한 관계의 정도를 측정할 수 있도록 공분산을 표준화시킨 측정치

이다.

두 확률변수 X와 Y의 상관계수(correlation coefficient) ρ_{XY}는 공분산을 두 변수의 표준편차 곱으로 나누어 표준화시킨 값이다. 이러한 두 확률변수간의 상관계수는 상호관련의 정도를 측정하는 것이지만, 인과관계를 측정하는 것은 아니다.

표본상관계수는 다음의 특성을 갖는다.

① r은 항상 -1과 1 사이에 있고, $-1 \leq r \leq 1$로 표시한다.

② 양의 r은 X와 Y간에 양의 상관관계를, 음의 값들은 음의 상관관계를, 0의 값은 상관되지 않은 것을 표시한다.

③ 양의 r이 클수록 보다 강력한 양의 상관을 나타낸다. 그리고 $r=1$은 완전한 양의 상관을 표시한다.

④ 음의 r은 절대값이 클수록 강력한 음의 상관을 나타낸다. 그리고 $r=-1$은 완전한 음의 상관을 표시한다.

⑤ Y와 X간의 상관계수는 X와 Y간의 상관계수와 동일하다.

⑥ 어떤 변수와 그 변수 자체에 대해 갖는 상관계수는 1이다.

- Excel에서는 “=CORREL(X자료구간,Y자료구간)”을 입력하여 두 변수간의 상관계수를 계산

예제 13.4 다음 그림과 같이 결합분포를 갖는 이산확률변수들 X 및 Y에 대해 주변확률을 먼저 계산하고, 이러한 계산결과들을 기초로 기대치, 분산, 공분산, 상관계수를 Excel의 SUMPRODUCT함수를 사용하여 쉽게 계산을 할 수 있다.

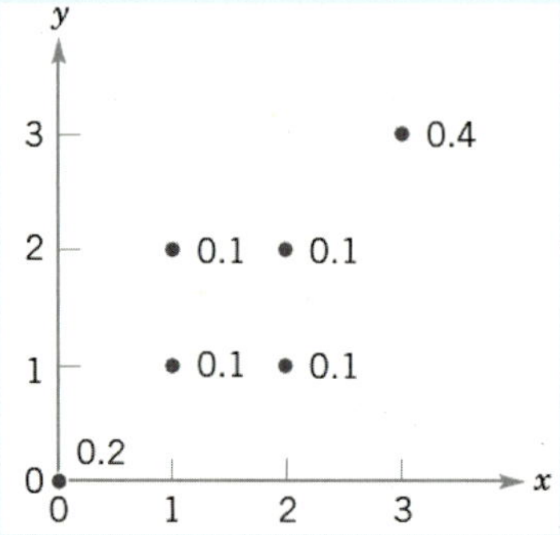

	A	B	C	D	E	F	G	H	I	J	K	L	M
1			x				P(y)	P(xy)XY				E(XY)	4.5
2			0	1	2	3						E(X)	1.8
3	y	0	0.2	0.0	0.0	0.0	0.2	0	0	0	0	V(X)	1.36
4		1	0.0	0.1	0.1	0.0	0.2	0	0.1	0.2	0	E(Y)	1.8
5		2	0.0	0.1	0.1	0.0	0.2	0	0.2	0.4	0	V(Y)	1.36
6		3	0.0	0.0	0.0	0.4	0.4	0	0	0	3.6	Cov(X,Y)	1.26
7	P(x)		0.2	0.2	0.2	0.4						Corr(X,Y)	0.926

① 결합확률표 작성과 주변확률 계산

- C2:F2구간과 B3:B6구간에 각각 X와 Y의 값들을 입력
- C3:F6구간에 결합확률 입력
- C7:F7구간을 지정, 수식입력줄에 "=SUM(C3:C6)"을 입력 후 "Ctrl+Enter"를 클릭하여 확률변수 X의 주변확률을 계산
- G3:G6구간을 지정, 수식입력줄에 "=SUM(C3:F3)"을 입력 후 "Ctrl+Enter"를 클릭하여 확률변수 Y의 주변확률을 계산

② 복합사상 기대치 E(XY), 단일사상 기대치 및 분산 계산

- H3:K6구간을 지정하여 단일사상들의 값들 x, y와 결합확률 P(xy)의 곱들을 동시 계산하도록, 수식입력줄에 "=PRODUCT(C3,C$2,$B3)"을 입력 후 "Ctrl+Enter"를 클릭
- M1셀에 "=SUM(H3:K6)"을 입력하여 복합사상 기대치 E(XY)를 계산
- M2셀에 "=SUMPRODUCT(C7:F7,C2:F2)"를 입력, 단일사상 기대치 E(X)를 계산
- M3셀에 "=SUMPRODUCT(C7:F7,(C2:F2-$M$2)^2)"를 입력, X의 분산을 계산
- M4셀에 "=SUMPRODUCT(G3:G6,B3:B6)"를 입력, 단일사상 기대치 E(Y)를 계산

- M5셀에 "=SUMPRODUCT(G3:G6,(B3:B6-$M$4)^2)"를 입력, Y의 분산을 계산

③ 공분산과 상관계수 계산

- M6셀에 "=M1-M2*M4"를 입력하여 X와 Y의 공분산을 계산
- M7셀에 "=M6/(SQRT(M3*M5))"를 입력, X와 Y의 상관계수를 0.926으로 계산

예제 13.5 인도거리(Km) X와 인도시간 Y의 자료를 이용하여 표본공분산과 표본상관계수를 구하기로 하자.

	A	B	C	D	E	F	G	H	I	J	K
1	X	825	215	1,070	550	480	920	1,350	325	670	1,215
2	Y	3.5	1.0	4.0	2.0	1.0	3.0	4.5	1.5	3.0	5.0
3	$\bar{X}$	762.0	=AVERAGE(B1:K1)			s_{XY}	517.0	=COVARIANCE.S(B1:K1,B2:K2)			
4	$\bar{Y}$	2.9				s_X	379.75	=STDEV.S(B1:K1)			
5	n	10	=COUNT(B1:K1)			s_Y	1.4347	=STDEV.S(B2:K2)			
6	r_{XY}	0.949	=CORREL(B1:K1,B2:K2)								

① 자료입력과 평균 및 표본크기 계산

- A1:K2구간에 거리 X와 시간 Y의 자료를 입력
- B3:B4구간 지정, 수식입력줄에 "=AVERAGE(B1:K1)"을 입력 후 "Ctrl+Enter"를 클릭하여 X와 Y의 평균을 동시 계산
- B5셀에 "=COUNT(B1:K1)"을 입력하여 표본크기를 계산

② 표본공분산 및 표본표준편차 계산

- G3셀에 "=COVARIANCE.S(B1:K1,B2:K2)"를 입력하여 표본공분산을 계산
- G4:G5구간을 지정 후 "=STDEV.S(B1:K1)"을 입력 후 "Ctrl+Enter"를 클릭하여 X와 Y의 표본표준편차들을 동시 계산

③ CORREL함수로 표본상관계수의 계산

- B6셀에 "=CORREL(B1:K1,B2:K2)"를 입력하여 표본상관계수를 계산

학습문제

맞으면 "○", 틀리면 "×"를 표시

1. 분산분석 ANOVA는 주어진 자료집합의 총변동이 어떤 변동요인에 의해 유발되고, 그 변동요인의 효과가 얼마나 큰가를 추정하는 방법이다. ( )

2. ANOVA는 보통 3개 이상의 모집단에서 표집한 표본들에서 표본평균들간의 분산 MST[설명된 분산인]를 표본들 내부의 분산 MSW[설명되지 않은 분산]로 나누어 계산한 F비율을 사용하여 F 검정을 수행한다. ( )

3. 공분산은 두 확률변수 곱의 기대치에서 각 확률변수 기대치들의 곱을 차감하여 계산한다. ( )

4. 공분산은 두 변수간의 변화 관계에 대한 방향은 알 수 있지만, 표준편차들의 크기가 서로 달라 그 관련정도를 측정하기 곤란한 경우가 많다. ( )

5. 상관계수는 두 확률변수의 측정단위와는 무관하게 상호변화 관계의 정도를 측정할 수 있도록 공분산을 표준화시킨 측정치이다. ( )

6. 상관계수는 두 확률변수의 공분산을 각 확률변수의 표준편차의 곱으로 나누어 계산한다. ( )

7. 상관계수 r은 항상 -2와 2 사이의 범위에 있는 값을 갖는다. ( )

해답

1. ○ 2. ○ 3. ○ 4. ○ 5. ○ 6. ○ 7. ×

EXCEL 2013

CHAPTER 14

인과관계와 산점도 및 회귀분석

14.1 인과관계와 산점도

14.1.1 인과관계와 통계적 및 결정적 관계

14.1.2 산점도의 개념과 상관관계 측정

14.2 회귀분석

14.2.1 회귀분석의 개념 및 가정과 정규최소자승법

14.2.2 다중회귀분석의 원리와 수행방법

14.1 인과관계와 산점도

14.1.1 인과관계와 통계적 및 결정적 관계

(1) 인과관계의 개념

인과관계(causality)는 변수들간의 원인과 결과를 설명해주는 관계이며, 직접적 관계와 간접적 관계로 구분할 수 있다.

① 직접 또는 즉각적 인과관계(direct or immediate causality) : 두 변수의 원인과 결과를 설명하는데 다른 변수의 개입 필요가 없이 명확하게 판명되는 관계이다.

- 도시의 인구팽창으로 인해 도시 인근 주택단지 개발의 결과 발생
- 중국과의 FTA에 따른 관세와 수입제한 철폐로 인해 수입 증가의 결과 발생

② 간접 또는 근사적 인과관계(indirect or proximate causality) : 두 변수의 원인과 결과를 설명하는데 다른 변수를 개입시켜야 성립하는 관계이다.

- 피리소리 → 적막한 밤의 산속 → 공포감
- 피리소리 → 활기찬 대낮의 휴게실 → 여유로움
- 중간 개입 변수에 따라 동일한 원인에 대해 다른 결과 발생

(2) 통계적 관계와 결정적 관계

인과관계는 어떤 원인에 의해 발생할 결과를 확실하게 예측할 수 있는지의 여부에 따라 통계적 또는 확률적 관계(statistical or stochastic relationship)와 결정적 또는 정확 관계(deterministic or exact relationship)로 구분한다.

① 통계적 또는 확률적 관계 : 어떤 변수 Y의 평균값이 다른 변수 X의 값에 관련된 경향이 있어 확률적으로는 어떤 관계를 설명할 수 있지만, X의 값으로 Y의 값을 확실하게 예측할 수는 없는 관계이다.

② 결정적 또는 정확 관계 : 주어진 어떤 변수 X의 값으로 다른 변수 Y의 값을 정확히 추정하도록 사용할 수 있는 엄밀한(exact) X와 Y간의 관계이다.

인과관계는 함수(function)를 사용하여 추정할 수 있다. 함수는 어떤 변수의 각 값에 대해 다른 변수의 값을 하나만 할당하는 법칙이다. 예컨대 변수 Y가 변수 X의 함수로 표시되는 것은 어떤 변수 X가 다른 변수 Y에 1대1 대응 또는 n대1 대응의 방식으로 영향을 주는 관계를 말한다.

- 변수들 X와 Y의 함수관계(functional relationship)가 정확하다면, X의 특정 값이 주어지는 경우에 Y의 값은 하나로 결정된다.
- 변수 Y의 값이 변수 X의 특정한 값에 의해 하나로 결정되지 않는다면, 변수 X와 Y는 정확하지 않아 결정적이 아닌 통계적 관계만을 가진다.

14.1.2 산점도의 개념과 상관관계 측정

(1) 산점도의 개념

산점도(scatter diagram or plot)는 변수 X와 Y의 값들의 쌍별 자료(paired data)를 사용하여 작성한 그래프이다.

① 산점도에서 수평축은 독립변수의 값들을, 수직축은 종속변수의 값들을 표시한다.

② 독립변수와 종속변수의 관찰된 쌍별 값(순서쌍, 좌표)을 점으로 표시한다.

③ 점들이 집중되는 위치들을 통과하는 선으로 관계선(line of relationship)을 작성하여 X와 Y간의 통계적 관계를 반영한다.

(2) 산점도와 상관관계 측정

산점도에서 직선으로 표시되는 관계의 측정치는 표본상관계수 r 이며, 0인 r 의 값은 두 변수 사이에 어떤 관계도 없는 것이 아니라, 두 변수 사이에 어떤 "선형관계"도 없다는 것을 반영한다.

산점도의 점들 집합이 갖는 타원(ellipse)의 각종 형태에 따라 두 변수의 상관관계를 다음과 같이 측정할 수 있다.

① 〈그림 14-1〉의 (1) 및 (4)와 같이 점들이 모두 한 직선에 있으면, 상관계수 절댓값이 1이 되는 완전상관관계 성립한다.

② 〈그림 14-1〉의 (3)과 같이 타원의 모양이 길고, 그 폭이 좁게 나타날수록, 상관계수 절댓값이 1에 근접한다.

③ 〈그림 14-1〉의 (5)와 같이 타원의 모양이 동그라미(원)에 가까울수록 상관관계 감소하여 상관계수가 0에 근접한다.

④ 타원의 긴축이 기울어진 방향에 따라 상관계수의 부호를 측정할 수 있다.

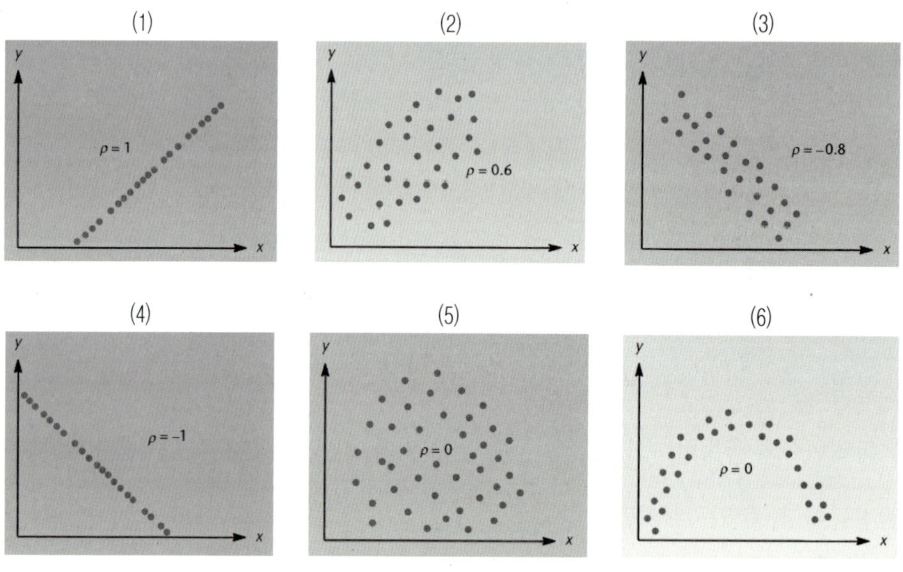

〈그림 14-1〉 산점도 형태와 상관관계의 방향 및 정도

예제 14. A1:K3구간의 표본자료를 이용하여 종속변수 Y가 인도일수, 설명변수 X가 운송거리(Km)인 경우에 운송거리가 갖는 인도일수의 관계에 대한 산점도를 작성하고, 그에 대한 해석을 다음과 같이 할 수 있다.

	A	B	C	D	E	F	G	H	I	J	K	L
1	회차	1	2	3	4	5	6	7	8	9	10	표본상관계수
2	운송거리	825	215	1,070	550	480	920	1,350	325	670	1,215	0.948942768
3	인도일수	3.5	1.0	4.0	2.0	1.0	3.0	4.5	1.5	3.0	5.0	

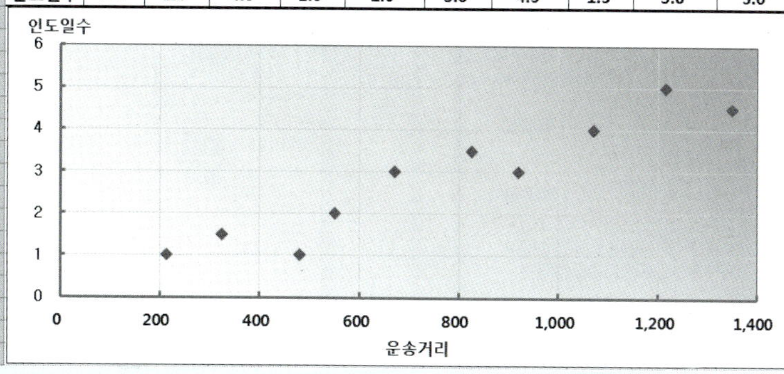

① 자료입력

- A1:K3구간에 해당 자료를 입력

② 산점도 작성과 추세선 추가 및 범례 작성

- A2:K3구간을 지정, 메뉴 탭에서 "삽입 | 차트 | 분산형 | 표식만 있는 분산형"을 지정하여 산점도를 작성
- 생성된 산점도 차트에서 하나의 관측치 점을 마우스 커서로 지정 후 오른쪽 단추를 눌러 생성된 대화상자에서 "추세선 추가"를 지정

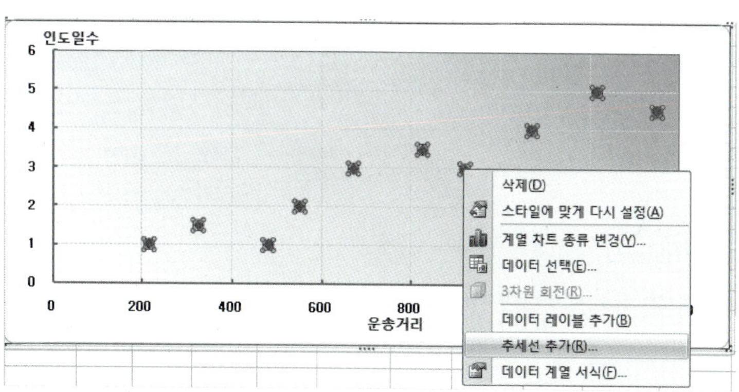

▪ 생성된 " 추세선 서식" 대화상자의 추세선 옵션에서 "추세/회귀 유형 : 선형, 수식을 차트에 표시, R-제곱 값을 차트에 표시"를 지정, 선 스타일을 점선으로 지정 후 "닫기"를 클릭

▪ 생성된 추세선을 마우스 커서로 지정 후 마우스 오른쪽 단추를 생성된 대화상자에서 추세선 서식을 지정, 다시 생성된 추세선 서식 대화상자에서 선 스타일을 지정하여 선 스타일 수정 후 "닫기"를 클릭

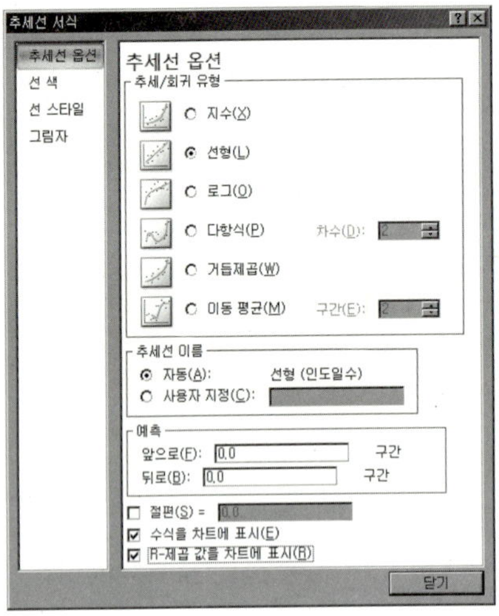

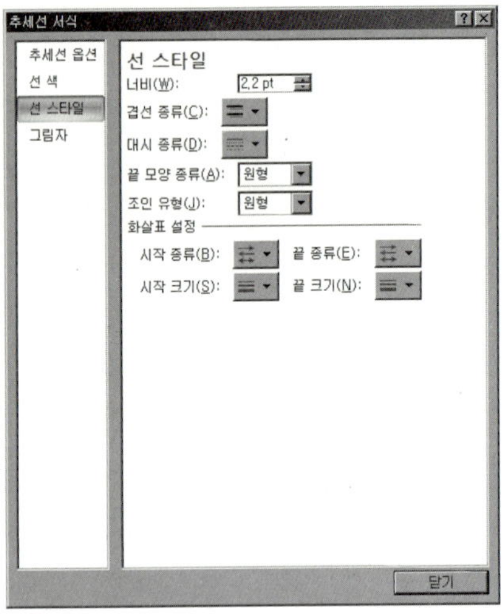

▪ 차트를 마우스 커서로 지정하고, 생성된 메뉴 탭의 차트도구에서 "레이아웃 | 레이블 | 범례"를 지정 후 다시 생성된 대화상자에서 "오른쪽에 범례 표시"를 지정하여 다음 차트를 완성

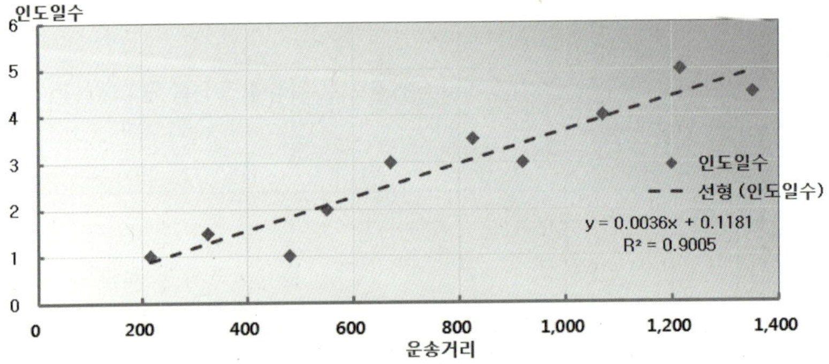

③ 산점도와 추세선의 해석

▪ 산점도에서 관계선인 추세선은 양의 선형상관으로 발생

▪ 점들이 추세선에 대해 갖는 괴리가 작아, 운송거리와 인도일수는 강력한 양의 상관관계를 갖는 것으로 해석

▪ L2셀에 "=CORREL(B2:K2,B3:K3)"을 입력, 표본상관계수가 약 0.949로 높게 발생하는 것을 확인

14.2 회귀분석

14.2.1 회귀분석의 개념 및 가정과 정규최소자승법

(1) 회귀분석의 개념과 종류

회귀분석(regression analysis)은 인과에 대한 어떤 정보도 포함하지 않는 상황에서 다른 변수의 알려진 값(사전 정보)을 기초로 한 변수의 모르는 값을 추정하는 방정식을 도출하여 사용하는 분석방법이다. 1877년에 Sir Francis Galton(1822-1911)이 부모 신장(키)과 자녀 신장간의 관계에 대한 연구에서 최초로 "회귀"(regression)라는 용어를 도입했다.

회귀분석은 조사 대상 변수의 다른 변수에 대한 관련 방식인 함수관계를 규명하여, 그 다른 변수의 알려진 값에 따라 조사 대상 확률변수의 값을 추정하는 것을 목적으로 한다. 회귀분석에서 두 변수의 관계를 표시하는 방정식을 추정관계식(estimation relation)이라고 한다.

추정의 기초가 되는 변수를 독립변수라 하고 X로 표시하며, 값을 추정하려는 변수를 종속변수라 하고 Y로 표시한다. 이러한 변수들을 〈표 14-1〉과 같이 여러 가지 용어를 사용하여 표시한다.

〈표 14-1〉 회귀분석의 변수 이름

종속변수(Dependent variable)	독립변수(Independent variable)
피예측치(Predictand)	예측인자변수(Predictor variable)
피회귀인자(Regressand)	회귀인자(변수)(Regressors)
피설명변수(Explained variables)	설명변수(Explanatory variables)
효과/결과 변수(Effect/outcome variables)	원인변수(Causal variables)
내생변수(Endogenous variables)	외생변수(Exogenous variables)
표적변수(Target variables)	통제변수(Control variables)
반응변수(Response variables)	공변량(Covariate)
후결변수(Postdetermined variables)	선결변수(Predetermined variables)

회귀분석은 보통 단순회귀와 다중회귀의 두 종류로 구분한다.

① 단순회귀(simple regression) : 하나의 종속변수 Y에 대해 하나의 독립변수 X만을 포함.

② 다중회귀(multiple regression) : 하나의 종속변수 Y에 대해 2개 이상의 독립변수들을 포함.

(2) 단순회귀분석의 가정

회귀분석에서 종속변수의 추정치를 결정하는 대수적 공식을 회귀관계식 또는 회귀방정식(regression equation)이라고 하며, 독립변수와 종속변수가 선형 관계를 갖는다는 선형성(linearity)을 가정한다.

단순회귀모형은 i 번째 시행 또는 관찰에서 나타난 종속변수 값 Y_i가 i 번째의 독립변수의 특정 값 X_i 에 대해 갖는 선형관계를 다음과 같이 규정한다.

(14.1) $Y_i = \alpha + \beta X_i + u_i$ = 결정적 구성요소 + 확률적 구성요소

(14.1)식의 구성요소들은 독립변수 X, 회귀계수(regression coefficients)라고 하는 모수(parameters) α 및 β, 오차항 u로 다음과 같다.

- α는 독립변수 X가 0인 경우에 나타나는 Y의 값을 표시하는 회귀방정식의 첫째 모수인 절편 계수(intercept coefficient)
- β는 회귀방정식의 둘째 모수인 기울기 계수(slope coefficient)
- u_i는 i 번째 시행 또는 관찰에서의 무작위표본오차 또는 교란(random sampling error or disturbance)으로, 알려진 확률분포를 갖는 확률변수(random variable)이며 Y의 관찰되지 않은 확률적 구성요소(stochastic or random component), 확률 또는 무작위 오차항(stochastic or random error term), 단순히 오차항(error term) 또는 잡음요소(noise component)라고 부름

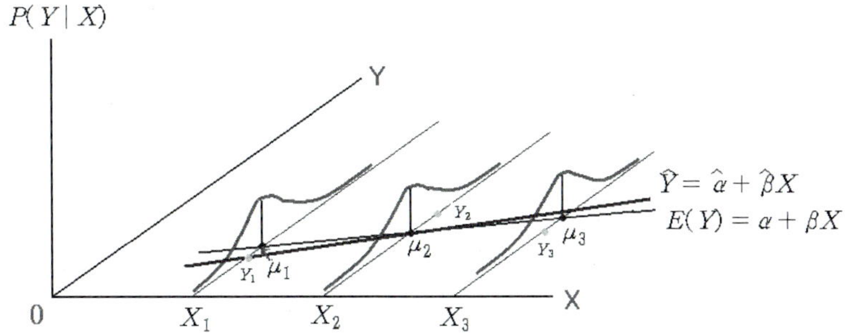

〈그림 14-2〉 모집단 회귀선 $E(Y)$와 표본회귀선 $\hat{Y}$

〈그림 14-2〉에서 $E(Y)$선을 모집단회귀선(population regression line) 또는 진정회귀선(true regression line)이라고 한다.

① 회귀분석의 정규성(Normality)은 비확률적 관찰치인 독립변수 X의 어떤 특정 값에 대해서도 확률변수인 종속변수 Y의 조건부분포가 정규분포를 따르며, 이에 따라 오차 u도 정규분포를 갖는 특성이다.

- 정규성 가정에 따르면, 〈그림 14-2〉와 같이 X의 각 값 X_1, X_2, X_3 등에 대해 Y값이 발생할 조건부확률은 평균 μ_i와 분산 σ^2의 정규분포 $N(\mu_i, \sigma^2)$로 발생
- 정규성 특성에 따라 회귀계수 추정량들 $\hat{\alpha}$와 $\hat{\beta}$ 역시 정규분포를 따름

② 회귀분석에서 독립변수의 각 값에 따라 추정된 종속변수 값을 종속변수의 실제 값에서 차감한 $u_i(=Y_i - \hat{Y}_i)$인 교란항들은 통계적으로 독립이며, 0의 평균과 등분산을 갖는다.

- u_i는 조건부 기대치(conditional expectation) $E(u_i \mid X_t)$를 0으로 갖는 확률변수이며, 그 무조건부 기대치 $E(u_i)$ 역시 0이라고 가정한다.
- u_i의 기대치가 0이라는 가정은 분석자료에서 이상치가 없는 것을 의미한다.
- 이상치(특이값)는 특이한 어떤 요인들에 의해 발생하여, 다른 관찰치와는 아주 큰 격차를 갖는 관찰치이며, 표본에서 이상점이 있는 경우에는 이상점을 제외시

킨 후에 회귀분석을 다시 수행

- 단순회귀에서는 자료의 산점도를 작성하여 용이하게 이상점을 식별할 수 있지만, 다중회귀에서는 자료의 산점도 작성이 곤란하므로 회귀분석 결과로 인한 "관측치-추정치"로 계산되는 잔차 e_i 분석을 통해 이상점을 검색
- 오차항 u의 등분산성(homoscedasticity)이라는 용어 "homoscedasticity"는 균등(equal)인 "homo"와 퍼짐(spread)인 "scedasticity"의 합성어
- 〈그림 14-2〉와 같이 X의 각 값에 대한 Y의 조건부확률은 동일한 분산의 정규분포이기 때문에, X의 각 값에서 나타나는 Y값의 확률분포곡선들의 폭은 동일

③ 회귀분석은 독립변수 X의 각 값들이 서로 독립적이어서 종속변수 Y의 각 값들은 서로 독립적이 되어, Y_i에 대한 모집단의 무조건부분포(unconditional distribution)는 $Y_i \sim N(\alpha + \beta X_i, \sigma^2)$이 되도록 종속변수와 오차항의 계열 독립성(serial independence)을 가정한다.

- 계열독립성으로 인해 종속변수인 확률변수 Y의 각 값은 통계적으로 독립이어서, 다른 값에 영향을 받지 않음
- 주어진 X_i에 대해 모집단 회귀선으로 결정된 Y의 조건부평균값 μ_i와 실제값 Y_i 간의 격차인 교란항(오차) u_i는 다른 X_j에 대해 나타나는 오차 u_j에 의해 영향을 받지 않음
- 오차 u의 값들은 독립적으로 분포되어, 다른 값들에 대한 조건부 공분산은 0이어서 $Cov(u_i, u_s \mid X_i) = E(u_i u_s \mid X_i) = 0$이 모든 $i \neq s$에 대해 성립

④ 회귀분석에서 오차 u_i는 정규성, 독립성, 등분산성에 의해 0의 평균과 공통분산(균등분산) σ^2을 갖고 균등 독립된 정규확률변수이다.

- 균등 독립분포된(independently identically distributed) 정규확률변수(normal random variables)인 오차 u_i를 "i.i.d. $\sim N(0, \sigma^2)$"으로 표시
- 단순회귀방정식 (14.1)식에서 추정할 모수는 α와 β의 2개이므로, 회귀분석을 위한 표본크기 n은 반드시 추정량의 수 m보다 큰 3개 이상으로 결정

- $s_X^2 = \sum_{i=1}^{n}(X_i - \overline{X})/(n-1)$로 계산되는 X의 표본 분산이 0이 아닌 것은 계열독립성으로 인해 독립변수의 모든 값들이 다르기 때문임

(3) 정규최소자승법

회귀분석은 종속변수 관찰값과 추정된 회귀선이 표시하는 값의 격차인 잔차(residuals)의 자승을 최소로 만드는 최우량 적합선을 도출하는 방법인 최소자승법(method of least squares)을 사용하여 모수들 α와 β를 추정한다.

표본추출 자료를 사용하여 추정한 회귀방정식인 표본회귀함수(sample regression function)는 다음과 같이 표시한다.

(14.2) $\hat{Y}_i = \hat{\alpha} + \hat{\beta} X_i$

(14.2)식에서 표본추정치들(sample estimates)인 $\hat{Y}_i$를 모집단 조건부평균의 추정량, $\hat{\alpha}$와 $\hat{\beta}$를 각각 절편 및 기울기 추정량(estimators)이라고 한다. 그리고 추정량을 표본통계량이라고 하며, 추정량에 특정한 값을 적용하여 획득한 특별한 숫자 값을 추정치(estimate)라고 한다.

정규최소자승(ordinary least squares : OLS)방법은 잔차자승합(sum of squared residuals : SSR) 또는 오차자승합(error sum of squares : ESS)을 최소로 만들어 모수들을 추정하는 방법이다. 이를 위해 사용하는 연립방정식을 (최소자승)정규방정식[(least squares) normal equations]이라고 한다.

잔차자승합 SSR을 최소화시키는 방식으로 계산된 추정치를 최소자승추정치(least squares estimates : LSE) 또는 정규최소자승(ordinary least squares : OLS) 추정치라고 한다.

회귀분석의 가정을 충족시키는 OLS 추정량들은 가장 효율적인 불편추정량이 되며, 독립변수 X가 확률변수인 경우에도 OLS절차는 최우량 선형불편 추정치(best linear unbiased estimates : BLUE)를 제공한다.

표본자료를 이용하여 OLS방식으로 구한 추정량들을 OLS 추정량이라고 하며, OLS 추정량을 사용하는 표본회귀선(sample regression line)의 방정식을 OLS 회귀선(OLS regression line) 또는 표본회귀함수(sample regression function)라고 한다.

(4) 회귀모형의 결정계수

결정계수(coefficient of determination) R^2 는 종속변수 총변동 중에서 독립(설명)변수에 의해 설명되는 비율로 측정한 회귀방정식의 설명력을 나타내는 값이다. 결정계수는 Y_i 의 표본 변동 중에서 X_i 에 의해 설명되는 비율을 표시한다.

(14.1)식의 단순회귀모형은 Y_i 의 결정을 설명변수에 관련된 체계적 구성요소와 오차 u_i 에 관련된 비체계적 구성요소로 구분된다. (14.1)식을 통해 X에 의해 설명되는 Y의 총분산 비율을 다중결정계수(coefficient of multiple determination) R^2 로 측정한다.

회귀자승합(RSS)/총자승합(TSS)의 비율로 계산되는 결정계수 R^2 가 0이라면, X는 Y에 대해 어떤 설명력도 갖지 않아 $\beta = 0$ 을 의미한다. 한편 R^2 의 값이 크다면 표본회귀선의 우량한 적합을 반영하고, 작다면 불량한 적합을 반영한다.

그리고 우량한 회귀모형일수록 설명되지 않은 변동(unexplained variation)인 잔차자승합(SSR)이 작기 때문에, 회귀모형의 적합 우량성은 총자승합(TSS)에서 차지하는 잔차자승합의 비율이 낮을수록 결정계수는 증가한다. 특히 표본 회귀선에서 어떤 오차도 없다면 잔차자승합(SSR)은 0이 되어 $R^2 = 1$ 이 성립하므로, R^2 =1은 완전 적합(perfect fit)을 의미한다.

(5) 회귀모형 적합성의 F검정

적합도를 나타내는 결정계수 R^2 가 올바른 것인지의 여부는 ρ_{XY}가 0이라는 귀무가설을 각 자유도로 나눈 RSS로 측정되는 체계적 구성요소가 SSR로 측정된 비체계적 구성요소에 대한 비율로 계산된 F통계량을 이용하여 검정한다.

- F검정은 설명변수의 수에 따라 추정할 모수(추정 기울기계수)의 수 K에 대해 다음 귀무가설을 검정하는 것이다.

  $H_0 : \beta_1 = \cdots = \beta_K = 0$

  H_1 : 하나 이상의 β는 0이 아님

- F통계량의 P-값은 "$P(F > F_C)$"로 계산되며, 유의수준 이하로 계산된 P-값은 귀무가설 H_0: 모든 $\beta = 0$의 기각을 의미하고, 독립변수 변동이 종속변수 변동을 설명하는 상황인 $R^2 > 0$을 의미하여 회귀모형 타당성이 인정됨

- Excel의 추가기능을 이용한 회귀분석 결과에서는 P-값을 "유의한 F"(Significance F)로 표시하여 제공

- 단순회귀의 경우에 설명변수가 1개 여서 K=1이 되어, F검정의 결과는 기울기 계수의 검정결과와 동일하다.

- F검정에서 분자 자유도는 설명변수(예측변수)의 수인 K이고, 분모 자유도는 표본크기 n에서 예측변수의 수에 절편의 수를 더한 값을 뺀 n-K-1이다.

- F비율은 〈표 14-1〉과 같이 평균회귀자승을 평균오차자승으로 나눈 값과 같다.

〈표 14-1〉 단순회귀모형(표본 크기 n)에 대한 분산분석

변동 원천	자유도 (ν)	자승 합 (SS)	자승 평균 (MS)	F 비율
회귀변동	1	RSS	$RSS/1$	$\dfrac{RSS}{SSR/(n-2)}$
잔차변동	$n-2$	SSR	$SSR/(n-2)$	
총변동	$n-1$	TSS		

(6) 독립변수 회귀계수의 검정과 해석 방법

한편 회귀선의 기울기 추정치 $\hat{\beta}$와 절편 추정치 $\hat{\alpha}$의 표본분포를 이용하여 β와 α에 대한 신뢰구간의 결정과 가설검정을 독립변수의 수 K와 표본크기 n에 대해 n-K-1의 자유도를 갖는 t 통계량으로 수행한다.

- 회귀모형 검정을 위해 귀무가설 $H_0 : \beta = 0$ 와 대립가설 $H_1 : \beta \neq 0$ 을 설정한다.
- 단순회귀에서 t 검정통계량의 자승은 F비율과 같다.
- n 이 크거나 또는 R^2 가 클수록 t 검정통계량은 증가한다.

회귀분석에 따른 독립변수의 기울기 계수 추정량 해석은 자료의 형태에 따라 다음과 같이 수행한다.

① 변수가 원래 측정단위들로 표시된 경우에, 기울기 추정량은 한계변화에 대한 효과를 말한다. 이는 $\hat{\beta} = \dfrac{\Delta \hat{Y}}{\Delta X}$ 로 표시한다.

- $\hat{Y} = 0.4 + 0.75X$ 의 경우에, X의 한 단위 증가는 Y의 0.75 단위 증가를 초래하는 것으로 추정한다. Y는 소득으로 만원 단위로 측정되고, X가 투자수익률로 %단위로 측정된다면, 투자수익률이 1% 증가하면 소득은 0.75만원만큼 증가하는 것을 반영한다.
- $\hat{Y} = 0.4 - 0.75X$ 의 경우에, X의 한 단위 증가는 Y의 0.75 단위 감소를 초래

② 종속변수와 독립변수를 자연로그 값(ln 값)으로 추정을 하는 경우에, 각 기울기계수는 종속변수의 독립변수 탄력성을 나타낸다.

- $\beta = \dfrac{\Delta \ln Y}{\Delta \ln X} = \dfrac{\Delta Y / Y}{\Delta X / X} = \dfrac{Y \text{ 변화율}}{X \text{ 변화율}}$ = Y의 X탄력성
- $\ln Y = 0.78 + 0.55 \ln X$ 이면, Y의 X탄력성이 0.55라는 것을 의미한다. 예를 들어 Y가 10개 단위의 어떤 상품 수요량이고, X가 만원 단위의 소득이라고 하자. 이러한 경우에 월 소득이 500만원이고, 그 상품 소비량이 월간 1,000개인 경우에 소득이 1% 증가하여 5만원만큼 증가하면, 그 상품 소비량은 0.55%인 5.5개만큼 증가할 것으로 추정할 수 있다.

③ 표준화계수(standardized coefficients)를 사용하여 독립변수들의 서로 다른 측정단위와는 무관하게 종속변수에 대한 효과를 추정할 수 있다. 표준화계수를 베타계수(beta coefficients)라고도 하며, 표준화계수를 사용하는 경우에 추정방정식에서 절

편은 없다. $\hat{Y} = 0.75X_1 - 0.27X_2 + 1.23X_3$ 로 추정된 경우에, 각 변수의 표준편차들을 대상으로 다음과 같이 해석한다.

- X_1 가 표준편차 단위만큼 증가하면, Y는 0.75단위의 표준편차만큼 증가
- X_2 가 표준편차 단위만큼 증가하면, Y는 0.27단위의 표준편차만큼 감소
- X_3 가 표준편차 단위만큼 증가하면, Y는 1.23단위의 표준편차만큼 증가

(7) Excel을 이용한 OLS의 적용과 회귀계수의 가설검정

Excel 데이터분석의 회귀분석을 다음과 같은 절차들에 따라 사용하여 OLS를 표본추출 자료에 적용할 수 있다.

① 자료를 열 방향으로 입력하고, 메뉴 탭에서 "데이터 | 분석 | 데이터 분석"을 지정, 생성된 통계 데이터 분석 대화상자에서 회귀 분석을 지정 후 생성된 회귀 분석 대화상자에 자료와 신뢰수준, 표시 메뉴를 지정 후 "확인"을 클릭한다.

② 회귀분석 대화상자에서 "Y축 범위, X축 범위, 이름표, 상수의 0 여부, 신뢰수준,출력범위, 잔차 메뉴, 정규확률도"에 대해 지정하고, "확인"을 눌러 회귀분석을 수행한다.

③ 표본 회귀방정식의 규명하고, 적합성 우량도 측정한다.

④ 계산된 검정통계량 및 P-값을 이용한 가설검정을 수행한다.

예제 14.2 다음 A1:B11구간에 있는 X(예측량변수)와 Y(반응변수)의 값들에 대한 자료를 기초로 회귀분석으로 표본 회귀방정식을 도출하고, 그에 따른 가설검정을 다음과 같이 수행할 수 있다.

	A	B	C	D	E	F	G	H	I	J	K
1	X	Y	요약 출력								
2	825	3.5									
3	215	1.0	회귀분석 통계량								
4	1,070	4.0	다중 상관계수	0.9489	0.9489	=CORREL(A2:A11,B2:B11)					
5	550	2.0	결정계수	0.9005	0.9005	=E12/E14					
6	480	1.0	조정된 결정계수	0.8881	0.8881	=1-(1-D5)*(D14/D13)					
7	920	3.0	표준 오차	0.48	0.4800	=SQRT(E13/D13)					
8	1,350	4.5	관측수	10	10	=COUNT(A2:A11)					
9	325	1.5									
10	670	3.0	분산 분석								
11	1,215	5.0		자유도	제곱합	제곱 평균	F 비	유의한 F			
12			회귀	1	16.6816	16.6816	72.3959	2.79E-05	2.79E-05	=F.DIST.RT(G12,D12,D13)	
13			잔차	8	1.84338	0.23042					
14			계	9	18.525						
16				계수	표준 오차	t 통계량	P-값	하위 95%	상위 95%	하위 95.0%	상위 95.0%
17			Y 절편	0.1181	0.35515	0.33262	0.74797	-0.70084	0.937101	-0.700843	0.9371012
18			X	0.0036	0.00042	8.50858	2.8E-05	0.002613	0.004557	0.0026135	0.0045568
22			잔차 출력								
24			관측수	예측치 Y	잔차						
25			1	3.0759	0.42414						
33			9	2.5202	0.47983						
34			10	4.4741	0.52594						

① 자료 입력과 회귀분석 수행

- A1:B11구간에 수집한 자료를 입력
- 메뉴 탭에서 "데이터 I 분석 I 데이터 분석"을 지정, 생성된 통계 데이터 분석 대화상자에서 회귀 분석을 지정
- 생성된 회귀 분석 대화상자에서 "Y축 입력범위 : B1:B11, X축 입력범위 : A1:A11, 이름표, 신뢰수준 : 95%, 출력범위 : C1, 잔차"를 지정 후 "확인"을 클릭

② 회귀분석결과의 표현과 해석

- 회귀분석결과는 계수 추정량 $\hat{\alpha}$ 와 $\hat{\beta}$, 그 추정량 값 아래의 ( )안에 t 검정통계량(또는 표준오차), 결정계수 R^2, 관찰치의 수 n 을 표시하도록 다음과 같이 작성

$$\hat{Y}_i = \underset{(0.333)}{0.118} + \underset{(8.509)}{0.004} X_i, \quad R^2 = 0.90, \quad n = 10$$

- D4셀의 다중상관계수는 X와 Y간의 표본상관계수에 대한 값을 표시하며, 이는 E4셀에 "=CORREL(A2:A11,B2:B11)"을 입력하여 확인 가능
- D5셀의 결정계수는 종속변수 변동 중에서 회귀방정식으로 설명하는 비율을 표시하며 90%로 높게 발생, 이는 RSS/TSS의 비율의 계산결과로 E5셀에 "=E12/E14"를 입력하여 확인 가능
- D6셀의 조정된 결정계수는 다중회귀분석에서 주로 사용
- 조정결정계수 R_a^2 의 계산방식은 표본크기 n, 표본 추정량의 수 k(독립변수의 수+1), 결정계수 R^2 에

대한 계산 공식

$$R_a^2 = 1 - (1 - R^2)\,\frac{n-1}{n-k}$$

- D6셀의 값을 E6셀에 "=1-(1-D5)*(D14/D13)"을 입력하여 확인 가능
- D7셀의 표준오차는 회귀분석의 추정된 표준편차인 추정치 표준오차이며, E7셀에 "=SQRT(E13/D13)"을 입력하여 "SSR/(n-k)"로 계산 가능
- D8셀은 관찰치의 수인 표본크기이며, E8셀에 "=COUNT(A2:A11)"을 입력하여 관찰치 수를 계산 가능

③ 분산분석 결과의 해석

- 양측검정의 귀무가설과 대립가설 설정

  $H_0 : \rho_{XY} = 0$ 또는 $H_0 : \beta = 0$, $H_1 : \rho_{XY} \neq 0$ (또는 $H_1 : \beta \neq 0$)
- C11:G14구간은 〈표 14-1〉과 동일한 방식으로 회귀변동·잔차변동·총변동의 자유도, 자승 합계, (자승합계를 해당 자유도로 나눈) 자승평균, F검정통계량을 제공
- H12셀의 유의한 F는 계산된 F 비율의 최소유의수준인 P-값
- H12셀의 2.79E-05는 $2.79 \times 10^{(-5)}$ 를 표시, 이는 0.00279%
- I3셀에 "=F.DIST.RT(G12,D12,D13)"을 입력하여 계산 가능
- F검정의 P-값 접근법에 따르면, F비율의 P-값이 0.1%보다 작기 때문에 X가 Y에 아무런 영향을 주지 않는다는 귀무가설 $H_0 : \rho_{XY} = 0$ (또는 $H_0 : \beta = 0$)는 0.1%의 유의수준에서도 기각되어야 한다는 것을 의미 → $R^2 > 0$ 이라는 것을 반영

④ α 와 β 의 신뢰구간 계산과 β 의 가설검정

- 절편 α 의 95% 신뢰구간의 계산방식

  $\hat{\alpha} - t(2.5\%,8)\,\text{임계값} \times \hat{\alpha}\,\text{표준오차} \leq \alpha \leq \hat{\alpha} + t(2.5\%,8)\,\text{임계값} \times \hat{\alpha}\,\text{표준오차}$

  - 엑셀을 이용할 경우 "=T.INV.2T(유의수준,자유도)"로 양측검정의 기각역 임계치에 대한 $\pm t(\nu, \text{유의수준}/2)$ 를 계산, 자유도는 "표본크기-2"로 계산
  - "=T.INV.2T(5%,8)"을 입력하여 2.306006(=$t_{(2.5\%,8)}$)을 구하고, 절편 α 의 하위 95% 신뢰한계와 상위 95% 신뢰한계 계산 결과는 H17셀과 I17셀로 제공

  하위 95% 신뢰한계 = Y 절편 계수 − $t_{(2.5\%,8)}$ ×Y절편 표준오차

  = 0.1181 − 2.306006×0.35515 = −0.70084

  상위 95% 신뢰한계 = Y 절편 계수 + $t_{(2.5\%,8)}$ ×Y절편 표준오차

  = 0.118 + 2.306006×0.35515 = 0.9317101

  - Y축 절편 α 의 95% 신뢰한계구간(confidence limits)은 (−0.701, 0.937)로 발생
  - 점 추정치 0.118에 비해 신뢰구간의 폭이 1.6을 초과하여 16배나 되어 너무 넓어 표본크기가 너무 작아 정밀도가 아주 결여된 것을 의미

- t통계량이 너무 작아 P-값이 무려 75%나 되는 것은 독립변수와 종속변수간의 측정단위가 너무 다른 현상에 원인을 둘 수 있음

- β 의 95% 신뢰구간의 계산방식

$\hat{\beta} - t(2.5\%,8)$ 임계값 $\times\ \hat{\beta}$ 표준오차 $\le \beta \le \hat{\beta} + t(2.5\%,8)$ 임계값 $\times\ \hat{\beta}$ 표준오차

하위 95% 신뢰한계 = X 계수 - $t_{(2.5\%,8)}$ ×X 계수 표준오차
= 0.004-(2.306006×0.0004) = 0.002613

상위 95% 신뢰한계 = X 계수 + $t_{(2.5\%,8)}$ ×X 계수 표준오차
= 0.004+(2.306006×0.0004) = 0.004557

- 기울기 계수 β 의 95% 신뢰한계구간은 (0.0026, 0.0046)로 발생
- 점 추정치 0.0036에 비해 신뢰구간의 폭이 0.002로, 점 추정치의 약 56%여서 정밀도가 충분한 것을 의미

- β 의 t검정통계량(t 값)에 대한 P-값이 0.00279%로 1%보다 아주 작게 나타나 β 가 0이라는 귀무가설은 1% 유의수준에서도 기각됨

⑤ 예측치와 잔차

- D24:D34구간의 예측치 $\hat{Y}_i$ 는 회귀계수를 표본회귀함수에 대입하여 계산한 값
- E24:E34구간의 잔차 e_i 는 실제치-예측치($= Y_i - \hat{Y}_i$)로 계산한 값

14.2.2 다중회귀분석의 원리와 수행방법

(1) 다중회귀모형의 원리

다중회귀분석(multiple regression analysis)은 종속변수의 값을 추정하기 위해 2개 이상의 설명변수를 포함한 단순회귀분석을 확장시킨 방식이다. 다중회귀분석은 K개의 독립변수 $X_1, X_2, .., X_K$ 에 대해 다음의 선형회귀모형을 기초로 수행한다.

(14.3) $Y_t = \alpha + \beta_1 X_{1i} + \beta_2 X_{2i} + \cdot\cdot\cdot + \beta_K X_{Ki} + u_i \ , \quad i = 1, 2, .., n$

(14.4) $E(Y_i) = \alpha + \beta_1 X_{1i} + \cdot\cdot\cdot + \beta_K X_{Ki}$

이상과 같이 다중회귀(multiple regression)는 조사문제가 2개 이상의 계량독립변수들에 관련된 것으로 간주되는 하나의 계량종속변수(metric dependent variable)를 포함하는 경우에 적합한 분석방법이다. 다중회귀분석의 목표는 독립변수들 변화에 대한 종속변수 변화를 예측하는 것이다. 이러한 목표는 최소자승의 통계적 법칙을 통해 거의 자주 달성된다.

다중회귀에서 회귀계수들을 편회귀계수(partial regression coefficients) 또는 편기울기계수(partial slope coefficients)라고 한다. 편회귀계수 β_i 는 다른 독립변수들의 값들을 일정하게 유지한 채로 X_i 의 단위변화에 대한 종속변수 Y의 평균값 E(Y)의 변화를 측정한다. 이러한 다중회귀의 특유한 특성으로 인하여 X_i 에 직접 기인될(attributable) 수 있는 종속변수의 평균값변화의 일부를 발견할 수 있다.

(2) 다중회귀모형의 가정

다중회귀모형은 다음 가정을 기초로 한다.

① 종속변수 정규성 $Y_i \sim N(\alpha + \beta_1 X_{1i} + \cdots + \beta_K X_{Ki}, \sigma^2)$ 을 가정한다.

② 오차항 u_i 는 기대치는 0이며, 등분산성으로 인해 모든 i 에 대해 분산이 동일하여 $Var(u_i) = Var(Y_i) = \sigma^2$ 이며, 다른 오차들과의 공분산과 독립변수에 대한 공분산이 0이다. 이는 단순회귀와 동일한 가정이다.

③ 여러 독립변수를 사용하기 때문에 어떤 회귀인자(regressor)도 다른 회귀인자에 대해 엄격한 선형함수를 갖지 않는 완전 다중공선성의 부재(absence of perfect multicollinearity)를 가정한다.

- $X_{2i} = a + b X_{1i}$ 형식의 선형관계가 성립한다면, 변수 X_1 의 정보는 변수 X_2 에 복제되어 두 변수는 동일한 영향을 종속변수에 주어 각 설명변수의 별도 효과에 대한 측정이 불가능하다.
- VIF(variance inflation factor)는 어떤 예측변수가 다른 예측변수와 강력한 선형관계를 갖는지 여부를 표시한다. VIF가 10보다 크거나 평균 VIF가 1보다 큰 경우에는

다중공선성으로 회귀모형의 편중이 초래될 수 있다. 특히 공차통계량(tolerance statistic)은 "1/VIF"로 계산하며, 0.1 미만이면 아주 심각하고, 0.2 미만인 경우에도 다중공선성 문제의 해결이 필요한 것을 표시한다.

(3) 다중회귀의 수행과 가설검정

Excel의 추가기능을 이용하여 메뉴 탭에서 "데이터 | 분석 | 데이터 분석"을 지정, 생성된 통계 데이터 분석 대화상자에서 회귀 분석을 지정 후 생성된 회귀 분석 대화상자에 입력변수 등을 지정하여 다중회귀분석을 수행할 수 있다.

① 회귀모형 $Y_i = \alpha + \beta_1 X_{1i} + \cdots + \beta_K X_{Ki} + u_i$ 의 적합성 검정을 위한 가설은 다음과 같이 설정한다.

$H_0 : \beta_1 = \beta_2 = \cdots = \beta_K = 0$

$H_1 : \beta_k$ 들 중에서 적어도 하나는 0이 아니다.

이러한 결합귀무가설 H_0 의 검정을 위해 F검정 통계량을 사용하며, 이를 특수 Wald 검정이라고 한다.

- K개의 독립변수를 사용하는 경우에 유의수준 α 에 대한 기각역의 F임계값 $F_C(K-1, n-K)$ 보다 계산된 F검정통계량이 큰 경우에 귀무가설을 기각
- F통계량의 P-값은 "$P(F \geq F_C)$"로 계산하며, 유의수준 이하의 P-값은 귀무가설 기각을 의미

② 다중회귀분석에서는 종속변수 변동 중에서 회귀방정식으로 설명하는 비율을 표시하는 결정계수 R^2 가 회귀인자(regressors, 설명변수)의 수가 증가할수록 증가하여, 설명변수들이 적은 경우보다 양호하게 설명하는 것으로 나타나는 문제를 초래한다. 이를 시정하기 위해 표본크기 n과 독립변수들의 수 K에 대해 처지된 다음의 조정결정계수(adjusted coefficient of determination) R_a^2 (또는 $\overline{R}^2$)를 회귀방정식의 설명력으로 간주한다.

$$R_a^2 = 1 - (1 - R^2) \cdot \frac{n-1}{n-K-1}$$

③ 특정 독립변수와 종속변수의 관계 존재에 대한 검정을 해당 독립변수의 회귀계수에 대해 다음의 귀무가설과 대립가설 설정하여, 해당 계수 t통계량의 P-값으로 수행한다.

$H_0 : \beta_k = 0$,

$H_1 : \beta_k \neq 0$

다중회귀분석에서 관련 없는 변수들을 포함하는 과대설정(overspecifying, 과도한 특성부여)은 OLS추정량들(OLS estimators)의 불편성에는 영향을 주지 않지만, 추정량들의 분산에는 좋지 못한 영향을 준다. 한편 관련 있는 변수들을 포함하지 않은 과소설정(underspecifying)의 경우에는 OLS추정량들이 편의를 갖게 한다.

예제 14.3 영업사원별 월간 매출액(천 원) Y, 근무연수 X_1, 보습교육연수 X_2에 대한 다음 자료를 이용하여, 사원별 월간 매출액이 근무연수와 보습교육 연수에 어떤 영향을 받는가를 2개의 설명변수를 가진 회귀모형으로 분석할 수 있다.

	A	B	C	D	E	F	G	H	I	J	K	L
1	월간 매출액	근무 연수	보습교육 연수	요약 출력								
2	34,900	5.5	4.0									
3	40,500	9.0	4.0	회귀분석 통계량								
4	38,900	4.0	5.0	다중 상관계수	0.8198421	0.819842	=SQRT(E5)					
5	39,000	8.0	4.0	결정계수	0.67214107	0.672141	=F12/F14					
6	37,500	9.5	5.0	조정된 결정계수	0.61253035	0.61253	=1-(1-E5)*(E14/E13)					
7	35,500	3.0	4.0	표준 오차	2156.38534	2156.385	=SQRT(F13/E13)					
8	36,000	7.0	3.0	관측수	14	14	=COUNT(A2:A15)					
9	32,700	1.5	4.5									
10	45,000	8.5	5.0	분산 분석								
11	40,000	7.5	6.0		자유도	제곱합	제곱 평균	F 비	유의한 F			
12	36,000	9.5	2.0	회귀	2	1.05E+08	52431084	11.2755	0.002169	0.002169	=F.DIST.RT(H12,E12,E13)	
13	33,600	6.0	2.0	잔차	11	51149975	4649998					
14	35,000	2.5	4.0	계	13	1.56E+08						
15	32,500	1.5	4.5									
16					계수	표준 오차	t 통계량	P-값	하위 95%	상위 95%	하위 95.0%	상위 95.0%
17				Y 절편	25511.3366	2690.32	9.48264	1.3E-06	19589.98	31432.69	19589.982	31432.691
18				근무 연수	825.66801	204.5509	4.036492	0.00196	375.4545	1275.881	375.45454	1275.8815
19				보습교육 연수	1603.69899	536.2946	2.990332	0.01229	423.3226	2784.075	423.32265	2784.0753
23				잔차 출력								
25				관측수	예측치 월간 매출액	잔차						
26				1	36467.3066	-1567.31						
38				13	33990.3026	1009.697						
39				14	33966.4841	-1466.48						

① 자료 입력과 회귀분석 수행

- A1:C15구간에 월간매출액(천 원 단위), 근무연수, 보습교육 연수의 자료 입력
- 근무연수 X_1과 보습교육 연수 X_2의 월간 매출액 Y에 대한 영향력을 규명할 수 있도록 회귀방정식

$Y_i = \alpha + \beta_1 X_1 + \beta_2 X_2 + u_i$ 를 설정

- 메뉴 탭에서 "데이터 | 분석 | 데이터 분석"을 지정, 생성된 통계 데이터 분석 대화상자에서 회귀 분석을 지정 후 "확인"을 클릭
- 생성된 회귀분석 대화상자에서 "Y축 범위 : A1:A15, X축 범위 : B1:C15, 이름표 지정, 신뢰수준 : 95%, 출력범위 : D1, 잔차"를 지정하고, "확인"을 클릭
  - 독립변수들 자료를 지정하는 X축의 범위는 반드시 연속적 구간으로 지정되어야 하며, 선택적 구간으로 지정하면 오류 발생에 주의!

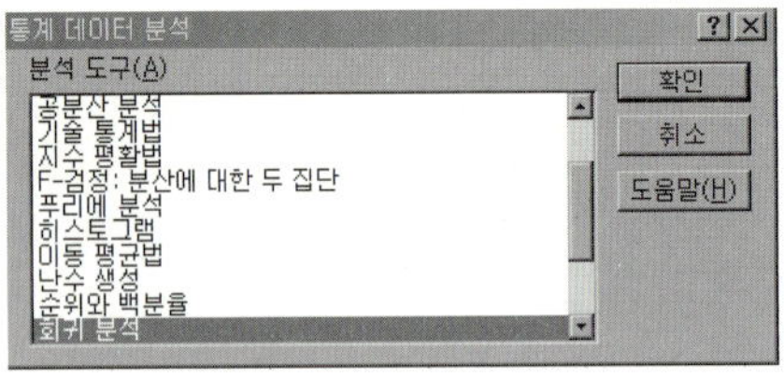

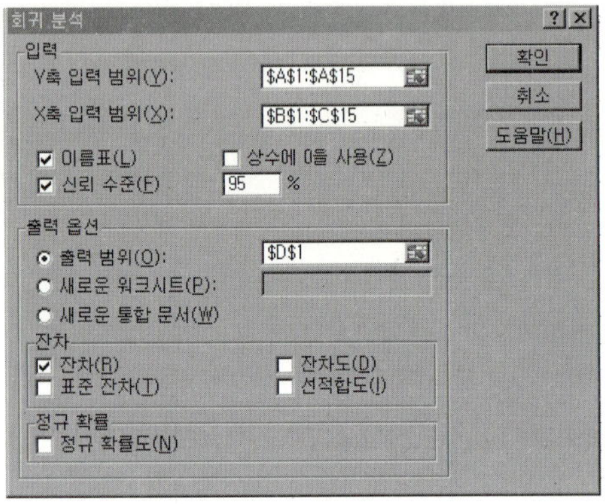

② 회귀분석결과의 추정방정식 작성

- 회귀분석결과는 계수 추정량 $\hat{\alpha}$, $\hat{\beta}_1$, $\hat{\beta}_2$ 와 그 추정량 값 아래의 ( )안에 t 검정통계량(또는 표준오차), 결정계수 R^2, 조정결정계수 R_a^2, 관찰치의 수 n 을 표시하는 형태로 표현

$$\hat{Y}_i = \underset{(9.48264)}{25{,}511.3} + \underset{(4.03649)}{825.668^*} X_{1i} + \underset{(2.99033)}{1{,}603.7^*} X_{2i}$$

$$R^2 = 0.67214, \quad R_a^2 = 0.61253, \quad n = 14$$

③ 회귀분석통계량의 해석

- E4셀의 다중상관계수는 $S_{Y \cdot 12}$ 를 표시하며, 이는 결정계수의 자승근으로 F4셀에 "=SQRT(E5)"를 입력하여 다중결정계수의 자승근으로 계산
  - E4셀은 X_1 과 X_2 가 공동으로 종속변수 Y에 대해 0.81984로 높은 상관관계를 갖는다는 것을 반영
- E5셀의 결정계수는 종속변수 변동 중에서 회귀방정식으로 설명하는 비율이 67.2%임을 표시
- 조정결정계수 E6셀은 종속변수 변동의 61.25%에 대한 회귀방정식 설명력을 반영
  - E6셀의 값은 "=1-(1-E5)*(E14/E13)"을 입력하여 계산
- E7셀의 표준오차는 $\hat{\sigma}^2 = SSR/(n-k) = SSR/(n-K-1) = SSR/(n-3)$ 의 자승근으로 계산된 회귀분석의 추정된 표준편차인 추정치 표준오차(교란 또는 회귀의 표준오차) $s_{Y \cdot 12}$

- F7셀에 "=SQRT(F13/E13)"을 입력하여 계산 결과를 확인

- E8셀은 관찰치의 수인 표본크기
  - F8셀에 "=COUNT(A2:A15)"를 입력하여 관찰치 수를 계산

④ 분산분석 결과의 해석

- 양측검정가설을 설정
  "H_0: $\beta_1 = \beta_2 = 0$, H_1: β_1 과 β_2 중에서 적어도 하나는 0이 아니다.
- D11:I14구간은 회귀변동 · 잔차변동 · 총변동의 자유도, 자승 합계, (자승합계를 해당 자유도로 나눈) 자승평균, F검정통계량을 제공
- I12셀의 유의한 F는 계산된 F 비율의 최소유의수준인 P-값을 표시
  - J12셀에 "=F.DIST.RT(H12,E12,E13)"을 입력하여 0.217%로 확인 가능
  - 1%의 유의수준에서도 귀무가설 H_0는 기각되어 X_1 또는 X_2가 Y에 유의적으로 영향을 주는 것을 의미하며, $R^2 > 0$ 이어야 함을 반영

⑤ α , β_1 , β_2 의 신뢰구간

- α 의 95% 신뢰구간의 계산방식
  $\hat{\alpha} - t(2.5\%, 11)$ 임계값 $\times$ $\hat{\alpha}$ 표준오차 $< \alpha < \hat{\alpha} + t(2.5\%, 11)$ 임계값 $\times$ $\hat{\alpha}$ 표준오차
  하위 95% 신뢰한계 = Y 절편 계수 − $t_{(2.5\%, 11)}$ ×Y절편 표준오차
  상위 95% 신뢰한계 = Y 절편 계수 + $t_{(2.5\%, 11)}$ ×Y절편 표준오차
  - I17:J17구간과 같이 Y축 절편 α 의 95% 신뢰한계들(confidence limits) 구간은 (19590, 31432.7)로 발생, 점 추정치인 E17셀의 25511.3에 비해 신뢰구간 폭이 약 46%에 불과하여 정밀도가 높은 것을 의미
- I18:J18구간과 같이 β_1 의 95% 신뢰구간 (375.45, 1275.88) 폭이 E18셀의 점 추정치 825.668의 약 1.1배로 정확성이 낮게 발생
- I19:J19구간과 같이 β_2 의 95% 신뢰구간 (423.32, 2784.08)로 폭이 E19셀의 점 추정치 1603.7의 약 1.4배로 정확성이 낮게 발생

⑥ 가설검정

- β_1 과 β_2는 t 통계량들의 P-값들이 각각 0.2%와 1.2%여서 5% 유의수준에서 X_1 과 X_2는 모두 Y의 변동에 영향을 주는 것을 의미하므로 귀무가설 H_0를 기각
- β_1은 최소유의수준인 P-값이 0.2% 정도여서 1%의 유의수준에서도 귀무가설 기각되는 반면에, β_2는 P-값이 1.2% 정도여서 1% 유의수준에서는 귀무가설을 채택
- β_1 과 β_2에 대한 가설 검정을 종합하면, 1% 유의수준에서도 $\beta_1 = \beta_2 = 0$ 이라는 귀무가설 H_0를 기각하고, β_1 과 β_2 중에서 적어도 하나는 0이 아니라는 대립가설 H_1 을 채택

(4) 회귀분석의 실무적용 주의사항들

회귀분석을 적용하는 경우에는 다음과 같은 사항들을 염두에 두고 적합한 모형을 효과적으로 추정했는지를 검토해야 할 것이다.

① 표본크기는 독립변수의 수를 K라고 하면, 50+8K 또는 14+K인 것이 좋다.

② 종속변수를 등간척도 또는 비율척도로 표시해야 한다.

③ 오차들이 서로 상관되어 있지 않도록, Durbin-Watson검정을 하여, DW통계량이 2 근방의 값을 갖는지 점검해야 한다.

④ 오차들이 정규분포를 갖는지를 규명하도록, 정규성 검정을 다음과 같이 수행해야 한다.

- 표본크기가 50개 이상이면 Kolmogorov-Smirnov검정
- 표본크기가 50개 미만(49개 이하)이면 Shapiro-Wilk검정

⑤ 추정에 사용한 모형의 타당성을 입증하도록, 자료를 분할하여 각각 회귀를 수행하여 강력함(robustness)을 검토해야 한다.

- 도움이 될 수 있는 추가변수들을 추가하고, 유사한 회귀모형이 나타나는지 검토

학습문제

맞으면 "○", 틀리면 "×"를 표시

1. 두 변수만을 사용하여 원인과 결과를 설명할 수 있다면, 이들 두 변수들은 직접 또는 즉각적 인과관계를 갖는다. ( )

2. 낮에 피리소리를 들으면 여유로운 기분이 드는데, 숲 속에서 한 밤중에 들리는 피리소리는 공포에 쌓이게 한다면, 피리소리와 느낌은 간접 또는 근사적 인과관계를 갖는다. ( )

3. 산점도에서 수평축은 종속변수의 값을, 수직축은 설명변수 값을 표시한다. ( )

4. 산점도를 구성하는 타원이 거의 동그라미(원)에 근접하면 상관관계는 아주 강력한 것을 반영한다. ( )

5. 회귀분석은 인과의 어떤 정보를 확보한 상황에서 다른 변수의 알려진 값을 기초로 어떤 변수의 모르는 값을 추정하는 방정식을 도출 및 사용하는 방법이다. ( )

6. 회귀방정식에서 실제치와 추정치의 불일치를 표시하는 확률오차는 교란항 또는 오차항이라고 한다. ( )

7. 회귀분석에서 오차항은 무작위표본오차 또는 교란으로 종속변수의 관찰되지 않은 확률적 구성요소이다. ( )

8. 회귀분석에서 종속변수는 결정적 구성요소와 확률적 구성요소로 구분되며, 결정적 구성요소는 주어진 설명변수에 대한 종속변수의 조건부 평균이다. ( )

9. 회귀분석에서 오차항은 균등 독립된 정규분포를 이루며, 각 독립변수의 관찰치에 대한 분산들은 다르게 나타난다는 가정을 기초로 한다. ( )

10. 최소자승법은 잔차의 자승을 최소로 만드는 최우량 적합선을 도출하는 방법이며, 어떤 표본을 사용하더라도 잔차들의 합은 항상 0이다. ( )

11. 종속변수 분산의 불편추정량은 잔차자승합을 오차자유도로 나누어 계산하며, 이러한 값의 자승근을 회귀오차의 표준편차, 추정치 표준오차 또는 회귀의 표준오차라고 한다. ( )

12. 회귀분석에서 오차자유도는 t검정 통계량을 구하는데 자유도로 사용되며, 표본크기에서 설명변수의 수를 차감하여 계산한다. ( )

학습문제

맞으면 "○", 틀리면 "×"를 표시

13. 회귀방정식의 설명력을 측정하는 결정계수는 종속변수의 전체 변동에서 회귀방정식으로 설명되는 비율이며, 회귀자승합의 총자승합에 대한 비율로 측정한다. ( )

14. 총자승합은 실제치에서 표본평균을 차감한 값들의 자승 합이고, 회귀자승합은 추정치에서 표본평균을 차감한 값들의 자승합이며, 잔차자승합은 실제치에서 추정치를 차감한 값들의 자승합이다. ( )

15. 회귀방정식이 종속변수를 설명하는가의 여부에 대한 귀무가설의 검정은 F비율을 이용하여 수행된다. ( )

16. 회귀모형의 분산분석에서 F비율은 회귀변동 자승평균을 잔차변동 자승평균으로 나눈 값이다. 또한 F 비율의 P-값은 회귀변동의 자유도를 분자자유도, 잔차변동의 자유도를 분모자유도로 처리하여 계산한다. ( )

해답

1. ○ 2. ○ 3. × 4. × 5. × 6. ○ 7. ○ 8. ○ 9. × 10. ○
11. ○ 12. ○ 13. ○ 14. ○ 15. ○ 16. ○

CHAPTER 15

시계열분석

15.1 시계열의 특성과 추세 및 순환분석

15.1.1 시계열의 개념 및 종류와 4대 결정요인

15.2.1 추세분석과 순환분석

15.2 계절변동분석

15.2.1 계절변동의 분석원리

15.2.2 계절조정 적용의 방법 및 절차

15.1 시계열의 특성과 추세 및 순환분석

15.1.1 시계열의 개념 및 종류와 4대 결정요인

(1) 시계열자료의 개념

시계열(time series) 또는 시계열자료(time series data)는 순서대로 배열된 연속적 시기들에 대한 특정 자료의 관찰치 집합이다. 이는 시간에 따라 불규칙적으로 변동하는 현상들에 대한 기록이다.

시계열자료는 일별, 주별, 월별, 연도별 등의 기간 단위로 물가, 소득, 이자율 등의 거시경제변수뿐만 아니라, 특정 상품가격, 아동의 키, 식물의 크기 등 각종 변수들의 값을 기록한 자료이다.

시계열분석(time series analysis)은 시계열의 관찰치에 영향을 주는 시간관련요인을 규명하고, 분리하는 절차이다. 이를 위해서는 시계열자료의 그래프를 먼저 주의 깊게 검토하는 것이 중요하다.

(2) 시계열의 종류

시계열는 기록방법, 관찰치의 수, 다음과 같이 구분할 수 있다.

① 연속시계열(continuous time series)과 이산시계열(discrete time series)

- 연속시계열 : 어떤 장치에 의해 연속적으로 기록된 자료
- 이산시계열 : 균등하거나 또는 불균등한 간격으로 관찰한 자료

② 단일변량 및 다변량 시계열(univariate and multivariate time series)

- 단일변량 시계열 : 각 시점에서 하나의 관찰치로 구성된 시계열
- 다변량 시계열 : 각 시점에서 2개 이상의 현상들을 동시에 기록하는 시계열

③ 정상성 및 비정상성 시계열(stationary and nonstationary time series)

- 정상성 시계열 : 시간에 따라 불규칙적으로 변동하는 무작위적 현상이 시간에 따라 일정한 구조(시간불변구조, time-invariant structure)를 갖는 시계열, 이는 시간불변 확률적 구조(stochastic structure)를 가진 시계열
- 비정상성 시계열 : 시계열의 확률적 구조가 시간에 따라 변화하는 시계열

④ 가우스 및 비가우스 시계열(Gaussian and non-Gaussian time series)

- 가우스 시계열 : 정규분포를 따르는 분포를 가진 시계열
- 비가우스 시계열 : 분포가 정규분포를 따르지 않는 시계열

⑤ 선형 및 비선형 시계열(linear and nonlinear time series)

- 선형 시계열 : 선형모형의 결과물로 표시가 가능한 시계열
- 비선형 시계열 : 비선형모형의 결과물로 나타나는 시계열

(3) 시계열의 4대 결정요인

시계열의 변동은 추세, 순환, 계절, 불규칙 변동으로 분해할 수 있다. 시계열모형은 어떤 지정된 기간에 대해 시계열 변수들의 값이 이러한 4가지 요인들의 영향력에 의해 결정되고, 이러한 4대 요인들은 다음 곱셈 관계(multiplicative relationship)를 갖고 시계열 Y에 영향력을 행사한다.

$$Y = T \times C \times S \times I$$

이러한 모형은 시계열 값에 영향을 주는 각종 구성요소의 영향력 분리에 대한 기초적 수단으로 사용한다.

- 추세(trend, T) : 일정한 기간에 대한 시계열 값의 전반적인 장기이동방향
- 순환변동(cyclical fluctuations, C) : 여러 해 동안의 지속기간을 갖는 추세에 대해 반복적으로 발생하는 상승 및 하락 변동

- 계절변동(seasonal variation, S) : 1년 이내에 완료되는 추세에 대한 상승 및 하락 변동, 주로 월별 또는 사분기별 자료를 기초로 규명
- 불규칙 변동(irregular variation, I) : 순환변동 또는 계절변동의 영향으로 볼 수 없는 추세로 인한 엉뚱한 변동(erratic variations)

15.2.1 추세분석과 순환분석

(1) 추세분석

추세분석(trend analysis)은 시계열의 장기 변동방향을 연도별 자료를 사용하여 규명하는 방법이며, 주로 15년 또는 20년 이상의 자료를 사용한다.

- 수년간에 발생하는 순환변동은 전반적 추세분석에 대해 영향을 주지 못하는 반면에, 전반적 추세는 순환변동의 방향에 영향을 끼침
- 최소자승법은 최우량 적합 추세선(best fitting trend line)의 방정식을 결정하므로, 시계열의 추세구성요소를 규명하는데 가장 많이 사용됨

예제 15. 1997년에 설립하여 11년의 업력을 가진 기업의 매출액에 대한 A1:C12구간의 자료를 기초로 Excel의 회귀분석(최소자승법)을 이용하여 선형추세방정식을 구하고, 추세선을 작성할 수 있다.

	A	B	C	D	E	F	G	H	I	J	K
1	연도	업력 연수	매출액	매출액 (추세)	요약 출력						
2	1997	0	0.2	0.23							
3	1998	1	0.4	0.42	회귀분석 통계량						
4	1999	2	0.5	0.61	다중 상관계수	0.953805653					
5	2000	3	0.9	0.80	결정계수	0.909745223					
6	2001	4	1.1	0.98	조정된 결정계수	0.899716914					
7	2002	5	1.5	1.17	표준 오차	0.207218228					
8	2003	6	1.3	1.36	관측수	11					
9	2004	7	1.1	1.55							
10	2005	8	1.7	1.74	분산 분석						
11	2006	9	1.9	1.93		자유도	제곱합	제곱 평균	F 비	유의한 F	
12	2007	10	2.3	2.11	회귀	1	3.89536	3.8954	90.71771	5.4E-06	
13					잔차	9	0.38645	0.0429			
14					계	10	4.28182				
16						계수	표준 오차	t 통계량	P-값	하위 95%	상위 95%
17					Y 절편	0.232	0.117	1.983	7.8644%	-0.0326	0.49623
18					업력연수	0.188	0.020	9.525	0.0005%	0.14349	0.23288
22					잔차 출력						
24					관측수	예측치매출액 (10억 원)	잔차 e				
25					1	0.231818182	-0.0318				
34					10	1.925454545	-0.0255				
35					11	2.113636364	0.18636				

① 자료 입력과 회귀분석의 수행

- A1:C12구간에 연도, 업력연수, 매출액(10억 원 단위)의 자료를 입력
- 메뉴 탭에서 "데이터 | 분석 | 데이터 분석"을 지정, 생성된 통계 데이터 분석 대화상자에서 회귀 분석을 지정 후 "확인"을 클릭
- 생성된 회귀분석 대화상자에서 "Y축 범위 : C1:C12, X축 범위 : B1:B12, 이름표 지정, 신뢰수준 : 95%, 출력범위 : E1, 잔차"를 지정하고, "확인"을 클릭
- 추세선의 회귀방정식 작성

$$Y_{Tt} = \underset{(1.983)}{0.232} + \underset{(9.525)}{0.188}\,X_t, \quad R^2 = 0.91\,, \quad n = 11$$

  - ( )안은 t 통계량을, Y_{Tt}는 t년의 업력을 가진 연도의 매출액 추세요소를, X_t는 업력연수를 표시
  - 추정된 회귀방정식을 이용하여, 햇수가 지날수록 매년 1.88억 원의 매출액 증가가 발생하는 것으로 예측 가능

② 추세선의 작성

- D2:D12구간을 지정, 수식입력줄에 "=F25"를 입력 후 "Ctrl+Enter"를 클릭하여 예측치 동시 입력

• A1:A12구간과 C1:D12구간을 동시 지정, 메뉴 탭에서 "삽입 | 차트 | 분산형 | 곡선 및 표식이 있는 분산형"을 지정하여 차트를 생성
• 차트를 마우스 커서로 지정하고, 생성된 메뉴 탭의 차트도구에서 "레이아웃"의 레이블, 축 등을 조정하여 다음의 차트를 완성

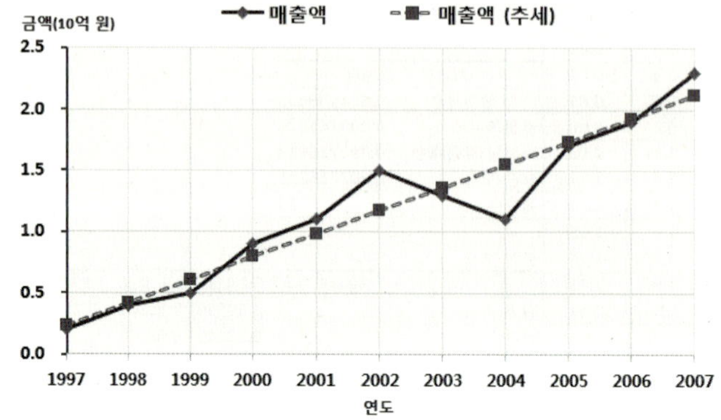

(2) 순환변동분석

계절 및 불규칙 구성요소는 1년 이내의 단기간에 대해 규정되므로, 연도별 시계열자료는 추세 및 순환 구성요소의 효과들만을 표시한다. 이러한 연도별자료에서 순환구성요소는 관련 추세 값 Y_T로 관찰치 Y를 나누어 도출할 수 있다.

$$C = \frac{T \times C}{T} = \frac{Y}{Y_T}$$

위의 식에 100을 곱하여 순환상대치(cyclical relatives)로 변환시켜 순환차트(cycle chart)를 작성하고, 그에 따른 정점과 저점을 비교하면 순환구성요소의 해석을 용이하게 수행할 수 있다.

예제 15.2 예제 15-1의 자료와 추세방정식을 기초로 시계열의 각 값에 대한 순환구성요소의 상대치를 계산하고, 각 연도에 대한 순환상대치를 표시한 순환차트를 다음과 같이 작성할 수 있다.

	A	B	C	D	E
1	연도	입력 연수	매출액	매출액 (추세)	순환상대치
2	1997	0	0.2	0.23	86.27
3	1998	1	0.4	0.42	95.24
4	1999	2	0.5	0.61	82.21
5	2000	3	0.9	0.80	113.01
6	2001	4	1.1	0.98	111.73
7	2002	5	1.5	1.17	127.91
8	2003	6	1.3	1.36	95.52
9	2004	7	1.1	1.55	71.01
10	2005	8	1.7	1.74	97.85
11	2006	9	1.9	1.93	98.68
12	2007	10	2.3	2.11	108.82

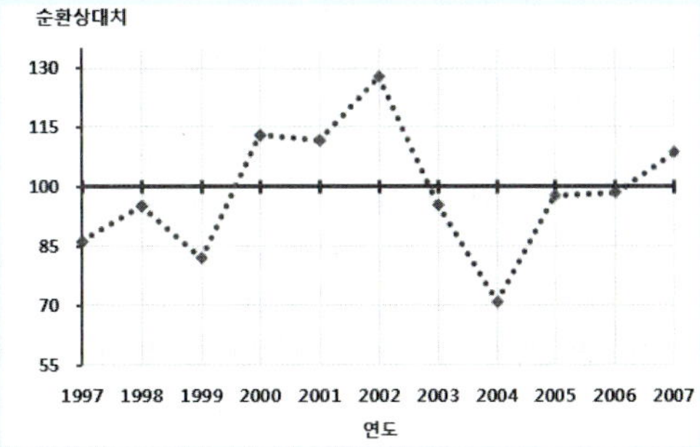

① 자료 입력 및 순환상대치 계산

- 예제 15-1의 A1:D12구간을 복사 후, 새로운 시트의 A1셀에 "값"으로 선택하여 붙여 넣기
- E2:E12구간을 지정, 수식입력줄에 "=(C2/D2)*100"을 입력 후 "Ctrl+Enter"를 클릭하여 순환상대치를 각 연도에 대해 동시 계산

② 순환차트 작성

- A1:A12구간과 E1:E12구간을 동시 지정, 메뉴 탭에서 "삽입 | 차트 | 분산형 | 곡선 및 표식이 있는 분산형"을 지정하여 차트를 생성
- 차트를 마우스 커서로 지정하고, 생성된 메뉴 탭의 차트도구에서 "레이아웃"의 레이블, 축 등을 조정하여 순환차트를 완성

15.2 계절변동분석

15.2.1 계절변동의 분석원리

(1) 계절지수의 개념

시계 시계열의 값들에 대한 계절구성요소의 영향력은 해당 연도의 각 개월(또는 사분기)에 관련된 계절지수(seasonal index number)를 결정하여 규명할 수 있다.

계절지수는 이동평균비율법(ratio-to-moving average method)을 이용하여 계산하고, 모두 12개월인 지수들의 산술평균은 100으로 결정

특정 개월에 대한 120의 지수는 여타 개월들에 비해 평균 20% 더 높은 시계열 값을 가진 것을 의미

(2) 이동평균비율법의 수행

- 이동평균비율법의 수행절차

  특정 개월(또는 사분기)의 이동평균에 대한 실제 관찰치의 비율 계산 : 1개 연도에 대해 월별(또는 사분기별) 자료를 기초로 하는 이동평균은 계절 및 불규칙변동을 평균 계산으로 제거하기 때문에, 이동평균 MA 에 대한 월별(또는 사분기별) 관찰치 비율은 다음과 같이 표시

(12.43) $$\frac{Y}{MA} = \frac{T \times C \times S \times I}{T \times C} = S \times I$$

  - 평균 계산을 통한 불규칙 구성요소의 제거

    여러 연도의 특정 개월(또는 사분기)에 대해 가능한 여러 비율들을 열거

    가장 높은 값과 가장 낮은 값을 제거

    나머지 비율들의 평균을 계산하여 불규칙 구성요소를 제거

- 12개월 비율들의 합계가 1,200(4사분기 비율들의 합계가 400)이 되도록, 수정요인(correction factor)으로 변경된 평균비율들을 조정

15.2.2 계절조정 적용의 방법 및 절차

(1) 계절조정의 방법

계절구성요소의 영향력을 제거하여 계절조정자료(seasonally adjusted data) 또는 탈계절화자료(deseasonalized data)를 작성하는 시계열 관찰치 조정에는 계절지수를 주로 사용한다. 계절별 기대치로 인하여 관찰대상의 수준이 상대적인 증감 여부를 결정하기 위해 여러 개월의 자료들을 비교하려는 경우에는 계절조정이 특히 필요하다.

예컨대 12월의 계절지수가 11월에 비해 30% 이상 높게 나타날 경우에 12월 매출액이 전월 대비 증가율 20%를 기록하더라도 12월 매출액은 상대적으로 감소된 것을 반영한다. 계절조정을 적용하기 위해 다음과 같이 계절변동 영향력을 제거하여 탈계절화를 달성한 계절조정자료를 획득해야 한다.

$$\frac{Y}{S} = \frac{T \times C \times S \times I}{S} = T \times C \times I$$

(2) 계절조정의 수행절차

시계열자료를 탈계절화시키기 위해서는 먼저 이동평균비율을 계산하고, 이동평균비율을 정렬한 후에, 최대값과 최소값을 규명하여 이러한 극값들을 제거한 상황에서 조정요인과 계절지수를 구하고, 이에 따라 계절조정지수를 구해야 한다.

예컨대 사분기 시계열자료의 계절조정은 다음과 같은 플로를 따라 수행할 수 있다.

① 이동평균비율 계산

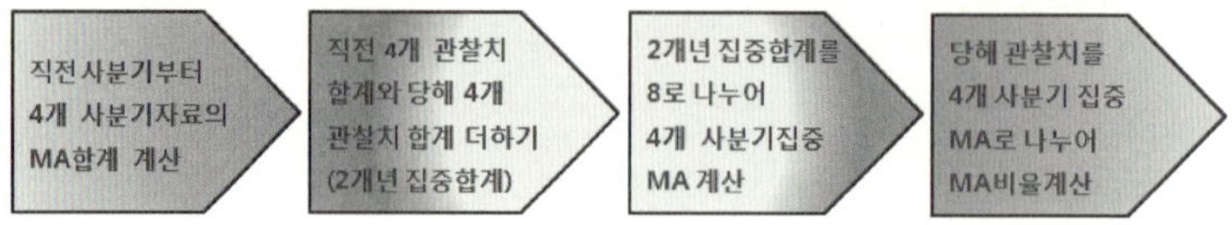

② 계절지수 도출

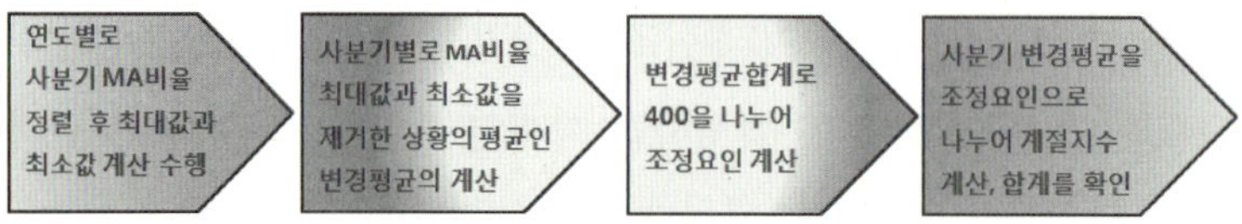

예제 15.3 사분기별 자료에 대해 이동평균비율법을 사용하여 계절지수를 다음과 같이 구할 수 있다.

	A	B	C	D	E	F	G
1	연도	사분기	매출액	4 사분기 합계	2개년 집중합계	4 사분기 집중MA	MA 비율
2	1999	1	500				
3		2	350	1,500			
4		3	250	1,450	2,950	368.8	67.8
5		4	400	1,450	2,900	362.5	110.3
6	2000	1	450	1,400	2,850	356.3	126.3
7		2	350	1,300	2,700	337.5	103.7
8		3	200	1,200	2,500	312.5	64.0
9		4	300	1,050	2,250	281.3	106.7
10	2001	1	350	1,000	2,050	256.3	136.6
11		2	200	1,100	2,100	262.5	76.2
12		3	150	1,300	2,400	300.0	50.0
13		4	400	1,450	2,750	343.8	116.4
14	2002	1	550	1,550	3,000	375.0	146.7
15		2	350	1,700	3,250	406.3	86.2
16		3	250	1,700	3,400	425.0	58.8
17		4	550	1,750	3,450	431.3	127.5
18	2003	1	550	1,850	3,600	450.0	122.2
19		2	400	1,900	3,750	468.8	85.3
20		3	350	2,100	4,000	500.0	70.0
21		4	600	2,200	4,300	537.5	111.6
22	2004	1	750	2,250	4,450	556.3	134.8
23		2	500	2,300	4,550	568.8	87.9
24		3	400				
25		4	650				

A. 이동평균비율의 계산

① 자료입력과 4 사분기 매출액 합계의 계산

- A1:C25구간에 연도 및 사분기 표시와 매출액 자료를 입력
- D3:D23구간을 지정, 수식입력줄에 "=SUM(C2:C5)"를 입력 후 "Ctrl+Enter"를 클릭하여 해당 사분기가 4개 사분기의 둘째 사분기로 하여 4개 사분기 자료의 합인 4개 사분기 이동평균 합계(4-quarter moving total)를 각 사분기별로 동시 계산

② 2개년 집중 이동평균합계와 4 사분기 집중이동평균 계산

- E4:E23구간을 지정, 수식입력줄에 "=D3+D4"를 입력 후 "Ctrl+Enter"를 클릭하여 해당 사분기의 4개 사분기 합계와 직전 사분기의 4개 사분기 합계를 더하는 방식으로 2개년 집중 이동평균합계(2-year centered moving total)를 동시 계산
- F4:F23구간을 지정, 수식입력줄에 "=E4/8"을 입력 후 "Ctrl+Enter"를 클릭하여 해당 사분기의 2개년 집중합계를 사용된 8개 사분기에 대한 평균으로 분할하여 4 사분기 집중이동평균(4-quarter centered moving average)을 동시 계산

③ 이동평균비율의 계산

- G4:G23구간을 지정, 수식입력줄에 "=(C4/F4)*100"을 입력 후 "Ctrl+Enter"를 클릭하여 매출액이 그 자체의 이동평균에 대해 갖는 비율로 %표시 이동평균비율(ratio-to-moving average)을 각 사분기별로 동시 계산

	A	B	G	H	I	J	K	L	M	N	O	P
1	연도	사분기	MA 비율	사분기	1999	2000	2001	2002	2003	2004	최대값	최소값
2	1999	1		1		126.3	136.6	146.7	122.2	134.8	146.7	122.2
3		2		2		103.7	76.2	86.2	85.3	87.9	103.7	76.2
4		3	67.8	3	67.8	64.0	50.0	58.8	70.0		70.0	50.0
5		4	110.3	4	110.3	106.7	116.4	127.5	111.6		127.5	106.7
6	2000	1	126.3	사분기별 이동평균비율의 최대값과 최소값 제거								
7		2	103.7	사분기	1999	2000	2001	2002	2003	2004	변경평균	계절지수
8		3	64.0	1		126.3	136.6			134.8	132.6	134.1
9		4	106.7	2				86.2	85.3	87.9	86.5	87.5
10	2001	1	136.6	3	67.8	64.0		58.8			63.5	64.3
11		2	76.2	4	110.3		116.4		111.6		112.8	114.1
12		3	50.0	계							395.4	400.0
13		4	116.4	조정요인							1.012	
14	2002	1	146.7									
15		2	86.2									
16		3	58.8									
17		4	127.5									
18	2003	1	122.2									
19		2	85.3									
20		3	70.0									
21		4	111.6									
22	2004	1	134.8									
23		2	87.9									
24		3										
25		4										

B. 계절지수 계산

① 사분기별 최대값과 최소값의 계산과 제거

- C1셀을 지정 후 "보기 | 창 | 틀 고정"을 지정하고, 생성된 대화상자에서 틀 고정을 지정하여 A와 B열을 고정
- G열의 이동평균비율을 I1:N4구간에 이동시키도록 각 구간을 지정하고, 수식입력줄에 다음 식들을 입력 후 "Ctrl+Enter"를 클릭
  - I1:I4 : =IF($G2="","",$G2)
  - J1:J4 : =IF($G6="","",$G6)
  - K1:K4 : =IF($G10="","",$G10
  - L1:L4 : =IF($G14="","",$G14)
  - M1:M4 : =IF($G18="","",$G18)
  - N1:N4 : =IF($G22="","",$G22)
- O2:O5구간을 지정, 수식입력줄에 "=MAX(I2:N2)"를 입력 후 "Ctrl+Enter"를 클릭하여 각 사분기에 대한 이동평균비율의 최대값을 동시 계산
- P2:P5구간을 지정, 수식입력줄에 "=MIN(I2:N2)"를 입력 후 "Ctrl+Enter"를 클릭하여 각 사분기에 대한 이동평균비율의 최소값을 동시 계산
- H2:N5구간을 지정, "Ctrl+C"로 구간의 입력내용을 복사하여 H7셀에 붙이기
- I8:N12셀을 지정, 수식입력줄에 "=IF(OR(I2=$O2,I2=$P2),"",I2)"를 입력 후 "Ctrl +Enter"를 클릭하여 각 사분기의 이동평균비율 최대값과 최소값을 동시에 제거

② 변경평균(modified mean)과 조정요인(adjustment factor) 계산

- O8:O11구간을 지정, 수식입력줄에 "=AVERAGE(I8:N8)"을 입력 후 "Ctrl+Enter"를 클릭하여 각 사분기에 대한 변경평균을 동시 계산
- O12:P12구간을 지정, 수식입력줄에 "=SUM(O8:O11)"을 입력 후 "Ctrl+Enter"를 클릭하여 O12셀에서 변경평균의 합계를 계산
- O13셀에 "=400/O12"를 입력하여 조정요인을 계산

③ 계절지수(seasonal index)의 계산

- P8:P11구간을 지정, 수식입력줄에 "=O8*$O$13"을 입력 후 "Ctrl+Enter"를 클릭하여 각 사분기에 대한 계절지수를 동시 계산
- P12셀에서 계절지수의 4 사분기 합계가 400인지를 확인

예제 15.4 예제 15-3의 자료와 계절지수를 이용하여 계절변동 영향력을 제거한 계절조정 자료를 작성하고, 실제 및 계절조정 매출액을 차트로 비교할 수 있다.

	A	B	C	H	I	J	K	L	M	N	O	P	Q	R	S	T	U
1	연도	사분기	매출액	사분기	1999	2000	2001	2002	2003	2004	최대값	최소값	계절지수	계절조정 매출액	사분기 (연/월)	매출액	계절조정 매출액
2	1999	1	500	1		126.3	136.6	146.7	122.2	134.8	146.7	122.2	134.1	372.8	99/02	500	372.8
3		2	350	2		103.7	76.2	86.2	85.3	87.9	103.7	76.2	87.5	400.1	99/05	350	400.1
4		3	250	3	67.8	64.0	50.0	58.8	70.0		70.0	50.0	64.3	388.9	99/08	250	388.9
5		4	400	4	110.3	106.7	116.4	127.5	111.6		127.5	106.7	114.1	350.6	99/11	400	350.6
6	2000	1	450	사분기별 이동평균비율의 최대값과 최소값 제거									134.1	335.5	00/02	450	335.5
7		2	350	사분기	1999	2000	2001	2002	2003	2004	변경평균	계절지수	87.5	400.1	00/05	350	400.1
8		3	200	1		126.3	136.6			134.8	132.6	134.1	64.3	311.1	00/08	200	311.1
9		4	300	2				86.2	85.3	87.9	86.5	87.5	114.1	262.9	00/11	300	262.9
10	2001	1	350	3	67.8	64.0		58.8			63.5	64.3	134.1	260.9	01/02	350	260.9
11		2	200	4	110.3		116.4		111.6		112.8	114.1	87.5	228.6	01/05	200	228.6
12		3	150	계							395.4	400.0	64.3	233.3	01/08	150	233.3
13		4	400	조정요인							1.012		114.1	350.6	01/11	400	350.6
14	2002	1	550										134.1	410.0	02/02	550	410.0
15		2	350										87.5	400.1	02/05	350	400.1
16		3	250										64.3	388.9	02/08	250	388.9
17		4	550										114.1	482.0	02/11	550	482.0
18	2003	1	550										134.1	410.0	03/02	550	410.0
19		2	400										87.5	457.2	03/05	400	457.2
20		3	350										64.3	544.4	03/08	350	544.4
21		4	600										114.1	525.8	03/11	600	525.8
22	2004	1	750										134.1	559.1	04/02	750	559.1
23		2	500										87.5	571.6	04/05	500	571.6
24		3	400										64.3	622.2	04/08	400	622.2
25		4	650										114.1	569.7	04/11	650	569.7

① 계절지수의 배열과 계절조정 매출액 계산

- 메뉴 탭에서 "보기 | 창 | 틀 고정"을 지정하고, 생성된 대화상자에서 틀 고정 취소를 지정하여 A와 B열의 고정을 해제
- 다시 D1셀을 지정 후 메뉴 탭에서 "보기 | 창 | 틀 고정"을 지정하고, 생성된 대화상자에서 틀 고정을 지정하여 A:C열들을 고정시키기
- Q2:Q25구간을 지정, 수식입력줄에 "=VLOOKUP(B2,$H$8:$P$11,9)"를 입력 후 "Ctrl+Enter"를 클릭하여 B열의 각 사분기에 해당하는 계절지수를 동시 입력
- R2:R25구간을 지정, 수식입력줄에 "=(C2/Q2)*100"을 입력 후 "Ctrl+Enter"를 클릭하여 계절조정 매출액들을 동시 계산

	S	T	U
1	사분기 (연/월)	매출액	계절조정 매출액
2	99/02	500	372.8
3	99/05	350	400.1
4	99/08	250	388.9
5	99/11	400	350.6
6	00/02	450	335.5
7	00/05	350	400.1
8	00/08	200	311.1
9	00/11	300	262.9
10	01/02	350	260.9
11	01/05	200	228.6
12	01/08	150	233.3
13	01/11	400	350.6
14	02/02	550	410.0
15	02/05	350	400.1
16	02/08	250	388.9
17	02/11	550	482.0
18	03/02	550	410.0
19	03/05	400	457.2
20	03/08	350	544.4
21	03/11	600	525.8
22	04/02	750	559.1
23	04/05	500	571.6
24	04/08	400	622.2
25	04/11	650	569.7

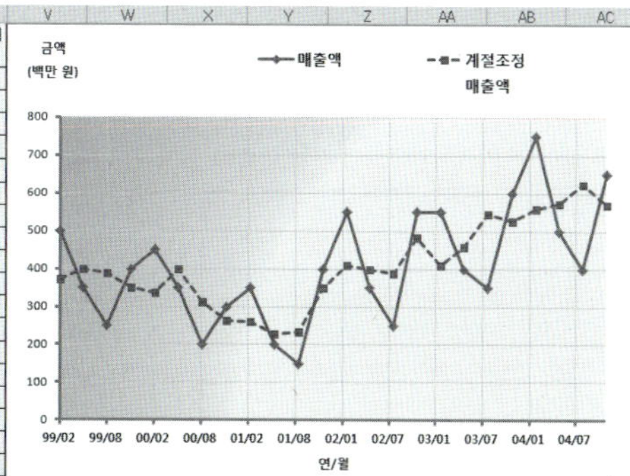

	V	W	X
21		연월	숫자
22	시작	99/02	36,206
23	종료	04/11	38,306
24	격차	23	2100
25	주눈금		90

② 실제 매출액과 계절조정 매출액의 비교 차트 작성

- S1셀에 "사분기(연/월)"을 입력
- S2:S25구간을 지정한 후 마우스 오른쪽 단추를 눌러 생성된 대화상자에서 "셀 서식"을 지정하여 생성된 대화상자에서 "표시 형식 : 사용자 지정"을 누른 다음, "형식"란에 "yy/mm"을 입력 후 "확인"을 클릭
- S2셀에 "1999-02-15"를, S2셀에 "1999-05-15"를 입력 후, S2:S3구간을 동시에 지정한 후에 S25셀까지 자동채우기로 복사
- T1:T25구간을 지정, 수식입력줄에 "=C1"을 입력 후 "Ctrl+Enter"를 클릭
- U1:U25구간을 지정, 수식입력줄에 "=R1"을 입력 후 "Ctrl+Enter"를 클릭
- S1:U25구간을 지정, 메뉴 탭에서 "삽입 | 차트 | 분산형 | 곡선 및 표식이 있는 분산형"을 지정하여 차트를 생성
- S1셀을 복사하여 W22셀 및 X22셀에 붙여 넣기
- S25셀을 복사하여 W23셀 및 X23셀에 붙여 넣기
- X22:X23구간을 지정, 마우스 우측단추를 클릭하여 생성된 대화상자에서 "셀 서식"을 지정 후, 생성된 셀 서식 대화상자에서 "표시 형식 | 숫자"를 지정 후 "확인"을 클릭하여 시작 사분기와 종료 사분기를 숫자로 전환
- 차트의 수평축을 지정하여 생성된 대화상자에서 축 서식을 지정하고, 생성된 축 서식 대화상자에서 "축 옵션"에서 "최소값 : 36206, 최대값 : 38306, 주단위 : 180"을 지정 후 "닫기"를 클릭
- 차트를 지정하여 메뉴 탭의 "차트도구 | 레이아웃"을 지정하여 수평축과 수직축의 제목, 범례 등을 표시하여 차트를 완성

학습문제

맞으면 "○", 틀리면 "×"를 표시

1. 시계열분석에서 여러 해 지속되는 추세에 대해 반복적으로 발생하는 상승이나 하락 변동을 순환변동이라고 한다. ( )

2. 추세분석에는 주로 15-20년 이상의 자료를 사용한다. ( )

3. 비선형추세의 OLS 사용을 위해서는 더블로그 방정식으로 전환하는 것이 편리하다. ( )

4. 추세선은 직선과 곡선으로 구분하며, 비선형의 곡선 추세선은 지수추세곡선과 Gompertz곡선으로 구분하여 분석할 수 있다. ( )

5. 계절지수는 이동평균비율법을 이용하여 계절변동과 불규칙변동 요인들을 규명하고, 다시 최대값과 최소값을 제거로 불규칙 구성요소를 제거하여 도출한다. ( )

해답

1. ○　2. ○　3. ○　4. ○　5. ○

EXCEL 2013

APPENDIX A

통계 측정치와 분포관련 함수들 활용의 기초

A.1 제3장 중심경향 측정치 관련 함수

A.2 제5장 변동성 측정치 관련 공식

A.3 제6장 사상 및 확률 관련 개념과 공식

A.4 제7장 확률변수와 확률분포 종류 관련 공식

A.5 제8장 표본추출과 표본분포 관련 공식

A.6 제9장 신뢰구간과 구간추정 관련 공식

A.7 제10장 t분포, 카이자승분포, F분포와 격차 구간추정 관련 공식

A.8 제11장 단일모집단 가설검정 관련 공식

A.9 제12장 두 모집단 가설검정과 카이자승검정 관련 공식

A.10 제13장 분산분석과 상관분석 관련 공식

A.11 제14장 회귀분석 관련 공식

A.12 제15장 시계열분석 관련 공식

A.1 제3장 중심경향 측정치 관련 함수

A.1.1 평균의 종류

① 산술평균 : 모집단 전체의 N개 관측치들의 산술평균 μ는 다음 공식으로 계산

(A.1.1) $$\mu = \frac{\sum^{N} x}{N}$$

② 기하평균 : N개 관찰치들 곱의 (1/N)승근(Nth root)으로 계산

(A.1.2) $$G.M. = \sqrt[N]{X_1 \cdot X_2 \cdots X_N} = \sqrt[N]{\Pi_i^N X_i}$$

음(negative)의 수익률에 대해서는 다음 공식으로 평균수익률을 계산한다.

(A.1.3) $$R_G = \left[\Pi_{t=1}^{N}(1+R_i)\right]^{1/N} - 1 = \sqrt[N]{\Pi_{t=1}^{N}(1+R_i)} - 1$$

③ 조화평균 : N개 관찰치들 역수의 산술평균을 구하고, 다시 그 산술평균의 역수로 계산

(A.1.4) $$H.M. = \frac{1}{\frac{1}{N}\left(\frac{1}{x_1} + \frac{1}{x_2} + \cdots + \frac{1}{x_N}\right)} = \frac{N}{\sum_{i}^{N} \frac{1}{x_i}}$$

④ 가중평균 : 각 관측치가 전체 자료(표본)에 대해 갖는 가중치를 고려하여 구한 가중된 산술평균, i 번째 관찰치 x_i 에 대한 가중치 w_i 에 대해 다음과 같이 계산

(A.1.5) $$\mu_w = \frac{\sum_{i=1}^{N}(w_i x_i)}{\sum_{i=1}^{N} w_i} = \sum_{i=1}^{N} w_i x_i,$$

A.1.2 그룹화 자료의 최빈치와 중위수 계산

그룹화자료(grouped data)의 최빈치는 다음과 같이 계산한다.

(A.1.6) $$M_o = B_L + \frac{d_1}{d_1 + d_2} i$$: 그룹화자료 최빈치

- B_L : 최빈계급(modal class)의 하한(lower limit)
- d_1 : 최빈계급의 도수 - 직전 계급 도수
- d_2 : 최빈계급의 도수 - 직후 계급 도수
- i : 계급간격 = 계급구간(class interval)의 폭

그룹화자료의 중위수 $\tilde{x}$ 는 누적상대도수가 0.50인 값으로 다음과 같이 계산한다.

(A.1.7) $$\tilde{x} = x_L + \frac{0.5N - f_L}{f_M}(x_U - x_L)$$

- x_L : 중위수 계급구간의 하한
- x_U : 중위수 계급구간의 상한
- f_L : 중위수 계급구간보다 낮은 값까지 발생한 누적 도수
- $f_M = f_U - f_L$: 중위수 계급구간의 도수
- f_U : 중위수 계급구간까지의 누적도수

중위수의 누적도수를 $Cf_{\tilde{X}}$ 라고 하면, $\frac{Cf_{\tilde{X}}}{N} = 0.50$ 이 성립

A.1.3 그룹화 자료의 4분위수와 백분위수 계산

그룹화자료의 경우에 k사분위수(k=0, 1, 2, 3, 4)는 k사분위 계급(kth quartile class)에 대해 다음의 공식으로 계산한다.

$$Q_k = L_k + \frac{\frac{kN}{4} - CF_k}{f_k} i_k \quad \text{(A.1.8)}$$

- L_k : k사분위수를 포함하는 계급의 하한
- N : 관찰치의 총수(각 계급 도수의 총합계)
- CF_k : k사분위수가 포함된 계급의 직전 계급까지의 누적도수
- f_k : k사분위수가 포함된 계급의 도수
- i_k : k사분위수가 포함된 계급의 계급구간

n개 점수들을 도수 f_i 로 순서에 따라 배열된다면, 어떤 점수 x_i 의 백분위수 P_k 는 사분위수와 마찬가지로 표본크기 n에 대해 다음 식으로 계산한다.

$$P_k = L_k + \frac{\frac{kn}{100} - CF_k}{f_k} i_k \quad \text{(A.1.9)}$$

A.2 제5장 변동성 측정치 관련 공식

A.2.1 적률의 개념

적률(모멘트, moments)은 어떤 분포의 중심경향성, 분산의 정도(degree of dispersion), 비대칭성(asymmetry), 뾰족함(peakedness) 등을 나타내기 위한 측정치들의 집합이다.

- k가 어떤 자연수(natural number)이고, X가 어떤 확률변수(random variable)라면, X의 k차 적률(moment)은 X^k의 기대치로 정의
- X가 이산변수와 연속변수의 경우에 따른 기대치

(A.2.1) $E(X^k) = \sum_x x^k p_X(x)$: X가 이산변수인 경우

(A.2.2) $E(X^k) = \int_{-\infty}^{\infty} x^k p_X(x)\,dx$: X가 연속변수인 경우

- 일반적으로 적률은 X의 분포에만 의존
- 원점 0에 대한 i차 적률은 $E(X^i)(= E[(X-0)^i])$로 정의되며, 원점에 대한 1차 적률인 평균은 $E(X) = \mu$

A.2.2 중심적률의 개념과 구분

확률변수 X의 2차 이상의 적률은 주로 그 평균에 대한 적률들을 사용한다. k차 중심적률(k th central moment of X)은 (X-E(X))의 k차 적률이며, 다음과 같이 표시한다.

(A.2.3) $\mu_k = E[(X-E(X))^k]$

- 2차 중심적률을 X의 분산(variance)이라 하고, Var(X)로 표시

- Var(X)의 비음의 자승근(nonnegative square root)을 X의 표준편차(standard deviation)라 하며, X가 그 기대치에 대해 갖는 분포의 간격(spread)을 측정
- 표준편차는 척도측정치(measure of scale)라고도 하며, 이와 동일한 형태의 측정치는 평균편차(mean deviation)라고 하는 $E(|X-E(X)|)$
- 3차 중심적률은 왜도계수(coefficient of skewness) γ_1, 4차 중심적률은 첨도계수 γ_2이며 다음과 같이 정의됨

(A.2.4) $$\gamma_1 = \frac{\mu_3}{\sigma^3}$$

(A.2.5) $$\gamma_2 = \frac{\mu_4}{\sigma^4} - 3$$

- $E(X_1^i X_2^j)$은 계수 (i,j)의 X_1 및 X_2의 곱적률(product moment)
- $E[(X_1 - E(X_1))^i (X_2 - E(X_2))^j)]$는 계수 (i,j)의 X_1 및 X_2의 중심곱적률(central product moment)
- (1,1)계의 중심곱적률[central product moment of order (1,1)]은 X_1과 X_2의 공분산 $Cov(X_1, X_2)$

A.2.3 평균편차의 계산

평균편차는 관찰치의 수 n의 미그룹화자료에 대한 평균편차(mean deviation) MD는 특정 관찰치 x_i와 표본평균 $\bar{x}$에 대해 다음과 같이 계산한다.

(A.2.6) $$MD = \frac{\sum_{i=1}^{n} |x_i - \bar{x}|}{n}$$

평균편차는 관찰치 수 N, 계급 수 g의 그룹화자료에 대한 평균편차(mean deviation) MD는 특정 계급값 x_i와 표본평균 $\overline{x}$에 대해 다음과 같다.

$$(A.2.7)\quad MD = \frac{\sum_{i=1}^{g} f_i \mid x_i - \overline{x} \mid}{n}$$

A.2.4 분산의 계산

모분산(population variance)은 σ^2 (sigma squared)으로 표시하며, 관찰치 수 N과 모평균(population mean) μ (mu)에 대해 다음과 같다.

$$(A.2.8)\quad \sigma^2 = \frac{\sum_{i=1}^{N}(x_i - \mu)^2}{N} = \frac{\sum_{i=1}^{N} x_i^2}{N} - \left(\frac{\sum_{i=1}^{N} x_i}{N}\right)^2 \quad : \text{미그룹화자료}$$

모분산은 n개 그룹으로 분할된 N개 자료로 구성된 경우에는 다음과 같다.

$$(A.2.9)\quad \sigma^2 = \frac{\sum_{i=1}^{n}(x_{Mi} - \mu)^2 f_i}{N} = \frac{\sum_{i=1}^{n} x_{Mi}^2 f_i}{N} - \left(\frac{\sum_{i=1}^{n} x_{Mi} f_i}{N}\right)^2 \quad : \text{그룹화자료}$$

표본분산(sample variance)은 s^2으로 표시하며, 관찰치 n과 표본평균(sample mean) $\overline{x}$에 대해 다음과 같다.

$$(A.2.10)\quad s^2 = \frac{\sum_{i=1}^{n}(x_i - \overline{x})^2}{n-1} = \frac{\sum_{i=1}^{n} x_i^2 - \frac{(\sum_{i=1}^{n} x_i)^2}{n}}{n-1} \quad : \text{미그룹화자료}$$

표본분산은 g개 그룹의 n개 자료로 구성된 경우에 다음과 같이 계산한다.

(A.2.11) $$s^2 = \frac{\sum_{i=1}^{g}(x_{Mi} - \overline{x})^2 f_i}{n-1} = \frac{\sum_{i=1}^{g} x_{Mi}^2 f_i - \frac{(\sum_{i=1}^{g} x_{Mi} f_i)^2}{n}}{n-1}$$: 그룹화자료

A.2.5 표준편차의 계산

N개 원소를 갖는 미그룹화자료의 경우에 대한 모집단 표준편차(population standard deviation)는 다음과 같다.

(A.2.12) $$\sigma = \sqrt{\frac{\sum_{i=1}^{N}(x_i - \mu)^2}{N}} = \sqrt{\frac{\sum_{i=1}^{N} x_i^2}{N} - \left(\frac{\sum_{i=1}^{N} x_i}{N}\right)^2}$$: 미그룹화자료

N개 원소들을 n개의 그룹으로 분할한 그룹화자료에 내해 모집단 표준편차는

(A.2.13) $$\sigma = \sqrt{\frac{\sum_{i=1}^{n} x_{Mi}^2 f_i}{N} - \left(\frac{\sum_{i=1}^{n} x_{Mi} f_i}{N}\right)^2}$$: 그룹화자료

n개의 원소들로 구성된 미그룹화 표본자료에 대한 표본표준편차(sample standard deviation)는

(A.2.14) $$s = \sqrt{\frac{\sum_{i=1}^{n}(x_i - \overline{x})^2}{n-1}} = \sqrt{\frac{\sum_{i=1}^{n} x_i^2 - \frac{(\sum_{i=1}^{n} x_i)^2}{n}}{n-1}}$$

n개 원소들을 g개의 그룹으로 분할한 그룹화 표본자료에 대한 표본표준편차는

$$\text{(A.2.15)} \quad s = \sqrt{\frac{\sum_{i=1}^{g}(x_{Mi} - \bar{x})^2 f_i}{n-1}} = \sqrt{\frac{\sum_{i=1}^{g} x_{Mi}^2 f_i - \frac{(\sum_{i=1}^{g} x_{Mi} f_i)^2}{n}}{n-1}}$$

A.2.6 피어슨 왜도계수

피어슨의 비대칭계수(Pearson's coefficient of skewness) SK_P는 하나의 봉우리를 보이는 분포형태에 대해, 다음과 같이 표준편차에 대한 평균 및 중위수간의 격차를 조건으로 자료집합 비대칭성의 방향과 정도를 정량화시키는 측정치이다.

- 평균이 최빈치가 발생하는 방향으로 나타나는 특성을 이용하여, 비대칭성 측정치는 "평균-최빈치"의 격차에 의해 제공
- 차원들이 다른 분포들에 대해 이러한 "평균-최빈치"의 격차를 비교하도록 표준편차로 나눈 값인 "(평균-최빈치)/표준편차"를 사용하여 피어슨의 1계 왜도 계수(Pearson's first coefficients of skewness) SK_{P1}을 왜도로 규정

$$\text{(A.2.16)} \quad SK_{P1} = \frac{\text{평균} - \text{최빈치}}{\text{표준편차}} = \frac{\bar{x} - Mo(x)}{s}$$

최빈치 대신에 약간의(적당한) 왜도를 갖는 단일봉우리 빈도곡선의 특성인 "평균-최빈치=3(평균-중위수)"의 실증관계를 사용하여, 피어슨의 2계 왜도 계수(Pearson's second coefficients of skewness)인 비대칭계수 SK_P를 도출

$$\text{(A.2.17)} \quad SK_P = \frac{3(\text{평균} - \text{중위수})}{\text{표준편차}} = \frac{3(\bar{x} - \tilde{x})}{s}$$

- 일반적으로 SK_P는 -3과 3 사이의 값들로 발생
- 표본평균과 중위수가 일치하여 $\bar{x} = \tilde{x}$ 인 분포는 $SK_P = 0$ 인 대칭분포
- 표본평균이 중위수보다 커서 $\bar{x} > \tilde{x}$ 인 분포는 자료가 왼쪽으로 지우쳐 $SK_P > 0$ 인 우측 긴 꼬리를 갖는 양의 왜도분포(최빈치〈중위수〈평균)이며, 절반을 초과하는 자료들이 평균의 좌측에 위치
- 표본평균이 중위수보다 작아 $\bar{x} < \tilde{x}$ 인 분포는 자료가 오른쪽으로 지우쳐 $SK_P < 0$ 인 좌측 긴 꼬리를 갖는 음의 왜도분포(최빈치〉중위수〉평균)이며, 절반을 초과하는 자료들이 평균의 우측에 위치

A.2.7 적률 왜도계수

중위수를 사용하는 피어슨 왜도계수와는 달리, 적률왜도계수(Moment coefficient of skewness)는 중위수를 사용하지 않고 표본평균에 대한 자료 격차를 이용한다.

적률왜도계수는 표본과 모집단에 대해 각각 표본왜도계수 SSk와 모집단 왜도계수 S_k를 다음과 같이 규정할 수 있다.

(A.2.18) $$SSk = \frac{\sum_{i=1}^{n}(x_i - \bar{x})^3}{ns^3}$$

(A.2.19) $$S_k = \frac{\sum_{i=1}^{N}(x_i - \mu)^3}{N\sigma^3} = \sum_{i=1}^{N}\left[\frac{x_i - \mu}{\sigma}\right]^3 \Bigg/ N$$

그룹화자료의 왜도계수(coefficient of skewness)는 (A.2.18)식과 (A.2.19)식을 기초로 다음과 같이 구할 수 있다.

(A.2.20.1) $$SCS=\frac{\sum_{i=1}^{g}(x_{Mi}-\bar{x})^3 f_i}{ns^3}$$: 표본 왜도계수

(A.2.20.2) $$CS=\frac{\sum_{j=1}^{n}(x_{Mi}-\mu)^3 f_i}{N\sigma^3}$$: 모집단 왜도계수

한편 Excel에서는 다음 공식의 "SKEW(구간)"함수를 제공한다.

(A.2.21) Excel의 왜도계수 CS $$=\frac{n}{(n-1)(n-2)}\sum_{i=1}^{n}\left(\frac{x_i-\overline{X}}{s}\right)^3$$

A.2.8 첨도 측정치

크기 N의 모집단에 대한 모집단첨도(population kurtosis) Kur는

(A.2.22) $$Kur=\sum_{i=1}^{N}\left[\frac{x_i-\mu}{\sigma}\right]^4 \Big/ N$$

그리고 Excel에서 첨도는 다음 표본첨도계수(sample coefficient of kurtosis) SCK를 이용한 "Kurt(구간)"함수로 계산한다.

(A.2.23) $$SCK=\frac{n(n+1)}{(n-1)(n-2)(n-3)}\sum_{i}^{n}\left(\frac{x_{Mi}-\bar{x}}{s}\right)^4-\frac{3(n-1)^2}{(n-2)(n-3)}$$

A.3 제6장 사상 및 확률 관련 개념과 공식

A.3.1 사상공간의 개념과 특징

사상공간(event space)은 이론적 집합연산을 사용하여 관련 사상들과 조사하려는 사상들을 모두 원소로 갖는 집합이며 $\Im$(imag)로 표시한다.

- A와 B 사상들을 분석하는 경우에, A와 B 이외에도 A^c, B^c, $A \cup B$, $A \cap B$ 등의 사상들을 함께 고려하여 구성한 집합
- 사상공간은 합집합, 교집합, 여집합의 이론적 집합연산이 적용되는 표본공간 Ω의 부분집합들의 집합 → 이론적 집합연산들이 사상공간의 어떤 원소에 대해 적용되면, 그 결과 역시 사상공간의 원소로 발생
- 어떤 표본공간 Ω에 대해서도 성립하는 $\Im = \{\Omega, \varnothing\}$는 (증명할 것이 없는) 자명한 사상공간(trivial event space) → Ω와 $\varnothing$가 사전에 알려져 있어 어떤 정보도 제공하지 않아 분석대상이 되지 않음

A.3.2 확률공간과 확률모형

확률공간(probability space)은 표본공간 Ω, 필드(field) F, 확률 측정치(probability measure) P로 구성된 삼중쌍(triplet) $\{\Omega, F, P\}$로 정의된다.

- 필드 F는 σ-장(σ-field) 또는 σ-대수(σ-algebra)라 하며, 최대 σ-장은 확률공간에서 규정되는 Ω의 부분집합들의 모임(collection)으로, 최소 σ-장은 표본공간과 공집합(empty set) $\varnothing$의 두 집합들로 구성된 $F=\{\Omega, \varnothing\}$
- 최소 σ-장인 $F=\{\Omega, \varnothing\}$는 진Borel σ장(proper Borel σ field)이라 하며, 이산 및 연속 표본공간 모두에 대해 정의될 수 있음
- 확률측정치 P는 표본공간 Ω의 사상들의 필드 F에 대해 정의됨

TIP

- 필드(field) : 다음 조건들을 충족시키는 사상공간 $\mathfrak{I}$
- $\Omega \in \mathfrak{I}$ (표본공간이 사상공간의 원소) : 비공집합(non-empty) 특성
- $A \in \mathfrak{I} \Rightarrow A^c \in \mathfrak{I}$ (사상 A가 사상공간에 속하는 경우에, A의 여집합 역시 사상공간에 속함) : 여집합 정리 예속 특성
- $A, B \in \mathfrak{I} \Rightarrow A \cup B \in \mathfrak{I}$ (사상들 A와 B가 사상공간에 속하는 경우에, A와 B의 합집합 역시 사상공간에 속함) : 유한 합집합과 유한 교집합 특성

확률모형(probabilistic model)은 〈그림 A-1〉과 같이 표본공간과 확률법칙의 2대 주요 성분을 사용하는 불확실한 상황에 대한 수리적 설명이다.

- 확률법칙(Probabilistic law)은 사상이라는 가능한 결과들의 어떤 집합 A에 대해 그 집합 A의 원소들의 집단적 가능성(collective likelihood)에 대한 믿음을 부호화한(encode) 비음의 숫자(nonnegative number) P(A)를 할당하는 규칙

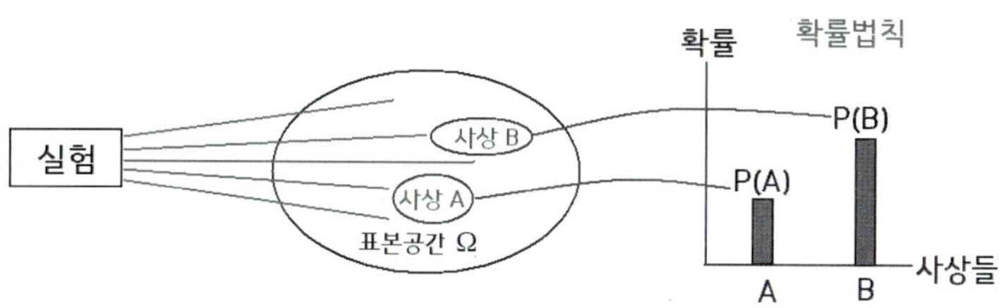

〈그림 A-1〉 확률모형의 주요 성분

A.3.3 확률측정치의 기본공리

확률측정치 P는 표본공간 Ω의 사상들의 필드 F에 속하는 모든 사상들에 대해 다음 3가지 Kolmogorov 공리들(axioms)에 따라 0부터 1까지의 숫자로 확률들을 표시한다.

- 제1공리(비음특성, nonnegativity) : $P(A) \geq 0$ → 사상들의 확률은 0 이상
- 제2공리(정규화, normalization) : $P(\Omega)=1$ → 표본공간의 전체 확률은 1

- 제3공리(불 방식 가법성, Boolean additivity) : $P\{A \cup B\} = P(A) + P(B)$ → 서로소(공통원소 부재, 공약수 부재)인 집합(disjoint sets) 또는 상호 배반사상들(mutually exclusive events)이어서 $A \cap B = \varnothing$ 인 사상 A 또는 B가 발생할 확률은 개별 사상 발생확률들의 합으로 계산

TIP

- 공리(axiom) : 수학이나 논리학 등에서 증명 없이 자명한 진리로 인정되며, 다른 명제의 증명에 대해서 전제가 되는 원리
- 추론(corollary) : 어떤 판단을 근거로 삼아 다른 판단을 이끌어 냄
- 불 대수(Boolean algebra) : 연산의 종류와 변수들이 참인가 거짓인가에 따라서 논리적 명제들이 참 아니면 거짓이라는 논리에 바탕을 두는 논리적 상관관계에 따라 수 대신 사용하는 문자 등
- 대수(algebra) : (수학법칙을 간명하게 나타내도록) 수(數, number) 대신 사용하는 문자 등

A.3.4 벤다이어그램과 집합연산

집합과 관련 연산들을 판별하기 쉽게 합집합(union) Ω과 이를 구성하는 집합들의 관계를 〈그림 A-2〉와 같이 벤다이어그램(Venn diagrams)으로 표시할 수 있다.

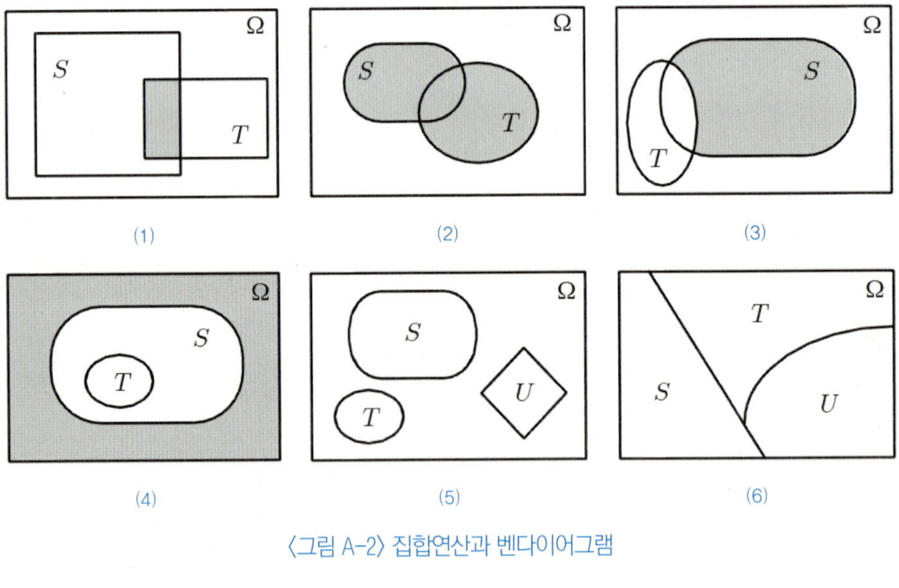

〈그림 A-2〉 집합연산과 벤다이어그램

- (1)은 집합들 S와 T의 교집합 S∩T를 어두운 부분으로 표시
- (2)는 집합들 S와 T의 합집합 S∪T를 어두운 부분으로 표시
- (3)은 집합들 S와 Tc의 교집합 S∩Tc를 어두운 부분으로 표시, 여기서 Tc는 집합 T의 여집합(complement)
- (4)에서 어두운 부분은 S의 여집합을 표시, 여기서 집합 T는 집합 S의 진부분집합
- (5)는 서로 소(배반적)인 집합들 S, T, U를 표시
- (6)은 집합 Ω의 분할(partition)을 구성하는 집합들 S, T, U를 표시

어떤 집합들 S, T, U와 그 합집합 Ω에 대한 다음의 기초적 집합연산결과들은 확률계산에 많은 도움을 준다.

- $S \cup T = T \cup S$
- $S \cup (T \cup U) = (S \cup T) \cup U$
- $S \cap (T \cup U) = (S \cap T) \cup (S \cap U)$
- $S \cup (T \cap U) = (S \cup T) \cap (S \cup U)$
- $(S^C)^C = S$
- $S \cap S^C = \varnothing$
- $S \cup \Omega = \Omega$
- $S \cap \Omega = S$
- 드모르간법칙(de Morgan's law) : $(S \cap T)^C = S^C \cup T^C$, $(S \cup T)^C = S^C \cap T^C$

(A.3.1.1) $$\left(\bigcup_n S_n\right)^c = \bigcap_n S_n^c$$

(A.3.1.2) $$\left(\bigcap_n S_n\right)^c = \bigcup_n S_n^c$$

TIP

- 배반집합(disjoint sets) : 서로 공통원소를 갖지 않은 집합들
- 분할(partition) : 어떤 집합 S가 배반집합들로 구성된 경우에, 그러한 배반집합들의 모임을 집합 S의 분할이라고 부름

A.3.5 확률측정치의 보조정리

확률측정치의 3대 공리에 대해 각 보조정리(추론, corollaries)를 다음과 같이 구성할 수 있다.

- 제1 추론(Corollary 1) : $P(\varnothing)=0$ → 공집합의 확률은 0, 그런데 어떤 사상 A의 확률이 0 이더라도 그 사상 A는 공집합이 아님
- 제2 추론(Corollary 2) : $P(A^c) = 1 - P(A)$ → 사상 A와 사상 A의 여집합(complement) A^c에 대해 $A \cup A^c = \Omega$와 $A \cap A^c = \varnothing$ 이 성립
- 제3 추론(Corollary 3) : $P(A \cup B) = P(A) + P(B) - P(A \cap B)$

제3공리와 같이 상호배반사상들의 경우에 한 사상 또는 다른 사상의 발생확률은 그 모든 사상의 발생확률들의 합과 일치한다는 원리를 특수덧셈법칙(special rule of addition)이라고 한다.

- 주어진 표본공간 Ω에서 어떤 사상 A가 발생할 확률 $P(A)$와 A가 아닌 사상들의 집합인 A의 여집합 A^C의 발생 확률 $P(A^C)$의 합은 항상 1과 일치하여, 여집합법칙(complement rule)이 성립

(A.3.2.1) $P(A) + P(A^C) = 1$

(A.3.2.2) $P(A) = 1 - P(A^C)$

복합사상(compound event)이 존재하는 경우에 주어진 표본공간에서 사상 A 또는 B가 발생할 확률 $P(A \text{ or } B)$ 또는 $P(A \cup B)$의 계산에 대해 사상 A와 B가 동시에 발생하는 복합사상의 발생확률인 결합확률(joint probability)을 사용하는 원리를 일반 덧셈법칙(general rule of addition)이라고 한다.

- 사상 A와 B의 결합확률을 $P(A \cap B)$ 또는 $P(A \text{ and } B)$로 표시하면, 다음과 같이 일반덧셈법칙으로 $P(A \text{ or } B)$를 계산

(A.3.3.1) $P(A \cup B) = P(A) + P(B) - P(A \cap B)$

- (A.3.3.1)식에 (A.3.2.1)식을 적용하면

(A.3.3.2) $P(A \cup B) = P(A \cup A^c \cap B) = P(A) + P(A^c \cap B)$

(A.3.3.3) $P(B) = P((A \cap B) \cup (A^c \cap B)) = P(A \cap B) + P(A^c \cap B)$

(A.3.3.4) $P(A^c \cap B) = P(B) - P(A \cap B)$

- (A.3.3.1)식을 3개 사상과 n개 사상들의 일반형으로 확장시키면

(A.3.3.5) P(A∪B∪C)=P(A)+P(B)+P(C)-P(A∩B)-P(B∩C)-P(C∩A)+P(A∩B∩C)

(A.3.3.6) P(A∪B∪C)=P(A)+P(Ac∩B)+P(Ac∩Bc∩C)

(A.3.3.7)
$$P\left\{{}_{i=1}^{n} A_i\right\} = \sum_{i=1}^{n} P(A_i) - \sum_{i,j=1, i \neq j}^{n} P(A_i \cap A_j) + \sum_{i,j,k=1, i \neq j \neq k}^{n} P(A_i \cap A_j \cap A_k) - (\pm 1)^n \sum_{i,j,k,\ldots,n=1, i \neq j \neq k \ldots \neq n}^{n} P(A_i \cap A_j \cap A_k \cdots \cap A_n)$$

A.3.6 조건부확률과 결합확률

일반 곱셈법칙(general rule of multiplication)은 조건부확률을 기초로 종속사상들이 동시에 발생할 확률을 계산하는 원리이다. 6장 본문의 (6.3.3)식을 확장하여 사상 A, B, C의 동시 발생에 대한 결합확률 $P(A \cap B \cap C)$는 다음과 같이 계산

(A.3.8) $$P(A \cap B \cap C) = P(A) \cdot P(B \mid A) \cdot P(C \mid A \cap B) = P(A \cap B) \cdot P(C \mid A \cap B)$$

A.3.7 전확률법칙과 베이즈법칙

두 사상 A와 E가 있는 경우에 두 사상들의 관계와는 무관하게, 다음과 같이 A의 확률은 A와 E의 교집합 확률과 A와 (E의 여집합인) Ec의 교집합 확률의 합과 같다는 전확률법칙(Law of Total Probability)이 항상 성립한다.

(A.3.9.1) $$\begin{aligned} P(A) &= P(A \cap E) + P(A \cap E^c) \\ &= P(A \mid E)P(E) + P(A \mid E^c)P(E^c) \\ &= P(A \mid E)P(E) + P(A \mid E^c)(1 - P(E)) \end{aligned}$$

- (A.3.9.1)식에서 집합들 E와 E^c는 표본공간 Ω의 분할을 구성
- (A.3.9.1)식의 전확률법칙은 분할을 구성하는 사상들이 많은 상황으로 확장가능
- 〈그림 A-3〉에서 사상들 $E_1, \ldots, E_5$는 표본공간 $E(\Omega)$의 분할을 구성하며, 각 분할 사상들과 교집합을 갖는 사상 A는 우측의 그림과 같이 사상 A는 집합들 E_i와의 교집합들의 서로소 합집합(disjoint union)으로 분해가 가능

(A.3.9.2) $$A = (E_1 \cap A) \cup \cdots \cup (E_5 \cap A)$$

• (A.3.9.2)식은 가법성 공리에 따라 다음과 같이 확률함수로 전환

(A.3.9.3) $P(A) = P(E_1 \cap A) + \cdots + P(E_5 \cap A)$

• 조건부 확률 정의 $P(E_i \cap A) = P(E_i)P(A|E_i)$ 를 대입하면,

(A.3.9.4) $P(A) = P(E_1)P(A|E_1) + \cdots + P(E_5)P(A|E_5) = \sum_{i=1}^{5} P(E_i)P(A|E_i)$

• (A.3.9.4)식을 분할사상들의 수가 n 인 경우로 확장하여 일반화된 조건부 확률을 사용한 전확률법칙(law of total probability using conditional probabilities) 도출

(A.3.9.5) $P(A) = P(E_1)P(A|E_1) + \cdots + P(E_n)P(A|E_n) = \sum_{i=1}^{n} P(E_i)P(A|E_i)$

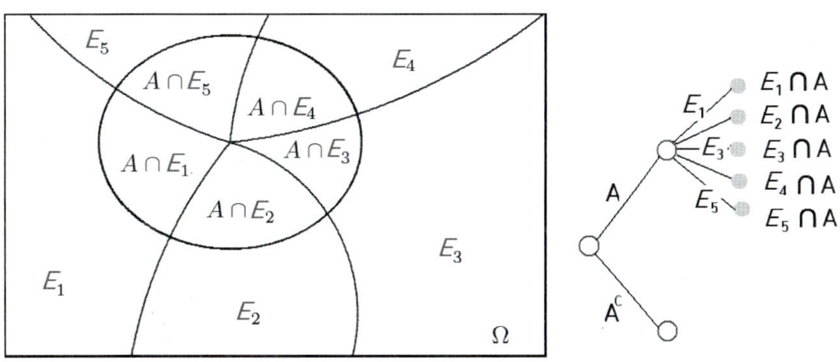

〈그림 A-3〉 전확률법칙

베이즈법칙에 따라 사상들 $E_1, \ldots, E_n$ 은 원인을, 사상 A 는 효과를 표시하는 경우에 원인 E_i가 존재하는 경우에 그 효과가 관찰될 확률 $P(A|E_i)$과 원인이 되는 (사전)확률들 $P(E_1), \ldots, P(E_n)$ 을 사용하여, 효과 A가 관찰된 상황에서 원인 E_i 의 존재에 대한 조건부확률 $P(E_i|A)$ 를 다음 식으로 계산할 수 있다.

(A.3.10) $$P(E_i \mid A) = \frac{P(E_i)P(A \mid E_i)}{\sum_{i=1}^{N} P(E_i)P(A \mid E_i)}$$

A.3.8 확률실험 셈 원리

어떤 확률실험에서 발생할 수 있는 결과들의 수에 대한 셈(counting)은 곱셈(multiplication), 순열(permutation), 조합(combination)의 원리를 이용하여 쉽게 수행할 수 있다.

① 곱셈원리(multiplication principles) : 2가지 이상의 집단에 대한 배열 방식을 각 집단 배열방식들의 곱으로 다음과 같이 계산하는 원리이다.

- 2개 집단(사상)의 경우에 한 가지 일을 하는데 m개의 방식이, 또 다른 일을 하는데 n개의 방식이 있다면, 그 일들을 모두 하는 방식은 m×n가지로 계산
- 3개의 사상에 대해 각각 m, n, o의 배열방식(arrangements)이 있다면, 3개의 사상들을 함께 배열하는 방식은 m×n×o가지로 계산
- 곱셈원리는 2가지 이상의 집단이나 사상의 배열방식에 적용되므로, 하나의 사상을 배열하는 방식에는 부적합
- 실내장식업자가 8가지의 외부스타일과 6가지의 실내장식디자인을 이용한다면, 집을 꾸미는 가능한 방식의 배열은 곱셈원리에 따라 48(=8×6)가지를 이용 가능

② 순열(permutations) : 한 집단에 대한 배열 방식을 찾는 원리이며, 어떤 집합의 원소들이 순서대로 1부터 n까지 있을 경우에 그 원소들의 배열방식들의 수를 계산하는 방식이다.

- 순열에서는 배열의 순서가 중요 → 1, 2, 3과 2, 1, 3은 다른 순열
- n개 대상의 순열들의 수에 대한 계산방식

(A.3.11) n개 대상의 순열 = $n! = n \times (n-1) \times \cdots \times 2 \times 1$

- (A.3.11)식에서 $n!$ 은 "n factorial[계승(階乘)]"로 읽음
- 정의에 의해 n 은 항상 양수이며 $0! = 1$
- 복원(반복사용, replacement)을 할 수 없는 비복원추출의 경우에 어떤 집합의 n 개 원소들 중에서 r 개를 선택하여 순서에 따라 배열하는 방식들인 순열들의 수 $_nP_r$ 을 구하는 순열공식

(A.3.12) $_nP_r = \dfrac{n\,!}{(n-r)\,!}$: 비복원추출의 경우

- Excel에서는 "=PERMUT(n ,r)"를 사용하여 계산
- (A.3.12)식에 따라 "=FACT(n)/FACT($n-r$)"을 입력하여 계승(階乘, factorial)을 이용하는 방식으로 계산 가능
- 어떤 것을 배열한 후에도 반복사용이 다른 배열에도 허용되는 복원추출의 경우에 어떤 집합의 n 개 원소들 중에서 r 개를 선택하여 순서에 따라 배열하는 방식들인 순열들의 수

(A.3.13) $P = n^r$: 복원추출의 경우

- 어떤 순서에 따라 조립되어야 하는 3개의 부품들로 된 집단이 있는 경우에 조립되어야 하는 부품의 수가 3개여서 n=3이며, 3개의 부품이 모두 조립되어야 하므로 r=3이다. 따라서 조립가능한 방식들인 순열들의 수는 (A.3.12)식에 따라

$$_3P_3 = \frac{3\,!}{(3-3)\,!} = \frac{3\,!}{0\,!} = \frac{3{\cdot}2{\cdot}1}{1} = 6$$

- 점포의 3군데 공간에 8개의 상품을 배열하는 방법인 순열들의 수를 곱셈원리와 순열공식을 사용하여 구할 수 있다.

- 배열한 뒤에는 한 상품을 사용할 수 없음
- 첫째 공간에는 8개의 방식이, 둘째 공간에는 7개의 방식이, 셋째 공간에는 6개의 방식이 사용 가능
- 곱셈원리에 따라 8×7×6 = 336순열들이 존재

• C와 D의 두 글자를 한 번에 모두 배열한다면, 반복이 허용되지 않는 경우가 된다. 그리고 그 때 가능한 순열은 2개로 CD와 DC이다.

그리고 이는 $P=\dfrac{n\,!}{(n-r)\,!}=\dfrac{2\,!}{(2-2)\,!}=2$ 로 계산할 수 있다.

• 그런데 CC, DD와 같은 식의 배열 역시 가능하여 반복 사용이 허용된다면, CC, CD, DC, DD의 4개의 순열이 가능하다. 이는 $P=n^r=2^2=4$ 로 계산할 수 있다.

③ 조합(combinations) : n개의 원소들을 순서에 관계없이 한 번에 r개만큼 선정할 경우의 배열방식을 계산하는데 사용되는 원리이다.

• n개 원소 중 r개(조합항목 수)를 순서에 관계없이 선택하는 방법인 조합의 수 ${}_nC_r$ 의 계산방식

(A.3.14) $${}_nC_r=\binom{n}{r}=\frac{n\,!}{r\,!\,(n-r)\,!}$$

• 7개 색상에서 선정 순서에 관계없이 3가지 색상을 선정하는 방식은 다음과 같이 조합을 이용하여 35로 계산된다.

$${}_7C_3=\frac{7\,!}{3\,!\,(7-3)\,!}=\frac{7\,!}{3\,!\,4\,!}=\frac{7\times6\times5}{1\times2\times3}=7\times5=35$$

A.4 제7장 확률변수와 확률분포 종류 관련 공식

A.4.1 이산확률변수와 연속확률변수의 확률함수

이산확률변수 X가 갖는 m 개 값들 $x_1, .., x_m$ 이 오름차순으로 배열되어 $x_1 < x_2 < \cdots < x_m$ 인 경우 $x_k (1 \leqq k \leqq m)$ 의 누적분포함수 $F(x_k)$ 는

(A.4.1) $$F(x_k) = P(X \leqq x_k) = P(x_1) + \ldots + P(x_k) = \sum_{i=1}^{k} P(x_i)$$

(A.4.1)식의 경우에 X의 범위(range) 외부에 있어 x_1 보다 작거나 x_m 보다 큰 값들을 확률변수 X가 가질 확률은 0이기 때문에 다음과 같이 표시한다.

(A.4.2) $$F(x_k) = \sum_{i=-\infty}^{k} P(x_i)$$

연속확률변수의 확률은 다음과 같은 조건을 갖는 확률밀도함수로 표시한다.

- 모든 $x (-\infty < x < \infty)$에 대해 $f(x) \geq 0$
- $P(X = x) = 0$: 연속확률변수의 특정 값의 발생확률은 0
- $P(\alpha \leq X \leq \beta) = \int_{\alpha}^{\beta} f(x)\, dx$
- $P(-\infty \leq X \leq \infty) = \int_{-\infty}^{\infty} f(x)\, dx = 1$

TIP

- (확률)밀도함수 $f(x)$ 는 연속(누적분포)함수 $F(x)$ 의 도함수
  $f(x) = \frac{dF(x)}{dx}$
- 연속함수는 밀도함수의 리만적분(Riemann integral)인 정적분
  $F(x) = \int_{-\infty}^{x} f(u) du$

확률밀도함수 곡선 아래의 전체 면적은 1이고, 측정된 연속확률변수가 x_0 이하의 구간에 있는 값을 갖는 연속누적분포함수(continuous cumulative distribution function) $F(x_0)$는 다음과 같이 계산한다.

$$\text{(A.4.3.1)} \quad F(x_0) = P(X \le x_0) = \int_{-\infty}^{x_0} f(x)dx$$

$$\text{(A.4.3.2)} \quad F(x) = P(X \le x) = \int_{-\infty}^{x} f(u)du$$

연속확률변수 X가 a 와 $b\ (\ge a)$의 구간에 위치할 확률 $P(a \le X \le b)$는 연속(누적분포)함수를 이용하여 다음과 같이 계산한다.

$$\text{(A.4.4)} \quad P(a \le X \le b) = \int_{a}^{b} f(x)dx$$

$$= \int_{-\infty}^{b} f(x)dx - \int_{-\infty}^{a} f(x)dx = F(b) - F(a)$$

확률밀도함수 $f(x)$는 항상 0 이상이며, $\int_{-\infty}^{\infty} f(x)dx = 1$ 이 성립한다.

A.4.2 확률변수의 기대치와 분산

이산확률변수의 기대치는 이산확률분포를 사용한 1차 적률로 다음과 같다.

$$\text{(A.4.5)} \quad \mu = E(X) = \sum_{i=1}^{N} x_i P(x_i)$$

이산확률분포의 분산(variance) σ^2은 확률질량함수를 사용한 2차 중심적률로 다음과 같이 계산한다.

(A.4.6) $\sigma^2 = \sum_{i=1}^{N} (x_i - \mu)^2 P(x_i) = \sum_{i=1}^{N} x_i^2 P(x_i) - \mu^2$

연속확률변수의 기대치 μ 는 확률밀도함수 $f(x)$ 를 이용하여 다음과 같이 계산할 수 있다.

(A.4.7) $\mu = E(X) = \int_{-\infty}^{\infty} x f(x) dx$

연속확률변수의 분산 σ^2 은 확률밀도함수 $f(x)$ 를 이용하여 다음과 같이 계산한다.

(A.4.8) $\sigma^2 = \int_{-\infty}^{\infty} (x - \mu)^2 f(x) dx = \int_{-\infty}^{\infty} x^2 f(x) dx - \mu^2 = E(X^2) - \mu^2$

A.4.3 확률변수 기대치의 특징

자주 사용되는 기대치의 특성들은 다음과 같다.

① $Y = aX + b$ 이고, 여기서 a 와 b 가 상수인 경우

(A.4.9.1) $E(Y) = a \int_{-\infty}^{\infty} x f(x) dx + b \int_{-\infty}^{\infty} f(x) dx = a E(X) + b$

② n 개 확률변수들 $X_1, X_2, \cdots, X_n$ 에 대한 각 기대치 $E(X_i)$ 가 있는 경우

(A.4.9.2) $E(X_1 + \cdots + X_n) = E(X_1) + \cdots + E(X_n)$

③ 상수 $a_1, .., a_n$ 과 b 에 대해

(A.4.9.3) $E(a_1 X_1 + \cdots + a_n X_n + b)$

$= a_1 E(X_1) + a_2 E(X_2) + \cdots + a_n E(X_n) + b$

④ $X_1, X_2, \ldots, X_n$ 이 서로의 변화에 영향을 주지 않아 독립적이고, 각 기대치 $E(X_i)$ 가 있는 경우

$$\text{(A.4.9.4)}\quad E(\Pi_{i=1}^{n} X_i) = \int_{-\infty}^{\infty} \cdots \int_{-\infty}^{\infty} \left(\Pi_{i=1}^{n} x_i\right) f(x_1 \cdots, x_n) dx_1 \cdots dx_n$$
$$= \int_{-\infty}^{\infty} \cdots \int_{-\infty}^{\infty} \left[\Pi_{i=1}^{n} x_i f_i(x_i)\right] dx_1 \cdots dx_n$$
$$= \Pi_{i=1}^{n} \int_{-\infty}^{\infty} x_i f_i(x_i) dx_i = \Pi_{i=1}^{n} E(X_i)$$

A.4.4 확률변수 분산의 특징

평균 $\mu = E(X)$ 를 갖는 확률변수 X의 분산 $Var(X)$ 의 공식은 예상 연산자를 사용하여 다음과 같이 표시할 수 있다.

$$\text{(A.4.10.1)}\quad \sigma^2 = Var(X) = E[(X-\mu)^2] = E(X^2 - 2\mu X + \mu^2)$$
$$= E(X^2) - 2\mu E(X) + \mu^2 = E(X^2) - \mu^2$$

① 상수 c 에 대해 항상 $X = c$ 인 경우 확률 $\Pr(X = c) = 1$ 이므로

$$\text{(A.4.10.2)}\quad Var(X) = Var(c) = E[(X-c)^2] = 0$$

② $E(X) = \mu$ 와 상수 a 와 b 에 대해

$$\text{(A.4.10.3)}\quad Var(aX+b) = E[(aX+b-a\mu-b)^2] = E[(aX-a\mu)^2]$$
$$= a^2 E[(X-\mu)^2] = a^2\, Var(X)$$
$$Var(2X-3) = E[(2X-3-2\mu+3)^2] = E[(2X-2\mu)^2]$$
$$= E[4X^2 - 8\mu X + 4\mu^2] = 4E(X^2) - 8\mu^2 + 4\mu^2$$
$$= 4E(X^2) - 4\mu^2$$

③ 각 기대치 $E(X_i)$를 갖는 독립적인 확률변수들 $X_1, X_2, \cdots, X_n$에 대해

(A.4.10.4) $$Var(X_1 + \cdots + X_n) = Var(X_1) + \cdots + Var(X_n)$$

$$\begin{aligned} Var(X_1 + X_2) &= E[(X_1 + X_2 - \mu_1 - \mu_2)^2] \\ &= E[(X_1 - \mu_1)^2 + (X_2 - \mu_2)^2 + 2(X_1 - \mu_1)(X_2 - \mu_2)] \\ &= Var(X_1) + Var(X_2) + 2E[(X_1 - \mu_1)(X_2 - \mu_2)] \\ &= Var(X_1) + Var(X_2) + 2Cov(X_1 X_2) \\ &= Var(X_1) + Var(X_2) \quad [X_1 \text{과 } X_2 \text{가 독립적인 경우}] \end{aligned}$$

④ 각 기대치 $E(X_i)$를 갖는 독립적인 확률변수들 $X_1, X_2, \cdots, X_n$과 상수 $a_1, \cdots, a_n$에 대해

(A.4.10.5) $$Var(a_1 X_1 + \cdots + a_n X_n) = a_1^2 Var(X_1) + \cdots + a_n^2 Var(X_n)$$

A.4.5 이항분포

이항분포의 확률함수 또는 이항확률변수의 확률질량함수는 x가 성공횟수, n이 시행횟수, p가 성공확률인 경우에 $x = 0, 1, \cdots, n$ 및 $n = 1, 2, \cdots$에 대해 다음과 같이 결정된다.

(A.4.11) $$P(X = x) = f(x) = \binom{n}{x} p^x (1-p)^{n-x} = \frac{n!}{x!(n-x)!} p^x (1-p)^{n-x}$$

이항분포의 누적확률함수인 누적이항함수(cumulative binomial function)는 다음과 같이 성립하며, 이를 이항정리(binomial theorem)라고 한다.

(A.4.12) $$B(n, p) = \sum_{x=0}^{n} \binom{n}{x} p^x (1-p)^{n-x} = [p + (1-p)]^n = 1$$

성공횟수를 값으로 갖는 이항분포확률변수 $X \sim B(n,p)$의 기대치와 분산은 다음과 같이 계산한다.

(A.4.13.1) $\mu = E(X) = np$

(A.4.13.2) $\sigma^2 = Var(X) = np(1-p) = npq$

이항확률변수를 성공횟수 X 대신에 시행횟수에 대한 성공횟수의 비율인 성공비율 p로 표시하자. 표본에서 계산한 성공비율인 표본성공비율 $\hat{p}$는 성공횟수 X를 표본크기 n으로 나눈 값이다. 그리고 비율표시 이항확률분포(binomial probability distribution)의 기대치와 분산은 다음과 같다.

(A.4.14.1) $\hat{p} = \frac{X}{n}$

(A.4.14.2) $E(\hat{p}) = p$

(A.4.14.3) $V(\hat{p}) = \frac{pq}{n}$

A.4.6 음이항분포와 기하분포

음이항분포는 ① k-1번의 시행에서 s-1번의 성공확률과 ② 1번 시행으로 성공할 확률의 곱으로 다음과 같이 구성된다.

(A.4.15.1)
$$P(X=k) = \binom{k-1}{s-1} p^{s-1}(1-p)^{k-s} p$$
$$= \binom{k-1}{s-1} p^{s}(1-p)^{k-s} = nb(k-s,s,p)$$
$$\text{for } s > 0 \text{ and } k \geq s$$

만약 $s \leq 0$ 이어서 성공횟수가 0 이하이면 (A.4.15.1)식의 $P(X=k)=0$ 이 된다. 그리고 모수 p 와 s 를 갖는 음이항확률변수 X의 평균과 분산은 다음과 같다.

(A.4.15.2) $\mu = E(X) = s/p$

(A.4.15.3) $\sigma^2 = Var(X) = \dfrac{s(1-p)}{p^2}$

기하분포의 확률함수와 평균 및 분산은 다음과 같다.

(A.4.14.1) $P(X=k) = (1-p)^{k-1}p$

(A.4.14.2) $\mu = 1/p$

(A.4.14.3) $\sigma^2 = \dfrac{(1-p)}{p^2}$

A.4.7 초기하분포

초기하분포는 모집단을 성공과 실패의 두 범주로 구분하여 N이 모집단 관찰치의 수, T가 모집단 성공도수, n 이 표본크기, x 가 표집의 0과 양의 정수표시 성공도수인 경우에 성공횟수의 발생확률을 다음과 같이 계산한다.

(A.4.15.1) $f(x) = P(x \mid N, T, n) = \dfrac{\binom{T}{x}\binom{N-T}{n-x}}{\binom{N}{n}}$ for $x \leq T$ and $n-x \leq N-T$

초기하분포의 평균과 분산은 다음과 같다.

(A.4.15.2) $\mu = \sum_{i=1}^{n} x_i P(x_i) = n(T/N) = np$

(A.4.15.3) $\sigma^2 = Var(X) = \left(\dfrac{N-n}{N-1}\right)\left[n\left(\dfrac{T}{N}\right)\left(1-\dfrac{T}{N}\right)\right] = np(1-p)\left(\dfrac{N-n}{N-1}\right)$

A.4.8 포아송분포

이산적인 포아송 확률변수 X의 확률질량함수는 단위시간 x , 공간이나 수량에서 발생할 사상의 횟수 λ (x 의 평균값), 자연로그 밑수인 네이피어수(Napier's number) e 에 대해 다음과 같이 계산한다.

(A.4.16.1) $f(x) = P(X = x) = \frac{e^{-\lambda}\lambda^{x}}{x\,!}$ for $x = 0, 1, 2, 3, ...$ and $\lambda > 0$

포아송분포의 평균과 분산은 다음과 같다.

(A.4.16.2) $E(X) = \lambda = np$

(A.4.16.3) $Var(X) = \lambda$

A.4.9 정규분포와 표준정규분포

평균 μ 와 분산 σ^2 의 정규분포를 갖는 확률변수 X는 $X \sim N(\mu, \sigma^2)$로 표시하며, 정규분포를 갖는 확률변수인 정규확률변수 밀도함수(또는 확률밀도곡선)의 공식은 다음과 같다.

(A.4.17) $f(x) = \frac{1}{\sqrt{2\pi\sigma^2}} e^{-\frac{(X-\mu)^2}{2\sigma^2}}$ for $-\infty < X < \infty$

(A.4.17)식에서 π 는 값이 3.1416인 상수, e 는 무리수이며 선험적 상수이며 값이 거의 2.718281828인 자연로그의 밑수 네이피어 상수(Napier's constant), μ 는 평균, σ 는 표준편차이다.

표준정규분포(standard normal distribution)의 확률밀도함수는 다음과 같다.

(A.4.18.1) $f(z) = \frac{1}{\sqrt{2\pi}} e^{\frac{-z^2}{2}}$ for $-\infty < z < \infty$

그리고 표준정규변수의 기대치 $E(Z)$ 와 분산 $Var(Z)$ 는 다음과 같다.

(A.4.18.2) $E(Z) = E\left(\frac{1}{\sigma}X - \frac{\mu}{\sigma}\right) = \frac{1}{\sigma}E(X) - \frac{\mu}{\sigma} = \frac{\mu}{\sigma} - \frac{\mu}{\sigma} = 0$

(A.4.18.3) $Var(Z) = \sigma_Z^2 = \sigma^2_{\frac{1}{\sigma}X - \frac{\mu}{\sigma}} = \frac{1}{\sigma^2}\sigma^2 = 1$

- (A.4.18.3)식은 $Y = a + bX$ 에 대해 $\sigma_Y^2 = b^2\sigma_X^2$ 이 되는 것과 같은 원리임

A.4.10 지수확률분포

지수확률분포(exponential probability distribution)는 어떤 포아송과정(Poisson process)의 상황에서 발생하는 연속적 사상들간의 시간 또는 공간의 길이를 측정하는 분포이다.

- 첫째 사상까지의 시간(또는 공간), 두 연속적 사상들간의 시간, 또는 어떤 확률적으로 선택된 시점 후에 첫째 사상이 발생할 때까지의 시간(지속기간)을 측정하는데 적용
- Excel에서는 "=EXPON.DIST(지수확률변수 값,기대치 모수 λ ,0)으로 지수분포의 확률밀도를 계산, 0 대신에 False 사용이 가능

모수 λ 의 지수확률변수(exponential random variable) X의 확률밀도함수와 평균 및 분산은 다음과 같다.

(A.4.19.1) $f(x \mid \lambda) = \begin{cases} \lambda e^{-\lambda x} & \text{for} \quad x > 0 \\ 0 & \text{for} \quad x \leq 0 \end{cases}$

(A.4.19.2) $E(X) = \frac{1}{\lambda}$

(A.4.19.3) $Var(X) = \frac{1}{\lambda^2}$

- 모수 λ 의 지수분포를 따르는 확률변수 X가 어떤 숫자 $t(>0)$를 초과할 확률

(A.4.20) $P(X > t) = \int_t^\infty \lambda \exp(-\lambda)\,dx = e^{-\lambda t}$

- (A.4.20)식에서 다음과 같이 확률변수 X가 어떤 숫자 $t(>0)$ 이내가 될 확률

(A.4.21) $P(X \le t) = 1 - P(X > t) = 1 - e^{-\lambda t}$

- Excel에서 (7.11)식의 누적확률을 "=EXPON.DIST(지수확률변수 값,모수 λ ,1)로 계산, 1 대신 True 사용이 가능

A.4.11 감마분포

감마분포(gamma distribution)는 포아송과정에서 첫째 사상 발생까지의 시간의 길이를 설명하는 지수확률분포를 일반화시켜, 포아송과정에서 r번의 사상들 발생까지의 시간 길이를 설명한다. 감마함수 Γ(r)은 다음과 같이 규정되어 부분적분에 의해 Γ(r)=(r-1) Γ(r-1)이 성립한다.

(A.4.22) $\Gamma(r) = \int_0^\infty x^{r-1} e^{-x}\,dx \quad \text{for } r>0$

- 얼랑분포(Erlang distribution)는 r이 양의 정수인 감마분포이며, 이러한 경우에 다음 특성을 획득
- Γ(r) = (r-1)!, Γ(1) = 0!=1, Γ(1/2) = $\pi^{1/2}$ 이 성립

- 지수확률변수는 r=1인 얼랑확률변수(Erlang random variable)

모수들 $\lambda > 0$과 $r > 0$을 갖는 감마확률변수(gamma random variable) X의 확률밀도 함수 $f(x)$와 평균 및 분산은 다음과 같다.

(A.4.23.1) $f(x) = \dfrac{\lambda^r x^{r-1} e^{-\lambda x}}{\Gamma(r)}$ for $x > 0$

(A.4.23.2) $\mu = E(X) = \dfrac{r}{\lambda}$

(A.4.23.3) $\sigma^2 = V(X) = \dfrac{r}{\lambda^2}$

- (A.4.23.1)식에서 r이 양의 정수이면, 확률변수는 얼랑분포를 가짐
- 확률변수 X가 모수들 $\lambda > 0$과 $r > 0$을 갖는 감마확률변수의 기대치와 분산
- 감마분포에서 r이 양의 정수인 얼랑분포는 확률실험들 모형설정에 아주 유용함
- λ=1/2과 r이 1/2, 1,3/2,2,... 중의 하나로 된 감마분포는 카이자승(χ^2)분포(chi-squared distribution)이며, 이는 구간추정 및 가설검정에 널리 사용됨
- Excel에서 감마확률밀도함수는 "=GAMMA.DIST(x,r,1/λ,0)을, 감마분포 누적확률은 "=GAMMA.DIST(x,r,1/λ,1)을 입력

A.4.12 와이블분포

와이블분포(Weibull distribution)는 기계의 고장 발생시간의 모형설정을 하는데 주로 사용되며, 시간에 따른 오류 횟수가 증감 또는 일정한 다양한 상황에 적용되도록 상당한 신축성을 가진 분포이다.

척도모수(scale parameter) $\delta > 0$과 형태모수(shape parameter) $\beta > 0$을 갖는 와이블 확률변수(Weibull random variable)의 확률밀도함수 $f(x)$와 누적분포함수는 다음과 같다.

(A.4.24.1) $f(x) = \frac{\beta}{\delta}\left(\frac{x}{\delta}\right)^{\beta-1}\exp\left[-\left(\frac{x}{\delta}\right)^{\beta}\right] \quad \text{for} \quad x > 0$

(A.4.24.1)식에서 형태모수 $\beta = 1$이면, $\delta = 1/\lambda$여서 와이블분포는 지수분포와 동일하다. 모수들 δ와 β를 갖는 와이블분포 확률변수 X의 누적분포함수 $F(x)$는 다음과 같다.

(A.4.24.2) $F(x) = 1 - \exp\left[-\left(\frac{x}{\delta}\right)^{\beta}\right]$

또한 기대치 및 분산은 다음과 같다.

(A.4.24.3) $\mu = E(X) = \delta\Gamma\left(1 + \frac{1}{\beta}\right)$

(A.4.24.4) $\sigma^2 = V(X) = \delta^2\Gamma\left(1 + \frac{2}{\beta}\right) - \delta^2\left[\Gamma\left(1 + \frac{1}{\beta}\right)\right]^2$

- Excel에서 와이블확률변수에 대해 "=WEIBULL.DIST(x,β,δ,0)"으로 확률밀도함수를, "=WEIBULL.DIST(x,β,δ,1)"로 누적분포확률을 계산

A.4.13 로그정규분포

로그정규분포(lognormal distribution)는 어떤 정규확률변수의 자연지수함수로 구성된 확률변수 X가 갖는 분포이다.

- 적재한 화물의 손상위험, 유기체 성장에 대한 충격들의 효과, 압력을 받는 물체의 분자들 분포, 기계부품의 수명분포, 개인소득분포의 조정효과 등과 같이 여러 곱셈확률효과(multiplicative random effects)의 결과를 측정하는데 주로 사용

- 연속확률변수 Y가 정규분포를 갖는 경우에 Y의 자연지수함수 $X = e^{Y}$는 로그정규분포를 갖는 로그정규확률변수(lognormal random variable)

μ가 정규확률변수[로그정규확률변수의 자연로그값]의 평균으로 $\mu = E[\ln X]$이고, σ^2이 정규확률변수의 분산으로 $\sigma^2 = Var[\ln X]$인 경우에, 로그정규분포의 밀도함수 $f(x)$와 누적분포함수 $F(x)$는 다음과 같다.

(A.4.25.1) $$f(x) = \frac{1}{x\sigma\sqrt{2\pi}} \exp\left[-\frac{1}{2\sigma^2}(\ln x - \mu)^2\right], \quad x > 0$$

(A.4.25.2) $$F(x) = P[X \le x] = P[e^{Y} \le x] = P[Y \le \ln(x)] \quad \text{for } x>0$$
$$= P\left[Z \le \frac{\ln(x) - \mu}{\sigma}\right] = \Phi\left[\frac{\ln(x) - \mu}{\sigma}\right]$$

로그정규확률변수 X의 평균과 분산은 다음과 같다.

(A.4.25.3) $$\mu_X = \exp\left(\mu + \frac{\sigma^2}{2}\right)$$

(A.4.25.4) $$\sigma_X^2 = e^{2\mu + \sigma^2}(e^{\sigma^2} - 1)$$

- Excel에서는 "=LOGNORM.DIST(확률변수값,평균,표준편차,1)"을 이용하여 로그정규누적분포의 확률을 계산
- 0의 왜도를 갖는 정규분포 확률변수들과는 달리, 로그정규분포 확률변수들(lognormally distributed random variables)은 양의 범위에 있는 값들을 기초로 하는 단측분포(one-sided distribution)를 갖고, (우측꼬리를 가져 자료들이 중위수 왼쪽에 지우친) 양의 왜도(positive skewness)를 보임

A.5 제8장 표본추출과 표본분포 관련 공식

A.5.1 평균의 표본분포 기대치와 표준편차

표본평균 $\overline{X}$의 기대치 $E(\overline{X})$는 표본추출된 모집단의 평균 μ와 일치하며, 표본평균의 분산(variance of the sample means)은 다음과 같이 계산한다.

(A.5.1) $$E(\overline{X}) = \frac{1}{n}E(X_1 + X_2 + \cdots + X_n)$$

$$= \frac{1}{n}[E(X_1) + E(X_2) + \cdots + E(X_n)] = \frac{1}{n}n\mu = \mu$$

(A.5.2) $$Var(\overline{X}) = \frac{1}{n^2}Var(X_1 + X_2 + \cdots + X_n)$$

(A.5.1)식에서 $X_1 + X_2 + \cdots + X_n$은 n개의 독립적인 확률변수들이며, 동일한 모집단에서 추출되었기 때문에 다음이 성립한다.

(A.5.3) $$\sigma^2_{\overline{X}} = Var(\overline{X}) = \frac{1}{n^2}(\sigma_1^2 + \sigma_2^2 + \cdots + \sigma_n^2)$$

$$= \frac{1}{n^2}(\sigma^2 + \sigma^2 + \cdots + \sigma^2) = \frac{1}{n^2}(n\sigma^2) = \frac{\sigma^2}{n}$$

A.5.2 최우량 추정량 요건

아주 작은 임의의 어떤 양의 값 ϵ에 대해 $P(|\hat{\theta} - \theta| < \epsilon)$이 1로 수렴하여 추정량이 확실하게 모수로 근사하는 성질을 일치성이라고 한다.

(A.5.4) $$\lim_{n \to \infty} P(|\hat{\theta} - \theta| < \epsilon) = 1$$

두 불편추정량 $\bar{\theta}_1$ 과 $\bar{\theta}_2$ 의 상대적 효율성(relative efficiency)은 다음 비율로 계산한다.

$$\text{(A.5.5)} \quad 상대적\ 효율성 = \frac{Var(\hat{\theta}_1)}{Var(\hat{\theta}_2)} = \frac{MSE(\hat{\theta}_1)}{MSE(\hat{\theta}_2)}$$

(A.5.5)식의 상대적 효율성이 1보다 작은 경우에 $\hat{\theta}_1$ 은 $\hat{\theta}_2$ 보다 효율적인 불편추정량이 되며, 평균자승오차(mean squared error : MSE)는 다음과 같이 추정량과 모수 격차 자승의 기대치로 계산

$$\begin{aligned} \text{(A.5.6)} \quad MSE &= E(\hat{\theta} - \theta)^2 = Var(\hat{\theta}) + (E(\hat{\theta}) - \theta)^2 \\ &= E[\hat{\theta} - E(\hat{\theta})]^2 + (E(\hat{\theta}) - \theta)^2 \\ 평균자승오차 &= 추정량\ 분산 + (추정량\ 편의)^2 \end{aligned}$$

추정량 $\hat{\theta}$ 의 표준오차는 $\sigma_{\hat{\theta}} = \sqrt{Var(\hat{\theta})}$ 로 주어지는 추정량 $\hat{\theta}$ 의 표준편차이며, $\sigma_{\hat{\theta}}$ 대신에 추정표준오차(estimated standard error) $\hat{\sigma}_{\hat{\theta}}$ 를 사용할 수 있다.

A.6 제9장 신뢰구간과 구간추정 관련 공식

A.6.1 모집단 평균의 구간추정

확률변수 X가 정규분포를 이루어 $X : N(\mu, \sigma^2)$ 인 경우에, 표준정규변수 z 가 $z_{\alpha/2}$ 의 신뢰계수로 구성되는 신뢰구간 $[-z_{\alpha/2}, z_{\alpha/2}]$ 에 있을 확률 C를 표준정규곡선의 0에 대한 대칭성을 이용한 신뢰계수누적확률로 다음과 같이 구할 수 있다.

$$\text{(A.6.1)} \quad C(\bar{x} - z_{\alpha/2}\sigma_{\bar{X}} \leq \mu \leq \bar{x} + z_{\alpha/2}\sigma_{\bar{X}}) = P(-z_{\alpha/2} \leq z \leq z_{\alpha/2})$$

(A.6.2) $1-C=P(z<-z_{\alpha/2} \quad \text{or} \quad z>z_{\alpha/2})=P(z<-z_{\alpha/2})+P(z>z_{\alpha/2})$

(A.6.3) $1-C=2P(z>z_{\alpha/2})=2[1-P(z\le z_{\alpha/2})]$

(A.6.4) $P(z\le z_{\alpha/2})=\dfrac{1+C}{2}=1-\dfrac{\alpha}{2}$ (신뢰계수 누적확률)

오차한계의 계산에 신뢰계수와 함께 사용되는 표준오차는 표본크기 n 이 모집단 크기 N 의 5%(=0.05N) 이상인 특수한 경우에는 (A.6.5.2)식과 같이 유한수정모수를 곱하여 사용한다.

(A.6.5.1) 신뢰한계 = $\overline{X}\pm z_{\alpha/2}\sigma_{\overline{X}}=\overline{X}\pm z_{\alpha/2}\dfrac{\sigma}{\sqrt{n}}$

(A.6.5.2) 신뢰한계 = $\overline{X}\pm z_{\alpha/2}\sigma_{\overline{X}}=\overline{X}\pm z_{\alpha/2}\dfrac{\sigma}{\sqrt{n}}\sqrt{\dfrac{N-n}{N-1}}$ for $n\ge 0.05N$

모집단 표준편차를 모르는 경우에 표본크기가 30 미만인 소표본에 대해서는 t 통계량의 임계값 $t_{\nu,\alpha/2}$ 를 사용하여 구한 오차한계를 가감하여 신뢰한계를 계산한다.

(A.6.6) 신뢰한계 $=\overline{X}\pm t_{\nu,\alpha/2}s_{\overline{X}}=\overline{X}\pm t_{\nu,\alpha/2}\dfrac{s_X}{\sqrt{n}}$ for $n<30$ 인 소표본

A.6.2 모집단 비율의 구간추정

이항분포에서 성공확률이 p 인 경우에, n번의 시행을 할 때에 나타나는 성공횟수의 기대치와 표준편차는 다음과 같다.

(A.6.7.1) $E(X)=np$

(A.6.7.2) $\sigma(X)=\sigma=\sqrt{np(1-p)}$

그런데 크기 n의 표본에서 어떤 특징을 갖는 표본원소들의 수가 차지하는 비율을 $\overline{X}$로 표시하고, $\overline{X}=\frac{X}{n}$ 이라고 하자. 이러한 표본비율은 다음의 기대치와 분산을 갖는다.

$$E(\overline{X})=E(X/n)=\frac{E(X)}{n}=p \tag{A.6.7.3}$$

$$\sigma(\overline{X})=\sigma(X/n)=\frac{\sigma(X)}{n}=\frac{\sqrt{np(1-p)}}{n}=\sqrt{\frac{p(1-p)}{n}} \tag{A.6.7.4}$$

신뢰확률에 따른 신뢰계수 $z_{\alpha/2}$가 주어진 경우 표본비율 $\hat{p}$를 이용한 (어떤 특성을 갖는) 모집단 비율의 신뢰한계는 다음과 같이 계산한다.

$$\text{신뢰한계} = \hat{p}\pm z_{\alpha/2}s_{\hat{p}}=\hat{p}\pm z_{\alpha/2}\sqrt{\frac{\hat{p}(1-\hat{p})}{n}} \tag{A.6.8.1}$$

이항분포 정규근사처럼 표준화된 이항비율(standardized binomial proportion)의 분포는 $n\geq 30$ 이며 $np\geq 5$와 $n(1-p)\geq 5$인 경우에 표준정규변수 $Z\sim N(0,1)$이 분포에 근사적으로 접근하므로, 다음이 성립한다.

$$z_{X/n}=\frac{\frac{X}{n}-p}{\sqrt{\frac{\hat{p}(1-\hat{p})}{n}}} \tag{A.6.8.2}$$

모집단 (성공)비율의 표준오차 또는 점 추정자 $\hat{p}$의 표준오차(standard error of the point estimator) $s_{\hat{p}}$는 표본크기가 모집단크기의 5% 이상인지의 여부에 따라 다음 공식들을 적용한다.

$$s_{\hat{p}}=\sqrt{\frac{\hat{p}(1-\hat{p})}{n}} \qquad \text{for} \quad n<0.05N \tag{A.6.9.1}$$

$$s_{\hat{p}}=\sqrt{\frac{\hat{p}(1-\hat{p})}{n}}\sqrt{\frac{N-n}{N-1}} \qquad \text{for} \quad n\geq 0.05N \tag{A.6.9.1}$$

A.7 제10장 t분포, 카이자승분포, F분포와 격차 구간추정 관련 공식

A.7.1 Student t분포

평균 μ 를 가진 정규분포된 모집단에서 추출된 크기 n개, 표본평균 $\overline{X}$, 표본 표준편차 s_X 를 갖는 확률표본의 변수 t 는 다음의 (n-1)의 자유도(degrees of freedom) ν 를 갖는 Student t분포를 따른다.

(A.7.1) $$t = \frac{\overline{X} - \mu}{s_X / \sqrt{n}}$$

- 자유도는 "관찰치 수 - 사전 추정되어야 하는 모수의 수"로 계산
- 어떤 모수 추정에 n 개 관찰치를 사용하여 s 를 계산한다면 자유도는 $(n-1)$
- 자유도가 ν 인 Student t분포를 갖는 확률변수는 t_ν 로 표시

t 분포의 확률밀도함수는 다음과 같이 계산한다.

(A.7.2) $$\phi(t) = \frac{\Gamma\left(\frac{\nu+1}{2}\right)}{\sqrt{\nu\pi}\ \Gamma\left(\frac{\nu}{2}\right)}\left(1 + \frac{t^2}{\nu}\right)^{\frac{-(1+\nu)}{2}} \quad \text{for} \quad -\infty < t < \infty$$

- 자유도 ν 가 2보다 큰 경우, t 분포의 평균 $\mu = 0$ 과 분산 $\sigma^2 = \frac{\nu}{\nu - 2}$ 가 성립
- 자유도 ν 가 30 이상이면, t 분포 확률밀도곡선은 표준정규곡선에 아주 근사
- t 분포는 대칭분포여서 $t_{1-p} = -t_p$ 가 성립하므로, $t_{0.05} = -t_{0.95}$ 등의 활용을 통해 쉽게 적용 가능

Z가 평균 0과 분산 1의 정규분포를 갖는 확률변수이고, Y는 Z와는 독립적이며 ν 의 자유도로 카이자승분포를 갖는 확률변수인 경우에 다음 확률변수 T는 자유도 ν 의 t 분포를 가진다.

(A.7.3) $$T = \frac{Z}{\sqrt{Y/\nu}}$$

t 분포를 갖는 자유도 $\nu(= n-1)$ 의 모집단 평균 추정치 $t_\nu = (\overline{X} - \mu)/(s_X/\sqrt{n})$ 에 대한 신뢰구간의 확률과 신뢰구간 임계 통계량 $t_{\nu,\alpha/2}$ 보다 클 확률의 공식은 다음과 같다.

(A.7.4.1) $$1-\alpha = P\left[-t_{n-1,\alpha/2} < \frac{\overline{X}-\mu}{s_X/\sqrt{n}} < t_{n-1,\alpha/2}\right] = P\left[\overline{X} - t_{n-1,\alpha/2}\frac{s_X}{\sqrt{n}} < \mu < \overline{X} + t_{n-1,\alpha/2}\frac{s_X}{\sqrt{n}}\right]$$

(A.7.4.2) $$P(t_\nu > t_{n-1,\alpha/2}) = P(t_\nu < -t_{n-1,\alpha/2}) = \frac{\alpha}{2}$$

A.7.2 카이자승분포

평균 μ 와 분산 σ^2 을 갖는 정규분포로부터 추출한 $X_1, X_2, .., X_n$ 으로 구성된 n 개의 확률표본과 표본분산 s^2 이 주어진 경우에 다음 확률변수는 자유도 $n-1$ 의 χ^2 분포를 따른다.

(A.7.4.3) $$\chi^2 = \frac{(n-1)s^2}{\sigma^2}$$

평균 μ 와 분산 σ^2 을 갖는 정규분포로부터 추출한 $X_1, X_2, .., X_n$ 으로 구성된 n 개의 확률표본을 평균 0과 분산 1을 갖는 표준정규변수로 전환한 경우에 표준정규변수의 자승인 Z^2 은 정규분포를 따르지 않고, χ^2 분포를 따른다.

따라서 $Z^2 = (X-\mu)^2/\sigma^2$ 은 자유도 1의 χ^2 으로 분포되며, $\chi^2_{(1)}$ 또는 $\chi^2(1)$ 로 표시

χ^2 변수는 각 자유도에 따른 분포들을 가지며, 자유도의 수는 정확히 관찰치의 수와 일치한다. 그러므로 독립적인 n 개의 Z^2 들의 합으로 구성된 자유도가 n 인 카이자승 변수 $\chi^2_{(n)}$ 은 다음과 같이 표시한다.

$$\text{(A.7.4.4)} \quad Y = \chi^2_{(n)} = Z_1^2 + Z_2^2 + \ldots + Z_n^2 = \sum_{i=1}^{n}\left(\frac{X_i-\mu}{\sigma}\right)^2$$

$\chi^2(\nu)$ 의 분포를 이루어 ν개의 독립된 표준정규변수 자승들 합의 확률분포를 갖는 확률변수 Y의 기대치는 ν 는 다음과 같다.

$$\text{(A.7.5.1)} \quad E(Y) = E(Z_1^2 + \ldots + Z_\nu^2) = E(Z_1^2) + \ldots + E(Z_\nu^2) = \nu$$

(A.7.5.1)식은 $E(X) = \mu$, $Var(X) = \sigma^2$, $\sigma^2 = E(X^2) - \mu^2$ 에서 $E(X^2) = \sigma^2 + \mu^2$ 이므로, $E(Z^2) = \mu_Z^2 + \sigma_Z^2 = 0^2 + 1^2$ 이기 때문에 성립한다. $\chi^2(\nu)$ 의 분포를 이루는 확률변수 Y의 분산은 2ν 이다.

$$\text{(A.7.5.2)} \quad Var(Y) = 2\nu$$

χ^2 확률변수의 각 값에 대한 확률밀도함수는 다음과 같다.

$$\text{(A.7.6.1)} \quad f(x) = \begin{cases} \dfrac{1}{2^{\nu/2}\Gamma(\nu/2)} x^{\frac{\nu-2}{2}} e^{-\frac{x}{2}} & \text{for} \quad x > 0 \\ 0 & elsewhere \end{cases}$$

$$\text{(A.7.6.2)} \quad \Gamma(\alpha) = \int_0^\infty y^{\alpha-1} e^{-y}\, dy \quad \text{for} \quad \alpha > 0$$

A.7.3 F분포

Fisher의 F분포는 정규분포를 이루며 분산이 각각 σ_X^2과 σ_Y^2인 두 모집단에서 n_X와 n_Y 크기의 표본들을 무작위로 추출하여 구한 표본분산 s_X^2과 s_Y^2이 각 모집단 분산에 대해 갖는 상대적 비율이 따르는 분포로 규정

(A.7.7) $$F = \frac{s_X^2/\sigma_X^2}{s_Y^2/\sigma_Y^2} = \frac{s_X^2\sigma_Y^2}{s_Y^2\sigma_X^2}$$

(A.7.7)식에 $\chi_{\nu_1}^2(X) = (n_X - 1)s_X^2/\sigma_X^2$, $\chi_{\nu_2}^2(Y) = (n_Y - 1)s_Y^2/\sigma_Y^2$, $\nu_1 = n_X - 1$ 와 $\nu_2 = n_Y - 1$ 을 대입하고, 두 모집단 분산들이 동일하여 $\sigma_X^2 = \sigma_Y^2$ 이라고 가정하면, 다음과 같이 F 변수(F variable)는 각 자유도로 나눈 두 개의 독립적인 카이자승 변수들의 비율로 형성되는 확률변수로 성립하며, F_{ν_1, ν_2} 로 표시한다.

(A.7.8) $$F = \frac{\chi_{\nu_1}^2(X)/(n_X - 1)}{\chi_{\nu_2}^2(Y)/(n_Y - 1)}$$

F변수의 확률밀도함수는 다음과 같다.

(A.7.9.1) $$f(F) = kF^{\frac{\nu_1}{2}-1}\left(1 + \frac{\nu_1 F}{\nu_2}\right)^{-\frac{(\nu_1+\nu_2)}{2}} \quad \text{for} \quad F > 0 \text{ and } k > 0$$

(A.7.9.2) $$f(x) = \frac{\Gamma\left(\frac{\nu_1+\nu_2}{2}\right)\left(\frac{\nu_1}{\nu_2}\right)^{\nu_1/2} x^{(\nu_1/2)-1}}{\Gamma\left(\frac{\nu_1}{2}\right)\Gamma\left(\frac{\nu_2}{2}\right)\left[\left(\frac{\nu_1}{\nu_2}\right)x + 1\right]^{(\nu_1+\nu_2)/2}} \quad \text{for} \quad 0 < x < \infty$$

Fisher의 F 분포 $F(\nu_1, \nu_2)$ 의 기대치는 다음과 같이 ν_2 에 따라 결정되며, ν_2 가 증가함에 따라 기대치는 1에 접근한다.

$$\text{(A.7.10.1)} \quad E\left(\frac{Y/\nu_1}{W/\nu_2}\right) = \frac{\nu_2}{\nu_2 - 2}$$

(A.7.10.1)식에서 Y와 W가 독립적 확률변수이면서, Y는 $\chi^2(\nu_1)$ 의 분포를 갖고, W는 $\chi^2(\nu_2)$ 의 분포를 가진다. 그리고 Fisher의 F 분포 $F(\nu_1, \nu_2)$ 의 분산은 $\nu_2 > 4$ 에 대해 다음과 같다.

$$\text{(A.7.10.2)} \quad \sigma^2 = \frac{2\nu_2(\nu_1 + \nu_2 - 2)}{\nu_1(\nu_2 - 2)^2(\nu_2 - 4)}$$

F분포함수의 유의수준 α 는 다음과 같이 규정된다.

$$\begin{aligned} \text{(A.7.11)} \quad \alpha &= P\left(\frac{\chi^2_{\nu_1}/\nu_1}{\chi^2_{\nu_2}/\nu_2} > F_{\nu_1,\nu_2,\alpha}\right) = P\left(\frac{\chi^2_{\nu_2}/\nu_2}{\chi^2_{\nu_1}/\nu_1} < \frac{1}{F_{\nu_1,\nu_2,\alpha}}\right) \\ &= 1 - P\left(\frac{\chi^2_{\nu_2}/\nu_2}{\chi^2_{\nu_1}/\nu_1} \geq \frac{1}{F_{\nu_1,\nu_2,\alpha}}\right) \end{aligned}$$

A.7.4 모집단 평균 격차의 구간추정

독립적인 두 모집단 평균간 격차의 표준오차(standard error of the difference between means) 및 신뢰구간은 두 모집단의 표준편차들을 아는 경우에 다음 식으로 계산한다.

$$\text{(A.7.12.1)} \quad \sigma_{\overline{X}_1 - \overline{X}_2} = \sqrt{\sigma^2_{\overline{X}_1} + \sigma^2_{\overline{X}_2}} = \sqrt{\frac{\sigma_1^2}{n_1} + \frac{\sigma_2^2}{n_2}}$$

$$\text{(A.7.12.2)} \quad (\mu_1 - \mu_2)\text{의 신뢰한계} = (\overline{X}_1 - \overline{X}_2) \pm z_{\alpha/2}\sigma_{\overline{X}_1 - \overline{X}_2}$$

(A.7.12.1)식은 $\mu_1 - \mu_2$ 를 하나의 모수 θ 로 간주하고, 그 추정량 $\hat{\theta} = \overline{X}_1 - \overline{X}_2$ 은 $\sigma^2_{\hat{\theta}} = (\sigma_1^2/n_1) + (\sigma_2^2/n_2)$ 을 분산으로 가진다. 여기서 n_1 은 모집단 1에서 추출된 표본

크기, n_2는 모집단 2에서 추출된 표본크기, σ_1^2은 모집단 1의 분산, σ_2^2은 모집단 2의 분산이다.

한편 두 모집단의 표준편차들을 모르지만 정규분포의 사용이 적절한 경우에 두 모집단 평균간 격차 추정치의 표준오차 및 신뢰구간은 다음과 같이 계산한다.

(A.7.13.1) $$s_{\overline{X}_1 - \overline{X}_2} = \sqrt{s_{\overline{X}_1}^2 + s_{\overline{X}_2}^2} = \sqrt{\frac{s_1^2}{n_1} + \frac{s_2^2}{n_2}}$$

(A.7.13.2) $(\mu_1 - \mu_2)$의 신뢰한계 = $(\overline{X}_1 - \overline{X}_2) \pm z_{\alpha/2}\, s_{\overline{X}_1 - \overline{X}_2}$

그리고 어떤 표본의 표본크기가 30 미만이어서 t 분포를 추정에 사용하는 경우, 평균간 격차의 표준오차 $s_{\overline{X}_1 - \overline{X}_2}$ 계산을 위해 먼저 두 모집단 분산에 대한 합동분산추정치 (pooled variance estimate) s_P^2를 다음과 같이 계산한다.

(A.7.14.1) $$s_P^2 = \frac{(n_1 - 1)s_1^2 + (n_2 - 1)s_2^2}{n_1 + n_2 - 2} = \frac{\sum (X_1 - \overline{X}_1)^2 + \sum (X_2 - \overline{X}_2)^2}{n_1 + n_2 - 2}$$

평균간 격차의 표준오차 $s_{\overline{X}_1 - \overline{X}_2}$는 다음과 같다.

(A.7.14.2) $$s_{\overline{X}_1 - \overline{X}_2} = \sqrt{\frac{s_P^2}{n_1} + \frac{s_P^2}{n_2}}$$

(A.7.14.2)식에 따른 t-통계량의 계산 공식은

(A.7.14.3) $$t = \frac{\overline{X}_1 - \overline{X}_2}{\sqrt{\frac{s_P^2}{n_1} + \frac{s_P^2}{n_2}}} = \frac{\overline{X}_1 - \overline{X}_2}{\sqrt{s_P^2 \frac{(n_1 + n_2)}{n_1 n_2}}}$$

이제 주어진 신뢰수준에 대한 신뢰구간의 공식은 $n_1 + n_2 - 2$ 의 자유도를 갖는 신뢰계수 $t_{\alpha/2}$ 를 사용하여 다음과 같이 계산한다.

$$\text{(A.7.14.4)} \quad 신뢰구간 = (\overline{X}_1 - \overline{X}_2) \pm t_{\alpha/2} s_{\overline{X}_1 - \overline{X}_2}$$

A.7.5 두 모집단 비율 격차의 신뢰구간 추정

두 모집단 비율의 추정치가 $\hat{p}_1$ 과 $\hat{p}_2$ 인 경우에 두 모집단 비율간 격차의 추정을 위한 신뢰구간은 다음과 같이 계산할 수 있다.

$$\text{(A.7.15.1)} \quad 신뢰구간 = (\hat{p}_1 - \hat{p}_2) \pm z_{\alpha/2} s_{\hat{p}_1 - \hat{p}_2}$$

(A.7.15.1)식에서 비율간 격차의 표준오차(standard error of the difference between proportions) $s_{\hat{p}_1 - \hat{p}_2}$ 는 두 표본비율에 대한 비율의 추정된 표준오차(estimated standard error of the proportion)를 이용하여 다음과 같이 계산한다.

$$\text{(A.7.15.2)} \quad s_{\hat{p}_1 - \hat{p}_2} = \sqrt{s^2_{\hat{p}_1} + s^2_{\hat{p}_2}}$$

$$\text{(A.7.15.3)} \quad s_{\hat{p}_1} = \sqrt{\frac{\hat{p}_1(1 - \hat{p}_1)}{n_1}}, \qquad s_{\hat{p}_2} = \sqrt{\frac{\hat{p}_2(1 - \hat{p}_2)}{n_2}}$$

A.7.6 분산과 표준편차의 신뢰구간 추정

자유도 ν(=$n-1$)와 유의수준 α 를 갖는 카이자승분포를 사용한 모집단 분산 σ^2 에 대한 100(1-α)% 신뢰구간은 다음과 같이 계산한다.

$$\text{(A.7.16.1)} \quad P(\chi^2_{n-1,1-\alpha/2} \leq \chi^2 \leq \chi^2_{n-1,\alpha/2}) = 1 - \alpha$$

(A.7.16.2) $$P\left(\chi^2_{n-1,1-\alpha/2} \le \frac{(n-1)s^2}{\sigma^2} \le \chi^2_{n-1,\alpha/2}\right) = 1-\alpha$$

정규분포 모집단에 대해 모르는 분산 σ^2 에 대한 1-α 의 신뢰구간을 그 모집단에서 추출한 n 개의 관찰치들을 갖는 확률표본의 표본분산이 s^2 인 경우에 다음 (9.33.4)식으로 도출할 수 있도록 (A.7.16.2)식을 다음과 같이 사용할 수 있다.

(A.7.16.3) $$P\left(\frac{(n-1)s^2}{\chi^2_{n-1,\alpha/2}} \le \sigma^2 \le \frac{(n-1)s^2}{\chi^2_{n-1,1-\alpha/2}}\right) = 1-\alpha$$

(A.7.16.4) $$\frac{(n-1)s^2}{\chi^2_{n-1,\alpha/2}} < \sigma^2 < \frac{(n-1)s^2}{\chi^2_{n-1,1-\alpha/2}}$$: 1-α 의 신뢰구간

(A.7.16.3)식에서 "$1-\alpha/2$"는 "신뢰확률+(유의수준/2)"와 같고, 신뢰수준 누적확률인 "(1+신뢰수준)/2"와 동일하다.

그리고 $\chi^2_{\alpha/2}$ 은 분산 신뢰구간 하한을 결정해주는 카이자승 값(우측으로 "$\alpha/2$"의 면적이 존재하는 임계값)이다. $\chi^2_{1-\alpha/2}$ 는 분산 신뢰구간 상한을 결정해주는 카이자승 값(우측으로 "$1-\alpha/2$"의 면적이 존재하는 임계값)이다.

한편 모집단 표준편차에 대한 신뢰구간의 계산 공식($\nu = n-1$)

(A.7.16.5) $$\sqrt{\frac{(n-1)s^2}{\chi^2_{\nu,\alpha/2}}} < \sigma < \sqrt{\frac{(n-1)s^2}{\chi^2_{\nu,1-\alpha/2}}}$$

A.8 제11장 단일모집단 가설검정 관련 공식

A.8.1 모집단 평균의 가설 검정

표본평균 $\overline{X}$의 기각역 임계값 $\overline{X}_{CR}$은 모집단 표준편차를 아는지의 여부에 따라 다음과 같이 결정한다.

(A.8.1.1) $\overline{X}_{CR} = \mu_0 \pm z_{\alpha/2}\sigma_{\overline{X}}$ [모집단 표준편차가 알려진 경우]

(A.8.1.2) $\overline{X}_{CR} = \begin{cases} \mu_0 \pm z_{\alpha/2} s_{\overline{X}} & \text{for} \quad n \geq 30 \\ \mu_0 + t_{\alpha/2} s_{\overline{X}} & \text{for} \quad n < 30 \end{cases}$ [모집단 표준편차를 모르는 경우]

단측검정에서 표본평균의 임계값 $\overline{X}_{CR}$은 모집단 표준편차를 아는지의 여부에 따라 다음과 같이 결정한다.

(A.8.2.1) $\overline{X}_{CR} = \mu_0 + z_{\alpha/2}\sigma_{\overline{X}}$

(A.8.2.2) $\overline{X}_{CR} = \begin{cases} \mu_0 + z_{\alpha/2} s_{\overline{X}} & \text{for} \quad n \geq 30 \\ \mu_0 + t_{\alpha/2} s_{\overline{X}} & \text{for} \quad n < 30 \end{cases}$

허위인 귀무가설을 채택할 제2종 오류의 확률은 β로 표시하며, β는 대립가설의 범위에 포함되는 특정 값(specific value)에 대해 계산할 수 있다. "(임계값-표본평균)/평균의 표준오차"로 검정통계량 z_1을 계산하고, "(표본평균-귀무가설 평균)/평균의 표준오차"로 표본통계량 Z를 계산하여 다음과 같이 계산한다.

(A.8.3.1) $z_1 = \dfrac{\overline{X}_{CR} - \mu_1}{\sigma_{\overline{X}}}$

(A.8.3.2) $\beta = P(Z \geq z_1 \mid \sigma_{\overline{X}})$ [좌측꼬리 대립가설 영역의 경우]

(A.8.3.3) $\beta = P(Z \leq z_1 \mid \sigma_{\overline{X}})$ [우측꼬리 대립가설 영역의 경우]

A.8.2 정규분포를 사용한 모집단 비율의 가설검정

π_0 로 설정된 가설의 검정에 사용되는 비율의 표준오차 $\sigma_{\hat{p}}$ 는 다음과 같이 계산한다.

$$\text{(A.8.4.1)} \quad \sigma_{\hat{p}} = \sqrt{\frac{\pi_0(1-\pi_0)}{n}} \qquad \text{for} \quad n < 0.05N$$

$$\text{(A.8.4.2)} \quad \sigma_{\hat{p}} = \sqrt{\frac{\pi_0(1-\pi_0)}{n}}\sqrt{\frac{N-n}{N-1}} \qquad \text{for} \quad n \geqq 0.05N$$

비율의 가설 검정에 대한 Z통계량의 계산 공식

$$\text{(A.8.5)} \quad z = \frac{\hat{p}-\pi_0}{\sigma_{\hat{p}}}$$

A.9 제12장 두 모집단 가설검정과 카이자승검정 관련 공식

A.9.1 독립표본들의 두 평균간 격차의 검정

두 모집단 표준편차 σ_1 과 σ_2 가 알려진 경우 평균간 격차의 귀무가설 값 $(\mu_1-\mu_2)_0$ 의 검정에 대한 Z통계량(Z값) 결정의 공식과 신뢰구간은 다음과 같다.

$$\text{(A.9.1.1)} \quad z = \frac{(\overline{X}_1-\overline{X}_2)-(\mu_1-\mu_2)_0}{\sigma_{\overline{X}_1-\overline{X}_2}}$$

$$\text{(A.9.1.2)} \quad \sigma_{\overline{X}_1-\overline{X}_2} = \sqrt{\sigma^2_{\overline{X}_1}+\sigma^2_{\overline{X}_2}} = \sqrt{\frac{\sigma_1^2}{n_1}+\frac{\sigma_2^2}{n_2}}$$

$\sigma_{\overline{X}_1-\overline{X}_2}$ 는 두 모집단 표준편차들이 알려진 경우의 평균 격차의 표준오차이다. 그리고

$\overline{X_1}$ 과 n_1 은 변수 X_1 의 표본평균 및 표본크기, $\overline{X_2}$ 와 n_2 는 변수 X_2 의 표본평균 및 표본크기이다.

(A.9.1.3) $\mu_1 - \mu_2$ 의 신뢰한계 = $(\overline{X}_1 - \overline{X}_2) \pm z_{\alpha/2}\sqrt{\dfrac{\sigma_1^2}{n_1} + \dfrac{\sigma_2^2}{n_2}}$

한편 두 모집단 표준편차 σ_1 과 σ_2 를 모르는 경우에 귀무가설 값 $(\mu_1 - \mu_2)_0$ 에 대한 검정통계량의 Z값, 평균 격차의 표준오차 $s_{\overline{X}_1 - \overline{X}_2}$, 신뢰한계의 계산공식은 다음과 같다.

(A.9.2.1) $$z = \frac{(\overline{X_1} - \overline{X_2}) - (\mu_1 - \mu_2)_0}{s_{\overline{X_1} - \overline{X_2}}}$$

(A.9.2.2) $$s_{\overline{X_1} - \overline{X_2}} = \sqrt{s_{\overline{X_1}}^2 + s_{\overline{X_2}}^2} = \sqrt{\frac{s_1^2}{n_1} + \frac{s_2^2}{n_2}}$$

(A.9.2.3) $\mu_1 - \mu_2$ 의 신뢰한계 = $(\overline{X}_1 - \overline{X}_2) \pm z_{\alpha/2}\sqrt{\dfrac{s_1^2}{n_1} + \dfrac{s_2^2}{n_2}}$

이분산을 가진 독립표본들의 평균값 격차 검정에 대한 t통계량의 자유도 ν 는 다음 식으로 계산한다.

(A.9.2.4) $$\nu = \frac{(A+B)^2}{\dfrac{A^2}{n_1 - 1} + \dfrac{B^2}{n_2 - 1}}, \quad A = \frac{s_1^2}{n_1}, \quad B = \frac{s_2^2}{n_2}$$

두 모집단에서 추출한 표본크기들이 모두 30 미만이며, 두 모집단들의 표준편차들도 모르는 경우에는 Z통계량을 사용하지 못하고, 등분산성이 성립한다는 가정하에서 t 통계량을 사용하여 신뢰구간을 규정할 수 있다.

(A.9.3.1) $$t = \frac{(\overline{X_1} - \overline{X_2}) - (\mu_1 - \mu_2)_0}{\hat{\sigma}_{\overline{X_1} - \overline{X_2}}}$$

두 모집단 표준편차가 동일한 등분산성(homoscedasticity)이 있는 경우 공통 모집단분산(common population variance) σ^2 은 공통모집단분산의 합동추정치(pooled estimate of the common population variance) $\widehat{\sigma^2}$ 으로 추정한다.

(A.9.3.2) $$\widehat{\sigma^2} = \frac{(n_1 - 1)s_1^2 + (n_2 - 1)s_2^2}{n_1 + n_2 - 2}$$

(A.9.3.2)식의 합동분산추정치(pooled variance estimate) $\widehat{\sigma^2}$ 를 이용하여 평균 격차의 표준오차를 다음과 같이 계산한다.

(A.9.3.3) $$\hat{\sigma}_{\overline{X}_1 - \overline{X}_2} = \sqrt{\frac{\widehat{\sigma^2}}{n_1} + \frac{\widehat{\sigma^2}}{n_2}}$$

(A.9.3.3)식의 평균 격차의 표준오차와 자유도 $(n_1 + n_2 - 2)$ 의 t 검정통계량 곱으로 오차한계를 구성하여, 신뢰한계를 다음과 같이 계산할 수 있다.

(A.9.3.4) $\mu_1 - \mu_2$ 의 신뢰한계

$$= (\overline{X}_1 - \overline{X}_2) \pm t_{\nu, \alpha/2} \sqrt{\left[\frac{(n_1 - 1)s_1^2 + (n_2 - 1)s_2^2}{n_1 + n_2 - 2} \right] \left(\frac{1}{n_1} + \frac{1}{n_2} \right)}$$

A.9.2 쌍체표본들의 두 평균간 격차 검정

두 종속표본들의 평균 격차의 검정은 각 쌍간의 격차 d 를 $d_1 = X_{11} - X_{21}$, $d_2 = X_{12} - X_{22}$, ..., $d_n = X_{1n} - X_{2n}$ 과 같은 방식으로 결정하고, 이를 하나의 표본에 있는 값들로 처리하여 모집단 평균간 격차가 0이라는 귀무가설을 검정한다.

d 값 표본의 평균 $\bar{d}$, 표준편차 s_d , 쌍별 격차들의 수 n 에 대해 쌍체 관찰치간의 평균 격차의 표준오차(standard error of the mean difference) $s_{\bar{d}}$ 를 다음과 같이 계산한다.

(A.9.4.1) $$\bar{d} = \frac{\sum_{j=1}^{n} d}{n}$$

(A.9.4.2) $$s_d = \sqrt{\frac{\sum_{j=1}^{n} (d - \bar{d})^2}{n-1}} = \sqrt{\frac{\sum_{j=1}^{n} d^2 - n\bar{d}^2}{n-1}}$$

(A.9.4.3) $$s_{\bar{d}} = \frac{s_d}{\sqrt{n}}$$

두 대응쌍 관찰치간 격차인 d 의 값들은 정규분포되는 것으로 가정할 수 있기 때문에, $\mu_d = 0$ 의 귀무가설 검정은 대표본과 소표본으로 구분하여 수행한다.

$\mu_d = E(d) = E(X_1 - X_2) = E(X_1) - E(X_2) = \mu_1 - \mu_2$ 의 대응쌍 관찰치 집합의 평균 격차에 대한 귀무가설의 값의 검정을 위한 대표본 및 소표본 이용 Z 및 t 검정통계량의 공식은 다음과 같다.

(A.9.5.1) $$z = \frac{\bar{d} - \mu_d}{\sigma_{\bar{d}}} = \frac{\bar{d} - \mu_d}{\sigma_d / \sqrt{n}} \approx \frac{\bar{d} - \mu_d}{s_d / \sqrt{n}} \qquad (n \geq 30)$$

(A.9.5.2) $$t = \frac{\bar{d} - \mu_d}{s_{\bar{d}}} = \frac{\bar{d} - \mu_d}{s_d / \sqrt{n}} \qquad (n < 30)$$

유의적인 모집단 평균격차의 존재 여부 결정에 관련 모집단들 평균격차에 대한 쌍체 t 검정(paired t-test)을 사용하기 위해서는 격차 값들이 정규분포된 모집단에서 무작위 및 독립적으로 선택되어야 한다. 100(1-α)% 수준에서 $\mu_d (= \mu_1 - \mu_2)$ 의 쌍체 격차 신뢰구간(paired difference confidence interval)은 다음과 같다.

(A.9.6.1) $$\bar{d} - z_{\alpha/2} \frac{\sigma_d}{\sqrt{n}} \leq \mu_d \leq \bar{d} + z_{\alpha/2} \frac{\sigma_d}{\sqrt{n}} \qquad (n \geq 30)$$
$$\approx \bar{d} - z_{\alpha/2} \frac{s_d}{\sqrt{n}} \leq \mu_d \leq \bar{d} + z_{\alpha/2} \frac{s_d}{\sqrt{n}}$$

$$\text{(A.9.6.2)} \quad \bar{d} - t_{\nu,\alpha/2}\frac{s_d}{\sqrt{n}} \le \mu_d \le \bar{d} + t_{\nu,\alpha/2}\frac{s_d}{\sqrt{n}} \qquad (n < 30\,,\ \nu = n-1)$$

A.9.3 두 모집단 비율간 격차의 검정

X_1 과 X_2 가 각각 모수들 (n_1, p_1)과 (n_2, p_2)를 갖는 독립이항확률변수가 되도록 크기 n_1 과 n_2 의 두 독립표본들을 무한 모집단들로부터 추출한다면, $\hat{p}_1 = X_1/n_1$ 과 $\hat{p}_2 = X_2/n_2$ 는 각각 p_1 과 p_2 의 독립적 추정량들이 된다.

$p_1 - p_2$ 의 근사적 100(1-α)% 양측 신뢰구간[approximate 100(1-α)% two-sided confidence interval]의 공식은 다음과 같다.

$$\text{(A.9.7.1)} \quad \hat{p}_1 - \hat{p}_2 - Z_{\alpha/2}\sqrt{\frac{p_1(1-p_1)}{n_1} + \frac{p_2(1-p_2)}{n_2}} \le p_1 - p_2 \le \hat{p}_1 - \hat{p}_2 + Z_{\alpha/2}\sqrt{\frac{p_1(1-p_1)}{n_1} + \frac{p_2(1-p_2)}{n_2}}$$

그리고 이항분포에 대한 정규근사법을 적용하면, 다음 통계량은 근사적으로 표준정규분포를 이룬다.

$$\text{(A.9.7.2)} \quad Z = \frac{\hat{p}_1 - \hat{p}_2 - (p_1 - p_2)}{\sqrt{\frac{p_1(1-p_1)}{n_1} + \frac{p_2(1-p_2)}{n_2}}}$$

두 모집단의 (성공)비율 p_1 과 p_2 가 일치한다는 가설을 검정할 경우에 그 비율들 격차 $p_1 - p_2$ 의 표준오차를 결정하기 위한 기준으로 두 표본비율을 통합하여 사용한다. 두 독립된 표본에서 얻은 표본비율 $\hat{p}_i$ 들을 사용하는 모집단 비율의 합동추정치(pooled estimate of the population proportion) $\hat{\pi}$ 는 다음과 같이 계산된다.

$$\text{(A.9.7.3)} \quad \hat{\pi} = \frac{n_1 \hat{p}_1 + n_2 \hat{p}_2}{n_1 + n_2}$$

이를 이용하여 모집단 비율 격차가 없다는 귀무가설 검정에 사용되는 비율들 격차의 표준오차(standard error of the difference between proportions) $\hat{\sigma}_{\hat{p}_1 - \hat{p}_2}$ 를 다음과 같이 계산할 수 있다.

$$\text{(A.9.7.4)} \quad \hat{\sigma}_{\hat{p}_1 - \hat{p}_2} = \sqrt{\frac{\hat{\pi}(1-\hat{\pi})}{n_1} + \frac{\hat{\pi}(1-\hat{\pi})}{n_2}}$$

그리고 두 비율 격차 $(p_1 - p_2) = 0$ 의 귀무가설 H_0 검정을 위한 Z 통계량 z 는 다음과 같이 계산한다.

$$\text{(A.9.7.5)} \quad z = \frac{\hat{p}_1 - \hat{p}_2}{\hat{\sigma}_{\hat{p}_1 - \hat{P}_2}}$$

A.9.4 두 모집단 분산간 격차

모집단 1과 2의 분산이 동일하여 $\sigma_1^2 = \sigma_2^2$ 가 된 상황에서의 가설검정은 F 확률변수 값 $(s_1^2 / \sigma_1^2)/(s_2^2 / \sigma_2^2)$를 (s_1^2 / s_2^2) 으로 축소하여 적용한다. $\sigma_1^2 = \sigma_2^2$ 의 두 모집단 분산 격차가 없다는 귀무가설의 검정을 위해 사용할 자유도 ν_1 과 ν_2 를 갖는 표본통계량은 다음과 같다.

$$\text{(A.9.8)} \quad F_{\nu_1, \nu_2} = \frac{s_1^2}{s_2^2}$$

각 표본분산은 모집단 분산의 불편추정자이므로, (A.9.8)식의 장기적 기대치는 $\nu_2/$

$(\nu_2 - 1)$로 거의 1에 수렴한다. 두 모집단 분산 비율의 일치에 대한 귀무가설을 표본통계량의 F값인 F통계량으로 대립가설 $H_1: \sigma_1^2 > \sigma_2^2$을 갖는 단측검정과 $H_1: \sigma_1^2 \neq \sigma_2^2$을 갖는 양측검정을 수행하는 경우에, F통계량을 기초로 하는 귀무가설 기각의 의사결정 기준은 다음과 같다.

(A.9.9.1) $$F = \frac{s_1^2}{s_2^2} > F_{\nu_1, \nu_2, \alpha} = \frac{1}{F_{\nu_2, \nu_1, 1-\alpha}} \quad \text{[단측검정]}$$

(A.9.9.2) $$F = \frac{s_1^2}{s_2^2} > F_{\nu_1, \nu_2, \alpha/2} = \frac{1}{F_{\nu_2, \nu_1, 1-\alpha/2}} \quad \text{또는}$$

$$F = \frac{s_1^2}{s_2^2} < F_{\nu_1, \nu_2, 1-\alpha/2} = \frac{1}{F_{\nu_2, \nu_1, \alpha/2}} \quad \text{[양측검정]}$$

A.9.5 적합도의 카이자승검정

확률변수 X에서 표집한 크기 n의 표본이 갖는 표본공간 S를 분할하여 $C_1 \cup C_2 \cup \cdots \cup C_J = S$가 되게 하는 J개의 사상들 또는 부분집합인 $C_1, C_2, \cdots, C_J$가 존재하는 경우에 J번째 사상이 발생할 확률은 다음과 같이 표시한다.

(A.9.10.1) $$p_j = P(X \in C_j) \quad \text{for} \quad j = 1, 2, .., J$$

(A.9.10.1) 식에서 사상이 성공과 실패의 베르누이사상인 경우에 p_1은 성공확률, p_2는 실패확률이다. 확률변수 X의 특정 표본 값은 표본의 성공비율 P_1과 표본크기 n의 곱인 nP_1으로 나타나며, 이는 사상 C_1의 관찰도수(observed frequency) f_{o1}라고 한다. (A.9.10.1)식의 C_j의 예상도수(expected frequency) f_{ej}는 다음과 같이 계산한다.

(A.9.10.2) $$f_{ej} = np_j$$

관찰도수 f_{oj} 와 예상도수 f_{ej} 의 격차 자승 $(f_{oj}-f_{ej})^2$ 을 예상도수 f_{ej} 에 대해 나눈 값들의 합을 보편적으로 관찰분포와 예상분포의 격차에 대한 측정치로 사용한다. 이러한 합은 표본크기 n 이 증가할수록 표본들의 수에서 1을 뺀 값을 자유도로 갖는 χ^2 과 같은 분포를 근사적으로 갖기 때문에, 다음의 검정통계량을 도출

$$\text{(A.9.11.1)} \quad \chi^2_{J-1} = \sum_{j=1}^{J} \frac{(f_{oj}-f_{ej})^2}{f_{ej}}$$

표본크기 n 이 증가할수록 (A.9.11.1)식의 근사치는 보다 양호하게 되므로, f_{ej} 가 5 이상이도록 $np_j \geq 5$ 가 달성될 수 있는 크기 n 의 표본을 사용해야 한다.

그리고 $np_j \geq 5$ 에 미달하는 범주는 인접범주(adjacent categories)에 포함한다. 표본공간의 분할사상들 C_j 들의 관찰도수 합은 표본크기와 동일하다.

$$\text{(A.9.11.2)} \quad \sum_{j=1}^{J} f_{oj} = f_{o1} + \cdots + f_{oJ} = n$$

(A.9.10.2)식과 (A.9.11.2)식을 (A.9.11.1)식에 대입하면,

$$\text{(A.9.11.3)} \quad \chi^2_{J-1} = \sum_{j=1}^{J} \frac{f_{oj}^2}{np_j} - n$$

(A.9.11.3)식의 카이자승 분포 통계량이 갖는 자유도는 다음과 같이 구분된다.

① $\nu = J-1$: 표본통계량을 통해 모집단모수를 추정할 필요가 없이 예상도수를 계산할 수 있는 경우, $J-1$ 개의 예상도수들을 알고 있다면 나머지 도수는 결정 가능하다는 것을 반영

② $\nu = J-1-m$: 표본통계량에서 m개의 모집단 모수들을 추정해야만 예상도수를 구할 수 있는 경우

A.9.6 독립성의 카이자승검정

분할표에서 계산된 총도수 n, 주어진 행의 총도수 f_R, 주어진 열의 총도수 f_C가 주어진 경우에 분할표 행렬의 각 셀(cell)에 대한 예상도수(expected frequency) f_E와 자유도 ν는 다음과 같이 계산한다.

(A.9.12.1) $$f_E = \frac{f_R f_C}{n}$$

그리고 자유도는 모집단 모수의 추정필요에 따라 다음과 같이 계산한다.

① $\nu = (R-1)(C-1)$: 모집단모수 추정 없이 표본통계량으로 예상도수를 계산할 수 있는 경우

② $\nu = J-1-m$: J개의 범주들에 대해 표본통계량에서 m개의 모집단 모수들을 추정해야만 예상도수를 구할 수 있는 경우

연속확률변수의 결과들을 이산확률변수자료에 적용할 경우에 베르누이실험과 같이 단지 2개의 사상들로 분할되어 $\nu = 1$의 자유도를 갖는 경우에만 ($n < 50$의 경우에 대해) (A.9.11.1)식 분자 대신 $(|f_o - f_e| - 0.5)^2$을 대입하여 Yates 연속성수정(correction for continuity)을 다음과 같이 수행한다.

(A.9.12.1) $$\chi^2 = \sum_{j=1}^{J} \frac{(|f_{oj} - f_{ej}| - 0.5)^2}{f_{ej}} \quad \text{for } \nu = 1 \ (\text{and } n < 50)$$

분할표에서 분류결과들의 관계, 결합 또는 종속성 정도 측정치는 유관계수(coefficient of contingency) C로 계산한다.

(A.9.13) $$C = \sqrt{\frac{\chi^2}{\chi^2 + n}}$$

C의 값이 클수록 결합정도가 증가하며, 분할표의 행과 열의 수가 C의 최대값을 결정한다. 그리고 C의 최대값은 항상 1 이하이며, $k \times k$ 표의 경우에 C의 최대값은 $\sqrt{(k-1)/k}$ 이다.

A.10 제13장 분산분석과 상관분석 관련 공식

A.10.1 일원분산분석

일원ANOVA는 여러 처리모집단 평균간 격차의 검정을 위해 각 처리집단에서 표본을 추출하여 전체 표본을 구성하며, k 개 표본평균을 이용한 단일요인 완전무작위 설계법(one-factor completely randomized design)을 사용하는 선형모형(linear model)이다.

(A.10.1) $$X_{ik} = \mu + \alpha_k + \epsilon_{ik}$$

$$= \mu + (\mu_k - \mu) + (X_{ik} - \mu_k) \quad \text{for } i = 1,..,n \text{ and } k = 1,..,K$$

관찰치 = 총평균 + (집단평균-총평균)+(관찰치-집단평균)

관찰치 = 총평균 + 처리효과 + 무작위효과

실험에 K개의 처리집단과 N의 전체 크기를 갖는 표본자료를 k 번째 처리집단을 C_k 로, k 번째 표본처리집단의 크기를 n_k 로, k 번째 표본 관찰치들의 합계를 T_k 로 표시하여 다음과 같이 구성한다.

C_1	C_2	…	C_K
X_{11} X_{21} ⋮ $X_{n_1 1}$	X_{12} X_{22} ⋮ $X_{n_2 2}$	… … … … …	X_{1K} X_{2K} ⋮ $X_{n_K K}$
T_1	T_2	…	T_K

i 행과 k 열에 있는 셀(cell)의 관찰치 값인 X_{ik} 에 대한 총표본평균 $\overline{X}$ 의 격차의 자승을 모두 합하여 처리집단 편차 자승들의 총합 TSS(total sum of squares, 전체 자승합)을 계산한다.

(A.10.2.1) $$TSS = \sum_{k=1}^{K} \sum_{i=1}^{n_k} (X_{ik} - \overline{X})^2$$

처리집단간 자승합 SST(between-treatments sum of squares)과 처리집단내 자승합 SSW(within-treatment sum of squares)를 다음과 같이 계산한다.

(A.10.2.2) $$SST = \sum_{k=1}^{K} n_k (\overline{X}_k - \overline{X})^2$$

(A.10.2.3) $$SSW = TSS - SST = \sum_{k}^{K} \sum_{i=1}^{n_k} (X_{ik} - \overline{X}_k)^2$$

A.10.2 반복 없는 이원분산분석

반복 없는 이원 ANOVA(two-way analysis of variance model with no replication)는 다음과 같은 선형모형으로 구성된다.

(A.10.3) $$X_{jk} = \mu + \beta_j + \alpha_k + \epsilon_{ik}$$

- X_{jk} 는 j 번째 행(A처리집단) 또는 블록과 k 번째 열(B처리집단)의 셀의 관찰치
- μ 는 어느 처리와도 관계없는 총평균(overall mean)
- $\beta_j (= \mu_j - \mu)$ 는 A(행) 차원의 분류에서 j 번째 블록의 효과
- α_k 는 B(열) 차원의 분류에서 k 번째 처리의 효과$(= \mu_k - \mu)$
- ϵ_{jk} 는 X_{jk} 가 갖는 표본추출과정과 관련된 무작위 오차를 표시

$T_k (k=1,..., K)$는 k번째 처리집단 표본 관찰치들의 합계이고, $T_j.\ (j=1,..., J)$는 j번째 블록 표본 관찰치들의 합계를 표시하여, 반복 없는 이원분산분석은 다음의 관찰치들을 사용하여 수행할 수 있다.

	C_1	C_2	$\cdots$	C_K	행 합계	행 평균
R_1	X_{11}	X_{12}	$\cdots$	X_{1K}	$T_1.$	$\overline{X}_1.$
R_2	X_{21}	X_{22}	$\cdots$	X_{2K}	$T_2.$	$\overline{X}_2.$
$\vdots$	$\vdots$	$\vdots$	$\cdots$	$\vdots$	$\vdots$	$\vdots$
R_J	X_{J1}	X_{J2}	$\cdots$	X_{JK}	$T_J.$	$\overline{X}_J.$
열 합계	T_1	T_2	$\cdots$	T_K		
열 평균	$\overline{X}_1$	$\overline{X}_2$	$\cdots$	$\overline{X}_K$		

k개 처리집단(treatment groups) C_k와 J개 블록집단(block groups) R_j를 갖는 이원실험에서의 총평균 $\overline{X}$은 JK로 계산되는 표본자료의 총크기 N에 대해 다음과 같이 계산한다.

$$\text{(A.10.4)} \quad \overline{X}=\frac{\sum_{j=1}^{J}\sum_{k=1}^{K}X_{jk}}{N}=\frac{\sum_{k=1}^{K}\overline{X}_k}{K}=\frac{\sum_{j=1}^{J}\overline{X}_j.}{J}$$

총변동 TSS(total sum of squares), 구성블록간 자승합 SSB(between-blocks sum of squares), 처리집단간 자승합 SST(between-treatments sum of squares), 오차자승합 SSE(error sum of squares)은 다음과 같이 계산한다.

$$\text{(A.10.5.1)} \quad TSS=\sum_{k=1}^{K}\sum_{j=1}^{J}(X_{jk}-\overline{X})^2=SSB+SST+SSE$$

$$\text{(A.10.5.2)} \quad SSB=K\sum_{j=1}^{J}(\overline{X}_j.-\overline{X})^2$$

$$\text{(A.10.5.3)} \quad SST=J\sum_{k=1}^{K}(\overline{X}_k-\overline{X})^2$$

(A.10.5.4) $SSE = \sum_{k=1}^{K}\sum_{j=1}^{J}(X_{jk} - \overline{X}_k - \overline{X}_{j.} + \overline{X})^2 = TSS - SSB - SST$

A.10.3 반복 있는 이원분산분석

한 요인에 대한 처리집단들의 효과는 다른 요인의 수준에 따라 변동하는 것을 반영하여 유의적인 교호작용효과를 갖는 반복 있는 이원 ANOVA(two-way analysis of variance model with replication)의 선형모형은 다음과 같다.

(A.10.6) $X_{ijk} = \mu + \beta_j + \alpha_k + \iota_{jk} + \epsilon_{ijk}$

- X_{ijk} 는 j 번째 행(A 처리집단) 또는 j 번째 블록의 i 번째 행과 k 번째 열(B 처리집단)의 셀에 있는 관찰치
- μ 는 어느 처리와도 관계없는 총평균(overall mean)
- β_j 는 A(행) 차원의 분류에서 j 번째 블록의 효과
- α_k 는 B(열) 차원의 분류에서 k 번째 처리의 효과($= \mu_k - \mu$)
- ι_{jk} 는 A요인의 j 번째 블록과 B요인의 k 번째 처리간의 교호작용 효과
- ϵ_{ijk} 는 X_{ijk} 가 갖는 표본추출과정과 관련된 무작위 오차를 표시

각 블록이 L 개의 행으로 구성된 경우의 모든 표본 관찰치들의 총평균 $\overline{X}$

(A.10.7) $\overline{X} = \dfrac{\sum_{k=1}^{K}\sum_{j=1}^{J}\sum_{i=1}^{L} X_{ijk}}{N}$

표본자료의 총크기 N은 LJK, 처리집단 평균(treatment group means) $\overline{X}_k$, 블록평균(block means) $\overline{X}_{.j.}$, 블록과 처리집단의 교호작용을 측정하기 위한 셀 평균(cell means) $\overline{X}_{ij}.$, 총변동 TSS(total sum of squares)의 공식은 다음과 같다.

(A.10.8.1) $$\overline{X}_k = \frac{\sum_{j=1}^{J}\sum_{i=1}^{L} X_{ijk}}{JL}$$

(A.10.8.2) $$\overline{X}_{.j.} = \frac{\sum_{k=1}^{K}\sum_{i=1}^{L} X_{ijk}}{KL}$$

(A.10.8.3) $$\overline{X}_{ij.} = \frac{\sum_{i=1}^{L} X_{ijk}}{L}$$

(A.10.9.1) $$TSS = \sum_{k=1}^{K}\sum_{j=1}^{J}\sum_{i=1}^{L}(X_{ijk} - \overline{X})^2 = SSB + SST + SSI + SSE$$

블록간 자승합 SSB(between-blocks sum of squares), 처리집단간 자승합 SST(between-treatments sum of squares), 교호작용 자승합 SSI(interaction sum of squares), 오차자승합 SSE(error sum of squares)은 다음과 같이 계산할 수 있다.

(A.10.9.2) $$SSB = KL\sum_{j=1}^{J}(\overline{X}_{.j.} - \overline{X})^2$$

(A.10.9.3) $$SST = JL\sum_{k=1}^{K}(\overline{X}_k - \overline{X})^2$$

(A.10.9.4) $$SSI = L\sum_{k=1}^{K}\sum_{j=1}^{J}(\overline{X}_{ij.} - \overline{X}_k - \overline{X}_{.j.} + \overline{X})^2$$

(A.10.9.5) $$SSE = \sum_{k=1}^{K}\sum_{j=1}^{J}\sum_{i=1}^{L}(X_{ijk} - \overline{X}_{ij.})^2 = TSS - SSB - SST - SSI$$

A.10.4 공분산

어떤 결합분포를 구성하고, $E(X)=\mu_X$와 $E(Y)=\mu_Y$의 기대치와 $Var(X)=\sigma_X^2$과 $Var(Y)=\sigma_Y^2$의 분산을 갖는 경우에 모집단 크기가 모두 N인 두 확률변수 X와 Y의 공분산(covariance) $\sigma_{X,Y}$은 다음과 같다.

(A.10.10.1) $$Cov(X,Y)=\sigma_{X,Y}=E[(X-\mu_X)(Y-\mu_Y)] = \frac{\sum_{i=1}^{N}(X_i-\mu_X)(Y_i-\mu_Y)}{N}$$

확률변수 X와 Y의 표본평균 $\overline{X}$와 $\overline{Y}$에 대해 표본공분산(sample covariance) Cov(X, Y)= $C_{XY}=s_{XY}$

(A.10.10.2) $$Cov(X,Y)=C_{XY}=s_{XY}=\frac{\sum_{i=1}^{n}(X_i-\overline{X})(Y_i-\overline{Y})}{n} = \frac{n\sum_{i=1}^{n}X_iY_i-(\sum_{i=1}^{n}X_i)(\sum_{i=1}^{n}Y_i)}{n^2} = \frac{n\sum_{i=1}^{n}X_iY_i}{n^2}-\frac{(\sum_{i=1}^{n}X_i)}{n}\frac{(\sum_{i=1}^{n}Y_i)}{n}$$

(A.10.10.3) $$\begin{aligned} Cov(X,Y) &= s_{XY1}=E[(X-\overline{X})(Y-\overline{Y})] \\ &= E(XY-\overline{X}Y-\overline{Y}Y+\overline{X}\,\overline{Y}) \\ &= E(XY)-\overline{X}E(Y)-\overline{Y}E(X)+\overline{X}\,\overline{Y} \\ &= E(XY)-\overline{X}\,\overline{Y} = \overline{XY}-(\overline{X})(\overline{Y}) \\ &= E(XY)-E(X)E(Y) \end{aligned}$$

표본크기가 작은 소표본에 대한 표본공분산은 다음과 같이 계산한다.

(A.10.10.4) $$Cov(X,Y)=C_{XY}=s_{XY}=\frac{\sum_{i=1}^{n}(X_i-\overline{X})(Y_i-\overline{Y})}{n-1}$$

실수들의 집합들인 두 확률변수 X, Y들의 함수 h(X,Y)의 기대치 E(XY) 또는 E[h(X,Y)]는 다음과 같이 계산한다.

(A.10.10.5) $$E[h(X,Y)]=\begin{cases}\sum_y\sum_x h(x,y)P(x,y) & X, Y\text{가 이산적인 경우}\\ \int\int h(x,y)f(x,y)dxdy & X, Y\text{가 연속적인 경우}\end{cases}$$

한편 ∞보다 작은 분산 σ_X^2와 σ_Y^2을 갖는 두 확률변수 X와 Y의 경우에 $Var(X+Y)=Var(X)+Var(Y)+2\,Cov(X,Y)$에 대해 다음이 성립한다.

(A.10.11.1) $$Cov(X,Y)=\frac{Var(X+Y)-[Var(X)+Var(Y)]}{2}$$

또한 $Var(X-Y)=Var(X)+Var(Y)-2\,Cov(X,Y)$에 대해 다음이 성립한다.

(A.10.11.2) $$Cov(X,Y)=\frac{Var(X)+Var(Y)-Var(X-Y)}{2}$$

A.10.5 상관계수

두 확률변수 X와 Y의 상관계수 ρ_{XY}는 공분산과 표준편차들을 사용하여 다음과 같이 계산한다.

(A.10.12.1) $$\rho_{XY}=\frac{Cov(X,Y)}{\sigma_X\sigma_Y}$$

표본표준편차 s_X 와 s_Y 에 대한 표본상관계수 r_{XY} 는 다음과 같다.

(A.10.12.2)
$$r_{XY} = \frac{\sum_{i=1}^{n} (Y_i - \overline{Y})(X_i - \overline{X})}{\sqrt{\sum_{i=1}^{n} (Y_i - \overline{Y})^2}\sqrt{\sum_{i=1}^{n} (X_i - \overline{X})^2}}$$
$$= \frac{n\sum_{i=1}^{n} X_i Y_i - \sum_{i=1}^{n} X_i \sum_{i=1}^{n} Y_i}{\sqrt{n\sum_{i=1}^{n} X_i^2 - (\sum_{i=1}^{n} X_i)^2}\sqrt{n\sum_{i=1}^{n} Y_i^2 - (\sum_{i=1}^{n} Y_i)^2}} = \frac{Cov(X, Y)}{s_X s_Y}$$

공분산이 0이 되는 두 확률변수의 독립성을 나타나는 상황들을 다음과 같이 증명할 수 있다. 결합확률밀도함수 $f(x,y) = \frac{xy}{16}$ 이 X와 Y의 폐구간 [0-2, 0-4]에 대해 주어진 경우에 대해 연속사상들의 기대치 및 공분산을 구할 수 있다.

$$\begin{aligned}
E(XY) &= \int_0^4 \int_0^2 xyf(x,y)dxdy = \int_0^4 \int_0^2 xy(xy/16)dxdy \\
&= \frac{1}{16}\int_0^4 \left[\int_0^2 x^2 y^2 dx\right] dy - \frac{1}{16}\int_0^4 y^2 \left[\frac{x^3}{3} \Big|_0^2\right] dy \\
&= \frac{1}{16}\int_0^4 y^2 \left[\frac{8}{3}\right] dy = \frac{1}{6}\int_0^4 y^2 dy = \frac{1}{6}\left[\frac{y^3}{3} \Big|_0^4\right] \\
&= \frac{1}{6}(64/3) = \frac{32}{9}
\end{aligned}$$

$$\begin{aligned}
E(X) &= \int_0^4 \int_0^2 xf(x,y)dxdy = \frac{1}{16}\int_0^4 y\left[\int_0^2 x^2 dx\right] dy \\
&= \frac{1}{16}\int_0^4 y\left[\frac{x^3}{3} \Big|_0^2\right] dy = \frac{1}{16}\int_0^4 y(8/3)dy \\
&= \frac{1}{6}\left[\frac{y^2}{2} \Big|_0^4\right] = \frac{1}{6}(16/2) = 4/3
\end{aligned}$$

$$\begin{aligned}
E(Y) &= \int_0^4 \int_0^2 yf(x,y)dxdy = \frac{1}{16}\int_0^4 y^2\left[\int_0^2 x\,dx\right] dy \\
&= \frac{1}{16}\int_0^4 y^2\left[\frac{x^2}{2} \Big|_0^2\right] dy = \frac{1}{16}\int_0^4 y^2(4/2)dy \\
&= \frac{1}{8}\left[\frac{y^3}{3} \Big|_0^4\right] = \frac{1}{8}(64/3) = 8/3
\end{aligned}$$

따라서 공분산을 구하면 다음과 같이 0이 되어, 두 확률변수의 독립성이 증명된다.

$$Cov(X, Y) = E(XY) - E(X)E(Y) = \frac{32}{9} - \frac{4}{3}\left(\frac{8}{3}\right) = \frac{32}{9} - \frac{32}{9} = 0$$

A.11 제14장 회귀분석 관련 공식

A.11.1 단순회귀분석

회귀분석에서 종속변수의 추정치를 결정하는 대수적 공식을 회귀관계식 또는 회귀방정식(regression equation)이라고 하며, p 개의 예측인자변수(predictor variable)를 갖는 회귀방정식은 다음과 같이 표시한다.

(A.11.1) $Y = f(X_1, X_2, \ldots, X_p) + u$

(A.11.1)식에서 u는 근사치로 불일치(discrepancy in the approximation)를 표시하는 확률오차(random error)이며, 교란항(disturbance term) 또는 오차항(error term)이라고 한다.

독립변수의 특정한 값 X_i 에 대해 갖는 선형관계를 다음과 같이 표시한다.

(A.11.2.1) $Y_i = \alpha + \beta X_i + u_i$ = 결정적 구성요소 + 확률적 구성요소

(A.11.2.1) 식에서 $\alpha + \beta X_i$는 Y_i의 결정적 구성요소이며, $E(u_i \mid X_i) = 0$ 인 경우에 발생하는 주어진 X_i 에 대한 Y_i 의 조건부 평균(conditional mean)이다.

(A.11.2.2) $E(Y_i \mid X_i) = \alpha + \beta X_i$

(A.11.2.2)식은 회귀분석에서 Y의 평균값은 X의 값이 주어진 경우에 대한 X의 선형함수로 결정되는 것을 보여준다. 그리고 (A.11.2.2)식에서 회귀계수 또는 모수(regression coefficients or parameters)는 Y 절편인 α 와 회귀선 기울기 β 이다.

$E(Y)$ 선인 모집단회귀선(population regression line) 또는 진정회귀선(true regression line)의 직선에 위치하는 종속변수의 조건부확률분포 평균 $\mu_{Y \cdot X}$ 는 다음과 같이 계산한다.

(A.11.3) $\mu_{Y \cdot X} = \alpha + \beta X$

회귀분석에서 종속변수 Y의 모든 값들과 오차의 모든 값들은 동일한 조건부 분산(conditional variance) σ^2 을 가지므로, 다음이 성립한다.

(A.11.4) $Var(Y_i \mid X_i) = Var(u_i \mid X_i) = E(u_i^2 \mid X_i) = \sigma^2$

독립변수 X가 비확률변수이므로, u_i 는 X의 모든 값에 독립적이어서 다음이 성립한다.

(A.11.5) $Cov(u_i, X_i) = E[u_i(X_i - \mu_X)] = 0$

잔차 e_i 는 추정된 회귀선의 값이 종속변수 실제값에 대해 갖는 편차이며, 다음과 같이 규정한다.

(A.11.6) $e_i = Y_i - \hat{\alpha} - \hat{\beta} X_i = Y_i - \widehat{Y}_i$ = 실제 값 - 추정된 회귀선의 값

추정된 회귀선을 적합선(fitting line)이라고 하며, 우량한 적합선일수록 잔차는 작은 폭으로 발생한다. 우량한 적합선은 잔차 자승이 최소가 되는 경우에 획득된다. 잔차들의 크기 측정을 위해 잔차자승합(sum of squared residuals : SSR) 또는 오차자승합(error sum of squares : ESS)을 다음과 같이 규정한다.

(A.11.7) $SSR \equiv ESS = \sum_{i=1}^{N} e_i^2 = S_{yy} - \hat{\beta} S_{xy}$

$$
\begin{aligned}
SSR &= \sum_{i=1}^{N}(Y_i - \hat{\alpha} - \hat{\beta}X_i)^2 = \sum_{i=1}^{n}[Y_i - \overline{Y} - \hat{\beta}(X_i - \overline{X})]^2 \\
&= \sum_{i=1}^{n}(Y_i - \overline{Y})^2 + \hat{\beta}^2 \sum_{i=1}^{n}\sum_{i=1}^{n}(X_i - \overline{X})^2 - 2\hat{\beta}\sum_{i=1}^{n}(Y_i - \overline{Y})(X_i - \overline{X}) \\
&= S_{yy} + \hat{\beta}^2 S_{xx} - 2\hat{\beta}S_{xy} = S_{yy} + \left(\frac{S_{xy}}{S_{xx}}\right)^2 S_{xx} - 2\left(\frac{S_{xy}}{S_{xx}}\right)S_{xy} \\
&= S_{yy} - \frac{S_{xy}^2}{S_{xx}} = S_{yy} - \hat{\beta}S_{xy}
\end{aligned}
$$

최우량 적합선은 (A.11.7)식으로 표시된 SSR을 최소화시키는 적합선이다. 정규방정식(normal equations)은 OLS추정치 계산에 사용하는 다음의 2개 방정식이며, SSR(잔차자승합)을 $\hat{\alpha}$ 와 $\hat{\beta}$ 에 대해 최소화시키는 조건을 제공한다.

(A.11.8.1) $\sum Y_i = n\hat{\alpha} + \hat{\beta}\sum X_i$ 또는 $\overline{Y} = \hat{\alpha} + \hat{\beta}\overline{X}$

(A.11.8.2) $\sum Y_i X_i = \hat{\alpha}\sum X_i + \hat{\beta}\sum X_i^2$

정규방정식은 정규분포와는 무관하며, SSR의 α 와 β 에 대한 1계 편도함수 $\partial SSR / \partial\alpha$ 와 $\partial SSR / \partial\beta$ 를 각각 0으로 설정하여 도출한다.

(A.11.8.2)식은 최소자승의 직교성조건(orthogonality condition of least squares)으로 사용된다. 이에 따른 표본 추정량(sample estimators) 또는 OLS추정량(OLS estimators) $\hat{\alpha}$ 와 $\hat{\beta}$ 의 공식은 다음과 같다.

(A.11.9.1) $\hat{\alpha} = \overline{Y} - \hat{\beta}\overline{X}$

(A.11.9.2) $$\hat{\beta} = \frac{\sum_{i=1}^{N}(Y_i - \overline{Y})(X_i - \overline{X})}{\sum_{i=1}^{N}(X_i - \overline{X})^2} = \frac{\sum_{i=1}^{N}X_i Y_i - n\overline{X}\,\overline{Y}}{\sum_{i=1}^{N}X_i^2 - n\overline{X}}$$

(A.11.9.2)식을 편차형 공식으로 표시하면 다음과 같다.

$$\text{(A.11.9.3)}\quad \hat{\beta}=\frac{\sum_{i=1}^{N}(Y_i-\overline{Y})(X_i-\overline{X})}{\sum_{i=1}^{N}(X_i-\overline{X})^2}=\frac{\sum x_i y_i}{\sum x_i^2}=\frac{S_{xy}}{S_{xx}}$$

추정된 회귀계수 $\hat{\alpha}$ 와 $\hat{\beta}$ 의 분산과 공분산은 다음과 같이 계산한다.

$$\text{(A.11.10.1)}\quad s_{\hat{\alpha}}^2 \equiv Var(\hat{\alpha})=\sigma^2\left(\frac{1}{n}+\frac{\overline{X}^2}{\sum x_i^2}\right)=\sigma^2\left(\frac{\sum X_i^2}{nS_{xx}}\right)$$

$$\text{(A.11.10.2)}\quad s_{\hat{\beta}}^2 \equiv Var(\hat{\beta})=V\left(\frac{\sum x_i y_i}{\sum x_i^2}\right)$$

$$=\left(\frac{1}{\sum x_i^2}\right)^2 V\left(\sum x_i y_i\right)=\left(\frac{1}{\sum x_i^2}\right)^2 V\left(\sum x_i Y_i\right)$$

$$=\frac{1}{(\sum x_i^2)^2}\sum x_i^2\, V(Y_i)=\frac{1}{(\sum x_i^2)^2}\sigma^2\sum x_i^2=\frac{\sigma^2}{\sum x_i^2}=\frac{\sigma^2}{S_{xx}}$$

$$\text{(A.11.10.3)}\quad s_{\hat{\alpha}\hat{\beta}} \equiv cov(\hat{\alpha},\hat{\beta})=-\sigma^2\frac{\overline{X}}{S_{xx}}$$

$\hat{\alpha}$ 와 $\hat{\beta}$ 의 분산은 알려지지 않은 모수 σ^2 에 의해 영향을 받기 때문에, 자료에서 σ^2 의 불편추정치 $\hat{\sigma}^2$ 에 대한 다음 계산이 필요하다.

$$\text{(A.11.10.4)}\quad \hat{\sigma}^2 = s_{Y\cdot X}^2=\frac{SSR}{n-2}$$

$$=\frac{\sum_{i=1}^{n}(Y_i-\hat{\alpha}-\hat{\beta}X_i)^2}{n-2}=\frac{1}{n-2}\left(S_{yy}-\frac{S_{xy}^2}{S_{xx}}\right)$$

(A.11.10.4)식에서 분모 $n-2$ 는 표본크기에서 추정량의 수(추정된 회귀계수들의 수)

를 차감한 자유도(degree of freedom)이다. 이제 회귀분석의 추정된 표준편차인 추정치 표준오차 $s_{Y \cdot X}$ 의 계산 공식은 다음과 같다.

$$\text{(A.11.10.5)} \quad s_{Y \cdot X} = \sqrt{\frac{SSR}{n-2}} = \sqrt{\frac{\sum_{i=1}^{n}(Y_i - \hat{\alpha} - \hat{\beta}X_i)^2}{n-2}} = \sqrt{\frac{1}{n-2}\left(S_{yy} - \frac{S_{xy}^2}{S_{xx}}\right)}$$

(A.11.10.5)식의 추정된 분산의 자승근인 추정된 표준편차 $s_{Y \cdot X}$ 는 교란의 표준오차(standard error of the disturbance) 또는 회귀의 표준오차(standard error of the regression)이다. 추정치 표준오차(standard error of the estimate) $s_{Y \cdot X}$ 는 표본회귀선에 의해 결정되며, 표본 추정치 $\hat{Y}_i$ 를 예측변수(predictor)로 사용할 경우에 발생하는 오차의 산포(dispersion)를 측정하는데 사용한다.

회귀선의 기울기 추정치 $\hat{\beta}$ 이 0이라는 귀무가설과 독립변수는 종속변수와 어떤 유의적인 관계를 가져 모집단 회귀선의 기울기가 0이 아니라는 대립가설을 다음과 같이 설정한다.

$$H_0 : \beta = 0, \quad H_1 : \beta \neq 0$$

β 와 α 에 대한 검정통계량 분포는 다음과 같이 규명한다.

$$\text{(A.11.11.1)} \quad \frac{\hat{\beta} - \beta}{s_{\hat{\beta}}} \sim t_{(n-2)}, \quad s_{\hat{\beta}} = \frac{s_{X \cdot Y}}{\sqrt{S_{xx}}} = \frac{s_{X \cdot Y}}{\sigma}\frac{\sigma}{\sqrt{S_{xx}}} = s_{X \cdot Y}\frac{\sigma_{\hat{\beta}}}{\sigma}$$

$$\text{(A.11.11.2)} \quad \frac{\hat{\alpha} - \alpha}{s_{\hat{\alpha}}} \sim t_{(n-2)}, \quad s_{\hat{\alpha}} = s_{X \cdot Y}\sqrt{\frac{\sum X_i^2}{n S_{xx}}}$$

$$\text{(A.11.11.3)} \quad s^2 = \hat{\sigma}^2 = \frac{\sum e_i^2}{n-2} = \frac{SSR}{n-2}$$

유의수준에 따라 β와 α의 가설검정을 위한 t통계량의 채택범위와 β와 α의 신뢰구간을 유의수준에 따라 다음과 같이 결정한다.

(A.11.12.1) $$P\left(-t_{a/2,(n-2)} < \frac{\hat{\beta}-\beta}{s_{\hat{\beta}}} < t_{a/2,(n-2)}\right) = 1-a$$

(A.11.12.2) $$P\left(\hat{\beta}-t_{a/2,(n-2)}s_{\hat{\beta}} < \beta < \hat{\beta}+t_{a/2,(n-2)}s_{\hat{\beta}}\right) = 1-a$$

(A.11.12.1) $$P\left(-t_{a/2,(n-2)} < \frac{\hat{\alpha}-\alpha}{s_{\hat{\alpha}}} < t_{a/2,(n-2)}\right) = 1-a$$

(A.11.12.2) $$P\left(\hat{\alpha}-t_{a/2,(n-2)}s_{\hat{\alpha}} < \alpha < \hat{\alpha}+t_{a/2,(n-2)}s_{\hat{\alpha}}\right) = 1-a$$

t 검정통계량이 유의수준으로 설정된 기각역의 t 임계값보다 크면 귀무가설을 기각하거나 또는 t 검정통계량의 최소유의수준인 P-값을 계산하여 설정된 유의수준 이하이면 귀무가설을 기각하는 방식으로 가설검정의 의사결정을 수행한다.

표본회귀함수에서 Y_i의 변동을 그 표본평균에 대한 변동으로 표시하여 총자승합(total sum of squares) TSS을 계산한다.

(A.11.13.1) $$TSS = \sum_{i=1}^{n}(Y_i-\overline{Y})^2 = \sum_{i=1}^{n}y_i^2 = S_{yy}$$

(A.11.13.2) $$TSS = \sum(Y_i-\overline{Y})^2 = RSS + SSR$$

$$\begin{aligned} TSS &= \sum(Y_i-\overline{Y})^2 = \sum[(Y_i-\hat{Y}_i)+(\hat{Y}_i-\overline{Y})]^2 \\ &= \sum[e_i+(\hat{Y}_i-\overline{Y})]^2 = \sum e_i^2 + 2\sum(\hat{Y}_i-\overline{Y})e_i + \sum(\hat{Y}_i-\overline{Y})^2 \\ &= SSR + 0 + RSS = RSS + SSR \end{aligned}$$

회귀자승합(Regression Sum of Squares) RSS는 회귀모형에 의해 제공되는 설명된 변동(explained variation)으로 다음과 같이 규정

(A.11.13.3) $$\begin{aligned} RSS &= \sum(\hat{Y}_i-\overline{Y})^2 = \sum[(Y_i-\overline{Y})-e_i]^2 \\ &= TSS - SSR = S_{yy}-(S_{yy}-\hat{\beta}S_{xy}) = \hat{\beta}S_{xy} \end{aligned}$$

설명변수로 종속변수의 변동을 설명하는 비율인 다중결정계수는 다음과 같이 계산한다.

(A.11.14.1) $$R^2 = 1 - \frac{SSR}{TSS} = \frac{RSS}{TSS}$$

(A.11.14.2) $$R^2 = \frac{\hat{\beta}^2 \sum_{i=1}^{n} x_i^2}{\sum_{i=1}^{n} y_i^2} = \frac{\hat{\beta}^2 S_{xx}}{S_{yy}}$$

결정계수 R^2 를 표본상관계수 r_{XY} 로 다음과 같이 표시할 수 있다.

(A.11.14.3) $$R^2 = \frac{\hat{\beta}^2 S_{xx}}{S_{yy}} = \left(\frac{S_{xy}}{S_{xx}}\right)^2 \frac{S_{xx}}{S_{yy}} = \frac{S_{xy}^2}{S_{xy} S_{yy}} = r_{XY}^2 = r_{Y\hat{Y}}^2$$

X와 Y 사이의 모집단 상관계수 ρ_{XY} 의 자승 값 추정치는 표본상관계수의 자승 r_{XY}^2 으로 주어지며, r_{XY}^2 은 $S_{xy}^2 / (S_{xx} S_{yy})$로 나타나는 결정계수 R^2 와 동일하다. 따라서 $RSS = \hat{\beta} S_{xy} = S_{xy}^2 / S_{xx}$ 와 $R^2 = \hat{\beta}^2 S_{xx} / S_{yy}$ 를 대입하면,

(A.11.14.4) $$SSR = S_{yy} - S_{yy} R^2 = S_{yy}(1 - R^2)$$

이러한 결과에서 F검정 통계량을 다음과 같이 도출한다.

(A.11.15) $$F = \frac{RSS/1}{SSR/(n-2)} = \frac{(n-2)R^2}{1 - R^2}$$

회귀모형 검정을 위한 귀무가설 $H_0 : \beta = 0$ 의 t 검정통계량은 다음과 같다.

(A.11.16.1) $$t = \frac{\hat{\beta}}{s_{\hat{\beta}}} = \frac{S_{xy} / S_{xx}}{\sqrt{s^2 / S_{xx}}} = \frac{S_{xy}}{\sqrt{S_{xx} SSR/(n-2)}}$$

(A.11.16.2) $$t^2 = \frac{S_{xy}^2 / S_{xx}}{SSR/(n-2)} = \frac{RSS}{SSR/(n-2)} = F$$

이제 귀무가설의 t 검정통계량과 R^2 간의 관계를 다음과 같이 규정할 수 있다.

$$\text{(A.11.17.1)} \quad R^2 = \frac{t^2}{t^2 + (n-2)}$$

$$\text{(A.11.17.2)} \quad t = \sqrt{\frac{(n-2)R^2}{1-R^2}} = \frac{R}{\sqrt{\frac{1-R^2}{n-2}}}$$

F통계량은 R^2 와 다음의 관계를 갖는다.

$$\text{(A.11.17.3)} \quad F = \frac{R^2/K}{(1-R^2)/(n-K-1)} = \frac{\frac{RSS}{TSS}\frac{1}{K}}{\frac{SSR}{TSS}\frac{1}{n-K-1}} = \frac{RSS/K}{SSR/(n-K-1)}$$

A.11.2 다중회귀분석

2개의 독립변수를 갖는 단중회귀모형의 표본 회귀방정식에 따른 잔차 e_i는 다음과 같이 계산한다.

$$\text{(A.11.18)} \quad e_i = Y_i - \hat{\alpha} - \hat{\beta}_1 X_{1i} - \hat{\beta}_2 X_{2i}$$

(A.11.18)식의 자승합인 잔차자승합 SSR 최소화시키도록 SSR의 $\hat{\alpha}$, $\hat{\beta}_1$, $\hat{\beta}_2$ 에 대한 1계 도함수를 0으로 설정하여, 다음의 정규방정식 도출할 수 있다.

$$\text{(A.11.19.1)} \quad \sum Y_i = n\alpha + \beta_1 \sum X_{1i} + \beta_2 \sum X_{2i} \quad \Leftarrow \quad \frac{\partial SSR}{\partial \hat{\alpha}} = 0$$

$$\text{(A.11.19.2)} \quad \sum X_{1i} Y_i = n\alpha \sum X_{1i} + \beta_1 \sum X_{1i}^2 + \beta_2 \sum X_{1i} X_{2i} \quad \Leftarrow \quad \frac{\partial SSR}{\partial \hat{\beta}_1} = 0$$

$$\text{(A.11.19.3)} \quad \sum X_{2i} Y_i = n\alpha \sum X_{2i} + \beta_1 \sum X_{1i} X_{2i} + \beta_2 \sum X_{1i}^2 \quad \Leftarrow \quad \frac{\partial SSR}{\partial \hat{\beta}_2} = 0$$

$\sum_{i=1}^{n} e_i = \sum_{i=1}^{n} e_i X_{1i} = \sum_{i=1}^{n} e_i X_{2i} = 0$ 을 의미하는 (A.11.19.1)-(A.11.19.3)식의 정규방정식을 이용한 표본 추정량은 다음과 같다.

(A.11.20.1) $\hat{\beta}_1 = \dfrac{S_{22} S_{1y} - S_{12} S_{2y}}{S_{11} S_{22} - S_{12}^2}$

(A.11.20.2) $\hat{\beta}_2 = \dfrac{S_{11} S_{2y} - S_{12} S_{1y}}{S_{11} S_{22} - S_{12}^2}$

(A.11.20.3) $\hat{\alpha} = \overline{Y} - \hat{\beta}_1 \overline{X}_1 - \hat{\beta}_2 \overline{X}_2$

다음을 규정하자.

$$S_{jj} = \sum (X_{ji} - \overline{X}_j)^2 = \sum_{i=1}^{n} X_{ji}^2 - n\overline{X}_j^2 \quad \text{for} \quad j = 1,2$$

$$S_{jy} = \sum (X_{ji} - \overline{X})(Y_i - \overline{Y}) = \sum X_{ji} Y_i - n \overline{X}_j \overline{Y}$$

$$S_{12} = \sum (X_{1i} - \overline{X}_1)(X_{2i} - \overline{X}_2) = \sum X_{1i} X_{2i} - n \overline{X}_1 \overline{X}_2$$

$$S_{yy} \equiv TSS - \sum (Y_i - \overline{Y})^2 = \sum Y_i^2 - n\overline{Y}^2$$

추정할 모수들의 수 K에 대해 $k = K+1$를 규정하고, SSR, RSS, R^2 및 조정된 R^2인 R_a^2 [또는 $\overline{R}^2$]를 다음과 같이 계산할 수 있다.

(A.11.21.1) $SSR = S_{yy} - \hat{\beta}_1 S_{1y} - \hat{\beta}_2 S_{2y}$

(A.11.21.2) $RSS = \hat{\beta}_1 S_{1y} + \hat{\beta}_2 S_{2y}$

(A.11.21.3) $R_{y.12}^2 = \dfrac{\hat{\beta}_1 S_{1y} + \hat{\beta}_2 S_{2y}}{S_{yy}} = \dfrac{RSS}{S_{yy}} = \dfrac{RSS}{TSS} = \dfrac{(1 - SSR)}{TSS}$

(A.11.21.4) $R_a^2 = 1 - \dfrac{SSR/(n-k)}{TSS/(n-1)} = 1 - \dfrac{SSR(n-1)}{TSS(n-k)} = 1 - \dfrac{\hat{\sigma}^2 (n-1)}{TSS}$

$$= 1 - \frac{n-1}{n-k}(1 - R^2)$$

다중회귀모형에서 가설검정 수행을 위해 정규모집단분포의 가정에 따른 효율적 최소 자승 추정량들의 분산을 다음과 같이 계산할 수 있다.

(A.11.21.1) $$Var(\hat{\beta}_1) = \frac{\sigma^2}{S_{11}(1 - r_{12}^2)}$$

(A.11.21.2) $$Var(\hat{\beta}_2) = \frac{\sigma^2}{S_{22}(1 - r_{12}^2)}$$

(A.11.21.3) $$Cov(\hat{\beta}_1, \hat{\beta}_2) = \frac{-\sigma^2 r_{12}^2}{S_{12}(1 - r_{12}^2)}$$

(A.11.21.4) $$r_{12} = \frac{S_{12}}{\sqrt{S_{11} S_{22}}}$$

(A.11.21.5) $$Var(\hat{\alpha}) = \frac{\sigma^2}{n} + \overline{X}_1^2 Var(\hat{\beta}_1) + 2\overline{X}_1 \overline{X}_2 Cov(\hat{\beta}_1, \hat{\beta}_2) + \overline{X}^2_{Var(\hat{\beta}_2)\,2}$$

(A.11.21.6) $$Cov(\hat{\alpha}, \hat{\beta}_1) = -[\overline{X}_1 Var(\hat{\beta}_1) + \overline{X}_2 Cov(\hat{\beta}_1, \hat{\beta}_2)]$$

(A.11.21.7) $$Cov(\hat{\alpha}, \hat{\beta}_2) = -[\overline{X}_1 Cov(\hat{\beta}_1, \hat{\beta}_2) + \overline{X}_2 Var(\hat{\beta}_2)]$$

r_{12} 가 증가할수록 $\hat{\beta}_1$ 과 $\hat{\beta}_2$ 의 분산이 증가하므로, r_{12} 가 아주 높은 경우에 추정치의 분산이 높은 β_1 과 β_2 의 정확한 추정이 곤란하다.

$S_{11}(1 - r_{12}^2)$ 은 X_1 의 X_2 에 대한 회귀식에서의 SSR이며, $S_{22}(1 - r_{12}^2)$ 은 X_2 의 X_1 에 대한 회귀식에서의 SSR이다. SSR이 잔차자승합인 경우에 SSR/σ^2 은 자유도 n-3(=n-k)의 χ^2 분포를 따르며, 그 결과는 σ^2 의 신뢰구간 추정에 사용할 수 있다.

$s_{y\cdot 12}^2 = s^2 = \hat{\sigma}^2 = SSR/(n-k)$ 에서 $E(\hat{\sigma}^2) = \sigma^2$ 에 따라 σ^2 의 불편추정량으로 나타나는 추정치 표준오차(standard error of estimate) $\hat{\sigma}^2$ 는 다음과 같이 계산한다.

(A.11.22) $$s_{y\cdot 12} = \sqrt{\frac{SSR}{n-k}}$$

A.12 제15장 시계열분석 관련 공식

시계열자료로 구성된 종속변수 Y는 확률변수가 아니라 누적된 과거 관찰치들이므로, 추세선은 회귀선이 아니지만 최소자승법은 다음과 같이 시계열의 추세구성요소 결정에 대해 편리한 수단으로 사용한다.

(A.12.1) $Y_T = b_0 + b_1 X$

(A.12.1)식에서 Y_T는 시계열의 추세요인이며, X는 연도를 표시한다. 비선형추세의 경우 지수추세곡선(exponential trend curve)과 (Gompertz곡선이라는) 포물선추세곡선(parabolic trend curve)을 주로 사용한다.

(A.12.2.1) $Y_T = b_0 b_1^X$: 지수추세곡선

(A.12.2.2) $Y_T = b_0 b_1^{b_2^X}$: Gompertz곡선

비선형추세의 OLS 사용을 위해 (A.12.2.1)식과 (A.12.2.2)식을 다음과 같이 더블로그 방정식으로 전환시킨다.

(A.12.3.1) $\ln Y_T = \ln b_0 + X \ln b_1$

(A.12.3.2) $\ln Y_T = \ln b_0 + b_2^X \ln b_1$

추세곡선을 형성하는 값들은 (A.12.3.1)식과 (A.12.3.2)식에 대해 진수(antilogarithm)를 취하여 계산한다.

EXCEL 2013

APPENDIX B

비모수통계학

B.1 비모수통계학의 개념과 특성

B.2 부호검정

B.3 Mann-Whitney U 검정

B.4 Wilcoxon 검정

B.5 Kruskal-Wallis 검정

B.6 Wald-Wolfowitz의 연 검정

B.7 스피어먼 순위상관검정

B.1 비모수통계학의 개념과 특성

비모수검정법(nonparametric tests)은 모수들의 특정한 값들에 대한 어떤 가정도 없거나, 자료가 구간척도나 비율척도 대신에 명목척도나 순위척도를 갖는 경우에 평균, 중위수, 신뢰구간 등의 추정이나 가설검정에 사용되는 방법이다. 비모수검정법의 특징은 다음과 같다.

① 척도별 상이한 수행 기능으로 인해 관찰대상들의 정확한 비교를 위해서는 등간척도나 비율척도를 사용한 자료가 필요하다.

- 기수척도(cardinal scale)인 등간척도(interval scale)는 관찰대상의 수량 격차를 정확히 표시
- 비율척도(ratio scale)는 구간척도의 특성 외에도 절대원점을 가져 관찰대상의 효과적 비교를 가능하게 해주는 역할을 수행
- 명목척도(nominal scale)는 대상을 약간 구분하도록 범주 분류의 역할을 수행
- 순위척도(ordinal scale)는 순서관계만을 표시

② 모집단의 기초적 특성에 따르지 않으면서 가설검정이나 신뢰구간 추정을 수행하는 방법이어서 비분포방법(distribution-free methods)이라고 한다.

- 비모수검정법은 정규분포를 가정하지 않기 때문에 계산이 용이
- 표본크기가 증가할수록 주어진 유의수준에서 검정력은 증가
- 비모수검정은 모집단의 형식, 분산(dispersion) 또는 위치에 대한 가설들에 대해 직접 수행이 가능
- 소표본에는 중심극한정리가 성립할 수 없기 때문에, 비모수접근법을 많이 사용

B.2 부호검정

부호검정(sign test)은 연속분포를 갖는 모집단 중위수에 관한 귀무가설의 검정에 사용되며, 모집단 평균의 가설검정과 동등한 비모수검정방법이다.

B.2.1 단일 표본 중위수의 가설검정에 대한 부호검정

하나의 표본에 대한 중위수의 가설검정에 대한 부호검정 적용 절차는 다음과 같다.

① 모집단 중위수 Med와 가설로 설정된 중위수 값 Med_0 에 대한 양측 검정의 귀무가설과 대립가설을 설정한다.

- H_0 : Med = $Med_0 = m_0$
- H_1 : Med $\neq$ $Med_0 = m_0$

② 중위수의 가설 설정치보다 큰 각 관찰된 표본 값에 대해 양(plus) 부호를 할당하고, 중위수의 가설 설정치보다 작은 각 관찰된 표본 값에 대해 음(minus) 부호를 할당한다.

- 표본 값이 가설로 설정된 중위수와 정확히 일치한다면, 어떤 부호도 기록되지 않아 그에 따라 유효 표본크기(effective sample size)가 축소된다.

③ 분포의 중위수는 확률변수 X의 관찰된 값이 중위수 이하일 확률이 0.5이고, 또한 중위수 이상일 확률이 0.5이므로, $P(X \leq m_0) = P(X \geq m_0)$ 이 성립한다.

④ 귀무가설은 양의 부호들의 모집단 비율 π 를 이용하여 $H_0 : \pi = 0.5$ 와 같이 표시하고 다음 부호검정을 수행한다.

- 표본 관측치에서 가설설정 값을 차감한 격차를 계산
- +와 - 부호를 갖는 관찰치 수들을 조사
- 부호를 가진 유효 표본크기와 귀무가설 성공비율 0.5를 기초로 +부호를 갖는 관

찰치들 수 이상이 발생할 누적확률인 P-값이 유의수준 이하이면 귀무가설 기각

- 단측검정은 $P(R^+ \le r^+ | p = 0.5)$ 를 양의 부호 확률이 0.5인 상황에서 발생할 양의 부호들 R^+ 이 관찰된 양의 부호들의 수 r^+ 이하로 발생할 누적확률을 이항분포로 계산하여 P-값으로 사용
- 양측검정은 표본크기 n 에 대해 $r^+ < n/2$ 이면 $2P(R^+ \le r^+ | p = 0.5)$ 를, $r^+ > n/2$ 이면 $2P(R^+ \ge r^+ | p = 0.5)$ 를 P-값으로 사용하여 α 와 비교

B.2.2 쌍체표본의 중위수 격차 검정의 특성

쌍체 관측치(paired observations)는 대응 쌍(matched pairs)이라고 하며, 값들의 쌍들로 수집하여 구성한 표본들의 관측치이다. 쌍체 관측치의 두 표본들에 대해, 두 모집단 중위수들이 일치한다는 귀무가설 검정에 부호검정을 사용할 수 있다.

부호검정을 하기 위해서는 표본 값들을 순위척도로 구성해야 하지만, 두 모집단 분포 형식들에 대한 제약은 없다. 쌍체표본의 중위수 격차 검정의 수행절차는 다음과 같다.

① 짝 관측치 중에서 첫째 표본 측정치가 둘째 표본 측정치보다 큰 값들의 쌍들에 대해 "+" 부호를, 첫째 표본 측정치가 둘째 표본 측정치보다 작은 값들의 쌍들에 대해 "-" 부호를 할당한다.

② 첫째 및 둘째 표본 측정치들이 동일하다면, 이러한 동점 값들은 분석에서 생략하여 그에 따라 유효 표본크기는 감소한다.

③ 부호검정은 양측 또는 단측 검정 중 하나로 귀무가설과 대립가설을 지정할 수 있다.

- 두 모집단이 동일한 중위수를 갖는다는 가설이 진실이라면, "+" 부호들의 수는 거의 "-" 부호들의 수와 일치
- 검정될 귀무가설은 π 가 "+" 부호의 확률이라면 $H_0 :\ \pi = 0.50$ 로 간주
- 크기가 30개 이상인 대표본의 경우에는 정규분포를 사용하며, 측정치 쌍들을 비교하여 나타나는 "+"와 "-" 부호들의 한 집합에 대해 검정을 수행

④ 성공확률 p=0.50인 경우에는 표본크기 n이 10 이상이면 이항분포는 정규분포에 충분히 근사하므로, 표준정규변수 $Z_0 = \dfrac{R^+ - 0.5n}{0.5\sqrt{n}}$ 을 사용한다.

예제 B.1 제품조립 신형 시스템으로 조립되는 수량들은 모집단 중위수가 시간 당 80단위인 이전 시스템보다 더 클 것이라고 주장된다고 하자.
신형 시스템이 생산에 어떤 이익도 주지 않는다는 귀무가설을 다음 A1:B13구간의 자료를 기초로 5% 유의수준에서 검정하기로 하자.

	A	B	C	D	E	F	G	H	I
1	시간별 작업표본	조립수량 (X)	격차(X-80)의 부호	+ 부호의 수 a	9	=COUNTIF($C$2:$C$13,"+")			
2	1	75	-	- 부호의 수 b	2	=COUNTIF($C$2:$C$13,"-")			
3	2	85	+	유효 표본크기	11	=E1+E2			
4	3	92	+	P(X≥a | n=11, π=0.50)		3.27%	=1-BINOM.DIST(E1-1,E3,0.5,1)		
5	4	80							
6	5	94	+						
7	6	90	+						
8	7	91	+						
9	8	76	-						
10	9	88	+						
11	10	82	+						
12	11	96	+						
13	12	83	+						

① 귀무가설과 대립가설의 설정

- 신형 시스템이 구형 시스템과 생산성이 같다는 귀무가설 $H_0: Med = 80$ 과 신형 시스템 생산성이 높다는 대립가설 $H_1: Med > 80$ 의 단측검정 가설을 설정
- 모집단 분포에 대한 가정이 없으므로, 비모수검정이 적합하므로 부호검정을 사용
- 생산량 격차 $d = X - 80$ 의 양의 부호들이 모집단에서 차지하는 비율 π 를 조건으로 귀무가설과 대립가설을 다음과 같이 규정
  $H_0: \pi = 0.50$ 과 $H_1: \pi > 0.50$

② 자료 입력과 부호들의 수 및 유효 표본크기의 계산

- A1:B13구간에 자료를 입력
- C2:C13구간을 지정, 수식입력줄에 “=IF(B2<80,"−",IF(B2>80, "+",""))”를 입력 후 “Ctrl+Enter”를 클릭하여 각 관찰치에 대한 격차의 부호를 동시 계산
- E1셀에 “=COUNTIF($C$2:$C$13,"+")”를, E2셀에 “=COUNTIF($C$2:$C$13,"−")”를 입력하여 각각 “+”와 “−”의 수를 계산

- E3셀에 "=E1+E2"를 입력하여 유효 표본크기를 11로 계산

③ P-값 계산과 가설검정 의사결정

- F4셀에 "=1-BINOM.DIST(E1-1,E3,0.5,1)"을 입력하여, "+"부호의 수가 E1셀의 숫자인 9 이상으로 나타날 누적확률을 계산하여, 통계량의 P-값으로 규정
- F4셀의 "+"의 수가 9개 이상으로 나타날 누적확률이 3.271%이어서 5%보다 작기 때문에, 단측검정의 귀무가설은 기각
- 귀무가설이 사실인 경우에 "+"가 9개 이상일 확률이 3.27%인 것을 반영
- 대립가설 채택으로 신형 시스템 중위수 생산량이 80개보다 크다는 결론 획득

예제 B.2 여러 기준을 기초로 하는 점수평가시스템에 따라 두 브랜드의 콜라를 평가하도록 부탁받은 소비자 심사원단(consumer panel)은 14명이라고 하자.

평점이 구간 A1:C16과 같은 브랜드 1과 2의 콜라에 대해 이러한 평점 수준에는 어떤 격차도 없다는 귀무가설을 5% 유의수준에서 검정하기 위해 부호검정을 사용할 수 있다.

	A	B	C	D	E	F	G	H
1	심사단	각 브랜드의 점수		점수격차				
2	구성위원	브랜드 1	브랜드 2	부호				
3	1	20	16	+				
4	2	24	26	-				
5	3	28	18	+				
6	4	24	17	+				
7	5	20	20					
8	6	29	21	+				
9	7	19	23	-				
10	8	27	22	+				
11	9	20	23	-				
12	10	30	20	+				
13	11	18	18					
14	12	28	21	+				
15	13	26	17	+				
16	14	24	26	-				
17	"+" 의 수	8	유효표본크기	12				
18	"-" 의 수	4	n					
19	가설 설정된 "+" 확률 π			0.5				
20	P(X≥8| n=12, π=0.50)			="P(X≥"&B17&"| n="&D17&", π="&TEXT(D19,"0.00")&")"				
21	0.193847656			=1-BINOM.DIST(B17-1,D17,D19,1)				
22	양측검정 P값			0.387695	=2*A21			

① 자료 입력과 가설 설정

- A1:C16구간에 자료를 입력

- 귀무가설 H_0 : $\pi = 0.50$ 과 대립가설 H_1 : $\pi \neq 0.50$ 을 설정

② 격차 부호규명과 유효 표본크기 계산

- D3:D16구간 지정, 수식입력줄에 "=IF(B3>C3,"+",IF(B3<C3,"-",""))" 입력, "Ctrl+ Enter"를 클릭하여 브랜드 1이 2보다 높은 점수이면 "+", 낮은 점수이면 "-", 동점을 갖는다면 공란이 되도록 동시 설정
- B17셀에 "=COUNTIF($D$3:$D$16,"+")"을 입력하여 "+" 부호 개수를 계산
- B18셀에 "=COUNTIF($D$3:$D$16,"-")"를 입력하여 "-" 부호 개수를 계산
- D17셀에 "=B17+B18"을 입력하여 유효 표본크기 n을 계산

③ 가설검정

- 유효 관측치 쌍들의 수 $n(=12) < 30$ 이므로, 검정을 위해서는 이항분포가 적합
- 가설검정의 P값 접근법(P-value approach to hypothesis testing)을 사용하여 유효 표본크기 12개 중에서 8개 이상의 "+" 부호가 발생할 확률이 5%에 미달하면 귀무가설 기각이 가능
- D19셀에 "0.50"을 입력
- A20셀에 "="P(X≥"&B17&"| n="&D17&", π="&TEXT(D19,"0.00")&")""을 입력하여 B17셀, D17셀, D19셀 값들의 변동에 따라 자동 연동되는 P값 조건을 설정
- A21셀에 "=1-BINOM.DIST(B17-1,D17,D19,1)"을 입력, 단측검정의 P값을 19.38%로 계산, 이는 5% 이상의 값이어서 귀무가설을 기각할 수 없음
- 양측검정으로 첫째 브랜드의 콜라가 둘째 브랜드 콜라보다 점수가 높아 "+" 부호가 그 기대치 6(=12×0.50)을 초과하거나 또는 그 기대치 6을 미달할 확률은 단측검정 P값에 2를 곱하여 0.3877로 다음과 같이 계산
- D22셀에 "=2*A21"을 입력하여, 양측검정의 P값을 0.3877로 계산
- D22셀의 값이 5% 확률수준보다 아주 크기 때문에 선호 일치의 귀무가설이 기각되지 않는다는 것을 반영

B.3 Mann-Whitney U 검정

Mann-Whitney U 검정(U test)은 Wilcoxon 순위합검정(rank-sum test)이라고도 하며, 두 독립표본들이 동일한 상대도수분포를 갖는 두 모집단들로부터 표집되었는지의 여부를 검정한다. 부호검정과는 달리, Mann-Whitney U 검정은 각 표본의 관찰치 순위들을 직접 고려한다.

Mann-Whitney U 검정은 두 모집단들이 동일한 형식과 산포를 갖는다고 가정하여, 순위척도로 구성된 두 독립적인 무작위 표본들의 값들을 사용한다.

- 두 표본들을 하나의 순서 배열에 통합하고, 각 표본 값은 원래 표본그룹에 따라 규명
- 가장 낮은 표본 값에 순위 1을 할당하여 가장 높은 순위부터 가장 낮은 순위까지 순위를 설정
- 대등하거나 또는 동일한 값들에 대해 평균 순위를 할당하여, 순위들 합계를 계산
- U 통계량(statistic)과 그 평균 및 표준편차를 계산하여 각 표본그룹에 대한 순위들의 평균이 일치한다는 귀무가설을 검정

첫째 및 둘째 표본들의 크기를 각각 n_1과 n_2로, 첫째 및 둘째 표본의 순위들의 합을 각각 R_1과 R_2로 표시하자. 그리고 계산된 통계량은 다음과 같이 U로 지정하여, 두 무작위표본들 중 하나에서의 순위들 합을 기초로 검정을 수행한다.

(B.1.1) $$U_1 = n_1 n_2 + \frac{n_1(n_1+1)}{2} - R_1$$

(B.1.2) $$U_2 = n_1 n_2 + \frac{n_2(n_2+1)}{2} - R_2$$

$n_1 > 10$과 $n_2 > 10$이며 귀무가설이 진실인 경우에, U의 표집분포는 거의 정규분포를 따르며 그 모수들은 다음과 같이 계산한다.

$$\text{(B.2)} \quad \mu_U = \frac{n_1 n_2}{2}$$

$$\text{(B.3)} \quad \sigma_U = \sqrt{\frac{n_1 n_2 (n_1 + n_2 + 1)}{12}}$$

$U = U_1 = U_2$ 과 같이 두 모집단들의 분포가 일치한다는 귀무가설에 대한 검정통계량의 Z값을 U_1 과 U_2 중에서 더 큰 값을 사용하여 다음과 같이 계산한다.

$$\text{(B.4)} \quad z = \frac{U - \mu_U}{\sigma_U}$$

$n_1 < 10$, $n_2 < 10$, 또는 $n_1, n_2 < 0$ 인 경우의 자료를 사용한 검정에는 정규확률분포 사용이 불가능하다.

예제 B.3 견습공 교육을 위한 두 방법을 평가 및 비교하기 위해, 훈련감독이 15명의 무작위로 선정된 훈련생들에게 두 방법 중 하나를 할당한다고 하자. 중도 탈락으로 인해 14명의 견습생이 방법 1로 교육된 과정을 완성하고, 12명의 견습생들이 방법 2로 교육된 과정을 이수했다. 동일한 달성도 검정(achievement test)을 두 훈련생그룹들에 대해 수행한 결과는 다음 A1:O2 구간과 같다. 검정성과의 중위수 수준이 두 교육방법에 대해 동일하다는 양측검정의 귀무가설을 5% 유의수준에 대해 다음과 같이 검정할 수 있다.

	A	B	C	D	E	F	G	H	I	J	K	L	M	N	O
1	방법 1	70	90	82	64	86	77	84	79	82	89	73	81	83	66
2	방법 2	86	78	90	82	65	87	80	88	95	85	76	94		
3	점수	방법	전체 순위	실순위	방법 1 순위	방법 2 순위	n_1	14	=COUNT(B1:O1)						
4	64	1	1	1	1		n_2	12	=COUNT(B2:O2)						
5	65	2	2	2		2	U_1	112	=H3*H4+H3*(H3+1)/2-E30						
6	66	1	3	3	3		U_2	56	=H3*H4+H4*(H4+1)/2-F30						
7	70	1	4	4	4		μ_U	84	=H3*H4/2			H_0로 지정			
8	73	1	5	5	5		σ_U	19.442	=SQRT(H3*H4*(H3+H4+1)/12)						
9	76	2	6	6		6	z	1.4402	=(H5-H7)/H8						
10	77	1	7	7	7		P(z)	92.51%	=NORM.S.DIST(H9,1)						
11	78	2	8	8		8	$z_{2.5\%}^C$	-1.96	=NORM.S.INV(2.5%)						
12	79	1	9	9	9		$z_{97.5\%}^C$	1.96	=NORM.S.INV(1-2.5%)						
26	90	1	23	23.5	23.5										
27	90	2	23	23.5		23.5									
28	94	2	25	25		25									
29	95	2	26	26		26									
30	합계				161.0	190.0									

① 자료입력과 점수 오름차순 정렬

- A1:O2구간에 자료 입력
- B1:O1구간을 지정, “Ctrl+C”로 복사한 후에 A4셀을 커서로 지정하고, 마우스 오른쪽 단추를 눌러 생성된 대화상자에서 “선택하여 붙여 넣기→행/렬 바꿈→확인”을 클릭, 다시 B4:B17구간을 지정 수식입력줄에 “1”을 입력 후 “Ctrl+Enter”를 클릭
- B2:M2구간을 지정, “Ctrl+C”로 복사한 후에 A18셀을 커서로 지정하고, 마우스 오른쪽 단추를 눌러 생성된 대화상자에서 “선택하여 붙여 넣기→행/렬 바꿈→확인”을 클릭, 다시 B18:B29구간을 지정 수식입력줄에 “2”를 입력 후 “Ctrl+Enter”를 클릭
- A4:B29구간을 지정, 도구모음줄에서 오름차순 정렬 도구 “”를 클릭하여, 낮은 값에서 높은 값으로 점수를 정렬
- C4:C29구간을 지정, 수식입력줄에 “=RANK(A4,$A$4:$A$29,1)”을 입력, “Ctrl+ Enter”를 클릭하여 오름차순 순위를 결정
- D4:D29구간을 지정, 수식입력줄에 “=C4”를 입력, “Ctrl+ Enter”를 클릭하고, 순위가 동일한 자료값들에는 평균 순위를 적용
- E4:E29구간을 지정, 수식입력줄에 “=IF(B4=1,D4,"")”를 입력, “Ctrl+Enter”를 클릭하여 방법 1의 순위들을 표시
- F4:F29구간을 지정, 수식입력줄에 “=IF(B4=2,D4,"")”를 입력, “Ctrl+Enter”를 클릭하여 방법 2의 순위들을 표시

② 양측가설 검정

- E30:F30구간을 지정, 수식입력줄에 “=SUM(E4:E29)”를 입력, “Ctrl+Enter”를 클릭하여 R_1 과 R_2 를 동시 계산
- H3셀에 “=COUNT(B1:O1)”을, H4셀에 “=COUNT(B2:O2)”를 입력하여 n_1 과 n_2 를 각각 계산
- H5셀에 “=H3*H4+H3*(H3+1)/2-E30”을, H6셀에 “=H3*H4+H4*(H4+1)/2-F30”을 입력하여 (B.1.1)식과 (B.1.2)식에 따라 검정통계량 U_1 과 U_2 를 계산
- H7셀에 “=H3*H4/2”를, H8셀에 “=SQRT(H3*H4*(H3+H4+1)/12)”를 입력하여 (B.2)식과 (B.3)식에 따라 μ_U 와 σ_U 를 계산
- 하나의 검정통계량만 사용하므로, H5>H6이므로 H9셀에 “=(H5-H7)/H8”입력하여 (B.4)식에 따라 검정통계량의 Z값을 계산
- H10셀에 “=NORM.S.DIST(H9,1)”를 입력하여, 검정통계량 Z값의 누적확률이 2.5%를 초과하고, 97.5%에 미달하는 것을 확인, 이는 귀무가설 채택을 반영
- H11셀에 “=NORM.S.INV(2.5%)”를, H12셀에 “=NORM.S.INV(1-2.5%)”를 입력하여 5% 유의수준에서의 양측검정에 대한 채택구간의 좌측 및 우측 임계치들을 계산, H9셀의 Z값이 채택역에 속하므로, 귀무가설은 기각될 수 없음

B.4 Wilcoxon 검정

쌍체 관찰치들을 갖는 두 모집단들의 비교는 Wilcoxon 부호순위검정(signed-rank test)으로 수행할 수 있다. Wilcoxon 부호순위검정은 단일 모집단의 관찰치와 중위수간 격차의 부호와 정도를 처리하고, 또한 쌍체 표본들에서 관찰치들간의 격차의 부호뿐만 아니라 정도를 사용하여 검정을 수행한다.

B.4.1 대칭연속분포의 경우

Wilcoxon 부호순위검정은 중위수와 평균이 일치하는 대칭연속분포의 경우에 적용되며, 다음과 같이 수행한다.

① 모집단 중위수에 대해 설정한 어떤 값 m_0 에 대해 "$\mu = m_0$"의 H_0 를 검정

② 평균(과 중위수) μ 를 갖는 어떤 연속대칭분포에서 추출한 무작위 표본들을 X_i 로 표시, $i = 1, \ldots, n$

③ 격차들 $d_i = X_i - m_0$ 을 계산하고, 그 절대치들 $|d_i|$ 의 순위를 오름차순으로 설정

④ 양과 음으로 나타나는 해당 격차들의 부호들에 대한 순위를 설정

⑤ 양의 순위들 합 w^+ 와 음의 순위들 합의 절대치 w^- 에서 $w = \min(w^+, w^-)$ 를 계산 후 유의수준 α 에 따른 w의 기각치 w_α^* 와 비교

⑥ w의 기각치 w_α^* 는 〈표 B-1〉과 같고, 약간 대표본이어서 20을 초과하는 부호를 갖는 유효 표본크기 n에 대해 평균 n(n+1)/4와 분산 n(n+1)(2n+1)/24를 갖는 정규분포를 사용하여 계산

⑦ 양측검정에서 w 의 값 w 가 w_α^* 이하이면, 귀무가설 $H_0: \mu = m_0$ 의 기각과 대립가설 $H_1: \mu \neq m_0$ 의 채택

⑧ 우측꼬리 단측검정 $H_1: \mu > m_0$ 의 경우에 $w^- \le w_\alpha^*$ 이면 귀무가설 $H_0: \mu = m_0$ 의 기각

⑨ 좌측꼬리 단측검정 $H_1: \mu < m_0$ 의 경우에 $w^+ \le w_\alpha^*$ 이면 귀무가설 $H_0: \mu = m_0$ 의 기각

〈표 B-1〉 Wilcoxon 통계량 w의 유의수준별 기각치

단측 검정 α		5%	2.50%	1%	0.50%
양측 검정 α		10%	5.00%	2%	1.00%
유효 표본 크기	4				
	5	0			
	6	2	0		
	7	3	2	0	
	8	5	3	1	0
	9	8	5	3	1
	10	10	8	5	3
	11	13	10	7	5
	12	17	13	9	7
	13	21	17	12	9
	14	25	21	15	12
	15	30	25	19	15
	16	35	29	23	19
	17	41	34	27	23
	18	47	40	32	27
	19	53	46	37	32
	20	60	52	43	37
	21	67	58	49	42
	22	75	65	55	48
	23	83	73	62	54
	24	91	81	69	61
	25	100	89	76	68

B.4.2 쌍체표본의 경우

대응 쌍의 표본들에 대해 Wilcoxon 검정은 두 모집단간 중위수 격차가 0이라는 귀무가설에 대한 검정을 다음 절차들을 통해 수행한다.

① 귀무가설 $H_0: \mu_D = \mu_1 - \mu_2 = 0$ 을 격차들 절대치의 오름차순 정렬을 수행한 결과를 이용하여, 양의 순위들 합 w^+ 와 음의 순위들 합의 절대치 w^- 에서 $w = \min(w^+, w^-)$ 를 계산 후 유의수준 α 에 따른 w의 기각치 w_α^* 와 비교한다.

- (X_{1j}, X_{2j}), j=1,2,...,n이 단지 평균들이 다른 2개의 연속분포들로부터 추출한 쌍체 관찰치들의 집합인 경우에 격차들 $D_j = X_{1j} - X_{2j}$ 는 연속대칭분포를 이룸

② 가설검정을 수행한다.

- 양측검정에서 w 의 값 w 가 w_α^* 이하이면, 귀무가설 $H_0: \mu_D = 0$ 의 기각과 대립가설 $H_1: \mu_D \neq 0$ 의 채택
- 우측꼬리 단측검정 $H_1: \mu_D = \mu_1 - \mu_2 > 0$ 의 경우에 $w^- \leq w_\alpha^*$ 이면 귀무가설 $H_0: \mu_D = 0$ 의 기각
- 좌측꼬리 단측검정 $H_1: \mu_D = \mu_1 - \mu_2 < 0$ 의 경우에 $w^+ \leq w_\alpha^*$ 이면 귀무가설 $H_0: \mu_D = 0$ 의 기각

예제 B.4 예제 B-1의 자료를 사용하여 시간당 평균 작업량이 80이라는 귀무가설 에 대해 Wilcoxon검정을 수행하고, Wilcoxon 통계량 w가 5% 유의수준의 기각치보다 작아 5%에서는 귀무가설이 기각되는 것을 볼 수 있다.

	A	B	C	D	E	F	G	H	I	J	K	L	M
1	시간별	조립단위	격차 d	|d|	|d|	|d|	부호 순위		w	7.5	=MIN(G15:H15)		
2	작업표본	수량(X)	(X-80)		실 순위	순위	+	-	α	5%			
3	1	75	-5	5	4	4.5		4.5	유효표본크기 n	11			
4	2	85	5	5	4	4.5	4.5		평균	33	=J3*(J3+1)/4		
5	3	92	12	12	9	9	9		표준편차	11.25	=SQRT(J3*(J3+1)*(2*J3+1)/24)		
6	4	80	0	0					w_α^*	10	=INT(NORM.INV(J2/2,J4,J5))		
7	5	94	14	14	10	10	10						
8	6	90	10	10	7	7	7						
9	7	91	11	11	8	8	8						
10	8	76	-4	4	3	3		3					
11	9	88	8	8	6	6	6						
12	10	82	2	2	1	1	1						
13	11	96	16	16	11	11	11						
14	12	83	3	3	2	2	2						
15	계						58.5	7.5					

① 가설 설정과 격차 및 부호 순위 합계 작성

- H_0 : $Med = 80$ 과 H_1 : $Med \neq 80$ 의 가설을 설정
- C3:C14구간을 지정, 수식입력줄에 "=B3-80"을 입력, "Ctrl+Enter"를 클릭
- D3:D14구간을 지정, 수식입력줄에 "=ABS(C3)"을 입력, "Ctrl+Enter"를 클릭
- E3:E14구간을 지정, 수식입력줄에 다음 식을 입력한 후에 "Ctrl+Enter"를 클릭하여 절대값 기준으로 오름차순 순위를 각 관찰치 쌍들에 대해 동시 계산
  "=IF(D3=0,"",RANK(D3,($D$3:$D$5,$D$7:$D$14),1))"
- F3:F4구간을 지정, 수식입력줄에 "=AVERAGE(4,5)"를 입력 후 "Ctrl+Enter"를 클릭하여 동일한 순위를 전체 순위에 맞도록 전환
- F5:F14구간 지정, 수식입력줄에 "=IF(E5="","",E5)"를 입력 후 "Ctrl+Enter"를 클릭하여 전체 순위에 맞도록 전환
- G3:G14구간을 지정, 수식입력줄에 "=IF(C3〉0,F3,IF(C3=0,"",""))"을 입력 후 "Ctrl+ Enter"를 클릭
- H3:H14구간을 지정, 수식입력줄에 "=IF(C3〈0,F3,IF(C3=0,"",""))"을 입력 후 "Ctrl+ Enter"를 클릭

② Wilcoxon 통계량 w와 기각치 및 검정 수행

- J1셀에 "=MIN(G15:H15)"를 입력하여 w를 계산
- J2셀에 유의수준 5%를 입력
- J3셀에 "=COUNT(F3:F14)"를 입력하여 유효 표본크기를 계산
- J4셀에 "=J3*(J3+1)/4"를, J5셀에 "=SQRT(J3*(J3+1)*(2*J3+1)/24)"를 입력하여 w의 평균과 표준편차를 각각 계산
- J6셀에 "=INT(NORM.INV(J2/2,J4,J5))"를 입력하여 w의 기각치 계산, $w < w_\alpha^*$로 나타나 귀무가설 기각, 중위수가 80과는 다르다는 대립가설을 채택

B.5 Kruskal-Wallis 검정

Kruskal-Wallis 검정은 순위를 이용한 분산분석의 일원 완전 무작위설계와 동등한 비모수검정으로, 여러 모집단들이 동일한 중위수들을 갖는다는 귀무가설을 검정하는데 사용하는 F검정의 대안적 방법이다.

K관찰치의 총합계가 $N = \sum_{i=1}^{a} n_i$ 이고, 모든 N개 관찰치들을 작은 것을 1위로 하여 오름차순으로 N위까지 정렬을 한 상황을 가정한다.

- a개 표본들인 1부터 a집단들의 평균들이 동일하다는 귀무가설이 참인 경우에, a개 표본들에 대해 N개 순위들의 모든 가능한 할당이 거의 균등하게 발생
- $H_0: \mu_1 = \mu_2 = \cdots = \mu_a$ 가 참이 아닌 경우에 일부 표본들은 압도적으로 작은 순위를 갖는 관찰치들로 구성되고, 다른 표본들은 큰 순위들을 주로 갖는 관찰치들로 구성
- R_{ij}가 관찰치 Y_{ij}의 순위, i번째 처리가 갖는 n_i순위들의 합계 및 평균을 각각 R_i와 $\overline{R}_i$로 표시할 경우에 귀무가설이 참이면 $E(R_{ij})$와 $E(\overline{R}_i .)$는 동일하게 $E(\overline{R}_i .) = \sum_{j=1}^{n_i} E(R_{ij}) / n_i = E(R_{ij}) = (N+1)/2$ 로 발생
- Kruskal-Wallis 검정은 실제 관찰된 평균순위들 $\overline{R}_i$가 그들의 기대치 (N+1)/2로부터 괴리된 정도를 다음 검정통계량으로 측정하여, 그 격차가 크면 H_0를 기각

$$H = \frac{12}{N(N+1)} \sum_{i=1}^{a} n_i \left(\overline{R}_i . - \frac{N+1}{2} \right)^2 = \frac{12}{N(N+1)} \sum_{i=1}^{a} n_i \frac{\overline{R}_i^2 .}{n_i} - 3(N+1) \tag{B.5}$$

$a = 3$ 인 경우에 $n_i \geq 6$ 이거나 $a > 3$ 인 경우에 $n_i \geq 5$ 이면서, H_0가 참이라면, 검정통계량 H는 거의 $a-1$ 의 자유도를 갖는 카이자승 분포를 따름 → 관찰된 H 검정통계

량의 값 h가 $h \geq \chi^2_{a-1,\alpha}$가 되면 H_0를 기각

쌍체 관찰치들의 경우에 검정통계량은 순위들의 분산 S^2과 i번째 처리에서 관찰치들의 수 n_i, 관찰치들의 총합계 N을 사용하여 다음과 같이 전환한다.

$$\text{(B.6.1)} \quad H = \frac{1}{S^2}\left[\sum_{i=1}^{a}\frac{\overline{R}_{i\cdot}^2}{n_i} - \frac{N(N+1)^2}{4}\right]$$

$$\text{(B.6.2)} \quad S^2 = \frac{1}{N-1}\left[\sum_{i=1}^{a}\sum_{j=1}^{n_i}R_{ij}^2 - \frac{N(N+1)^2}{4}\right]$$

순위가 다른 표본들의 값과 대등하게 발생하는 관찰치들에 대해 (A.5)의 H는 j번째 표본의 대등점수들의 수를 t_j로 표시하여 수정치(corrected value)를 H_C로 다음과 같이 전환된다.

$$\text{(B.7)} \quad H_C = \frac{H}{1 - \dfrac{\sum(t_j^3 - t_j)}{N^3 - N}}$$

(B.7)식을 적용하면 H 통계량이 증가되어야 하고, (A.6)식에 따른 미수정된 H에 의해 귀무가설이 기각된다면 수정은 불필요

예제 B.5 A1:F4구간의 자료와 같이 교수법에 따라 할당된 견습생들로 구성된 표본크기 n=5의 각 무작위 표본에 대한 성취도 점수가 주어진다고 하자.

3개의 다른 교수법에 대한 평균 성취도 수준이 다르지 않다는 귀무가설을 검정한다고 하자.

그런데 크기가 작은 표본들이어서 3개 모집단들이 정규분포되어 있다는 가정이 필요하지만, 정규분포 가정을 할 수 없는 경우에 5% 유의수준에서 귀무가설을 Kruskal-Wallis검정법으로 검정할 수 있다.

	A	B	C	D	E	F	G	H	I	J	K
1	교수법	검정 점수					총점수	평균 점수	그룹	크기	
2	1	86	79	81	70	84	400	80	n_1	5	=COUNT(B2:F2)
3	2	90	76	88	82	89	425	85	n_2	5	
4	3	82	68	73	71	81	375	75	n_3	5	
5	점수	방법	총순위	실 순위	방법 1	방법 2	방법 3	N	15	=COUNT(B2:F4)	
6	68	3	1	1			1	H	4.995	=(12/(I5*(I5+1)))*(E21^2/J2+F21^2/J3+G21^2/J4)-3*(I5+1)	
7	70	1	2	2	2			K	3	=COUNT(A2:A4)	
8	71	3	3	3			3	df	2	=I7-1	
9	73	3	4	4			4	$\chi^2_{5\%}$	5.991	=CHISQ.INV.RT(5%,I8)	
10	76	2	5	5		5		H_c	5.004	=I6/(1-((1^3-1)+(1^3-1)+(2^3-2))/(I5^3-I5))	
11	79	1	6	6	6						
12	81	1	7	7.5	7.5						
13	81	3	7	7.5			7.5				
14	82	2	9	9.5		9.5					
15	82	3	9	9.5			9.5				
16	84	1	11	11	11						
17	86	1	12	12	12						
18	88	2	13	13		13					
19	89	2	14	14		14					
20	90	2	15	15		15					
21				R_j	38.5	56.5	25.0				

① 자료 입력과 오름차순 정렬

- A2:F3구간에 자료 입력
- G2:G4구간 지정, 수식입력줄에 "=SUM(B2:F2)" 입력 후 "Ctrl+Enter"를 클릭
- H2:H4구간 지정, 수식입력줄에 "=AVERAGE(B2:F2)" 입력 후 "Ctrl+Enter" 클릭
- J2:J4구간 지정, 수식입력줄에 "=COUNT(B2:F2)" 입력 후 "Ctrl+ Enter"를 클릭하여 n_1, n_2, n_3을 동시 계산
- B2:F2구간 지정, "Ctrl+C"로 복사 후 A6셀을 커서로 지정하고, 마우스 오른쪽 단추를 눌러 생성된 대화상자에서 "선택하여 붙여 넣기→행/렬 바꿈→확인"을 클릭, 다시 B6:B10구간을 지정, 수식입력줄에 "1"을 입력 후 "Ctrl+Enter"를 클릭
- B3:F3구간 지정, "Ctrl+C"로 복사 후 A11셀을 커서로 지정하고, 마우스 오른쪽 단추를 눌러 생성된 대화상자에서 "선택하여 붙여 넣기→행/렬 바꿈→확인"을 클릭, 다시 B11:B15구간을 지정 후 수식입력줄에 "2"를 입력 후 "Ctrl+Enter" 클릭
- B3:F3구간을 지정, "Ctrl+C"로 복사 후 A18셀을 커서로 지정하고, 마우스 오른쪽 단추를 눌러 생성된 대화상자에서 "선택하여 붙여 넣기→행/렬 바꿈→확인"을 클릭, 다시 B16:B20구간을 지정 수식입력줄에 "3"을 입력 후 "Ctrl+Enter"를 클릭

- A6:B20구간을 지정, 도구모음줄에서 오름차순 정렬 도구 “”를 클릭하여, 낮은 값에서 높은 값으로 점수를 정렬
- C6:C20구간을 지정, 수식입력줄에 “=RANK(A6,$A$6:$A$20,1)”을 입력, “Ctrl+ Enter”를 클릭하여 순위를 결정
- D6:D20구간을 지정, 수식입력줄에 “=C6”을 입력, “Ctrl+ Enter”를 클릭
- 순위가 동일한 자료값들에는 평균 순위를 적용하도록, 다음 구간들을 지정하여 각 수식을 수식입력줄에 입력한 후에 “Ctrl+ Enter”를 클릭
  - D12:D13구간 : “=AVERAGE($C$12,$C$12+1)”
  - D14:D15구간 : “=AVERAGE($C$14,$C$14+1)”
- E6:E20구간을 지정, 수식입력줄에 “=IF(B6=1,D6,"")”를 입력, “Ctrl+ Enter”를 클릭하여 방법 1의 순위들을 표시
- F6:F20구간을 지정, 수식입력줄에 “=IF(B6=2,D6,"")”를 입력, “Ctrl+ Enter”를 클릭하여 방법 2의 순위들을 표시
- G6:G20구간을 지정, 수식입력줄에 “=IF(B6=3,D6,"")”를 입력, “Ctrl+ Enter”를 클릭하여 방법 3의 순위들을 표시

② 우측꼬리 단측가설 검정

- 귀무가설 $H_0 : Med_1 = Med_2 = Med_3$ 와 대립가설 $H_1 : H_0$는 거짓 을 설정
- E21:G21구간을 지정, 수식입력줄에 “=SUM(E6:E20)”를 입력, “Ctrl+Enter”를 클릭하여 R_1, R_2, R_3을 동시 계산
- I5셀에 “=COUNT(B2:F4)”을 입력하여 전체 자료의 크기를 계산
- I6셀에 “=(12/(I5*(I5+1)))*(E21^2/J2+F21^2/J3+G21^2/J4)-3*(I5+1)”을 입력하여 (B.5)식에 따라 검정통계량 H를 계산
- I7셀에 “=COUNT(A2:A4)”를 입력하여 표본들의 수를 3으로 계산
- I8셀에 “=I7-1”을 입력하여 검정통계량 H의 자유도를 계산
- I9셀에 “=CHISQ.INV.RT(5%,I8)”을 입력, 자유도 2에서의 5% 유의수준에 대한 우측단측검정의 χ^2 임계값을 5.991로 계산, 이는 검정통계량 H=4.995보다 크기 때문에 귀무가설을 5% 유의수준에서 기각하는 것이 불가능한 것을 반영
- 표본 1은 표본 3과 81이 7위로 대응되고, 표본 2는 표본 3과 82가 9위로 대응되므로, $t_1 = t_2 = 1$ 과 $t_3 = 2$ 가 되므로, (B.7)식과 같이 H 검정통계량의 값이 증가하도록 I10셀에 “=I6/(1-((1^3-1)+(1^3-1)+(2^3-2))/(I5^3-I5))”를 입력하여 수정 검정통계량 H_C를 5.004로 계산
- 수정 검정통계량 역시 카이자승 임계값인 5.991보다 작아, 각 교수법 모집단이 동일한 중위수를 갖는다는 귀무가설은 5% 유의수준에서 기각될 수 없음

B.6 Wald-Wolfowitz의 연 검정

Wald-Wolfowitz의 연 검정(run test)은 관측치 등으로 구성된 수열(數列)인 연(run)에 대하여, 각 관측치가 두 범주 중 한 범주에 대해 할당될 수 있는 어떤 수열의 무작위성을 검정하는데 사용된다.

특히 두 표본이 동일 모집단에서 표본추출이 되었는가의 여부를 검정하는 Mann-Whitney U검정(U-test)이 적절하지 않은 경우에 사용할 수 있다.

너무 적거나 또는 너무 많은 연들은 관측치들의 수열이 확률적 수열(random sequence)이라는 귀무가설을 우연히 기각할 것이라는 예상을 제공

유사 항목들로 구성된 연들의 수는 관찰된 연들의 수를 나타내도록(지명하도록) 사용된 기호 R을 갖는 표본자료에 대해 결정이 가능

표집된 한 형태의 항목들의 수 n_1 과 표집된 둘째 형태의 항목들의 수를 n_2 를 갖는 경우에 수열이 확률적인 R검정 통계량의 표집분포에 관련된 평균과 표준편차의 계산 공식

(B.8.1) $$\mu_R = \frac{2n_1 n_2}{n_1 + n_2} + 1$$

(B.8.2) $$\sigma_R = \sqrt{\frac{2n_1 n_2 (2n_1 n_2 - n_1 - n_2)}{(n_1 + n_2)^2 (n_1 + n_2 - 1)}}$$

$n_1 > 20$ 또는 $n_2 > 20$ 이라면, r 의 표집분포는 정규분포에 근접하므로 R통계량은 다음의 Z검정 통계량으로 변환 가능

(B.9) $$z = \frac{R - \mu_R}{\sigma_R}$$

$n_1 \leq 20$ 과 $n_2 \leq 20$ 인 경우에, R 검정통계량의 임계치들의 표를 사용

예제 B.6 10명의 개인들로 구성된 어떤 확률표본(random sample)에 대해, 개인들을 남(M)과 여(F)로 구분한 관측치들의 수열(sequence)이 다음과 같다고 하자.

M, M, M, M, F, F, F, F, M, M

이러한 자료들에 대해 3개 연들 또는 3개의 유사항목들의 수열(series of like items)이 존재한다.

예제 B.6 36명의 개인들의 표본을 시장조사에서 면담하였다. 그 표본은 22명의 여성(W)과 14명의 남성(M)으로 구성된다. 그리고 표본 추출된 개인들은 다음 표의 좌에서 우의 순서로 확보되었다.

M,	W	W	W	W	M	M	M	W
M	W	W	W	M	M	W	W	W
W	M	W	W	W	M	M	W	W
W	M	W	M	M	W	W	W	M

이러한 관측치 집합의 무작위성 검정을 위해 5% 유의수준을 사용하여 연의 검정을 다음과 같이 사용할 수 있다. 위의 표본에서 (동일성별로 구성된 수열인) 연의 수 R은 17이다. n_1 은 남자의 수이고, n_2 는 여자의 수인데 $n_1 > 20$ 이므로, 표본추출과정이 확률적이라는 귀무가설을 검정하기 위해 정규분포를 사용할 수 있다.

	A	B	C	D	E	F	G	H	I	J	K	L
1	성별	가변수	연의 수	연 누적수	z 통계량	-0.396	$z_{5\%/2}$ (양측)	1.960	=NORM.S.INV((1+95%)/2)			
2	M	0	1	1			임계치	-1.960	=NORM.S.INV(1-(1+95%)/2)			
3	W	1	1	2	n_1	22	=COUNTIF($A$2:$A$37,"W")					
4	W	1	0	2	n_2	14	=COUNTIF($A$2:$A$37,"M")					
5	W	1	0	2	n	36	=COUNTA(A2:A37)					
6	W	1	0	2	R	17	=D37					
7	M	0	1	3	μ_R	18.111	=2*F2*F3/(F2+F3)+1					
8	M	0	0	3	σ_R	2.807	=SQRT(2*F2*F3*(2*F2*F3-F2-F3)/((F2+F3)^2*(F2+F3-1)))					
36	W	1	0	16								
37	M	0	1	17								

① 자료 정렬과 각 구간의 이름 설정 및 연의 수 계산

- 표의 자료를 A2:A37구간에 정리
- B2:B37구간 지정, 수식입력줄에 "=IF(A2="M",0,1)"을 입력, "Ctrl+Enter"를 클릭하여 M에는 0을, W에는 1의 가변수를 부여
- C2셀에 "1"을 입력

- C3:C37구간 지정, 수식입력줄에 "=IF(A3=A2,0,1)"을 입력, "Ctrl+Enter"를 클릭하여 위와 다른 성별이 발생하면 연의 수를 1만큼 추가하도록 설정
- D2:D37구간 지정, 수식입력줄에 "=SUM($C$2:C2)"를 입력, "Ctrl+Enter"를 클릭

② 범주별 표본크기 결정

- F3셀에 "=COUNTIF($A$2:$A$37,"W")"를 입력하여, 여성의 수 n_1 을 계산
- F4셀에 "=COUNTIF($A$2:$A$37,"M")"을 입력하여, 남성의 수 n_2 를 계산
- F5셀에 "=COUNTA(A2:A37)"을 입력하여, 표본의 총크기를 계산

③ 연 표본분포의 평균 및 표준오차를 계산

- F6셀에 "=D37"을 입력하여 연의 수가 17로 나타나도록 조정
- F7셀에 "=2*F3*F4/(F3+F4)+1"을 입력하여 연 표집분포의 평균을 (A.8.1)식에 따라 18.111로 계산
- F8셀에 "=SQRT(2*F3*F4*(2*F3*F4-F3-F4)/((F3+F4)^2*(F3+F4-1)))"을 입력, 연의 표준편차를 (B.8.2)식에 따라 2.807로 계산

④ Z검정 통계량 및 신뢰구간 계산과 5% 수준의 가설검정

- (B.9)식에 따라 F1셀에 "=(F6-F7)/F8"을 입력, Z검정 통계량을 -0.396으로 계산
- H1셀에 "=NORM.S.INV((1+95%)/2)"와 H2셀에 "=NORM.S.INV(1-(1+95%)/2)"를 입력하여 양측검정의 5% 유의수준 우측 및 좌측 임계값들을 계산
- $n_1 > 20$ 이므로 z검정을 이용하면, F1셀의 값이 H1:H2구간의 절대치보다 작으므로, 이러한 관측치 집합의 무작위성이 성립한다는 귀무가설을 채택

B.7 스피어먼 순위상관검정

Spearman 순위상관검정(rank correlation test)은 순위자료들로 된 두 집합의 관련 강도를 측정하기 위해 고안된 비모수 상관검정방법(nonparametric method of correlation)이다.

스피어먼 순위상관검정은 수치가 없는 (직업, 교육수준, 성별, 주거지 등의) 범주변수들간의 상관정도를 측정하는데 적합하며, 변수들의 정확한 값을 모르는 경우에도 사용할 수 있다.

특히 관찰치의 수가 아주 많은 경우에 상관계수 대신에, 다음의 순위상관계수 r_S의 간단한 공식을 이용하여 편리하게 사용할 수 있다.

(B.10) $$r_S = 1 - \frac{6\sum D^2}{n(n^2-1)}$$

(B.10)식에서 D는 두 변수로 구성된 관찰치 쌍의 순위 격차이며, n은 관찰치의 수를 표시한다. 순위상관의 비모수검정 수행절차는 다음과 같다.

① 귀무가설 H_0 (순위쌍들간에 상관이 없음)을 설정한다.

② 자유도 $n-2$의 t 분포를 갖는 순위상관의 유의성검정 통계량을 계산한다.

(B11) $$t = \frac{r_S}{\sqrt{\frac{(1-r_S^2)}{n-2}}}$$

설정된 유의수준 및 관련자유도에 대한 t (분포변수) 임계값 t_α을 기준으로 귀무가설 H_0의 기각 여부를 결정한다.

- 단측검정의 경우, EXCEL에서 임계값 계산은 "=T.INV(유의확률,자유도)"를 사용
  - 대립가설 H_1 : 순위쌍들은 양(음)으로 상관되어 있음
  - 우측(상부꼬리)검정에서 $t \geq t_\alpha$ 이면, 귀무가설 기각
  - 좌측(하부꼬리)검정에서 $-t \leq -t_\alpha$ 이면, 귀무가설 기각
- EXCEL에서 양측검정의 임계값 계산은 "=T.INV.2T(유의확률,자유도)"를 사용
  - 대립가설 H_1 : 순위쌍들은 상관되어 있음
  - $t \geq t_{\alpha/2}$ 또는 $-t \leq -t_{\alpha/2}$ 이면, 귀무가설 기각

예제 B.7 어떤 회사에서 3년째 근무하고 있는 종업원들의 연간 결근시간과 연봉에 대한 자료가 A1:C16구간과 같이 주어졌다고 가정하자. 이러한 자료를 이용하여 연간 결근시간과 연봉이 통계적으로 유의적인 관계를 갖는지의 여부를 스피어먼 상관계수를 계산하여 설정한 유의수준에 대해 다음과 같이 검정을 수행할 수 있다.

	A	B	C	D	E	F	G
1	종업원 번호	연간 결근시간	연봉 (백만원)	결근시간 오름차순	내림차순 연봉순위	순위격차 D	D^2
2	1	49	15.8	6	5	1	1
3	2	36	17.5	4	4	0	0
4	3	127	11.3	13	14	-1	1
5	4	91	13.2	12	10	2	4
6	5	72	13	9	11	-2	4
7	6	34	14.5	3	7	-4	16
8	7	155	11.8	14	13	1	1
9	8	11	20.2	2	2	0	0
10	9	191	10.8	15	15	0	0
11	10	6	18.8	1	3	-2	4
12	11	63	13.8	8	9	-1	1
13	12	79	12.7	10	12	-2	4
14	13	43	15.1	5	6	-1	1
15	14	57	24.2	7	1	6	36
16	15	82	13.9	11	8	3	9
17	ΣD^2	82	n	15	$n(n^2-1)$	3,360	t 통계량
18	$6\Sigma D^2$	492	r_s	0.854	n-2	13	5.9074
19	검정	유의수준별 t 임계값					
20	구분	1%	5%	10%			
21	단측	-2.6503	-1.7709	-1.3502			
22	양측	3.01228	2.1604	1.77093			

① 자료입력과 자료구간의 이름 지정

- A1:C16구간에 연간 결근시간과 연봉에 대한 자료를 사원별로 입력
- B2:B16구간을 지정 후 이름을 "결"로, C2:C16구간의 이름을 "연"으로 지정

② 연간 결근시간 오름차순 및 연봉의 내림차순 순위결정

- D2:D16구간을 지정한 후에 수식입력줄에 "=RANK(B2,결,1)"을 입력, "Ctrl"을 누른 채로 "Enter"을 클릭, 각 사원에 대한 연간 결근시간의 오름차순 순위를 결정
- E2:E16구간을 지정한 후에 수식입력줄에 "=RANK(C2,연,0)"을 입력하고, "Ctrl+ Enter"를 클릭하여 연봉의 내림차순 순위를 결정

③ 순위상관계수의 계산

- F2:F16구간을 지정하고 수식입력줄에 "=D2-E2"를 입력 후 "Ctrl+Enter"를 클릭하여, 연간 결근시간 오름차순 순위와 연봉 내림차순 순위 격차 D를 계산
- G2:G16구간을 지정하고 수식입력줄에 "=F2^2"를 입력 후 "Ctrl+Enter"를 클릭하여, 연간 결근시간 오름차순 순위(성실성 내림차순순위)와 연봉 내림차순 순위의 격차 자승 D^2 을 계산
- B17셀에 "=SUMXMY2(D2:D16,E2:E16)", B18셀에 "=6*B17", D17셀에 "15", F17셀에 "=D17*((D17^2)-1)"을 입력한 후에 D18셀에 "=1-B18/F17"을 입력하여 스피어먼 순위상관계수를 (A.10)식에 따라 0.854로 계산

④ 유의수준에 대한 가설검정

- B20:D20구간에 검정에 사용할 유의수준들인 1%, 5%, 10%를 입력
- B21:D21구간 지정, 수식입력줄에 "=T.INV(B20,$F$18)"을 입력 후 "Ctrl+Enter"를 클릭하여 단측검정의 유의수준별 임계값을 동시 계산
- t 검정통계량이 단측검정의 1% 유의수준의 t 임계값보다 크기 때문에 1% 유의수준에서도 귀무가설은 기각
- 순위 쌍들은 1% 유의수준에서도 양으로 상관되어 있다는 대립가설을 채택
- B22:D22구간 지정, 수식입력줄에 "=T.INV.2T(C20,$F$18)"을 입력 후 "Ctrl+ Enter"를 클릭하여 양측검정의 유의수준별 임계값을 동시 계산
- t 검정통계량이 양측검정의 1% 유의수준의 t 임계값보다 크기 때문에 1% 유의수준에서도 귀무가설은 기각 → 순위쌍들은 1% 유의수준에서도 서로 상관되어 있다는 대립가설을 채택

APPENDIX C

지수의 계산과 활용

C.1 지수의 개념과 특성
C.2 지수의 계산방식

C.1 지수의 개념과 특성

지수는 특정 기간 동안 관찰치가 변화된 크기를 측정하기 위해 100을 기준으로 사용하는 비율이다.

- 각 지수(index number)는 기준지수(base number)를 주로 100으로 사용하지만, 1 또는 10 등의 다른 숫자의 기준지수 역시 사용 가능
- 기준이 되는 관찰치와 비교 대상의 관찰치를 포함하여 2개 이상의 관찰치 이용
- 분수로 계산한 결과를 정수 또는 소수점(decimal point) 1자리로 표시

C.2 지수의 계산방식

가장 보편적인 지수들은 수량 및 가격지수들이고, 단순한 형식은 주어진 기준 값(base value)에 대해 상대적 시간변화를 측정하는 것이다.

① 상대수량지수(relative quantity index) : 기준기간의 수량 Q_0 를 고정된 값으로 설정하고, 비교기간의 수량 Q_n 이 갖는 비율에 100을 곱하여 환산한 지수 값

(C.1) $I_Q = (Q_n / Q_0) \times 100$

② 상대가격지수(relative quantity index) : 기준기간 가격 P_0 를 고정 값으로 설정하고, 비교기간 가격 P_n 이 갖는 비율에 100을 곱하여 환산한 지수 값

(C.2) $I_P = (P_n / P_0) \times 100$

③ 라스파이레스 가중가격지수(Laspeyres weighted price index) : 기준년도에 구입된 각 상품의 수량에 비례하는 가중치를 기초로 하는 가중평균을 계산하여 측정된 평균가격지수, 기준기간 0과 비교기간 t의 가격 P 및 소비량 Q에 대해

(C.3) $$LPI_t = \frac{\sum_{i=1}^{N} P_{it} Q_{i0}}{\sum_{i=1}^{N} P_{i0} Q_{i0}} \times 100$$

④ 파쉐 가중가격지수(Paasche weighted price index) : 비교년도에 구입된 각 상품의 수량에 비례하는 가중치를 갖는 가중평균을 사용하여 측정된 평균가격지수

(C.4) $$PPI_t = \frac{\sum_{i=1}^{n} P_{it} Q_{it}}{\sum_{i}^{n} P_{i0} Q_{it}} \times 100$$

INDEX

A

absence of perfect multicollinearity 319
absolute kurtosis 84
acceptance region 229
accuracy gain 148
adjacent categories 398
adjusted coefficient of determination 320
adjustment factor 338
algebra 356
analysis of variance 207, 282
analytical or inferential statistics 15
antilogarithm 418
approximate 100(1−α)% two-sided confidence interval 395
approximate class interval 33
arithmetic mean 55
ascending order 33, 64
Associative analysis 14
asymmetry 347
average 32
axiom 356

B

bar charts 39
base number 444
base value 444
basic outcomes 93
Bayes' Rule 102
Bernoulli process 127, 245
Bernoulli random trial 126
Bernoulli random variable 126
best fitting trend line 330
best linear unbiased estimates : BLUE 311
beta coefficients 314
between- treatments sum of squares 404
between-blocks sum of squares 290, 402, 404
between-treatments mean square : MST 283
between-treatments sum of squares 286, 290, 402
binomial coefficient 157
binomial distribution 127
binomial probability distribution 188, 370
binomial theorem 369
block groups 402
block means 403
Boolean additivity 356
Boolean algebra 356
bound 177
box-and-whiskerplot 65
boxplot rule 80
boxplot법칙 80

C

cardinal scale 420
categorical variable 17
causality 18, 302
cause-effect relation 102
cell means 403
census 16, 17
central limit theorem 136, 158
central product moment of order 348
central value 45
chance variable 120
Chebyshev's theorem or inequality 72
chi-square 204
chi-square distribution 190
chunk, incidental or convenience sampling 152
class 33, 37
class interval 33, 45
class limits 45
class mark 18, 45
class midpoint 45
classical probability approach 97

cluster sampling 151
clustering 55
coding 18
coefficient of contingency 399
coefficient of determination 312
coefficient of skewness 348
coefficient of variation 74, 193
collectively exhaustive events 95
column effect 293
combination 362, 364
complement rule 358
complete enumeration 16
composite event 95
composite hypothesis 227
compound event 359
conditional expectation 309
conditional mean 408
conditional probability 99, 102
conditional variance 409
confidence coefficient 177
confidence interval 176
confidence interval estimates 226
confidence level 177
confidence limits or fiducial limits 176
confidence probability content 178
consistency 170
contingency table 104, 275
contingency table tests 275
continuity correction 162
continuous random variable 121
continuous sample spaces 93
continuous time series 328
continuous variable 17
control 149
control group 283
corollary 356
corrected value 434
correction factor 335
correction for continuity 399
correlation coefficient 296, 297
cost savings 148
countably infinite sample space 93
covariance 296, 405
critical value 229
cross-table 104
cumulative binomial function 369
cumulative distribution function 126
cumulative frequency 39
cycle chart 332
cyclical fluctuations 329
cyclical relatives 332

D

data 14, 19
data array 33
de Morgan's law 357
deciles 65
deductive analysis 15
deductive reasoning or inference 176
degree of confidence 177
degree of dispersion 347
degree of freedom 382, 412
density function 136
dependent events 95
dependent variable 18
descending order 33, 64
description 14, 148
Descriptive analysis 14
descriptive statistics 15, 32
deseasonalized data 335
design 14
detailed information 148

deterministic or exact relationship 302
Differences analysis 14
direct or immediate causality 302
discrete function 126
discrete random variable 121, 126
discrete sample spaces 93
discrete time series 328
discrete variable 17
disjoint sets 356, 358
disjoint union 360
distribution 32
distribution-free methods 420
disturbance term 408

E

effective sample size 421
element 17
empirical approach 98
empirical probability 98
empirical rule 73
empty set 95
Erlang distribution 374
Erlang random variable 375
error of measurement 19
error sum of squares : ESS 290, 311, 402, 404, 409
error term 308, 408
estimand 169
estimate 169, 311
estimated standard error 379
estimated standard error of the proportion 216, 388
estimation relation 307
estimation theory 15
estimator 169
event 95
event space 354
exact (true) class limits or class boundaries 45
exclusive hypotheses 226
exhaustive events 95
exhaustive theory hypothesis 226
expectation operator 124
expected frequency 397
expected value 124
experiment 92
experimental groups 283
experimental unit 283
explained variation 413
explanation 148
explanatory variable 18
exponential probability distribution 373
exponential random variable 373
exponential trend curve 418

F

F distribution 207
F variable 385
factor 283
factor level 283
field 354
finite population 17
finite sample space 93
first quartile 64
fitting line 409
frequency 33
frequency distribution 33
frequency probabilities 98
F검정 통계량 414
F분포 207, 385
F비율 283, 286
F통계량 312

G

gamma distribution 374
gamma random variable 375
Gaussian and non-Gaussian time series 329
Gaussian distribution 137
general rule of addition 359
general rule of multiplication 360
geometric distribution 130
geometric mean 55
geometric probability distribution 130
Gompertz곡선 418
good estimator 154
goodness-of-fit test 272
grouped data 33, 345

H

harmonic mean 56
Histograms 39
homoscedasticity 310, 393
hypergeometric distribution 132
hypothesis 227
hypothesis testing 16, 168, 226
hypothesis- testing theory 15

I

impossible event 95
independent events 101
independent samples 256
independent variable 18
independently and identically distributed 127
index number 444
indirect or proximate causality 302
inductive reasoning 15
inductive reasoning or inference 176
inference 14
Inferential analysis 14
inferential statistical analysis 168
infinite population 17
interaction 289
interaction sum of squares 404
intercept coefficient 308
interquartile range 77
interval estimation 176
interval estimator 171
interval scale 420
irregular variation 330

J

joint distribution table 104
joint probability 99, 359
joint probability table 106
judgement or purposive sampling 152

K

Kolmogorov 공리들 355
Kolmogorov-Smirnov 324
Kruskal-Wallis 검정 433
kth central moment 347
kth quartile class 346
k사분위 계급 346

L

Laspeyres weighted price index 445
law of averages 109
Law of Large Numbers 109
law of small numbers 109
Law of Total Probability 360
law of total probability using conditional probabilities 361
least squares estimates : LSE 311
least squares normal equations 311
left-sided, left-tailed or lower-tailed test 231

left-tailed test 256
leptokurtic 85
line graph 39
linear and nonlinear time series 329
linearity 308
lognormal distribution 376
lognormal random variable 377
long-term relative frequency 98
lower exact class limit 45

M

Mann-Whitney U 검정 426, 437
margin of error 177
marginal probability 106
Markov inequality 74
Markov부등식 74
matched groups 290
matched pairs 422
maximum allowable error 177, 192
maximum error of estimate 177
maximum- likelihood method 170
maximum-likelihood estimates 171
mean deviation 71, 348
mean squared error : MSE 379
measure of scale 348
measure of variability 70
measurement scale 33
measures of central tendency 32
measures of dispersion or spread 32
measures of location 32
measures of spread or dispersion 32, 70
measures of variability 32
Median 61
mesokurtic 85
method of least squares 311
metric dependent variable 319
metric variable 17
mid-value 45
middle value 64
minimum variance unbiased estimator : MVUE 170
modified mean 338
Moment coefficient of skewness 352
moments 347
multiple regression 308
multiple regression analysis 318
multistage sampling 151
mutually exclusive events 95, 356

N

Napier's number 372
Negative Binomial Distribution 130
negatively skewed 84
noise component 308
nominal scale 420
noncountably infinite sample space 93
nonmetric variable 17
nonnegativity 355
nonparametric method of correlation 440
nonparametric tests 230, 420
nonprobability sampling 151
nonsampling error 20
normal distribution 136
normal function of error 137
normal rule 73
normalization 355
normally distributed variable 190
numerical data 54
numerical valued function 120

O

objective probabilities 98
observed frequency 397

observed level of significance 229
ogive 39
OLS estimators 321
OLS regression line 312
OLS추정량들 321
one-factor completely randomized design 400
one-factor or one-way model 282
one-sided distribution 377
one-sided or one-tailed test 230
one-sided test 230
one-way ANOVA 284
one-way contingency table 104
operationalization process 15
operator 27
order statistics 64, 77
ordinal scale 420
ordinary least squares : OLS 311
orthogonality condition of least squares 410
outcomes set 93
outlier or outlying value 75
outliers 59
overspecifying 321

P

P-값 229
P-값 접근법 229
Paasche weighted price index 445
paired difference confidence interval 394
paired difference experiment 264
paired observations 422
paired samples 264
paired samples(dependent samples or matched samples) 256
paired t-test 394
parameter estimation 168
Pareto charts 39
partial regression coefficients 319
partial slope coefficients 319
partition 357, 358
Pascal's Distribution 130
peakedness 347
Pearson's coefficient of skewness 351
Pearson's first coefficients of skewness 351
Pearson's second coefficients of skewness 351
percentiles 65
permutation 362
personalistic approach 98
pie charts 39
pilot survey 195
platykurtic 85
point estimate 169, 187
point estimator 169
point graph 39
Poisson distribution 134
Poisson process 134, 373
Poisson process postulates 134
pooled estimate of the common population variance 257, 393
pooled estimate of the population proportion 395
pooled variance estimate 213, 387, 393
popularity or frequency 61
population 16
population kurtosis 353
population mean 349
population parameters 16
population proportion 187
population regression line 309, 409
population standard deviation 350
population variance 71, 349
positive skewness 377
positively skewed 84
posterior probability 102

power of a (statistical) test 228
precision of a measurement 20
prediction 148
Predictive analysis 14
predictor variable 408
primary data 19
prior probability 102
prior survey 195
Probabilistic law 355
probabilistic model 355
probability density function 136, 141
probability distribution 122
probability function 122
probability mass function 126
probability measure 354
probability of error 178
probability sampling methods 150
probability space 354
probability theory 15
probability value 229
product moment 348
proper Borel σ field 354

Q

qualitative data 19
qualitative variable 17
quantitative concepts 83
quantitative data 19
quantitative variable 17
quartile deviation 77
quartiles 64
quota sampling 152

R

random error 19, 408
random experiment 92
random sample 150
random sampling error or disturbance 308
random trial 92, 126
random variable 120
randomized block design 264, 289
range 33, 75
range rule of thumb 76
rank correlation test 440
rank-sum test 426
ratio scale 420
ratio-to-moving average 337
ratio-to-moving average method 334
reaction variable 18
regression analysis 307
regression coefficients 308
regression coefficients or parameters 409
regression equation 308, 408
Regression Sum of Squares 413
rejection or critical region 229
relative efficiency 170, 379
relative frequency 39
relative frequency approach 97
relative quantity index 444
residuals 311
resistant measure of center 62
resistant measurements 62
response bias 150
response variable 283
Riemann integral 365
right-sided, right-tailed or upper-tailed test 231
right-tailed test 256
risk probability 178
row effect 293
rules of thumb 159
run chart or frequency polygon 39
run test 437

S

sample 16
sample coefficient of kurtosis 353
sample covariance 405
sample estimates 311
sample mean 349
sample median 64
sample points 93
sample regression function 311, 312
sample regression line 312
sample space 92, 229
sample standard deviation 350
sample statistics 16
sample survey 148
sample variance 71, 349
sampling 149
sampling bias 150
sampling distribution 152
sampling distribution of differences of the means(statistics) 210
sampling distribution of the (sample) mean 153
sampling distribution of the mean 152
sampling distribution of the proportion 153, 157
sampling distribution of the variance 152
sampling error 20, 177
sampling theory 15
scale 17
scale parameter 375
scatter diagram or plot 303
seasonal index 338
seasonal index number 334
seasonal variation 330
seasonally adjusted data 335
second quartile 64
secondary data 19
self-explanatory factor 285
semi-interquartile range 77
sensitivity or detection limit 19
sequence of Bernoulli trials 127
serial independence 310
series of like items 438
set of categories 272
shape parameter 375
Shapiro-Wilk 324
sign test 421
σ-algebra 354
σ-field 354
signed-rank test 429
significance level 228
simple event 93
simple hypothesis 227
simple or elementary event 95
simple probability 106
simple random sampling 151
simple regression 308
skewed distribution 83
skewed to the left 84
skewed to the right 84
skewness 83
slope coefficient 308
snowball sampling 152
Spearman 순위상관검정 440
special rule of addition 358
SST(between-treatments sum of squares) 401
SSW(within-treatment sum of squares) 401
standard deviation 72, 348
standard deviation of the sample means 155
standard deviation of the sample proportion 188
standard error 20
standard error of estimate 417
standard error of the difference between means 210, 257, 386

standard error of the difference between
proportions 216, 267, 388, 396
standard error of the disturbance 412
standard error of the estimate 412
standard error of the mean 155
standard error of the mean difference 393
standard error of the point estimator 381
standard error of the proportion 188
standard error of the regression 412
standard normal distribution 141, 372
standardized binomial proportion 381
standardized coefficients 314
standardized scale 78
standardized value 78
standardized variable 141
stationary and nonstationary time series 329
statistical decision theory 15
statistical independence 275
statistical or stochastic relationship 302
statistics 14, 169
stem-and-leaf diagram 39
stochastic or random error term 308
stratified sampling 151
Student t분포 202, 382
subjective or personal approach 98
subjects 284
sufficiency 170
sufficient statistics 170
sum of squared residuals : SSR 311, 409
sure event 95
survey 17
symmetrical distribution 84
systematic error 19
systematic sampling 151

T

t 검정통계량 414
t 분포 213
t 통계량 313
tentative statement 227
test for association 204
test of independence 204
test of statistical hypothesis 226
test statistic 229
tests for independence 275
third quartile 64
three-sigma rule of thumb 73
time series 328
time series analysis 328
time series data 328
timeliness 148
tolerance statistic 320
total sum of squares 402, 413
treatment group means 403
treatment groups 284, 402
treatment or factor 204
trend 329
trend analysis 330
trimmed mean 56, 59
triplet 354
true regression line 309, 409
TSS(total sum of squares) 286, 401
two-factor completely randomized design 293
two-factor or two-way model 282
two-sided confidence interval 219
two-sided or two-tailed test 232
two-sided test 230
two-tailed test 256
two-way analysis of variance model 289
two-way analysis of variance model with no
replication 401

two-way analysis of variance model with replication 403
two-way classification table 275
two-way contingency table 104
two-way or two-factor ANOVA 289
type Ⅰ error 228

U

U-test 426, 437
unbiased estimator 219
unbiasedness 170
undercoverage 150
ungrouped data 61
union 356
universe 16
unusual value 79
usual value 79

V

value midway 62
variability 70
variable 17
variance 71, 347
variance of the sample means 378
variance-ratio distribution 207
variate 37
Venn diagrams 356
VIF(variance inflation factor) 319
voluntary response bias 150

W

Wald-Wolfowitz의 연 검정 437
Weibull distribution 375
Weibull random variable 375
weighted mean 56
Wilcoxon 부호순위검정 429
Wilcoxon 순위합검정 426
within-treatment mean square : MSW 283
within-treatment sum of squares 286
wording bias 150

Z

Z값 접근법 229

ㄱ

가변성 70
가산 무한 표본공간 93
가설 227
가설검정 16, 168, 226
가설검정이론 15
가설의 양측검정 232
가우스 시계열 329
가우스분포 137
가중평균 56, 344
간접 또는 근사적 인과관계 302
감마분포 374
감마확률변수 375
개성주의 접근법 98
객관적 확률 98
검정력 228
검정통계량 229, 234
격차 분석 14
결과들 집합 93
결정계수 312
결정적 또는 정확 관계 302
결합분포표 104
결합확률 99, 359
결합확률표 106
경계 177
경험법칙 73, 137, 159
경험적 확률 98
계급 33, 37

계급 간격 33
계급 대표치 45
계급 중앙값 45
계급간격 45
계급간격(급간격) 근사치 33
계급값 18, 45
계급의 수 35
계급한계 45
계량변수 17
계량종속변수 319
계열 독립성 310
계절변동 330
계절조정자료 335
계절지수 334, 338
계통적 표집 151
고전적 확률 접근법 97
곱적률 348
공동모집단분산의 합동추정치 257
공리 356
공분산 296, 405
공집합 95
공차통계량 320
공통모집단분산의 합동추정치 393
과대설정 321
과소포함범위 150
관찰 유의수준 229
관찰도수 397
교란의 표준오차 412
교란항 408
교차집계표 104
교호작용 289
교호작용 자승합 404
교호작용효과 293
구간추정 176
구간추정량 171
구성블록간 자승합 402
구성블록간 자승합 SSB 290
귀납적 추론 15, 176
귀납적 추리 15
그룹화자료 33, 345
근사적 100(1−α)% 양측 신뢰구간 395
급첨적 85
기각역 229
기각역 접근법 229
기대치 124
기본 탭 24
기수척도 420
기술 14, 148
기술 분석 14
기술통계량 32
기술통계학 15
기울기 계수 308
기준 값 444
기준지수 444
기초적 결과 93
기하분포 130, 371
기하평균 55, 344
기하확률분포 130

ㄴ

내림차순 33, 64
내성적 중심측정치 62
내성측정치 62
네이피어수 372
누적(상대)도수분포곡선 39
누적도수 39
누적분포함수 126
누적이항함수 369
누적표집 152
누적확률 424

ㄷ

다단계표집 151
다변량 시계열 328
다중결정계수 414
다중상관계수 316
다중회귀 308
다중회귀분석 318
단순가설 227
단순무작위 표집 151
단순사상 93
단순회귀 308
단일 또는 근원사상 95
단일변량 시계열 328
단일요인 완전무작위 설계법 400
단일확률 106
단중회귀모형 415
단측검정 230, 286
단측분포 377
대수 356
대수의 법칙 109
대응 쌍 422
대응집단 290
대칭분포 84
대칭연속분포 429
덩어리(우연, 편의)표집 152
도수 33, 61
도수꺾은선 또는 도수다각형 39
도수분포표 33
도수확률 98
독립균등 분포된 127
독립변수 18
독립변수 탄력성 314
독립사상들 101
독립성 399
독립성 검정 204, 275
독립표본 256
드모르간법칙 357
등간척도 420
등분산성 310, 392, 393

ㄹ

라스파이레스 가중가격지수 445
로그정규분포 376
로그정규확률변수 377
리만적분 365
리본메뉴 24

ㅁ

막대그래프 39
메뉴 탭 24
명목척도 420
모멘트 347
모분산 71, 349
모수추정 168
모집단 16
모집단 모수 16
모집단 비율 187
모집단 비율의 합동추정치 395
모집단 표준편차 350
모집단첨도 353
모집단회귀선 309, 409
모평균 349
무작위 블록 설계법 289
무작위(표집)오차 285
무작위실험 92
무작위표본오차 또는 교란 308
무한 모집단 17
미그룹화자료 61
민감성 또는 탐색한계 19
밀도함수 136
밀집 55

ㅂ

반복 없는 이원 ANOVA 401
반복 있는 이원 ANOVA 293, 403
반응변수 18, 283
배반적 가설들 226
배반집합 358
백분위수 65, 346
100% 표본조사 17
범위 33, 75
범위 경험법칙 76
범주형 변수 17
범주형 자료집합 272
범주형변수 47
베르누이 과정 127
베르누이 시행들의 수열 127
베르누이 확률변수 126
베르누이 확률시행 126
베르누이과정 245
베이즈법칙 102
베타계수 314
벤다이어그램 356
변경평균 338
변동계수 74, 193
변동성 70
변동성 측정치 32, 70
변량 37
변수 17
변이계수 74
복합가설 227
복합사상 95, 359
부호검정 421
분모 자유도 284
분산 71, 347
분산분석 207, 282
분산비율분포 207
분산의 정도 347
분산의 표본분포 152
분산측정치 32
분석(또는 추론) 통계학 15
분자 자유도 284
분포 32
분포 또는 분산측정치 70
분할 357, 358
분할표 104, 275
분할표검정 275
불 대수 356
불 방식 가법성 356
불가능사상 95
불가산 무한 표본공간 93
불규칙 변동 330
불편성 170
불편추정량 219
블록간 자승합 404
블록집단 402
블록평균 403
비가우스 시계열 329
비계량변수 47
비계량적 변수 17
비교연산자 28
비대칭분포 83
비대칭성 347
비모수 상관검정방법 440
비모수검정법 230, 420
비분포방법 420
비선형 시계열 329
비용 절감 148
비율 격차의 표준오차 267
비율간 격차의 표준오차 216, 388
비율들 격차의 표준오차 396
비율의 추정된 표준오차 216, 388
비율의 표본분포 153, 157
비율의 표준오차 188

비율척도 420
비음특성 355
비정상성 시계열 329
비표본추출(비표집)오차 20
비확률표본추출 151
뾰족함 347

ㅅ

사분위수 64
사분위수범위 77
사분위수편차 77
사상 95
사상공간 354
사전조사 195
사전확률 102
사후확률 102
산술연산자 27
산술평균 55, 344
산점도 303
삼중쌍 354
상관계수 296, 297, 406
상대가격지수 444
상대도수 39
상대도수접근법 97
상대수량지수 444
상대적 효율성 170, 379
상세 정보 148
상자-수염 그림 65
상호 배반사상 95
상호 배반사상들 356
서로소 356, 357
서로소 합집합 360
선 그래프 39
선형 시계열 329
선형관계 303
선형성 308
설계 14
설명 148
설명된 변동 413
설명변수 18
셀 평균 403
소수의 법칙 109
수식 입력줄 25
수정요인 335
수정치 434
수치평가함수 120
수행 실패 29
순서통계량 77
순서통계량들 64
순열 362
순위척도 420
순환변동 329
순환상대치 332
순환차트 332
숫자자료 54
시계열 328
시계열분석 328
시계열자료 328
시험적 진술 227
신뢰계수 177, 211
신뢰구간 176
신뢰구간 추정치 226
신뢰도 177
신뢰수준 177
신뢰한계 176, 380
신뢰확률크기 178
신속성 148
실증적 접근법 98
실험 92
실험단위 283
실험대상 284
실험집단 283

십분위수 65
10% 조건 188
10-90 백분위수 범위 78
쌍(체)표본(종속표본, 대응표본) 256
쌍체 t검정 394
쌍체 격차 신뢰구간 394
쌍체 관측치 422
쌍체격차실험 264
쌍체표본 431
쌍체표본들 264

ㅇ

양의 왜도 84, 377
양적 변수 17
양측 신뢰구간 219
양측검정 230, 256
얼랑분포 374
얼랑확률변수 375
엑셀함수 29
여집합법칙 358
연관 분석 14
연관성검정 204
연산 27
연산자 27
연속 표본공간 93
연속변수 17, 347
연속성수정 162, 399
연속시계열 328
연속확률변수 121
연역적 분석 15
연역적 추론 176
열 효과 293
예비조사 195
예상 연산자 368
예상도수 397
예상연산자 124
예측 148
예측 분석 14
예측인자변수 408
오름차순 33, 64
오차의 정규함수 137
오차자승합 311, 402, 404, 409
오차자승합 SSE 290
오차한계 177
오차항 308, 408
오차확률 178
와이블 확률변수 375
와이블분포 375
완전 다중공선성의 부재 319
완전(진정)계급한계 45
완전계급상한 45
완전계급하한 45
왜도 83
왜도계수 348
요인 283
우량 추정량 154
우연변수 120
우측 꼬리 또는 높은 꼬리 검정 231
우측꼬리 단측검정 278
우측꼬리검정 256
우측왜도 84
원그래프 39
원소 17
위치측정치 32
위험확률 178
유관계수 399
유사항목들의 수열 438
유의성검정 통계량 440
유의수준 178, 228
유한 모집단 17
유한 표본공간 93
유효 표본크기 421

68-95-99.7법칙 137
음의 왜도 84
음이항분포 130, 370
응답편향 150
이동평균비율 337
이동평균비율법 334
이름상자 24
이산 표본공간 93
이산변수 17, 347
이산시계열 328
이산형함수 126
이산확률변수 121, 126
이상점 59
이상치 59, 75, 79
2요소 완전 무작위 설계법 293
이원 또는 2요인 분산분석 289
이원모형 282
이원분류표 275
이원분산분석모형 289
이원분할표 104
2차 자료 19
이항계수 157
이항분포 127, 369
이항정리 369
이항확률분포 188, 370
인과관계 18, 102, 302
인구조사 16, 17
인자 283
인자수준 283
인접범주 398
일반 곱셈법칙 360
일반 덧셈법칙 359
일원ANOVA 284
일원모형 282
일원분산분석 284, 400
일원분할표 104
1차 자료 19
일치성 170
임계값 229

ㅈ

자구(표현)편향 150
자기설명적 요인 285
자료 14, 19
자료배열 33
자료의 수 34
자발적 응답편향 150
자유도 382, 412
잔차 311
잔차자승합 311, 409
잡음요소 308
장기상대도수 98
적률 347
적률왜도계수 352
적합도 397
적합도검정 272
적합선 409
적합성 검정 320
전수사상 95
전수조사 16
전체 자승합 286, 401
전체집단 16
전확률법칙 360
전확률정리 106
절대첨도 84
절사평균 56, 59
절편 계수 308
점 그래프 39
점 추정량 169, 187
점 추정치 169
정규방정식 311
정규법칙 73

정규분포 136
정규분포변수 190
정규최소자승 311
정규화 355
정량자료 19
정량적 개념 83
정상성 시계열 329
정성변수 47
정성자료 19
정확도 증가 148
제1사분위수 64
제1종의 오류 228
제2사분위수 64
제2종 오류의 확률 237
제2종의 오류 228
제3사분위수 64
조건부 기대치 309
조건부 분산 409
조건부 평균 408
조건부 확률을 사용한 전확률법칙 361
조건부확률 99, 102
조작화과정 15
조정결정계수 320
조정요인 338
조합 362, 364
조화평균 56, 344
종속변수 18
종속사상들 95
좌측 꼬리 또는 낮은 꼬리 검정 231
좌측꼬리검정 256
좌측왜도 84
주관적 또는 개인적 접근법 98
주변확률 106
준사분위수범위 77
줄기-잎 도표 39
중간 값 64
중간지점 값 62
중간첨도 85
중심경향 측정치 32
중심곱적률 348
중심극한정리 136, 158, 420
중심적률 347
중앙값 61
중위수 61, 345, 433
지수 444
지수추세곡선 418
지수확률변수 373
지수확률분포 373
직접 또는 즉각적 인과관계 302
진수 418
진정회귀선 309, 409
질적 변수 17
집단내부 자승의 평균 283
집락(군집)표집 151
집합적 포괄(전수)사상들 95

ㅊ

채택역 229
처리 또는 요인 284
처리집단 284, 402
처리집단 평균 403
처리집단간 자승의 평균 283
처리집단간 자승합 401, 402, 404
처리집단간 자승합 SST 286, 290
처리집단내 자승합 401
처리집단내 자승합 SSW 286
처리효과 285
척도 17
척도모수 375
척도측정치 348
첨도계수 348
체계적 오차 19

체비셰프 정리 또는 부등식 72
초기하분포 132, 371
총망라 이론가설 226
총변동 402
총자승합 413
총평균 285
최대값 34
최대우도법 170
최대허용가능오차 192
최대허용오차 177
최빈치 61
최소값 34
최소분산불편추정량 170
최소자승법 311
최소자승의 직교성조건 410
최소자승추정치 311
최우 추정치 171
최우량 선형불편 추정치 311
최우량 적합 추세선 330
최우량 추정량 378
추론 14, 356
추론 분석 14
추론통계분석 168
추세 329
추세분석 330
추정관계식 307
추정대상 169
추정량 169
추정이론 15
추정치 169, 311
추정치 최대오차 177
추정치 표준오차 412, 417
추정표준오차 379
충분성 170
충분통계량 170
측정 정확성 20
측정오차 19
측정척도 33
층화표집 151

ㅋ

카이자승 204
카이자승분포 190, 383
코딩 18

ㅌ

탈계절화자료 335
텍스트 연결 및 참조 연산자 28
통계량 169
통계적 가설검정 226
통계적 독립성 275
통계적 또는 확률적 관계 302
통계적 의사결정이론 15
통계적 추론 168
통계학 14
통상치 79
통제 149
통제집단 283
특수덧셈법칙 358

ㅍ

파레토 차트 39
파쉐 가중가격지수 445
파스칼 분포 130
판단(의도)표집 152
편기울기계수 319
편회귀계수 319
평균 32
평균 격차의 표준오차 257, 393
평균(통계량) 격차의 표본분포 210
평균간 격차의 표준오차 210, 386
평균의 법칙 109

평균의 표본분포 152, 153
평균의 표준오차 155
평균자승오차 379
평균편차 71, 348
평탄형 85
포아송 과정 134
포아송 과정의 공준 134
포아송과정 373
포아송분포 134
표본 16
표본 중위수 64
표본 통계량 16
표본(표집)분포 152
표본간 변동 284
표본공간 92, 229
표본공분산 405
표본내 변동 284
표본분산 71, 349
표본비율의 표준편차 188
표본상관계수 316
표본오차 177
표본점 93
표본조사 17, 148
표본첨도계수 353
표본추정치들 311
표본추출 149
표본추출 편향 150
표본추출(표집)오차 20
표본추출이론 15
표본크기 34
표본평균 349
표본평균의 분산 378
표본평균의 표준편차 155
표본표준편차 350
표본회귀선 312
표본회귀함수 311, 312
표준오차 20, 381
표준정규분포 141, 372
표준편차 72, 348
표준화 값 78
표준화계수 314
표준화된 이항비율 381
표준화변수 141
표준화척도 78
표집 149
피벗차트 47
피어슨의 1계 왜도 계수 351
피어슨의 2계 왜도 계수 351
피어슨의 비대칭계수 351
필드 354

ㅎ

할당표집 152
함수 마법사 24
합동분산추정치 213, 387, 393
합집합 356
행 효과 293
형태모수 375
확률 또는 무작위 오차항 308
확률 측정치 354
확률공간 354
확률모형 355
확률밀도곡선 372
확률밀도함수 136, 141
확률법칙 355
확률변수 120
확률변수 기대치 367
확률분포 122
확률시행 92, 126
확률오차 19, 408
확률이론 15
확률질량함수 126, 369

확률표본 150
확률표본추출방법 150
확률함수 122
확률화 블록계획법 264
확실사상 95
회귀계수 308
회귀계수 또는 모수 409
회귀관계식 408
회귀방정식 308, 408
회귀분석 307
회귀의 표준오차 412
회귀자승합 413
히스토그램 39

저자 소개

• 문창권 배재대학교 기업컨설팅학과 교수

cgmoon@pcu.ac.kr

통계 – 엑셀 2013
쉬운 실무분석

발 행 일 • 2015년 6월 30일

저 자 • 문창권
발 행 자 • 최봉조
발 행 처 • 진샘미디어
주 소 • 서울특별시 은평구 연서로5길 28
부호아파트 102동 상가 5호
전 화 • 02)353-4421
F A X • 02)353-4431

Home-page • www.jinsaem.co.kr
신고번호 • 제311-2005-000025호

I S B N • 979-11-85504-39-1

정가 26,000원